清华大学法学院公司治理研究中心主办

清华金融法律评论

(第八辑)

沈朝晖 主编

当代中国出版社
Contemporary China Publishing House

图书在版编目（CIP）数据

清华金融法律评论. 第八辑 / 清华大学法学院公司治理研究中心主办；沈朝晖主编. -- 北京：当代中国出版社, 2025.5. -- ISBN 978-7-5154-1566-6

Ⅰ.D922.280.4-53

中国国家版本馆 CIP 数据核字第 20255F6B45 号

出 版 人　蔡继辉
责任编辑　邓颖君　沈秋彤
责任校对　贾云华　康　莹
印刷监制　刘艳平
封面设计　鲁　娟
出版发行　当代中国出版社
地　　址　北京市地安门西大街旌勇里 8 号
网　　址　http：//www.ddzg.net
邮政编码　100009
编 辑 部　（010）66572156
市 场 部　（010）66572281　66572157
印　　刷　中国电影出版社印刷厂
开　　本　710 毫米×1000 毫米　1/16
印　　张　19.75 印张　1 插页　308 千字
版　　次　2025 年 5 月第 1 版
印　　次　2025 年 5 月第 1 次印刷
定　　价　98.00 元

版权所有，翻版必究；如有印装质量问题，请拨打（010）66572159 联系出版部调换。

编委会

主　　办　清华大学法学院公司治理研究中心
主　　编　沈朝晖

执行主编　李凌霜　籍瑞华
编　　辑（按姓氏拼音）
　　　　　程怡伦　李　沪　梁　腾　姚可越

目 录
Contents

[专题一] 董事的普罗透斯面孔

  公司实质董事制度研究 　　　　　　　　　　　　　王亚静 / 3

  法人董事制度：赋能董事会的新思路 　　　　　　　武佩瑶 / 31

  职工董事制度的本土与现代构建 　　　　　　　　　纪雨男 / 80

  西班牙公司董事对第三人责任制度研究 　　　　　　高　姗 / 115

[专题二] 信托与资管

  刚性兑付认定与效力研究

    ——基于金融司法监管化视角 　　　　　　　　　李金枝 / 155

  我国欺诈信托撤销权制度研究：比较法视角 　　　　陈飞帆 / 188

[专题三] 证券市场与法治

  股份回购型内幕交易的法律规制 　　　　　　　　　李　想 / 223

  从管理者到市场：估值与股东财富范式

    [美] 詹姆斯·帕克 著　薛前强　孟弋丁 译 / 258

[专题一] 董事的普罗透斯面孔

公司实质董事制度研究

王亚静[*]

目　次

一、问题的提出
二、国外及我国港台地区立法例
三、公司实质董事的界定
四、我国控制权人规制条款的局限
五、实质董事制度的适用建议
六、结语

摘　要："影子董事""事实董事"作为英美法系的舶来概念，与我国公司法语境下的概念——"实际控制人"有异曲同工之妙，皆能够起到规制不正当干涉公司事务行为的作用，但二者在诸多方面均有不同。我国虽设有实际控制人条款及禁止股东权利滥用的一般规则，却在对控制权的规制上具有一定的局限。实际控制人条款的规制基点在于支配公司而非影响董事，规制主体未能涵盖所有能够指使董事或实际行使董事职权之人，规制行为范畴不够周延，在责任承担方面对实际控制人义务性质认识的不明晰使得责任追究存在实操上

---

[*] 王亚静，清华大学法学院2023届法律硕士。

的难度。结合域外立法经验可知，实质董事的理论基点在于"关键资源理论"；在责任性质及范围方面，尚存在完善空间。

关键词： 影子董事；事实董事；实际控制人

一、问题的提出

在所有权与经营管理权分离的公司治理模式中，公司法并未对股东因涉足公司管理运营而应承担的责任给予足够的关注。在股份集中度相对较低的公众公司中，股东对公司经营过程中的决策通常较难造成实质性的影响，因此法律往往不会对此施加特殊的规制[1]。然而在实践中，管理权和所有权相互分离的模式产生变化，作为非经营管理人员的股东或其他对公司具有控制力之人逐渐介入公司经营和管理决策。《布莱克法律词典》对作为名词的"控制"如此解释：通过持有具备表决权的证券、合同或其他方式，直接或间接地指导个体或团体的管理和政策的权力。[2] 公司控制权一般是指对公司所具有的实质性控制力和影响力，往往是基于财产权和内部权力分配规则等因素产生。伯利和米恩斯在《现代公司与私有财产》一书中指出，公司制度有其不可比拟的优势，这种优势使得财富得以累积、壮大，由此造成了极少数人掌握控制权的结果。掌握权力的群体往往通过两种方式实现自己的控制：一是通过法律赋予其的权利获得董事选举权；二是直接施压于董事，对其决策产生影响。在实践中，动用选举董事的权利往往并不是这种控制权实现的方式，更常见的方式是直接或间接地对董事给予指令。由此进一步产生了公司的所有权与控制权的分离，因而公司的所有者与控制权人也并非对应关系。公司控制权人将可能通过实质参与公司管理而享有经营权，但因法律规定的缺失，其可以避免承担董事义务，这使得公司的经营管理偏离立法初衷。以我国公众公司为例，数据显示，我国公众公司"董事席位瓜分"已成为普遍现象，即股东普遍以协议等方式拥有安排董事会席位的权利以实现委派董事、控制董事会

---

[1] Iman Anabtawi, *Shadow Directors*, 62 UCLA L. Rev. Discourse 95, 2014, p. 95.

[2] Bryan A. Garner, *Black's Law Dictionary*, 8th, West, Thomson Business, 2004, p. 353.

成员席位的目的〔3〕。

为对享有公司控制权且实质参与公司日常管理经营但法律未加以限制的主体进行规制，各国及地区均积极探索立法规范。典型代表如英国，其确立的实质董事的立法模式，即引入了事实董事与影子董事之概念，将董事义务落脚于事实上行使了董事职责或操控董事行为的主体。与之类似，澳大利亚、新加坡以及我国香港特别行政区、我国台湾地区等也采取了类似于实质董事的进路。一直以来，我国《公司法》坚持奉行"形式主义"的董事界定模式，根据2023年《公司法》第59条及第178条第2款，董事须经股东会选举产生，不承认未经过法定程序选任产生的董事。为解决前述问题，我国《公司法》设置了"实际控制人"，虽然能够通过不同路径在部分情形下实现与实质董事相同的效果，但与影子董事、事实董事等实质董事之间仍然具有重大的价值偏向与规制路径差异〔4〕。

2023年《公司法》中新增的第192条表明我国《公司法》计划引入实质董事认定的理念。本文认为，《公司法》第192条是对我国公司法语境下控股股东与实际控制人责任的完善，借鉴了英国法的"影子董事"理念，但在引入实质董事制度层面仍不够成熟。本文将结合我国控股股东、实际控制人的规制现状对域外相关立法规范作出深入研究，对我国《公司法》通过实质董事路径规制实质影响董事决策的不当行为提出思考与建议，这对进一步发展我国《公司法》有关规制控制权人的条款具有重要意义。

二、国外及我国港台地区立法例

（一）英国公司法

"影子董事"第一次引入成文法见于英国《1980年公司法》〔5〕，此后通过

---

〔3〕 赖坤元、蒋大兴：《委派董事之股东信披违法行政责任研究（中）》，载《多层次资本市场研究》2021年第3期，第87页。

〔4〕 刘斌：《重塑董事范畴：从形式主义迈向实质主义》，载《比较法研究》2021年第5期，第83页。

〔5〕 MOORE C R, *Obligations in the shade*: *the application of fiduciary directors' duties to shadow directors*, Legal studies, Vol. 2:36, p. 326 – 353 (2016).

Re Hydrodam（Corby）Ltd[6]案、Deverell案[7]等案例逐步确立了影子董事的认定标准：第一，公司的形式董事和实质董事都必须确定；第二，有关个人必须对这些董事如何行事作出指示；第三，董事必须按照该种指示行事；第四，董事必须习惯于根据该种指示行事[8]。英国《2006年公司法》第250条定义了事实董事，即无论所使用的职称是否为董事，只要担任之职务或行使之职权属于董事之事务，公司法即将其视为董事[9]。第251条定义了影子董事，即公司董事会执行公司业务时，若习惯于听从特定人的指令或命令，该特定人即为影子董事[10]。英国公司法学术界及司法实践中聚焦于影子董事与事实董事的区分、界定及责任承担问题。对于影子董事的进一步界定，法院通过一系列判例提出了几条判断标准：被诉不法行为涉及财产的总金额是法院的关注点之一；被诉行为主体的动机并非法院的关注要点，法院更注意的是行为人是否具有决策公司事务的实际行为[11]；对于具体立法用词"习惯于"，应将其理解为"指示的发出时间并非公司存续过程中的某一特定时间点或时间段，而是在公司存续期的通常时间"[12] 等。此外，学术界亦有关于何以构成"听从指令"、影子董事的控制程度、相关董事是否需要具有决策权[13]、影子董事责任承担[14]以及事实董事认定标准[15]等议题的讨论。

（二）澳大利亚公司法

与上述不同的是，澳大利亚《公司法》以法典化的形式规定了影子董事

---

[6] Re Hydrodam（Corby）Ltd（in liquidation）[1994] B. C. C. 161 at 163.
[7] Secretary of State for Trade and Industry v. Deverell [2001] Ch. 340.
[8] Re Hydrodam（Corby）Ltd（in liquidation）[1994] BCC 161 at 163.
[9] Companies Act 2006, c.46, § 250（U.K.）.
[10] Companies Act 2006, c.46, § 251（1）（U.K.）.
[11] Official Receiver v. Nixon [1993] B. C. L. C. 297.
[12] Secretary of State for Trade and Industry v. Becker [2003] EWHC 2200.
[13] S. Griffin, Evidence justifying a person's capacity an either a De Facto or Shadow Director: Secretary of State for Trade and Industry v. Becker 2003. Inslovency Lawyer, 2003, 3（May），127, 130.
[14] 英国《2006年公司法》第170条第5项原版表述为"The general duties apply to shadow directors where, and to the extent that, the corresponding common law rules or equitable principles so apply". 为配合Small Business, Enterprise and Employment Act 2015, c.26, §§ 89（1），164（3）（g）（iii）（U.K.）之修订，于2015年修正为"The general dutiesapply to a shadow director of a company where and to the extent that they are capable of so applying"。
[15] 林少伟：《英国现代公司法》，中国法制出版社2015年版，第368页。

概念，其并非单就影子董事加以定义，而是在将影子董事、事实董事与其他董事同视为董事后阐述董事之定义，即澳大利亚《公司法》中规定的董事责任直接适用于影子董事，并不会出现英国及我国台湾地区对于影子董事义务规定不明确的问题。根据澳大利亚《公司法》第9条，董事包括未经合法选任但自愿行使董事职权者（事实董事）与公司董事习惯于接受其指示或依照其意愿执行业务之人（影子董事）[16]，且法院亦在判决中指出，事实董事与影子董事不会出现并存情形，即对于两种实质董事有明确的概念区分[17]。澳大利亚对于实质董事的关注多集中于对影子董事及事实董事的具体判准，并通过判决进一步明确考量因素，如原告不需要证明被告执行的事务只能由董事执行，只需要证明被告是以董事身份执行的[18]。澳大利亚更为进取的立法模式使其避免了实质董事制度在发挥作用时的许多问题，但对于何以能构成"指示"或"指令"等依旧存在争论。

（三）新西兰公司法

新西兰公司法对于影子董事的定义有其特殊之处。一方面，与澳大利亚相同，新西兰《公司法》也是就董事作出一般性规范而非特别定义影子董事。新西兰《1993年公司法》第126条将董事分为四类，其中包括了董事习惯于根据或必须根据其之指挥、命令或指示行事的特定人以及行使或有权行使、控制或有权控制董事职权之行使的特定人。另一方面，在影子董事责任承担方面，新西兰《1993年公司法》采取了与英国相同的规范方式，即将适用于影子董事的条款明确列明，该法第126条第1款规定，就第131条至第141条、第145条至第149条、第298条、第299条、第301条、第383条、第385条、第386A条至第386F条以及附表7第3条第4款第b项的适用而言，董事包括董事会被要求或习惯于听其指示或命令而为一定行为之人。换言之，在上述条款中，董事的定义包括影子董事。

---

[16] Corporations Act 2001（Cth）s. 9（Austl.）.

[17] "事实董事"与"影子董事"这两个法律概念具有替代关系，通常应被理解为"相互排斥"的。Secretary of State for Trade and Industry v. Laing [1996] 2 BCLC 324.

[18] 本案的法定审查要件在于奥斯汀先生是否实际担任或实质上行使董事职务。DCT v. Austin [1998] 39 ATR 485, 485.

（四）韩国公司法

韩国在1998年修正《商法》时，为避免控股股东操控公司经营决策，新增了对干涉董事行使业务执行职责的追责制度，干涉的方式可能是直接的也可能是间接的，干涉者并非经过合法程序选任的法定董事。多数韩国学者认为该制度的基点并非从积极的权利主体角度出发，而是从消极的担负责任角度出发，因此也称其为"责任扩张"[19]。韩国《商法》第401条之二规定了三类人员对其指示的业务或执行的业务负有董事责任，分别是：指示董事执行业务且该指示是通过其对公司之影响力得以实现的人员；自称董事且行使公司经营职权之人；非董事而以社长、副社长、专务、常务以及其他具有代表公司权限的人的名义执行公司业务的人员。根据该条规定，控股股东等利用自己对公司的影响力向董事指示业务或者以董事的名义直接执行公司的业务并适用《商法》第399条（董事对公司的责任）、第401条（董事对第三人的责任）、第403条（股东的代表诉讼）时，被视为董事[20]。韩国《公司法》中也严格限定了指示业务执行者承担责任的要件，例如"公司而非董事个人是影响力发挥作用的客体，后者并不被包含在第401条规定的需要承担责任的情形之内""一次性的、偶发性的指示不构成第401条所述指示，指示应已成为惯例"[21]。

（五）我国台湾地区"公司法"

我国台湾地区2012年"公司法"新增第8条第3项：公开发行股票之公司之非董事，且实质上执行董事业务或实质控制公司之人事、财务或业务精英而实质指挥董事执行业务者，与本法董事同负民事罚、刑事罚及行政罚之责任。2018年又对"公司法"进行了修正，删去了"公开发行股票"的条件，使得该制度的规制范围扩展至所有类型的公司。学术界多批评该规定较为简略。[22] 有观点认为我国台湾地区"公司法"仍仅以一个条文涵盖事实董事与影子董事，且从法条文义上分析，事实董事与影子董事为非董事，虽然从法律

---

[19] 黄爱学：《法人董事制度的法律分析》，载《西部法学评论》2012年第2期，第90页。

[20] ［韩］李哲松：《韩国公司法》，吴日焕译，中国政法大学出版社2000年版，第498页。

[21] ［韩］崔埈璿：《韩国公司法》，王延川、崔嫭燕译，中国政法大学出版社2020年版，第475页。

[22] 郭大维：《我国公司法制对事实上董事及影子董事之规范与省思》，载《台北大学法学论丛》2015年总第96期，第74页。

效果上，立法希望让这些人负起与董事相同之责任，但因未将其认定为董事，所以无法将董事义务直接适用或建议将实质董事界定为董事类型之一[23]。亦有关于实质董事义务类型及适用范围、影子董事与关联企业关系[24]等研究。

（六）其他立法例

采用实质董事规制进路的还有新加坡、日本以及我国香港特别行政区。

新加坡《公司法》第4条对董事之定义包括任何担任董事职务之人，无论其使用名称为何。若公司董事会多数成员习惯于依某人指示行为，或某人代替董事执行业务，则该人亦构成董事[25]，新加坡公司法领域学者主流意见认为该定义已经包含了事实董事与影子董事两种情形。

事实董事是日本《公司法》通过判例确立的法理。日本《公司法》并无有关于影子董事和事实董事的规定，但司法实践中诸多判例均有将行为主体认定为事实董事的情形，这些主体既包括公司的控制股东此类内部人员，也包括公司董事会会长的父亲、母公司的代表董事（同时为公司董事之妻）、对公司事项具有决定权的投资人等[26]。

我国香港特别行政区新《公司条例》（以下简称香港《公司条例》）第2条规定了幕后董事（shadow director），其含义是如果遵循某一行为主体指令或指示已成为法人团体的全部董事或超过半数的董事的习惯，则该行为主体可能构成幕后董事（专业人士提供建议的除外）[27]。

虽然以上各立法例中的具体规范表述不完全相同，但影子董事、事实董事这两类形式董事的概念均被包含在内，只是在构成要件的认定标准上有所出入，这也是各国及地区公司治理中的重要议题。

---

[23] 林仁光：《实质董事之法律定位与责任建构》，载《中原财经法学》2020年总第44期，第35页。

[24] 曾宛如：《影子董事与关系企业——多数股东权行使界限之另一面向》，载《政大法学评论》2013年总第132期，第1—70页。

[25] Companies Act（Cap 50, 2006 Rev. Ed.）§4（1）（Sing.）.

[26] 参见朱大明、[日] 行冈睦彦：《控制股东滥用影响力的法律规制——以中日公司法的比较为视角》，载《清华法学》2019年第2期，第85页。

[27] Companies Ordinance（Cap 622），the laws of Hong Kong.

三、公司实质董事的界定

（一）影子董事的含义及法律责任

1. 影子董事的含义

影子董事的明确定义见于英国《2006 年公司法》第 251 条，即"公司董事习惯于按照其指示或指令行事之人"[28]。例外地，某一主体并不会因"以专业身份提供建议"或公司董事虽然"根据该主体的指导或建议作出行为，但该主体的指导或建议是基于制定法的授权而作出的"等事项而成为影子董事。各国及地区对影子董事的定义用语虽略有不同，但大多含有对董事作出"指示"且董事"习惯于"听从其"指示"的行为要件，具体如表 1 所示。

表 1 对"影子董事"的定义

立法例	对"影子董事"的定义
英国《2006 年公司法》第 251 条	公司董事习惯于按照其指示或指令行事之人
澳大利亚《公司法》第 9 条	公司董事习惯于接受其指示或依照其意愿执行业务之人
新西兰《1993 年公司法》第 126 条	董事习惯于根据或必须根据其之指挥、命令或指示的特定人
新加坡《公司法》第 4 条	公司董事会多数成员习惯于依某人指示行为
韩国《商法》第 401 条之二	利用对公司的影响力指示董事执行业务的人
香港《公司条例》第 2 条	法人团体的董事或超过半数的董事习惯于依据其发出的指令或指示行为
我国台湾地区"公司法"第 8 条第 3 项	实质控制公司之人事、财务或业务精英而实质指挥董事执行业务者

2. 影子董事的法律责任

关于影子董事的法律责任，英国公司法上亦有争论。英国《2006 年公司

---

[28] See Sections 251, UK Company Act of 2006.

法》第 170 条第 5 项规定,"在对应的普通法规则（Common Law Rules）及衡平法原则（Equitable Principles）之下,有关董事的一般义务适用于影子董事"。[29] 其中董事一般义务的具体类型见于该法第 171 条至第 177 条。有观点认为,之所以加上"普通法规则及衡平法原则"的限制是意欲通过法院判决来界定影子董事的责任范围。可是,英国司法实践对此问题摇摆不定,如在 Yukong Line Ltd of Korea v. Rendsburg Investment Corp of Liberia 一案中,法院主张影子董事对公司负有的义务与形式董事相当[30],而 2005 年的 Ultraframe（UK）Ltd v. Fielding 一案的判决认为成文法界定影子董事具备法律上的尤其是公司法学上的特定目的,如禁止自我交易行为、避免利益冲突、董事失格等,影子董事的责任、义务应与法定董事有所区别并指出除非影子董事对公司财产具有直接控制力或者采用欺诈的方法取得了财产,否则不与法定董事负有相同的信义义务,法律另有规定的情形除外[31]。然而,在 2013 年 Vivendi SA v. Richards 一案中,法院否定了上述观点。英国《2000 年金融服务与市场法》[32] 直接将影子董事定义为董事的一个类别,这一做法与澳大利亚《2001 年公司法》相似,即在该规定下,董事应承担的责任直接适用于影子董事。如果暂且将英国公司法的争论搁置,就可以在大体上认为影子董事所负责任和义务与经法定程序任命的董事相当[33]。

（二）事实董事的含义及法律责任

1. 事实董事的含义

根据英国《2006 年公司法》第 250 条,只要处在董事职位上之人,即使其称谓并非董事,该人也可构成董事,据此引申出事实董事之内涵。通说认为

---

[29] 英国《2006 年公司法》第 170 条第 5 项原文规定为 "The general duties apply to shadow directors where, and to the extent that, the corresponding common law rules or equitable principles so apply."。该条文为配合 Small Business, Enterprise and Employment Act 2015, c. 26, §§ 89（1）, 164（3）（g）(iii) (U. K.) 之修订,于 2015 年修正为 "The general duties apply to a shadow director of a company where and to the extent that they are capable of so applying."。

[30] Yukong Line Ltd of Korea v. Rendsburg Investment Corp of Liberia [1998] 1 W. L. R. 294.

[31] Ultraframe (UK) Ltd v. Fielding [2005] EWHC 1638 (Ch).

[32] 中国证券监督管理委员会组织编译：《英国 2000 年金融服务与市场法》,法律出版社 2014 年版。

[33] 赖坤元、蒋大兴：《委派董事之股东信披违法行政责任研究（中）》,载《多层次资本市场研究》2021 年第 3 期,第 100 页。

"事实董事"是指未经法定选任程序或选任程序存在瑕疵而实际执行董事职务之人。就其类型而言，主要包括两类：一是虽不具有合法并产生效力的任命但以董事名义行事之人；二是具有董事任命但是程序尚有瑕疵之人[34]。各国及地区立法也基本与该定义相似，即事实董事以实际执行董事业务为特征（见表2）。

表2 对"事实董事"的定义

立法例	对"事实董事"的定义
英国《2006年公司法》第250条	无论所使用的职称是否为董事，只要担任之职务或行使之职权属于董事之事务
澳大利亚《公司法》第9条	未经合法选任但自愿行使董事职权者
新西兰《1993年公司法》第126条	行使或有权行使、控制或有权控制职权之行使的特定人
新加坡《公司法》第4条	任何担任董事职务之人、某人代替董事执行业务
韩国《商法》第401条之二	以董事的名义直接执行业务的人
我国台湾地区"公司法"第8条第3项	实质上执行董事业务者

2. 事实董事的法律责任

关于事实董事的责任，与影子董事不同，英国公司法理论与司法实践均认可其与法定董事负有相同的责任及义务[35]。多数设置实质董事规则的立法例也将事实董事定义为董事的一种，从而使得董事之责任与义务皆适用于之。

（三）事实董事与影子董事的界分

关于事实董事与影子董事的区分，传统理论认为二者的主要差异在于是否以董事身份行事。澳大利亚曾于司法判决中确认，二者之间存在明显的界分，不会出现并存的情形[36]。英国最高法院通过一系列判例扩充了事实董事及影

---

[34] 葛伟军：《英国公司法要义》，法律出版社2014年版，第217页。

[35] Paul L. Davies, *Gower and Davies's Principles of Company Law* (Eighth Edition), London: Sweet & Maxwell, 2008, p. 16 – 18.

[36] "事实董事"与"影子董事"这两个法律概念具有替代关系，通常应被理解为是"相互排斥"的。Secretary of State for Trade and Industry v. Laing [1996] 2 BCLC 324.

子董事的定义，并使得二者的区别变得模糊。例如相关主体对外使用过公司董事名称或以董事身份自居已非构成事实董事的必要条件[37]。在 Secretary of State for Trade and Industry v. Tjolle 案中，法院认为事实董事的认定将视具体个案事实而定，法院无法提供单一的测试标准，即是否为公司重大决策的一分子、公司有无允许其自称为董事、是否自行承担董事角色以及其行为对公司的控制程度等单一因素均不是必要条件[38]。又如 Secretary of State for Trade and Industry v. Deverell 一案也扩张了影子董事概念，即只要对公司运营产生实质影响，即使是经过法定的程序进行选任的主体也均可能构成影子董事，至于该主体是否以董事名义行事并不重要[39]。此外，当对公司之控制力及该人实际之作为等都已成为考量因素时，二者的概念可能出现重叠[40]。总体而言，英国对于事实董事与影子董事是否必然互斥，司法裁判呈现从肯定到否定的转变，有学者认为"影子董事"的含义将呈现拓宽的趋势[41]。由此来看，关于二者是否可能出现重叠，不同国家及地区立法不一。

四、我国控制权人规制条款的局限

（一）控制权人发挥"实质董事"职能的表现形式

1. 影子董事型

影子董事的常见情形之一是通过委派董事并约定特殊条款以实现对公司董事会的控制。在这种情况下，大股东往往为了避免承担董事义务而主动拒绝担任董事职位，退居幕后指使、委派董事从而保障自身权益。有研究指出，在 2009—2016 年沪深交易所上市的 A 股公司中，有 33.4% 的风投机构会在董事

---

[37] Len Sealy, Paycheck Services 3 Ltd: The Supreme Court Reviews the Concept of the De Facto Director. Company Law Newsletter, 2011 (287), p. 3.

[38] 曾宛如：《影子董事与关系企业——多数股东权行使界限之另一面向》，载《政大法学评论》2013 年总第 132 期，第 36 页。

[39] Chris Noonan & Susan Watson, The Nature of Shadow Directorship: Ad Hoc Statutory Intervention or Core Company Law Principle, Journal of Business Law, 2006, p. 37.

[40] [2010] UKSC 51, at [91].

[41] 赖坤元、蒋大兴：《委派董事之股东信披违法行政责任研究（中）》，载《多层次资本市场研究》2021 年第 3 期，第 97 页。

会中占据席位并约定委派董事的权利[42]。股东通过协议等方式约定董事提名权使得委派的董事成为股东操纵的对象并控制董事会决策。

影子董事的常见情形之二是某些控制权人基于客观原因无法担任董事，如因具有 2018 年《公司法》第 146 条规定的情形而丧失董事任职资格，为规避法律的强制性规定，这些控制权人转而通过对形式董事下达指令以达到操纵董事会的目的。

影子董事的常见情形之三较为特殊，涉及母公司对子公司的业务干预。在我国，集团公司是一种常见的公司形式，实践中母公司往往对子公司的实际经营有着较大程度的干预甚至构成操纵，子公司的董事会名存实亡。

2. 事实董事型

事实董事的常见情形是控制权人并未控制董事行为，而是通过其他途径，如基于亲属关系或选任程序瑕疵等"合法"取得公司授权，而对外代表公司从事民事活动时损害公司、股东利益。如在唐某亮、伟某园林公司合同纠纷案中，被告人王某军系案涉公司即伟某园林公司执行董事张某的丈夫，作为公司代表与第三人签订协议并行使款项支出审批权利，其实际上行使了董事职权构成"实质董事"，最终法院依据 2018 年《公司法》第 20 条第 3 款判决王某军对公司债务承担连带责任[43]。

（二）控制权人规制法律规范及功能的局限

1. 相关法律规定

我国 2018 年《公司法》关于控制权人的原则性规制主要见于第 20 条和第 21 条，分别规定了股东滥用权利导致对公司或者其他股东的赔偿责任以及禁止双控人利用关联关系损害公司利益。修订草案一审稿对其进行了调整，第 20 条为"股东滥用权利"和"控股股东、实际控制人利用关联关系损害公司利益"的禁止性规定。二审稿没有保留该调整，回归了现行《公司法》的体系，即将两项禁止性规范分别规定于第 21 条和第 22 条。在证券法领域，对控制权人"指使"行为的规制多集中于证券内幕交易、虚假陈述、投资者利益

---

[42] 郭立宏、施国平、徐见平：《董事会席位对风投机构投融资的影响》，载《科技进步与对策》2019 年第 9 期，第 88—89 页。

[43] （2020）最高法民申 1105 号。

保护等方面,且多为部门规章或自律性文件,并未上升至法律层面。

2. 控制权人规制条款的局限

(1) 规制基点:"支配公司"

无论是实际控制人,还是控股股东,均强调能够对公司行为产生支配力。控股股东以持有公司股份为前提且强调对股东会、股东大会决议产生重大影响。在实践中,控股股东往往通过行使表决权或其他方式在股东会、股东大会上占据支配地位从而形成对公司决策的支配;实际控制人也重在其对公司行为之支配而非对董事行为之支配。相比之下,实质董事的认定标准的侧重点在于是否事实上履行董事职责或者对董事的行为产生实质影响,并不以具备对公司的控制力为必要条件。可见,无论是控股股东条款的功能还是实际控制人条款的功能,本旨均是对控制权滥用的规制,而非为落实公司治理主体的责任,将所有实际行使董事职权或影响董事行权的主体赋予董事义务。

(2) 规制主体范围的不周延

从规制主体范围来看,现有的双控人规制条款因定义的不周延而无法应对商业实践中行为人虽不构成控股股东、实际控制人却能对公司产生影响的情形[44]。虽然与双控人的外延可能有交集,但实质董事与双控人概念涵盖的主体范围亦有差异。控制股东和实际控制人不但可能构成实质董事,而且可能控制或未经选任而事实担任公司的高级管理人员;构成实质董事的行为人类型较为多样,既可能是双控人,也可能包括双控人之外的主体。虽然现行法律可以直接对构成实质董事的双控人予以规制,使其承担相应的责任,但是在对不具有控制权人地位的实质董事的规制方面有所乏力,因为法律上对双控人的规范不适用于前述主体。

(3) 规制行为范畴的不周延

从规制行为范畴来看,即使实质董事与双控人身份重合,现行条款仍存在规制上的不足。首先,"滥用影响力"并不当然落入"滥用权利"的涵摄

---

[44] 吴嘉骏:《论影子董事作为实际控制人的责任研究》,清华大学2015年硕士学位论文,第9页。

范围。根据文义解释及基本法理，权利存在是权利滥用的第一要件[45]。利用自身影响力对董事施加影响本不属于股东权利之列，依据禁止滥权规则对实质董事类股东追责缺乏正当性。就滥用股东权利是否包含滥用影响力而言，存在两种观点：一种观点认为二者在理论起源上一致，广义上前者包含后者[46]；另一种观点认为二者相互独立[47]，滥用股东权利主要包括滥用表决权、管理者选任权等法定权利[48]。首先，实践中控制权人有时并不需要行使股东权利即可对公司形成实质的影响，从而实现实际掌控公司经营。影子董事强调行为人通过对公司董事的影响实现对公司经营的把控，并不局限于滥用权利，此种情形下能否适用现有条款对控股股东追责存疑。其次，对于修订前《公司法》第21条所规定的"关联关系"是否包括滥用影响力也存在模糊之处。再次，即使"利用影响力"被认为是"利用关联关系"的一种类型，相关条款也仅规定了损害公司利益的情形。若公司其他股东因控制权人实际行使董事职权而利益受损，其无法依据现行法律规定直接向行为人追责。最后，虽然司法解释增加了未能及时组织清算、恶意处置公司财产、恶意注销以及协助股东抽逃出资等情形下实际控制人的法律责任，但是以上零散规定未能建构起一个全面规制实际控制人滥用影响力的体系，对相关不法行为的约束存在缺失。

（4）责任承担

董事对公司负有严格的信义义务，公司法明确赋予董事忠实义务与勤勉义务。而目前控制权人信义义务并未在立法中明确，缺少制度生存的土壤，在学理上也存在分歧。如有学者认为无须引入控股股东信义义务而转用司法解释手段解决控股股东滥用权利问题[49]，对其赋予信义义务将混淆控股股东管理者

---

[45] 史尚宽：《民法总论》，中国政法大学出版社2000年版，第717页。
[46] 王继远：《控制股东对公司和股东的信义义务》，法律出版社2010年版，第186页。
[47] 刘建功：《〈公司法〉第20条的适用空间》，载《法律适用》2008年第1期，第17—21页。
[48] 时建中主编：《公司法原理：精解、案例与运用》，中国法制出版社2006年版，第40页。
[49] 朱大明：《美国公司法视角下控制股东信义义务的本义与移植的可行性》，载《比较法研究》2017年第5期，第58页。

与所有者的双重身份，引入此概念和制度将造成体系上的混乱[50]。公司法学术界亦对实际控制人是否负有诚信义务存在分歧，《公司法》也未能对此予以回应。因此，对于为求私利而损害公司和其他股东利益的控制权人，操作性更强的董事信义义务及法律责任制度难以适用。

（三）控制权人责任认定的实务现状

1. 实际控制人条款的局限导致过度适用2018年《公司法》第20条

由于公司法领域中实际控制人规制条款的不足，司法实践中多以2018年《公司法》第20条对实际控制人涉足公司经营的不法行为进行规制，导致禁止股东权利滥用规则在司法实践中存在过度扩张现象。根据实证研究，在适用2018年《公司法》第20条的诉讼案件中，部分法院对于适用的行为类型的认定已经突破了股东权利行使范畴[51]，将股东或实际控制人超越权限参与公司管理并给其他股东造成损失类的行为也认定为"滥用股东权利"，且不当管理类纠纷（诉由为股东在行使公司董事或高管职权过程中存在失职行为）在该类案件中占据一定的比例[52]。例如有研究统计了2009—2020年威科先行法律信息网公开的涉及2018年《公司法》第20条的相关争议案件，总结出司法实践中认定的滥用股东权利类型（如表3[53]所示），其中第6、7类实际上属于行使董事职责。又如在前文所述的唐某亮、伟某园林公司合同纠纷案中，法院仅能通过对2018年《公司法》第20条第3款的解释将实际控制人纳入规制范围。实际上，若采用"实质董事"规则进路解决本案，将不会造成这种尴尬局面。这表明现行《公司法》对于控制权的规制手段呈现"入不敷出"的态势。如果为了应对实践中复杂烦琐的控制权滥用而将规则适用于其规制射程之外，将会使得"禁止滥用股东权利"条款在偏离其原制度体系地位及规范功能的道路上越走越远。

---

[50] 潘林：《控制股东义务的法构造》，载《南京师大学报（社会科学版）》2022年第5期，第135页。

[51] 贺茜：《股东滥用权利的司法规制——法院适用〈公司法〉第20条的实证分析》，载《山东大学学报（哲学社会科学版）》2017年第6期，第43页。

[52] （2015）桐民商初字第00049号。

[53] 程新奎：《禁止股权滥用规则的适用研究——以〈公司法〉第20条第1款前半段与第2款为中心》，华东政法大学2021年硕士学位论文，第39页。

表 3 滥用股东权利行为分类

序号	行为类型	案件数量
1	自己或协助其他股东抽逃出资	3
2	非法侵占公司资产类	60
3	损害他人股权收益类	6
4	涉及公司利润分配类	3
5	非法使用公司资产为股东担保或借款	5
6	越权决定公司内部经营决策	9
7	越权代表公司对外交易或关联交易	14
8	怠于行使权利，未履行股东会决议	5
9	非法清算、注销公司或不履行清算义务	22
10	低价转让公司资产类	2
11	滥用权利形成股东会决议	38
合计		167

2. 控制权的举证困难导致实际控制人处于监管"盲区"

在实际控制人滥用支配权的案件中，存在因有关控制权证据难以获得而无法证实控制权人不法行为的存在导致受其控制的董事成为"替罪羊"的情形。在法院审理董事、高管因受双控人影响从而对公司、其他股东造成损害的案件中，需要准确区分控制权人滥用其影响力和董事基于自身行为侵害公司、其他股东权利。由于控制权人对董事的影响和指令往往是非正式的，被侵权人往往难以获得控制权人滥用其影响力和地位的证据，因此，直接做出侵权行为的董事、高管往往成为"替罪羊"。此外，在证券市场监管层面，根据深交所法律研究小组撰写的证券市场违法违规情况历年年度报告，在上市公司大股东或实际控制人违规占用公司资金、对外担保以及干预上市公司经营决策的多起案件中，大多是上市公司的董事或者高管受到处罚，背后实际行使董事职权的控制权人却逃过了责任的承担，这显示了现行规则对上市公司应当承担董事责任的控制权人规制的不足。

3. 现有规制无法回应司法实践中的实质审查标准

司法实践中存在运用实质审查标准认定高级管理人员的案例。在吉欣

（宁波）有限公司与周某损害公司利益责任纠纷案[54]中，浙江省高级人民法院的观点是"公司日常的业务联系及公司管理亦均由周某负责。周某掌握公司的印章及账户等，虽然周某未经吉欣公司形式上的任命，但鉴于公司营运的实际情况，以及周某与吉欣公司的利害关系，认定周某为公司的高级管理人"，并适用2013年《公司法》第147条和第149条判处周某承担相应的法律责任。现有的实际控制人条款无法回应司法实践中对于董事、高管实质认定的现实需要，倘若引入实质董事或实质高管制度，则可解决上述问题。

五、实质董事制度的适用建议

（一）实质董事承担责任的基础

1. 逻辑基础

（1）关键资源理论

从信义义务的产生和发展的历史来看，信义义务的诞生就是为了遏制机会主义，保障受益人的合法权益，实现更大程度上的公平。因此，为达到前述目的，信义义务的主体范围应以采取实质审查标准为宜。董事对公司及股东负有信义义务，关于信义义务的构成要件，Smith教授提出的"关键资源理论"，认为信义关系由"代表""关键资源"和"自由裁量权"这三个要件组成[55]，即信义关系存在的依据是受托人控制了关键资源和自由裁量权。而无论是关键资源还是自由裁量权，均是程度性的概念，有一般关键、非常关键、特别关键之分和很大程度的自由裁量与极大程度的自由裁量之分。由此，按照关键资源理论对董事进行区分，意味着董事应该是指控制公司关键资源并享有一定自由裁量权的一类人员。据此，如果仅以形式主义来把董事理解为根据选任程序完备与否、登记与否认定的抽象概念，将滋生大量机会主义行为以逃避董事的信义义务及应承担的法律责任。

---

[54]（2016）浙民终163号。

[55] D. G. Smith, *The critical Resource Theory of Fiduciary Duty*, Vanderbilt law review, Vol. 55：5, p. 1399（2002）.

（2）影子董事造成董事责任的逻辑链条断裂

董事责任承担认定的核心逻辑为在选举产生董事后，董事实际拥有并行使公司的经营管理权，只有当其作出的经营决策造成公司、股东或第三人损害时，才能要求董事承担相应的法律责任。其中涉及"股东选举董事—董事作出决策—董事承担责任"三个逻辑环节。在承担责任环节，一方面，在公司内部，权益受到损害的股东可基于委托合同关系，要求董事承担赔偿责任；另一方面，在公司外部，当公司已无法弥补第三人的损失时，第三人可要求实际行使经营决策权的董事承担侵权损害赔偿责任。基于以上分析，当控制权人能够通过实质性控制董事的方式参与公司经营或实际掌握公司经营权时，在董事选举、决策、承担责任的每个逻辑环节中，控制权人均占据了决定性的地位。相应地，当"股东选举董事—董事作出决策"的逻辑链条出现断裂时，形式董事的经营管理权形同虚设，承担责任的基础不复存在，自然无法从董事作出决策环节推出董事承担责任环节[56]。权利、利益与责任紧密相连，权利之持有者理所应当地需要承担因权力行使不当而损害他人利益的法律责任。概言之，实质董事需要承担与形式董事相同的责任和义务并非因为他们位居促进公司利益的职位，而是他们将自己置于一个必须对公司承担信义义务的地位，以影子董事为例，是其给予公司董事指令的身份赋予其信义义务。

2. 制度基础

（1）与《公司法》中其他规制条款的衔接

我国《公司法》已经设有禁止股东权利滥用规则及实际控制人条款，引入实质董事制度与其衔接，有助于解决控股股东或实际控制人过度干涉公司治理问题，锚定控制权人对公司治理产生的不当影响，明确其责任边界。实质董事制度能够与现有控制权规制条款形成一种交叉互补、区分竞合的规则格局。

具体而言，《公司法》第21条可作为规制股东滥用权利的一般性条款，而对于非股东型的实际控制人，可通过实质董事规则使其承担相应的责任，此为主体范围的互补；对于滥用股东权利和不当利用关联关系之外的"利用自

---

[56] 陆江娜：《法人控制股东的"实质董事"责任研究》，吉林大学2019年硕士学位论文，第19页。

身影响力"的行为，转由实质董事规则规制，此为行为类型的互补。特别地，当股东滥用权利与构成实质董事两种情形出现竞合时，此时应当区分作为所有者的股东和作为管理者的股东：作为管理者的股东转承董事责任时，适用第192条；作为所有者的股东受第21条所规制，承担滥用股东权利相应的法律责任，由此形成两项制度的合力与协同[57]。

在利用关联关系方面，第192条与第22条亦有交叉重合。当控制权人指使董事利用其关联关系时，构成两种情形的重合，此时适用作为特别规定的第192条；当未构成以上重合情形时，则依据要件之构成，分别适用第192条及第22条。

(2) 证券法、刑法领域实质董事的规制思路

我国当前的立法规则亦为将实质董事的规制范畴扩大至双控人提供了规范基础。例如，《刑法》第169条之一第2款规定，如果上市公司的双控人指使该上市公司董事、监事及高级管理人员实施了构成该条第1款规定的背信损害上市公司利益罪的行为，其与被指使者适用同样的处罚规定。这表明在特定行为方面，控制权人与董事适用同等的刑事责任与法律评价，即体现了影子董事的立法思想[58]。又如，《证券法》第181条、第185条及第197条规定了双控人组织、指使行为的法律责任承担。再如，深交所2020年修订的《上市公司自律监管指引第1号——主板上市公司规范运作》第四章规定了控股股东、实际控制人不得通过任何方式影响上市公司人员独立，包括通过行使提案权、表决权等方式限制公司董监高以及其他任职人员履行职责，在公司治理等领域已经将控制权人纳入影子董事的监管范畴。

(二) 责任性质

《公司法》第192条规定的赔偿责任属于侵权责任，在归责原则上适用过错推定，不需要原告举证证明被告具有故意或重大过失。从保护公司及股东利益的角度出发，这样的安排与民法上所规定的一般侵权责任相比较，利益受损

---

[57] 潘林：《控制股东义务的法构造》，载《南京师大学报（社会科学版）》2022年第5期，第127页。

[58] 商浩文、李济芳：《金融安全视野下控股股东、实际控制人的刑事责任认定——以〈刑法修正案（十一）〉为视角》，载《公安学研究》2022年第1期，第69页。

者更容易得到救济。

第一，特别法定责任之检讨。就特别法定责任而言，该学说的观点强调了控股股东滥用控制权责任的法定性，但是法律强制规定应保持必要的克制，在法律强制介入的正当性不足的情况下应避免将某一责任纳入法定责任的范畴，并应将责任生成的根基作为责任定性的根据。若控股股东是因违反与相关人之约定从而承担民事责任，自应界定为违约责任；若其违反的义务系法律规定的一般义务而需承担民事责任，则该责任自应界定为侵权责任。对于前两种情形均不能解决的问题，方才需要通过立法进行明确，即界定为独立法定责任。

第二，违约责任说与侵权责任说之检视。首先，就违约责任而言，一般认为无论是控股股东还是实际控制人，其与公司之间都并不存在委托关系。控股股东和具有公司股东身份的实际控制人虽然负有正确行使表决权、禁止滥用权利等义务，但在我国法律下该义务难以认定为合同上的义务，从第192条的表述来看，其规定的控股股东、实际控制人损害赔偿责任无法归咎于违约责任。此外，以"违约责任"制约控制权人存在先天的不足，如难以突破合同相对性原理、责任承担方式存在不足、难以克服合同约定自由的弊端等[59]，加之本文一直主张扩大该条适用范围主体至一切非董事者，因此更难以合同责任追究指使者的责任。其次，侵权责任与违约责任的一个核心区别在于是否仍以造成损失为前提。此次修订草案遵从了《民法典》共同侵权的逻辑，草案的规定亦符合侵权责任构成要件的特征。其一，行为人具有一定过错。其二，实施了"指使/指示"董事、高管的加害行为。其三，具有公司、股东利益受损的事实。一审稿以"给公司或者股东造成损失"为前提，二审稿删除了此要件，但并不意味着不需要具备损害结果，因为本条规定的不法行为是指使/指示董事从事损害公司、股东利益的行为，已经包含了对于损害结果的要求。其四，行为人的指使行为与损害公司、股东利益之间有因果关系。因果关系要件虽未直接体现，但也是行文的应有之义。这与《公司法》第22条的规范构成逻辑一致，区别在于客观行为的不同，前者为指使董事、高管从事不法行为，后者为滥用股东权利。就后者的责任性质而言，目前学术界和实务界的观点均以侵

---

[59] 丁巍：《控制股东滥用控制权之民事责任研究》，吉林大学2017年博士学位论文，第28页。

权责任为通说[60]。第 192 条与第 22 条形成了区分竞合的规范格局，因此将该条项下的责任定性为侵权责任，亦不会造成前后逻辑上的矛盾。

但若采用侵权责任说则有一个问题需要作进一步讨论。《公司法》第 192 条规定的责任形式是控制权人与董事、高管承担连带责任，因此，该条规制的控制权人与受指使的主体之间应当具有共同的责任基础。对于董事对股东、公司的责任性质，学术界亦有违约责任与侵权责任之争。早期有英美法系国家学者及日本学者认为董事与股东、公司之间是信托关系或代理关系，董事承担之义务为契约义务，相应地，董事对公司应承担的责任属于违约责任。但我国有学者提出不同观点，认为在不履行债务之外，能够损害公司利益的董事行为可能也包括侵权行为。因此，董事对公司的赔偿责任绝不仅仅具有违约责任这一单一性质，而是可能会发生违约与侵权的竞合[61]。由此，我国学者提出根据董事所违反的不同义务来对其所承担的责任究竟为何种性质进行分析。如董事对公司负有忠实义务和注意义务，董事因违反注意义务而应承担的责任性质一般系违约责任，但在董事违反忠实义务时承担的责任可能既有违约责任又有侵权责任，此时发生两种责任的竞合[62]。若将第 192 条下的连带责任归属为侵权责任，将与民法连带责任理论出现矛盾。我国著名民法学者王泽鉴曾指出"连带责任基于共同侵权或当事人合同约定而产生，不能基于违约和侵权两种不同的原因而产生"[63]。换言之，违约责任与侵权责任由于产生原因不同不会构成真正连带责任。董事对公司及股东的责任具有多元性质，既可能有违约责任，也可能会构成侵权或二者的竞合。若将指使人的责任性质定性为侵权责任，当董事的不法行为构成违约时，两种性质不同的责任就不符合传统民法理论中连带责任的逻辑。对此，笔者认为应考虑商法的特性，跳出传统民法的思维。鉴于商事活动具有高风险、高收益的特征，为保护交易者的权益，商法以

---

[60] 程新奎：《禁止股权滥用规则的适用研究——以〈公司法〉第 20 条第 1 款前半段与第 2 款为中心》，华东政法大学 2021 年硕士学位论文，第 58 页。

[61] 王保树：《股份有限公司机关构造中的董事和董事会》，载梁慧星主编：《民商法论丛》（第 1 卷），法律出版社 1994 年版，第 122 页。

[62] 刘俊海：《股份有限公司股东权的保护》（第二版），法律出版社 2004 年版，第 467 页。

[63] 王泽鉴：《民法债编通则》，三民书局 1993 年版，第 415 页。

严格主义为基本原则，往往赋予商主体以严格责任[64]。传统民法中连带责任以个例存在，商法的严格责任原则导致连带责任得到普遍适用。因此为保障交易安全、实现社会秩序稳定，商法扩大了对连带责任成立基础的解释，域外公司法中也大量存在两合公司与无限公司的股东对公司债务负连带责任之情形。在此情形下也很难认定股东与公司存在共同的违约或者共同的侵权，这仅是商法基于自身特性和自身价值的一种制度考量与设计[65]。

第三，适用无过错责任的归责原则。民事责任的归责原则包括过错责任、无过错责任和公平责任，过错责任又包括一般过错责任和过错推定责任。根据《民法典》第1165条和第1166条规定，过错推定责任和无过错责任由法律规定。本文主张《公司法》第192条应适用无过错责任。首先，无过错责任的特征在于，行为人损害赔偿责任的成立不以过错为要件。德国《股份公司法》第117条明确规定了行为人须出于"故意"，我国《公司法》第192条并未照搬德国法之表述，文义上并未要求行为人存在主观过错。此外，我国侵权法下的无过错责任的理论基础之一是控制理论，即当存在一方对另一方具有较强的控制力或对另一方的意志产生支配或重大影响时，拥有控制力或影响力的一方理应为他人的侵权行为承担无过错赔偿责任[66]。影子董事正是通过对董事的影响或控制从事不法行为，使其承担无过错责任亦符合法理。其次，在董事对公司民事责任的归责原则方面，学术界争议较小。代表观点为刘俊海教授提出的公司董事对公司的责任承担以过错原则为基础，仅在资本三原则发挥作用的例外情况下规定无过错责任[67]。当董事因违反善良管理人义务而对公司承担责任时，以过错责任为归责原则，即要求董事具有故意或过失。当董事因违反忠实义务而需对其追责时，以过错推定为归责原则，可直接推定董事具有过错，原因在于其不可能是"过失"地违反了对公司的忠实义务[68]。与之不同的是，笔者认为没有必要区分影子董事指使董事从事的行为违反的是勤勉义务

---

[64] 叶林、黎建飞主编：《商法学原理与案例教程》，中国人民大学出版社2006年版，第20页。

[65] 叶林、宋尚华：《解读〈公司法〉第二十条第三款》，载《国家检察官学院学报》2009年第5期，第146页。

[66] 程啸：《侵权责任法》（第三版），法律出版社2021年版，第127页。

[67] 刘俊海：《股份有限公司股东权的保护》（第二版），法律出版社2004年版，第469页。

[68] 朱慈蕴：《公司法原论》，清华大学出版社2011年版，第325页。

还是忠实义务。之所以认为董事对公司的责任以过错原则为基础是因为出于对董事正当行使经营管理权的保护，如果董事实际行使董事职权并无正当性，自无必要予以保护。

综上，本文认为《公司法》第 192 条应适用无过错责任，只要证明有指使公司董事从事不法行为存在并造成损害，便得以适用此条款向行为主体追责。

1. 损失认定：是否包含间接损失之分析

给股东造成的损失包括直接损失和间接损失。直接损失，是指被诉行为并没有让公司遭受财产上的损失，但损害了其他股东的利益。间接损失，是指被诉行为使得公司遭受损失进而导致其他股东因公司的损失而受到损失（如因公司价值降低导致股东持有的股权价值减少）。实际上，对于控股股东滥用权利造成的股东损失中是否包含间接损失，学术界一直以来存在争议。有学者认为，对于股东的间接损失已经赋予其股东代表诉讼的救济途径，所以间接损失不应被包含在此处"股东损失"之内[69]。也有学者认为，若将间接损失排除在外，公司中小股东对于间接损失的维权途径便局限于股东代表诉讼，这对发挥保护小股东利益制度实效性无益，所以从有效规制控股股东的角度来看，没有必要区分直接损失和间接损失[70]。司法实践中法院对此似乎也未有统一的适用标准，在此就两个案例进行简要对比分析。

案例一为谭某兴与黎某等董事、高管损害股东利益赔偿纠纷案（以下简称谭某兴案）[71]。该案中谭某兴与黎某等 6 人出资成立了 A 公司，黎某为执行董事。2006 年 A 公司召开股东会，决议将市场价值约 4 亿元的公司资产转让给 B 公司，后者为 A 公司的关联公司，转让价格仅为 2800 余万元，使得原告因股权价值下降而遭受超过 1.4 亿元的损失。除原告外，其他 5 名股东通过该决议。原告依据 2005 年《公司法》第 153 条（现行《公司法》第 190 条）起诉判令黎某等对其损失承担赔偿责任。一审法院认为公司的资产被低价售卖的

---

[69] 乔欣等：《公司纠纷的司法救济》，法律出版社 2007 年版，第 284 页。

[70] 朱大明、[日] 行冈睦彦：《控制股东滥用影响力的法律规制——以中日公司法的比较为视角》，载《清华法学》2019 年第 2 期，第 73 页。

[71] (2013) 民一终字第 126 号。

结果已经产生,且事实上无法撤销该结果,原告以股东利益受损为由请求被告承担损失赔偿责任于法有据。最高人民法院认为 2005 年《公司法》第 153 条规制的行为类型是对股东资产收益权、表决权以及管理人员选任权等权益的直接侵害。原告实质是主张其作为股东享有的剩余财产分配请求权遭受损害。此案中执行董事不构成对股东剩余财产权的侵害,原因在于公司并非处于清算解散阶段,执行董事转让公司资产的根据是有效的股东会决议,对于显著低于市场价值的转让价格,利益受损的股东仅可以《公司法》的规定为依据向侵权人追责,由此否定了原告损害赔偿请求。

案例二为王某跃等与石某强滥用股东权利赔偿纠纷申请案(以下简称王某跃案)[72]。该案中原告作为 A 公司的股东之一,对股权转让事宜持不赞成意见。A 公司的其他 9 名股东共同出资设立 B 公司,B 公司对 A 公司资产进行了低价收购,又高价对外转让,致使股权贬值损失 2.53 亿余元,原告依据 2005 年《公司法》第 153 条(现行《公司法》第 190 条)提起诉讼。最高人民法院认为原告作为股东的利益严重受损,且由于客观上已无法评估 A 公司在交易进行时资产的市场价值,因此将两次转让的差价界定为原告的损失。

以上两个案例的实际细节较为烦琐,法院在作出裁判时亦需根据个案具体情况进行裁量。但是可以看出,法院在考量董事、高管或控股股东侵害其他股东利益时的损失计算是否包含间接损失时,并无统一的适用标准。在谭某兴案中,法院指出 2005 年《公司法》第 153 条规范的是直接侵害股东权益;在王某跃案中,法院则支持了股东利益受损的主张。对此,笔者不赞同谭某兴案中法院的观点,即将股东直接提起诉讼限于权益被直接侵害的情形。

首先,在侵权责任法中,直接损害和间接损害区分的依据在于因果关系联系的远近程度、是否考虑假设因果关系以及如何认定过错。在远近程度上,间接损害的因果关系相对较远,在确定上存在困难,需有相对统一的赔偿标准。在假设因果关系上,在间接损害中需要斟酌假设的因果关系。在过错认定上,认定加害人的过失是以行为人应否或能否预见直接损害为标准[73]。无论是直

---

[72] (2013)民申字第 519、546 号。
[73] 程啸:《侵权责任法》(第三版),法律出版社 2021 年版,第 231 页。

接损失还是间接损失，股东的利益均是因行为人的侵权行为而受到损害，且股东的该等损害是侵权人在行为时已经或应当预见的，法律刻意地予以区分是不合理的，这将造成前述王某跃案中股东利益难以得到救济的困境。

其次，在我国实践中，中小股东的利益在封闭公司中尤其容易受到损害，因为《证券法》和其他上市公司规范对控股股东、实际控制人的约束并不能在封闭公司中适用。有研究指出，在控股股东滥用其股东地位侵害公司财产权的裁判案例中，中小股东提起代位诉讼的胜诉率较低，原因在于，无论是通过不正当交易、占有公司资产还是通过控制董事、高管，中小股东的举证难度都较大[74]。此外，将股东的损失仅限于直接损失，即以公司获得的赔偿可以涵盖股东损失为前提，而公司损失和股东损失在某些情况下并不完全一致[75]。因此，若将代位诉讼作为中小股东救济的唯一途径，将使其损失无法得到有效保护。本次《公司法》修订体现了对公司大股东、实际控制人滥用权利、滥用影响力的打击决心，将间接损失纳入第192条的保护范围，有助于中小股东绕过股东代表诉讼的前置条件，降低中小股东维权的成本。

最后，虽然笔者主张股东的间接损失适用第192条，但亦建议在股东直接起诉追偿其间接损失的情形下，司法解释层面应统一对公司利益和股东利益的区分标准，如考虑部分法院采用的"诉讼利益归属"说。该说认为若诉讼利益归属于公司，则公司股东无权请求判令将对公司造成的损失直接赔偿给股东[76]。至于诉讼利益归属标准的适用性，尚需学术界和实务界的进一步检验，因其不是本文的讨论重点，故在此不作过多展开。

2. **责任范围：董事责任的适用性之探讨——域外立法的考评**

英国公司法没有将影子董事纳入董事定义范畴，亦无明确规定影子董事是否需承担法定董事的责任及衡平法下的诚信义务责任，是否允许司法在一定范围内的自由裁量权。但其他法律法规列明了影子董事的责任，如英国《1986

---

[74] 苏航宇：《控股股东侵害中小股东权益案例研究——以有限责任公司为例》，宁夏大学2022年硕士学位论文，第14页。

[75] [韩] 金建植等：《公司法判例研习：以韩国公司法为视角》，张珍宝等译，法律出版社2021年版，第195页。

[76] (2013) 民一终字第126号。

年破产法》及《1986年公司董事取消资格法》。英国《1986年破产法》第210条关于公司事务陈述的重大疏漏、第216条关于限制重用公司名称、第249条关于关联人的定义等中均包含了影子董事。根据《1986年公司董事取消资格法》的规定，当法官认为被诉自然人不适合担任公司董事时，有权下令禁止该人再次成为其他公司董事。该规定明确指出影子董事在规制范围之内。澳大利亚采取了较为进取的做法，如第一部分所述，澳大利亚《公司法》第9条将影子董事直接归入董事类型之中，因此形式董事的责任一概适用于影子董事。我国香港特别行政区公司法采取了与上述两种不同的进路，香港《公司条例》关于董事的定义并不包括幕后董事，但在一些规定董事责任的条款中明确规定适用于影子董事，如第465条、第473条等，即在一些特定条款中将影子董事等同于形式董事并予以规制。

鉴于我国《公司法》并非直接定义"影子董事"的概念，故无法直接模仿英国、澳大利亚等模式，需探索出一套适合我国法律语境的"实质董事"责任体系。笔者认为，第192条采取了影子董事与形式董事承担连带责任的方式，事实上是将董事因违反忠实义务与勤勉义务而对公司与股东承担的法律责任一并赋予"影子董事"。

3. 引入董事抗辩权与追偿权机制的设想

董事抗辩制度，是指当被指使董事行为对公司或股东利益造成损害时，董事如何提出说明与辩解以主张减轻或免除自身的法律责任。以美国判例法确立的商事判断规则为典例，该规则豁免了管理者在经营公司业务时可能产生的责任，前提是管理者是在公司赋予其的权限范围内行事，有合理的理由认为该行为系其善意为之，且董事违反商业判断规则的举证责任在于损害赔偿请求主体[77]。如本文第三部分所述，我国公司治理中构成影子董事的多数情形是股东或实际控制人委派董事或为规避董事任职的禁止性规定在幕后操纵董事，在这种情况下受控董事便沦为指使者的工具。同时，本文亦在关于"指使"程度性要求中主张，不应认为只有当董事与指使者之间存在绝对服从时方才构成影子董事，但是当受控董事完全丧失职权的独立性时一味追究其责任也会造成

---

[77] 张开平：《英美公司董事法律制度研究》，法律出版社1998年版，第189页。

责任认定逻辑链条的断裂。因此，笔者建议可以借鉴商事判断规则，结合我国的实务现状考虑构建第 192 条下被指使的董事抗辩机制。具体而言，第一，第 192 条并未对指使者与被指使者的内部责任份额承担作出规定，通说认为《民法典》第 1169 条第 1 款规定的教唆、帮助侵权行为的内部责任应根据教唆人与被教唆人各自的责任大小确定[78]。因此，若有证据证明受到指使的董事所从事的行为完全是指使人的意志体现且不存在受控董事与指使人的抗衡机制，当损害赔偿请求人主张追究董事责任时，董事可以此为抗辩，法院据此综合认定董事个人的过错，最终明确其应承担的责任。这种情形往往是公司董事系公司控制权人委派，职权行使完全受到后者的控制。引入董事抗辩机制不仅能够给予受控董事救济途径，还能促使法院进一步对客观事实予以审查，严格追究董事背后起到实质控制作用的影子董事的责任。第二，关于前述事由的举证责任应由受控董事承担，原因在于：一方面，让损害赔偿请求人证实董事未完全被控制或具备与控制人抗衡之能力是极具难度的，受控董事在获取公司内部经营信息及抗衡控制人方面具有优势；另一方面，前述抗辩事由的效果可能是减轻甚至免除董事的个人责任，因此更无理由将举证责任强加于请求权人从而导致请求权人遭遇程序上的过多障碍。

董事追偿机制，是指董事承担责任后有权向作出指令的行为主体追偿。我国现行制度中有关于董事向股东追偿的规定，该规定见于《最高人民法院关于适用〈中华人民共和国公司法〉若干问题的规定（三）》[以下简称《公司法司法解释（三）》]第 13 条第 4 款，即在股东瑕疵出资情形中，董事承担相应赔偿责任后可以向该股东追偿。是否赋予已经承担一定法律义务之人追偿权取决于承担义务之人究竟是损害后果的中间责任人还是最终责任人[79]。在公司董事职权行使完全受到控制的情况下，仅要求其承担损害赔偿责任而未赋予其向始作俑者即背后指使人追偿的权利难免有失公平。特别是当实质控制难以辨别时，请求权人往往首先要求公司董事承担赔偿责任，公司董事虽然有违反法定义务之行为，但实际上并非造成损害的根本原因，董事有权向指使者追偿

---

[78] 赵延凯：《〈侵权责任法〉连带责任研究》，山东师范大学 2017 年硕士学位论文，第 26 页。
[79] 杨会：《未履行勤勉义务的董事的追偿权——公司法司法解释（三）第 13 条第 4 款之正当化依据》，载《人民司法》2012 年第 17 期，第 70—72 页。

也能够真正促使实现利益获得者承担最终的责任。值得注意的是，对于可追偿的情形、如何认定可追偿的范围（是部分可以追偿还是就董事承担的全部责任可以追偿），尚需学术界及实务界作进一步的探讨，该机制的实际法律效果可能因个案中不同董事所受控制的情况及过错程度而异。但不可否认的是，建立董事追偿机制不仅能平衡指使者与受指使者之间的利益关系，而且能加强完全丧失决策意志自由的董事的事后权益保障，促使其积极寻求经营管理主动性。

六、结语

鉴于我国公司法已经存在实际控制人的概念，其与实质董事制度在某些程度上具有功能的趋同性，因此不可对域外的实质董事制度进行盲目地移植，而应与已有的禁止股东权利滥用规则、股东压迫、关联交易、实际控制人规制条款等一起形成制度合力。首先，本文认为《公司法》第192条沿用了《民法典》共同侵权的法理，为防止削弱其效用优势，应删除对于主体范畴的限制；其次，在规制行为类型方面，应将"实际行使董事职权"纳入其中，以全面贯彻权责相统一的理念；再次，在认定标准上，建议出台相关司法解释及指导案例，明确对于"指使/指示"的认定标准，即包括单次"指使/指示"行为、不需要董事完全丧失决策自主权、对受到指使的董事数量无过半数要求等。本文认为此次我国引入的"影子董事"理念与英国等国家相去甚远，不宜借鉴英国判例上对于"习惯于"的理解，而应以共同侵权行为的成立标准予以规范，第192条下的连带责任应适用无过错的归责原则。除此之外，引入董事抗辩及追偿制度对实质董事制度及董事第三人责任条款具有重要意义。

法人董事制度：赋能董事会的新思路

武佩瑶[*]

目　次

一、法人董事制度的域外经验
二、法人董事改善公司治理的方案
三、对法人董事制度的隐忧及回应
四、构建法人董事制度的基本框架
五、法人董事制度的本土化应用
六、结论

摘　要：现代董事会经历了从顾问型董事会向监督型董事会的转型，然而以独立董事为主的董事会在监督公司的过程中时常失灵，其症结在于监督型董事会的结构性缺陷。考虑到我国新修订的《公司法》允许公司以审计委员会代替监事会履行内部监督职能，有必要讨论增益董事会功能实现的结构性调整方案。尽管《公司法》并未明确允许法人担任董事，但是实践中存在类似法人董事的治理安排。基于强化激励、发挥信息和资源优势的思路，法人董事制度有望改善董事会的功能。我国可在引入法人董事制度的过程中，为法人董事

---

[*] 武佩瑶，清华大学法学院2024届法学硕士生。

设置科学的准入条件,同时配套合理的法人董事代表人制度、完善的董事责任追究规则以及充分的登记与披露要求,从而克服域外实践中出现的问题,推动法人董事制度在我国的落地。

关键词: 法人董事;董事会;公司治理

在现代社会专业化分工的趋势下,公司治理亦出现所有权与经营权分离的现象,董事会在公司经营中发挥的作用愈加重大,承担的职能愈加复杂。在2024年7月生效的新修订《公司法》中,第67条删去了"董事会对股东会负责"的表述,并允许股东会授予董事会更多职权,暗含扩大董事会职权范围的立场。在此背景下,研究董事会如何"破局",吸取发达国家及地区市场的教训、设计更加周密的公司治理方案具有高度重要性。法人董事即由法人实体担任董事,并指派自然人作为代表履行职务。这一制度并非在世界范围内广泛流行,在采用法人董事的国家和地区亦不乏争议。不过,在改善董事会功能的学术讨论中,法人董事制度作为一种可行方案被域内外学者反复提出。本文将从董事会失灵的困局出发,梳理域外经验,探讨应否在我国引入法人董事制度。

一、法人董(监)事制度的域外经验

(一)我国台湾地区

我国台湾地区"公司法"允许法人担任董事和监察人,学术界称这种制度为"法人董(监)事制度"。在允许法人担任董事的诸多法域中,我国台湾地区关于法人董(监)事制度的规定最为完整,相关的公司治理实践也最为丰富。在过去几十年内,针对法人董监事制度之改革甚至存废的讨论颇为丰富,在我国台湾地区"公司法"的历次修法中(包括2001年、2018年等)也不乏相关的修法意见。在实务中,法人董(监)事制度也被广泛采用,截至2018年台湾地区"公司法"大修前,有约2800家企业设有法人董事;[1] 台

---

[1]《"立法院"公报第107卷第77期院会记录》第34页;《"立法院"公报第107卷第77期院会记录》第33页。

湾地区排名前 150 强的大公司中只有 7 家完全没有法人董事，扣除独立董事后，法人董事占 64%；金控公司 42 名席次中只有 2 名是自然人董事。

1. 规范变迁

1946 年，我国台湾地区"公司法"第 21 条即规定允许公司担任其他公司的董事和监察人，且须指定自然人作为代表履行职务，同时出于对交易安全的考虑，在该条第 2 项规定法人董事对其自然人代表之代表权的限制不得对抗善意第三人，这是法人董（监）事制度的雏形。

1966 年，台湾地区"公司法"第 27 条进一步明确了法人董（监）事制度架构。当政府或法人为公司股东时，有两种方式参与公司董事会：根据该条第 1 项，该法人股东可以以自己的名义当选董事或监察人，同时指定自然人代表行使职务；根据该条第 2 项，该法人股东可派出代表人当选董事或监察人，同时允许 1 名法人股东推举数名代表人当选董事或监察人。不过，两种运作方式只能择一行使，法人股东不得既自己当选董事，又推选自然人代表当选董事。[2] 该条第 3 项允许法人股东随时改派其董事代表人或代表董事，赋予了法人股东对代表人选极强的控制权。该条第 4 项承继了 1946 年"公司法"关于代表权限制不得对抗善意第三人的规定。

如此规定下，同一法人股东可派出代表人分别当选董事和监察人，"左手监督右手"，严重破坏公司内部监控机制。因此，2006 年，"证券交易法"首先增订第 26-3 条，禁止公开公司法人股东的代表人同时当选董事和监察人，除非主管机关核准；2012 年，"公司法"第 27 条第 2 项增设但书，将此禁止性规定拓展至封闭公司。针对股东会选举中出现同时当选的情况，行政机关与司法裁判有不同的处理意见。从行政机关函释来看，在违反第 27 条第 2 项但书的情况下，政府或法人股东可自行选择由其代表人当选董事或监察人，再由公司另行补选缺额。[3] 对于公开公司，司法裁判认为可以类推适用"证券交易法"第 26-3 条第 5 项关于董事或监察人间存在关联关系超过法定比例时的处理方案，监察人中所得选票代表选举权较低者，其当选失去效力。[4]

---

[2] "经济部"1998 年 9 月 29 日经商字第 87223431 号函。
[3] "经济部"2012 年 11 月 5 日经商字第 10102146330 号函。
[4] "最高法院"2015 年度台上字第 35 号判决。

2. 主要实务问题

通过行政机关函释及各级法院判决，我国台湾地区构建了细致、完整的法人董（监）事制度框架，涉及法人董事资格、代表人的选任和改派、报酬归属和责任承担等。

（1）法人董事及代表人的当选条件

我国台湾地区"公司法"仅允许作为公司股东的法人获得董事席位，正因如此，法人不得担任公开发行公司的独立董事[5]。对于非公开公司，当政府或法人股东持股全数转让，其代表人所当选的董事即当然解任[6]。公开公司对董事持股有更严格的规定，根据"公司法"第197条，公开公司董事须向主管机关申报与公告其选任当时的持股情况及任期中的股份增减；当在任期中转让超过选任时所持有公司股份数额的1/2时，董事当然解任；当选后、就任前转让所持股份超过1/2时，其当选失去效力。

自然人代表无须具有股东或员工身份，[7] 但仍需符合"公司法"规定的消极资格限制，如有违反则需改派。[8] 虽然大部分情况下，法人股东可自由选择是以自己的名义还是以自然人代表的名义担任董事，但若该法人股东持有的是包含当选一定名额董事权利的特别股，则仅能以自己的名义担任董事，由自然人代行职务。[9]

（2）委任关系及报酬归属

法人董事存在双重委任关系架构。无论是以法人的名义还是以自然人代表的名义担任董事，法人股东与其指定的代表人之间均为民法上的委任关系。[10] 与公司间的委任关系需分情况讨论：当法人股东以自己的名义担任董事，委任关系建立在法人股东与任职公司间；当法人股东派出自然人代表担任董事，委

---

[5] 台湾证券交易所公司治理中心：《初次上市上柜公司设置独立董事制度及相关规范问答》第4条，载 TWSEⅠ公司治理中心网，https://cgc.twse.com.tw/lawQa/listCh，2024年5月9日最后访问。

[6] "经济部"2002年4月18日商字第09102075010号函。

[7] "经济部"1998年8月18日商87024077号函。

[8] "经济部"2005年6月6日第09400090780号函、"经济部"2008年1月21日经商字第09700502440号函。

[9] "经济部"2019年6月14日经商字第10800045890号函。

[10] "经济部"1990年1月31日商216577号函。

任关系则建立在自然人代表与任职公司间。[11]

尽管委任关系主体因法人董事的运作形式不同而不同，但是实践上普遍认为任职公司的董事报酬应当归于法人股东，只是给付报酬的原因有所不同。[12] 当法人担任董事时，行使职务的自然人代表与公司间不存在委任关系，报酬自然应当给付给法人股东。[13] 当自然人代表担任董事时，该代表人作为法人股东的受任人，其所受领的酬劳属于因处理委任事务所得，理应交付于委任人；[14] 车马费等因实际需要而产生的费用，则可由代表人支领。[15] 亦有裁判观点认为，在第 27 条第 2 项下，董事职务的权利义务名义上由自然人代表董事承担，实际上则直接归属于法人股东。[16] 学术上，支持废除法人董事制度的观点认为，从避免法人股东借由自然人代表逃避董事责任的角度出发，应当认为任何情况下委任关系都存在于任职公司与法人股东之间。[17]

（3）关系企业担任法人董（监）事：第 27 条第 2 项但书的目的解释

为落实公司的内部监督机制，基于"公司法"禁止同一法人股东之代表人同时担任董事与监察人的规定，立法与司法都采取了扩张性的规制思路。具言之，同一公开公司控制下的两家公司不得同时当选另一家公开公司的董事及监察人；[18] 控制公司与从属公司也不得由其代表人同时当选董事及监察人。[19] 此外，分别当选董事和监察人的不同法人股东不得指定同一自然人代行职权。[20]

---

[11] 根据我国台湾地区"公司法"第 192 条，公司与董事之间的关系，除非另有规定，否则依照"民法"上委任关系之规定。

[12] "最高法院" 2012 年度台上字第 700 号判决。

[13] "最高法院" 2012 年度台上字第 1696 号判决。

[14] "最高法院" 2013 年度台上字第 1304 号判决。

[15] "行政部" 1974 年 7 月 20 日台（63）函参 6303 号函。

[16] "最高法院" 1999 年度台上字第 2590 号判决。

[17] 黄铭杰：《挥别天龙国时代的法人董监委任关系之解释——评 700 号判决》，载《月旦法学杂志》2013 年总第 215 期，第 163 页。

[18] 台湾证券交易所公司治理中心：《初次上市上柜公司设置独立董事制度及相关规范问答》第 28 条，载 TWSE｜公司治理中心网，https://cgc.twse.com.tw/lawQa/listCh，2024 年 5 月 9 日最后访问。

[19] "最高法院" 2015 年度台上字第 35 号判决。

[20] "经济部" 2018 年 1 月 22 日经商五字第 10702196520 号函。

（4）董事责任承担

在董事责任承担上，关于自然人代表与法人股东是否承担连带责任，存在很大争议。在形式上，第 27 条第 1 项与第 2 项下形成的委任契约主体并不相同。在实务中，关于责任承担的争议主要基于两重考虑：第一，在代表人未尽职责的情况下，指派该代表人的法人股东是否存在过错；第二，对代表人的求偿能否有效填补损害。以兆丰银行纽约分行反洗钱处罚案为例，该行由于内部控制制度缺失，董事会未对美国纽约州金融服务署（Department of Financial Service，DFS）的业务检查报告给予足够重视，导致 DFS 在 2016 年 8 月以违反法令等为由罚款兆丰银行 1.8 亿美元。2017 年 6 月，台湾"监察院"通过纠正案，指出"行政院"作为人事核定机关未能积极指派兆丰金控暨兆丰银行董事长，导致职位悬缺近 5 个月并由总经理代理，这使得总经理因同时身兼 4 个重要职务而未尽代理董事长之职责；同时，"财政部"公股管理不当，未通过负责人、经理人善尽业务审核与督导责任，未通过公股联络人随时掌握营运状况，公股董事对公司内部控制制度的有效性亦未尽督导责任。[21] 在"行政院"督导小组要求下，兆丰银行启动对前董事长蔡某才的民事求偿诉讼，追究其疏忽过失责任，一审、二审判决结果迥异，目前案件因原告提供的文书证据不完整、案件事实尚未明确，已被台湾地区"最高法院"发回重审。[22]

行政机关方面，我国台湾地区证券投资人及期货交易人保护中心在起诉财报不实类案件时均会将法人股东与自然人代表一并列为被告，并依据台湾地区"民法"第 28 条（法人对于有代表权之人因执行职务而加于他人之损害与该行为人负连带赔偿之责任）、"公司法"第 23 条（公司负责人对于公司业务之执行，如有违反法令至他人受有损害时，对他人应与公司负连带赔偿之责任）主张二者应承担连带赔偿责任。

司法裁判中，各法院意见则并不统一。支持连带责任的判决认为：一方

---

[21] 参见"监察院"新闻与公告：《兆丰银行遭重罚 1 亿 8 千万美元 监察院纠正行政院、金管会及财政部》，https：//www.cy.gov.tw/News_Content.aspx？n＝124&sms＝8912&s＝8049，2024 年 5 月 9 日最后访问。

[22] 参见台北地方法院 2016 年度重诉字第 1119 号民事判决、台湾地区"高等法院"2021 年度重上字第 83 号民事判决及"最高法院"2023 年度台上字第 173 号民事判决。

面，法人股东对自然人代表具有完全、实质的控制，因为法人股东能够不经改选或补选程序随时改派代表人，且法人股东持股减少有可能导致代表人当然解任；另一方面，自然人代表与法人股东间存在代表关系，代表人执行职务损害他人利益的，法人理应负连带责任（诚然，亦有判决就代表人是否属于"民法"第28条规定的"有代表权之人"存在不同意见，仅将与董事地位相当的清算人、重整人等视为有代表权之人，排除了通常作为代表人的经理人或职员）。[23] 反对连带责任的主要裁判理由是：代表人在任职公司担任董事并非履行法人股东自己公司的董事职务，且在财报不实的案件中，法人股东未参与系争财报的审核。[24]

（5）自然人代表的更换与解任

根据"公司法"的规定，法人股东有权随时解任其派出的代表人。需要指出的是，法人股东随时改派的代表人仅能承继其席位对应的董事职责，若改派前的代表人为董事长或常务董事，改派后仍须由董事会重新选举董事长或常务董事。[25] 设计随时改派制度的初衷是避免召集股东会的繁杂程序，节省成本。[26] 然而，这一随时改派权利因有助长大股东过度控制之嫌而饱受批评。监管层面亦不提倡任意改派，"上市上柜公司治理实务守则"第18条即指出，上市上柜公司的控制股东对其自然人代表"不宜任意改派"。[27] 不过，在裁判或股东会决议解任的情况下，属于缺位，不属于另行改派。[28]

3. 法人董事制度在台湾地区公司治理实践中的应用

我国台湾地区的法人董（监）事制度创立之初主要服务于公股管理。例如，2006年兆丰金控董事改选，15席董事中民股取得7席，加之独立董事1

---

[23] 刘连煜：《公司法第27条第2项法人股东对于财报不实案件之连带赔偿责任——最高法院108年度台上字第132号民事判决的检讨》，载《裁判时报》2020年总第96期，第46页。

[24] 刘连煜：《公司法第27条第2项法人股东对于财报不实案件之连带赔偿责任——最高法院108年度台上字第132号民事判决的检讨》，载《裁判时报》2020年总第96期，第47页。

[25] "经济部"1962年1月20日商02136号函、"经济部"2005年5月20日经商字第09402061340号函。

[26] "经济部"1993年3月12日商205706号函。

[27] 台湾证券交易所《上市上柜公司治理实务守则》，载TWSE｜公司治理中心网，https：//twse-regulation.twse.com.tw/TW/law/DAT0201.aspx? FLCODE = FL020553，2024年5月9日最后访问。

[28] "经济部"1996年12月10日商字第85222923号函。

席，超过公股的 7 席，后经行政机关协调，1 席民股董事即独立董事辞职，勉强维持公股席次过半。尽管如此，选举产生的董事长为民股董事，4 席关键民股董事未受影响，其他民股持股虽仅 0.1% 却可当选 3 席董事，"监察院"认为不妥，要求"财政部"检讨其公股股权管理。[29]

然而，法人董事制度在公司治理实践中逐渐演变为公司经营权争夺的工具。例如，在 2022 年初的台开公司父女董座之争中，接棒父亲担任董事长的邱某芸因与父亲经营观念不而遭到其所代表的法人董事鸿生投资公司的改派；随后，邱某芸获得代表台开公司第一大股东蓝某升的麒麟船务公司的支持，被继续派任为法人董事代表人。[30] 又如，在 2021 年底的光洋科经营权之争中，公司董事会原包含公司派（以董事长马某勇为代表）5 席及市场派（代表大股东台湾钢铁集团利益）4 席。在董事会会议中，市场派董事拖延会议直至台钢公司董事长王某棻到场并拿出法人董事玉璟公司的改派书，该改派书将代表人由经某某改为王某棻。经此改派，市场派由 4 席增至 5 席、公司派减为 4 席，市场派随即基于多数席次临时动议解任董事长马某勇、改选王某棻所代表的玉璟公司为新任董事长。[31]

此外，对于公司集团，法人董事制度在实践中还可能被用于当经营权守擂无望时侵吞公司财产。例如，在某上市公司股东会改选前夕，占据多数席位的法人股东根据持股比例、委托书征集情况预期其无法再次取得足够席位控制公司，即在董事会换届前促使该上市公司各子公司股东会完成董事改选，将该上市公司向子公司派出的董事席位全部改为由自然人当选，切断上市公司对子公司的控制，随后由子公司负责人处分公司财产。

（二）英国公司法

英国是少数几个采取法人董事制度的发达市场之一。与我国台湾地区不

---

[29] "监察院"：《中信红火案资金层层转汇 民股持兆丰金 0.1% 竟获选 3 席董事 监察院要求金管会检讨改进》，https://www.cy.gov.tw/News_Content.aspx?n=124&s=6983，2024 年 5 月 9 日最后访问。

[30] 今周刊：《台开邱复生父女董座之争！农历春节后临时董事会再战 邱于芸："不能由父亲心情决定去留"》，https://www.businesstoday.com.tw/article/category/183016/post/202201280034/，2024 年 5 月 9 日最后访问。

[31] 辛政大：《光洋科董事长闹双胞》，载《法观人月刊》2022 年总第 269 期，第 15 页。

同，法人董事在英国公司治理实践中并不流行（原因之一是上市规则禁止上市公司存在法人董事）。英国立法机关对法人董事的全面禁止在十年前已有迹象，但至今尚未落实。

1. 规范变迁

在英国，法人董事（Corporate Directors）制度经历了适用空间被不断限缩的过程。在过去一百多年中，英国公司法始终允许公司或其他法人实体担任公司董事，且并无额外限制。[32] 然而，与我国台湾地区不同，法人董事在英国的公司治理实践中被应用得并不频繁，且由于上市规则要求董事为自然人，设有法人董事规则的公司主要为规模较小、未公开发行的公司。[33] 截至2022年2月底，英国有约31200家公司、21000个合伙设有非自然人实体担任的董事，约占英国企业的1%，此类董事数量则在82900名左右。[34]

2006年，修改后的英国《公司法》第155条要求每家公司至少有1名自然人董事。[35] 在立法咨询过程中，政府曾倾向于禁止法人担任董事，避免在公司控制人、董事违反义务后确定责任承担方的困难，但由于业界反对，最终仅要求自然人董事至少1名。[36]

2015年《小型商业企业及雇用法》（Small Business, Enterprise and Employment Act, SBEEA）通过，全面禁止法人担任公司董事。根据该法案，英国《公司法》以新增的第156A条代替第155条，该条规定公司的每名董事均须为自然人，否则董事指派无效，除非取得董事席位的法人为单一自然人股东；同时，《公司法》第158条允许内阁大臣颁布规定设置例外，包括指派法

---

[32] Jason Ellis, *The Continued Appointment of Corporate Directors: An Examination of the Effect of S. 87 of the Small Business, Enterprise and Employment Act 2015*, 37 Company Law. 203, 203（2016）.

[33] Stephen M. Bainbridge, *Corporate Directors in the United Kingdom*, 59 William & Mary L. Rev. 65, 70（2017–2018）.

[34] Dept. for Bus., Impact Assessment: Exceptions to prohibition of corporate directors set out in the SBEEA（2015），https://assets.publishing.service.gov.uk/media/621cd5cae90e0710ad0e3edc/corporate-directors-si-impact-assessment.pdf, page 6, para 2, May 9 2024 last visited.

[35] Companies Act 2006（Aug 23, 2023 Revised），https://www.legislation.gov.uk/ukpga/2006/46/part/10/chapter/1, May 9 2024 last visited. 英国《公司法》在第10章第1节规定了董事的任命与解职，其中包含法人董事制度。第155条要求董事会至少1名董事为自然人（或某自然人完全持有的实体）；第164条规定了公司及其他法人作为董事的登记要求。

[36] 林少伟：《英国现代公司法》，中国法制出版社2015年版，第363页。

人董事的条件、情形，可规定法人董事指派须经由指定的监管机构审核，但无论如何公司必须至少保有 1 名自然人董事。同时，法案设置了生效后 1 年的过渡期。[37] SBEEA 对法人董事的全面禁止最初计划于 2016 年生效，但政府无限期推迟了这一禁止性规定的落地实施。

2. 法人董事效用的本土调查

立法机关对法人董事制度的担忧主要在于透明性欠缺与追责困难。[38] 为符合国际上对透明度的要求，英国政府就提高公司所有权透明度开展调研，报告显示法人董事容易被用于隐藏复杂公司结构（往往跨越多个司法辖区）的实际受益人，从而助长违法行为；大约 1/4 的严重欺诈案件涉及法人董事。[39]

不过，不可否认的是，法人董事对改善公司治理具有积极意义。在 SBEEA 对废除法人董事制度的影响评估中，24% 的受访公司认为法人董事使得董事会具备更充足的技能与知识，9% 的受访者认为法人董事在公司经营管理中有更强的延续性，5% 的受访者认为法人董事提高了公司治理效率，2% 的受访者认为法人董事为公司提供了更广泛的关系网络和更多的资金来源、提高了决策质量。[40]

---

[37] Small Business, Enterprise and Employment Act 2015, https：//www. legislation. gov. uk/ukpga/2015/26/section/87, May 9 2024 last visited.

[38] Dep't for Bus. , Innovation & Skills, Final Stage Impact Assessments to Part A of the Transparency and Trust Proposals（Companies Transparency）155（2014），https：//www. gov. uk/government/uploads/system/uploads/attachmentdata/file/324712/bis － 14 － 908a-final-impact-assessments-part-a-companiestransparency-and-trust. pdf, at 152. 155, May 9 2024 last visited.

[39] Dep't for Bus. , Innovation & Skills, Transparency & Trust：Enhancing the Transparency of UK Company Ownership and Increasing Trust in Uk Business Discussion Paper 5 － 6（2013），https：//www. gov. uk/government/uploads/system/uploads/attachmentdata/file/212079/bis － 13 － 959 － transparency-and-trust-enhancing-the-transparencyof-uk-company-ownership-and-increaing-trust-in-uk-business. pdf, at 50, 52, May 9 2024 last visited.

[40] Dep't for Bus. , Innovation & Skills, Final Stage Impact Assessments to Part A of the Transparency and Trust Proposals（Companies Transparency）155（2014），https：//www. gov. uk/government/uploads/system/uploads/attachmentdata/file/324712/bis － 14 － 908a-final-impact-assessments-part-a-companiestransparency-and-trust. pdf, at 183, May 9 2024 last visited.

3. 与影子董事制度的协调

英国《公司法》在补充规定中设计了影子董事制度。[41] 第 251 条将公司董事习惯于根据其指导或指示行事的人定义为影子董事，并规定了不被认定为影子董事的例外情况。其中，法人不因其子公司的董事依据其指示履行董事的一般义务、推进要求股东批准的交易及与作为董事的单个股东签署合同而被视为子公司的影子董事。

4. 公司透明度与登记改革：强化法人董事信息披露

2024 年 3 月 4 日，《经济犯罪和企业透明度法案》关于企业登记注册的新规定正式生效，该法案是英国公司透明度与登记改革的重要举措。根据法案，登记署（Companies House）将推出新的身份验证（Identity Verification）流程，所有董事（或同等人员）以及拥有重大控制权的人员（People with Significant Control，PSC）均须完成身份验证。[42] 英国政府于 2022 年发布的《公司透明度与登记改革白皮书》回应了立法咨询中关于禁止法人董事之禁止收到的各界意见，并阐释了未来计划推行的例外规定。[43]

首先，法人董事须具有完全由自然人组成的董事会。为保障国家安全、打击腐败及有组织犯罪，避免公司具有不透明的控制链条，政府要求自然人外的实体需要满足两个条件方能担任董事：第一，该实体自己的董事会全部由自然人构成；第二，在被指派前，该法人的董事已完成身份验证程序。[44] 在意见征集过程中，大部分学术与实务意见对此表示支持，认为如此设计能够平衡公司透明度与法人董事带来的正当治理收益。[45]

其次，法人董事须在英国本土注册。英国有 1/3 的法人董事为外国实体，

---

[41] Companies Act 2006（Aug 23，2023 Revised），https：//www.legislation.gov.uk/ukpga/2006/46/part/10/chapter/9，May 9 2024 last visited.

[42] 根据法案，PSC 包括持有公司 25% 或以上股份、投票权的人，以及有权委任或撤销大多数董事的人。

[43] Dept. for Bus.，Energy and Industrial Strategy，Corporate Transparency and Register Reform White Paper，https：//assets.publishing.service.gov.uk/government/uploads/system/uploads/attachment_data/file/1060726/corporate-transparency-white-paper.pdf，February 2022，May 9 2024 last visited.

[44] Id.，at page 46，para 156.

[45] Id.，at page 100，para 7.

其中超过一半来自欧洲经济区。[46] 经验表明，跨辖区的多层控制常被用于从事非法行为，而海外大部分法域不允许法人担任董事，考虑到脱欧使得英国能够不再特殊对待欧盟企业，英国政府将仅允许在英国本土注册的实体担任董事，以此打击金融犯罪和减少欺诈行为的藏匿。[47]

最后，暂不区别对待不同类型的法人。尽管担任董事的非自然人实体应当具有独立的法人人格已为共识，但是英国《公司法》并未对此明文规定。因此，政府将进一步明晰能够担任董事的实体类型，包括有限公司、有限责任合伙及慈善法人组织（Charitable Incorporated Organizations）等。[48] 基于以上原则，英国政府认为没有必要分别规制不同的法人实体类型，且鉴于有限公司董事、有限合伙的一般合伙人均将进行强制性身份核查，在多数情况下，法人董事实体会自动满足法人董事的身份验证要求，相关申报要求也会平衡指派人与被指派人的合规成本。[49]

（三）其他允许法人担任董事的立法例

综观允许法人担任董事的各立法例，法人董事制度的核心要素包括自然人代表的选任与更换、自然人代表的行事标准和义务以及自然人代表与法人董事之间的责任承担规则。

1. 法国：法人董事与常任代表人承担连带责任

法国《商法典》第 L225-20 条允许法人当选公司董事，并特别地规定了常任自然人代表制度：常任代表人须遵守的董事义务、承担的董事责任与自然人董事相同；同时，法人董事与其自然人代表对外承担连带责任。[50] 为避免公司内部过度控制，法国《破产法》亦配合"事实董事"概念，规定即使母公司不愿或未能担任董事，只要其积极主导、掌控公司的经营管理，就要受到董事权利、义务和责任的约束。[51]

---

[46] Id., at page 101, para 12.
[47] Id., at page 47, para 158; page 101, para 13.
[48] Id., at page 101, para 14.
[49] Id., at page 101, para 15, 18.
[50] 《法国商法典：2000 年版》，金邦贵译，中国法制出版社 2000 年版，第 121 页。
[51] 孙佳仪：《法人董事制度研究》，华中师范大学 2013 年硕士学位论文。

2. 我国香港特别行政区：限于私人公司

根据我国香港特别行政区《公司条例》（以下简称香港《公司条例》），公司董事原则上应当为自然人。该条例第 456 条规定，法人团体不得在公众公司、属于某个包含上市公司的公司集团的私人公司、担保有限公司中被委任为董事。不过，根据该条例第 457 条，不与任何上市公司属于同一公司集团的私人公司可以拥有法人董事，但至少得有 1 名自然人董事。[52]

该条例同样规定了事实董事和幕后董事（即影子董事）制度。在释义部分，该条例定义，当法人团体的一众董事或过半数董事习惯于按照其指示或指令（不包括以专业身份提供的意见）行事时，该法人团体为幕后董事。根据第 456 条，当法人团体本意是以董事的身份行事或以幕后董事的身份行事时，该法人团体将承担董事的法律责任。[53]

实践中，外国投资者会选任公司服务提供商或金融机构作为其在我国香港特别行政区公司中的董事，代表其处理签署文件等日常事务。法人董事制度确保在履行董事职务的自然人频繁出差时，能够有固定人手在公司所在地随时处理产生的商业事务。[54]

3. 我国澳门特别行政区：以自然人代表名义担任董事

在我国澳门特别行政区，功能类似董事会的公司机关被称为行政管理机关。我国澳门特别行政区《商法典》第 234 条第 2 款允许法人担任公司行政管理机关的成员，但应指定自然人以其本人名义担任职务，同时法人须对被指定之人的行为负连带责任；第 3 款规定行政管理机关的组成、指定、解任及运作均须遵守各类公司所定规则。[55]

（四）禁止法人担任董事的法域可参考的治理经验

在不允许法人担任董事的国家和地区，尽管形式上董事皆为自然人，但往

---

[52] 香港《公司条例》（2023 年），载电子版香港法例网，https：//www. elegislation. gov. hk/hk/cap622！en-sc？xpid＝ID_1438403545422_001，2024 年 5 月 9 日最后访问。

[53] 香港《公司条例》（2023 年），载电子版香港法例网，https：//www. elegislation. gov. hk/hk/cap622！en-sc？xpid＝ID_1438403545422_001，2024 年 5 月 9 日最后访问。

[54] Stephen M. Bainbridge, Corporate Directors in the United Kingdom, 59 William & Mary L. Rev. 65, 75（2017－2018）.

[55] 澳门特别行政区《商法典》（2015 年），载澳门特别行政区印务局网，https：//bo. io. gov. mo/bo/i/99/31/codcomcn/codcom0001. asp#l2t1，2024 年 5 月 9 日最后访问。

往存在类似股东派驻董事的公司治理实践或制度安排。

1. 美国：封闭公司股东可约定由特定人担任董事

美国《示范公司法》规定董事会应由"一个或多个自然人"组成；[56] 特拉华州《一般公司法》亦规定董事会成员均需为"自然人"。[57] 作为公司治理实践的前沿阵地，美国未构建法人董事制度或许与其采取"法人拟制说"有关。不过，尽管法人无法担任董事，但在封闭公司中，股东可对公司管理架构作出有效约定，并据此指定特定人担任董事。[58]

2. 德国：双层制下的派遣监事制度与集团治理中的强控制

德国《股份公司法》规定公司董事和监事只能由"具有完全民事行为能力的自然人"担任，《有限公司法》也规定"禁止法人当选董事、监察人"。[59] 不过，值得注意的是，由于德国股份公司采取"双层制"，监事会与董事会为上下隶属关系，其派遣监事制度对构建我国法人董事制度有一定的借鉴意义。

（1）监事会与特定股东派遣监事制度

在德国的股份公司中，虽然由董事会负责经营管理，但法律授予了监事会对个别重要经营事项的决策权，包括董事的任命和罢免权、公司年报的审批权、董事会计划某些特定业务的否决权。[60] 尤其在股份较为集中的情况下，董事会拥有的独立性相当有限，成了一个下属执行机构。[61]

在构成上，根据企业的规模不同，除人数不足 500 人的公司可建立全部由股东代表构成的监事会外，大部分企业的监事会成员须同时包含股东代表和职工代表。[62] 与一般地区的董事会相似，德国股份公司的监事会构成取决于股

---

[56] Model Business Corporation Act § 8.03（a）(2023).

[57] Delaware General Corporation Law § 141（b）(2019).

[58] Model Business Corporation Act § 7.32（a）(2023).

[59] 林承铎、吴涛：《法人董事理论与立法选择》，载《河南科技大学学报（社会科学版）》2006 年第 5 期，第 44 页。

[60] 参见德国《股份公司法》第 84 条、第 172 条、第 111 条。[德] 托马斯·莱塞尔、[德] 吕迪格·法伊尔：《德国资合公司法》（第六版），高旭军等译，上海人民出版社 2019 年版，第 182 页。

[61] 参见德国《股份公司法》第 84 条、第 172 条、第 111 条。[德] 托马斯·莱塞尔、[德] 吕迪格·法伊尔：《德国资合公司法》（第六版），高旭军等译，上海人民出版社 2019 年版，第 183 页。

[62] 参见德国《股份公司法》第 84 条、第 172 条、第 111 条。[德] 托马斯·莱塞尔、[德] 吕迪格·法伊尔：《德国资合公司法》（第六版），高旭军等译，上海人民出版社 2019 年版，第 251 页。

东构成，例如公共企业中的股东代表主要是政府官员和议员，集团公司中子公司监事会的股东代表主要是母公司的董事和高级职员，公众公司中的监事包括银行和保险公司董事长、供应商和客户的董事、公司的前董事等。许多大公司和家族公司通常在事前即商定监事会的人员结构，法律亦允许股东之间达成投票协议或同盟以保证自己的监事席位。[63] 这一实践与我国封闭公司中通过股东协议划分董事会席位的做法类似。

德国《股份公司法》允许公司通过章程赋予某些股东派遣监事的"特别权利"，只有当事人自己同意且经由章程修改方可调整（即不得通过股东大会决议改变），除非公司章程制定时即规定股东大会可以调整监事派遣权。[64] 这一制度主要适用于政府部门派遣议员和官员，也应用在集团企业（康采恩）及家族公司中。[65] 德国的派遣监事制度具有以下特点。第一，德国法律将派遣权的形式、行使方式、权利限制等交由章程自治（包括在章程修改中进行规定），例如规定某一股东只要直接或间接持股超过规定比例即有权派遣数名监事。第二，派遣权既可以具有人身属性，即固定赋予某一股东，不得转让和继承；也可以作为股票上的特殊权利，但此类股票的转让通常需要经过公司（董事会）批准，避免投机性投资者获得此项权利。对于多个共同持有特殊股权的股东，公司章程可规定派遣权行使方式（即共有人形成合意的表决通过比例），若无规定则基于按份共有适用简单多数决。第三，德国《股份公司法》将派遣人数限制在监事总数的 1/3 以下，以应对股东大会与监事会之间的代理问题，同时避免个别股东对公司具有过强的控制力。第四，派遣股东对监事享有派遣自由，对公司仅有通知义务。[66] 第五，拥有 10% 以上股份的股东可以在必要时对派遣监事申请裁判解任；监事会亦可在具有重大理由时向法院

---

[63] 参见德国《股份公司法》第 84 条、第 172 条、第 111 条。[德] 托马斯·莱塞尔、[德] 吕迪格·法伊尔：《德国资合公司法》（第六版），高旭军等译，上海人民出版社 2019 年版，第 261 页。

[64] 许德风：《论法人董事与代表人董事——兼议董事独立性的界限》，载《法学》2015 年第 3 期，第 88—89 页。

[65] [德] 托马斯·莱塞尔、[德] 吕迪格·法伊尔：《德国资合公司法》（第六版），高旭军等译，上海人民出版社 2019 年版，第 260 页。

[66] 许德风：《论法人董事与代表人董事——兼议董事独立性的界限》，载《法学》2015 年第 3 期，第 89 页。

申请裁判解任某一监事。[67]

不过，尽管派遣自由使得股东看似能对监事施加较强控制，但是股东并无权利向其派遣的监事下达指示，监事也不受其指示的约束。[68] 因为德国法要求监事作为企业的内部机构而非选民的利益代表开展工作，即使附属公司中的监事是控股公司派遣的代表，他们也必须首先考虑附属公司的利益。[69] 此外，监事对其因履职获知的秘密具有保密义务，[70] 仅在政府部门派遣监事的情况下存在例外——此时监事应当向派遣部门汇报，但该部门必须保持沉默。[71]

（2）集团企业中控制公司对从属公司的支配

在企业集团中，德国法上允许控制企业通过契约等方式支配从属公司，包括下达不利于从属公司的指示，只要这一指示有利于实现控制企业或集团更高层次的利益即可。[72] 在实践中，控制合同往往与利润转移合同相结合，即从属公司有义务将其全部盈利上交控制公司或其他集团企业；[73] 在股权控制的情况下，母公司亦有义务补偿子公司的结算亏损以及对子公司的债权人承担责任。[74]

二、法人董事改善公司治理的方案

沿着解决信息不足和激励悖论的思路，法人董事改善董事会失灵的方案大

---

[67] 参见德国《股份公司法》第 103 条第 3 款。[德] 托马斯·莱塞尔、[德] 吕迪格·法伊尔：《德国资合公司法》（第六版），高旭军等译，上海人民出版社 2019 年版，第 263 页。

[68] 参见德国《股份公司法》第 103 条第 3 款。[德] 托马斯·莱塞尔、[德] 吕迪格·法伊尔：《德国资合公司法》（第六版），高旭军等译，上海人民出版社 2019 年版，第 260 页。

[69] 参见德国《股份公司法》第 103 条第 3 款。[德] 托马斯·莱塞尔、[德] 吕迪格·法伊尔：《德国资合公司法》（第六版），高旭军等译，上海人民出版社 2019 年版，第 282 页。

[70] 参见德国《股份公司法》第 103 条第 3 款。[德] 托马斯·莱塞尔、[德] 吕迪格·法伊尔：《德国资合公司法》（第六版），高旭军等译，上海人民出版社 2019 年版，第 282 页。

[71] 参见德国《股份公司法》第 103 条第 3 款。[德] 托马斯·莱塞尔、[德] 吕迪格·法伊尔：《德国资合公司法》（第六版），高旭军等译，上海人民出版社 2019 年版，第 282 页。

[72] 参见德国《股份公司法》第 308 条、第 323 条、第 103 条第 3 款。[德] 托马斯·莱塞尔、[德] 吕迪格·法伊尔：《德国资合公司法》（第六版），高旭军等译，上海人民出版社 2019 年版，第 902、949 页。

[73] 参见德国《股份公司法》第 308 条、第 103 条第 3 款。[德] 托马斯·莱塞尔、[德] 吕迪格·法伊尔：《德国资合公司法》（第六版），高旭军等译，上海人民出版社 2019 年版，第 903 页。

[74] 参见德国《股份公司法》第 322 条、第 324 条、第 103 条第 3 款。[德] 托马斯·莱塞尔、[德] 吕迪格·法伊尔：《德国资合公司法》（第六版），高旭军等译，上海人民出版社 2019 年版，第 950 页。

体包括四类：第一，大股东担任董事，抑制董事与股东之间的代理问题，发挥大股东利益与公司长远利益更一致的优势；第二，作为少数股东的机构投资者获取董事席位参与治理、发挥专长；第三，引入专业化的董事代表人，更充分发挥其专业化服务的信息和资源优势；第四，在集团公司治理中，通过母公司向子公司派驻董事统一集团战略，以共享服务中心担任董事提高公司运营效率。

（一）法人董事制度对董事会职能实现的增益

在传统意义上，董事会的主要作用是调解各利益相关者之间的潜在利益冲突，包括监督各种监控机制的运行、监督股东和经理人可能存在利益分歧的关联交易和重大交易，而处理这些冲突似乎不需要太多专业知识。[75] 但随着商业实践的发展，董事会的工作既包括签署内部控制制度和批准合并，还包括挑选合适的人领导公司、管理公共关系、平衡股东和利益相关者的利益、处理独裁以及解决长期问题（如网络安全和自动化）等。[76] 法人董事制度对组织力量的引入将赋能董事会更好地应对这些复杂而棘手的挑战。

1. 管理职能

董事会的管理职能，是指董事会把握公司发展方向、选拔激励高管团队、决策特定重大事项的职能。[77] 法人董事一方面能够发挥集体智慧，克服单个自然人精力和知识的局限；另一方面可以克服因自然人董事的退休、死亡等而对董事会结构稳定性与公司经营管理延续性造成的影响，使得董事会能够更好地承担日常事务的处理（如签署文件）。[78]

在经营管理延续性方面，有反对观点认为自然人代表因无须经过股东大会选举而可能被频繁更换，从而威胁了公司经营的连续性。然而，代表人的更换往往并非无条件的，在代表人不能履职的情况下，避免召开股东大会的烦琐程序、尽快更换人选补足任期有其合理性。此外，多次更换代表人亦不利于法人

---

〔75〕 Usha R. Rodrigues, *Do Conflicts of Interest Require Outside Boards？Yes？Maybe*，74 Bus. Law. 307（2019）.

〔76〕 M. Todd Henderson, *Outsourcing the Board：A Rebuttal*，74 Bus. Law. 373，377（2019）.

〔77〕 Stephen M. Bainbridge & M. Todd Henderson, *Outsourcing the Board：How Board Service Providers Can Improve Corporate Governance* Combridge University Press，2018，p. 35 - 36.

〔78〕 林少伟：《法人董事之可能与构建》，载《北方法学》2020 年第 4 期，第66页。

董事参与经营管理，因此法人董事基于利益考量并不会无端频繁更换代表人。即使发生了个别人事调整，由于公司经营决策战略是一种团体法上的行为，公司既定的经营策略和发展走向也不会受到影响。[79]

2. 服务职能

董事会的服务职能，即董事发挥专长提供顾问服务，调动资源提供外联服务，同时作为中介促进高管团队与利益相关者（尤其是股东）的对话沟通。[80] 管理学上以董事会资本衡量董事会为企业提供资源的能力，其中不仅包括反映董事知识技能、职业背景和经验声望的人力资本，还包括关系资本，即董事通过与外部组织之间的连锁关系所能获得的潜在资源。这些关系包括企业关系、政府关系和金融关系三个维度。[81] 法人具有大量雇员（专家）和复杂的关系网，相比自然人更能充分调动其资源网络，从而促进融资、政府关系等公司关键资源的获取。[82]

3. 监督职能

董事会的监督职能，即董事代表股东关注公司的风险管理，同时代表社会公众等更广泛的利益相关者确保公司经营合规。[83] 若法人股东担任董事，一方面剩余索取权的享有者和控制权的拥有者在一定程度上重合，有助于降低传统公司法的代理问题；另一方面大股东更偏好长期持股，其股东利益与公司整体利益、长远利益往往更为一致。对董事会服务提供商来说，强大的信息和资源优势以及更强的可问责性、声誉约束和市场竞争也使得法人董事在履行监督职能的过程中更能勤勉尽责、积极作为。

（二）情景一：提高大股东参与经营管理的效率

关于大股东，存在是"掏空"还是"治理"的争论：一方面，大股东基于私人受益动机，存在"掏空"公司、侵占债权人或中小股东利益的倾向；

---

[79] 黄爱学：《法人董事制度的法律分析》，载《西部法学评论》2012 年第 2 期，第 88 页。
[80] Stephen M. Bainbridge & M. Todd Henderson, *Outsourcing the Board: How Board Service Providers Can Improve Corporate Governance* Combridge University Press, 2018, p. 38 – 42.
[81] 邵方婧：《董事会资本与企业创新投资决策》，社会科学文献出版社 2021 年版，第 16 页。
[82] 林少伟：《法人董事之可能与构建》，载《北方法学》2020 年第 4 期，第 64 页。
[83] Stephen M. Bainbridge & M. Todd Henderson, *Outsourcing the Board: How Board Service Providers Can Improve Corporate Governance* Combridge University Press, 2018, p. 42.

另一方面，大股东出于共享收益动机，参与治理加强对管理层的监督、缓解代理问题，支持符合公司长远利益的决策。相比于发达国家及地区市场，我国公司具有股权较为集中的特点，且董事会与管理层兼任情况较为突出。有鉴于此，关注如何发挥大股东的积极作用应当是法人董事制度改善公司治理的重要方向。

在上市公司中，控股股东委派董事代表其参与公司决策，同时加强对公司的监管。约束与激励是缓解股东与管理层之间代理问题的两种机制。实证研究表明，当控股股东委派董事参与公司治理时，在约束端，公司的真实活动盈余管理水平和应计盈余管理水平显著降低，即高管通过操纵会计数字短期抬高业绩、通过操纵真实业务活动背离企业长期价值的行为显著减少；在激励端，管理者的薪酬—业绩敏感性提高，即股东及董事会为管理层设置的与业绩挂钩的薪酬方案能够更好地发挥作用。[84]

（三）情景二：促进机构投资者支持外部董事发挥专长

机构投资者与金融机构、政府和立法机关、上下游供应商及其他相关被投公司的关系对于一家公司的发展至关重要。[85] 对初创公司来说，机构投资者加入董事会将大大助益其融资、人才招募及业务拓展，同时经验丰富的投资机构还将不时地为创始人提供经验和建议；对陷入财务危机的公司来说，机构投资者及其能够动用的银行、债权人、供应商关系将是公司扭转颓势的重要希望。[86]

外部董事源自美国企业实务，是指除董事职务外不在公司担任其他职务的董事，即不参与日常经营的专业人士，其主要承担监督职能。[87] 机构投资者有希望基于其持股比例单独或合作取得法人董事席位，派出一定比例的专业董事（professional director）担任外部董事代表人，从而更好地提供顾问服务，

---

[84] 孙光国、孙瑞琦：《控股股东委派执行董事能否提升公司治理水平》，载《南开管理评论》2018年第1期，第91页。

[85] Stephen M. Bainbridge & M. Todd Henderson, *Outsourcing the Board: How Board Service Providers Can Improve Corporate Governance* Combridge University Press, 2018, p. 38.

[86] Id., at 38（2018）.

[87] 林仁光：《论经营者诚信、内部控制、内部稽核制度与公司治理》，载《月旦法学杂志》2004年总第106期，第49页。

监督公司运作。[88] 被选任的专业董事在资格上应具备适当的专业知识、经验和社会地位，可同时代表投资者担任多家公司的外部董事，但不得兼任外部董事以外的其他公司职务或从事其他专业服务（如担任律师、会计师）。[89] 此类董事不仅能够代表机构投资者监督公司经营，而且能依靠机构投资者的信息和资源为经营决策提供强大的顾问支持，且因代表投资者轮值不同被投企业而具有改善公司业绩的强烈动机。[90] 为客观评估专业董事工作成效，机构投资者可设立专门机构负责专业董事的人选审核与工作考核。[91]

我国的公司治理实践中已然存在机构投资者参与公司治理的现实需求及对专业人才参与董事会之效用的认可。在私募股权投资中，董事会席位是创始人与投资者博弈的结果。[92] 在更广泛的封闭公司经营实践中，存在股东通过股东协议或公司章程约定董事席位分配的普遍实践，获取董事席位往往既是中小股东同意投资入股的前提条件，也是大股东为吸引融资而作的妥协。[93]

（四）情景三：允许独立的专业服务商提供董事会服务

虽然美国法上并未允许法人担任公司董事，但在非法人实体中商业组织能够担任管理者，例如法人组成的合伙企业、有限责任公司等。有学者基于现代董事会的缺陷提出一个颇具前瞻性的方案——由董事会服务提供商（Board Service Providers，BSP）提供外包的董事服务，并以商业实体承担董事责任。

在这种方案中，董事会服务提供商作为专业服务公司将与咨询公司、律师事务所、薪酬咨询公司、董事保险公司、会计师事务所等承担董事会战略和管理职能的大型公司共同为公司提供董事会服务，通过参与委托书竞争被选为公

---

[88] Ronald J. Gilson & Reinier Kraakman, *Reinventing the Outside Director: An Agenda for Institutional Investors*, 43 Stan. L. Rev. 863, 885 – 887（1991）.

[89] 林仁光：《论经营者诚信、内部控制、内部稽核制度与公司治理》，载《月旦法学杂志》2004年总第106期，第49页。

[90] Ronald J. Gilson & Jeffrey N. Gordon, *Board 3.0: An Introduction*, 74 Bus. Law. 351, 361（2019）.

[91] 邵庆平：《再论公司法第二十七条——公司治理强化下的另一种思考》，载《财产法暨经济法》2005年第2期，第123页。

[92] 杨硕：《封闭科创型公司治理的逻辑检视与规范建构》，载《法学家》2023年第5期，第60页。

[93] 白慧林：《建立〈公司法〉委派董事制度之研究》，载《法律适用》2023年第10期，第52页。

司董事。董事会服务提供商非常灵活,既可以为现任董事会服务,也可以为将来之股东服务;既可以提供独立意见,也能够容纳来自特定个人(如高管或其他利益相关者)的意见。在薪酬激励方面,依据近年来各类专业服务提供商的发展趋势,且考虑到董事会服务提供商同时服务于多家公司,具有声誉利益,可以允许董事会服务提供商在收取基本服务年费的基础上获得股权,并且相对大量持股。[94]

董事会服务提供商方案将通过任意性规范被引入市场,股东依然可以选择全部由自然人组成的董事会或自然人和法人混合的董事会,并在商业实践中比较不同的董事服务方案。这种方案兼具低成本和高效用两方面的优势。一方面,董事会服务提供商能够更好地履行董事职责,除了集体智慧与精力投入带来的充分信息,声誉压力和市场竞争也将促使其持续勤勉尽责,经济实力和声誉优势使其能以较低成本在选举中获得董事会席位,且司法出于对专业性和偿付能力的考虑将对其不当行为更爽快地问责。[95] 另一方面,董事会服务提供商相比传统董事会具有成本优势,在既存董事会模型中公司需要向外部顾问支付咨询费用、购买董事和高管责任保险,而董事会服务提供商既可以提供专业咨询又可以自行购买保险。[96]

(五)情景四:优化集团公司治理

在存在母子公司治理关系的集团公司尤其是跨国公司中,"一个公司"战略的盛行与共享经济的兴起为法人董事制度创造了两大用武之地。

1. 集团政策、统一战略

研究表明,在"一个公司"战略下,集团公司、跨国公司能够在公司战略与具体经营战略间建立起清晰的联系,通过制订一致的战略和统一的控制方式,打造品牌体验、供应链协作、跨国界创新和销售渠道整合等优势。[97] 一

---

[94] Stephen M. Bainbridge & M. Todd Henderson, *Boards-R-Us: Reconceptualizing Corporate Boards*, 66 Stan. L. Rev. 1051, 1074 (2014).

[95] [美]斯蒂芬·M. 班布里奇、[美]M. 托德·亨德森:《外包董事会:董事服务提供商如何改善公司治理》,李诗鸿译,上海人民出版社2022年版,第7—16页。

[96] M. Todd Henderson, *Outsourcing the Board: A Rebuttal*, 74 Bus. Law. 373, 381 (2019).

[97] 刁婧文、张正堂:《企业构建人力资源共享服务中心的关键要素——COST模型》,载《中国人力资源开发》2016年第12期,第27页。

方面，母公司可直接担任董事以推动子公司落实集团政策，促进统一管理，避免集团内不同公司分别追求个体利益最大化而不利于集团的整体和长远利益。另一方面，亦有研究表明，母公司向上市子公司派驻董事能够有效抑制上市公司管理层的过度投资行为。[98]

2. 共享服务、提高效能

成熟的集团公司在经营行为中应将业务活动作为工作重心，而不应该将时间和资金花费在信息系统、财务和人员配置部分。共享服务中心是应对这一问题的有效工具，它是自主经营活动的主体，由母公司制订流程和标准规范，利用大数据、云计算和人工智能等技术集中处理具有规模经济和范围经济效应的业务。[99] 在法人董事语境下，集团可任命作为中间公司的共享服务中心为其他下属公司的董事，充分发挥这些中间公司作为共享服务中心的作用，为下属公司董事会提供管理、咨询或财务等服务。[100]

例如，人力资源共享服务中心能够分担大量重复性的事务（如工资计算、福利管理、档案管理等），并为专业性服务、战略性服务（如绩效考核方案的设计）提供数据和信息支持；[101] 财务共享服务中心能够统一内部流程、提升信息透明度、促进公司结构扁平化从而提高公司内部控制质量、扩大公司商业信用融资规模、提高公司未来投资水平、改善公司经营绩效，且这种机制在业务越复杂的公司效果越明显。[102]

三、对法人董事制度的隐忧及回应

尽管学术界提出了种种法人董事制度改善公司治理的方案，但是判断是否引入法人董事制度不能仅仅依据理论上的美好愿景。至少在外观上，法人董

---

[98] 窦欢：《企业集团及其内部资金交易的影响因素及经济后果研究》，中国经济出版社 2019 年版，第 20 页。

[99] 李立成、付梦然、李彦庆：《财务共享服务中心收益分配的合作博弈研究》，载《会计之友》2019 年第 13 期，第 130 页。

[100] 林少伟：《法人董事之可能与构建》，载《北方法学》2020 年第 4 期，第 66 页。

[101] 刁婧文、张正堂：《企业构建人力资源共享服务中心的关键要素——COST 模型》，载《中国人力资源开发》2016 年第 12 期，第 28 页。

[102] 李闻一、潘珺：《财务共享服务中心与公司商业信用融资——基于异时 DID 模型研究》，载《华中师范大学学报（人文社会科学版）》2021 年第 4 期，第 67—68 页。

事制度将"股东—董事—公司"的法律关系复杂化为"股东—法人董事—自然人代表—公司"的法律关系,这一重大制度革新是否会事倍功半?本部分将就几个核心问题展开讨论,评估引入法人董事制度给公司治理带来的潜在威胁。

(一)潜在利益冲突

由于法人实体履行董事职责必须借由自然人代表和其内部职员,对法人董事制度不可避免地质疑在于自然人如何处理任职公司与法人董事之间的利益冲突。

1. 法人董事代表人

在任职公司—法人董事—自然人代表的三角关系中,代表人面临着法人董事与目标公司的利益冲突问题。代表人并不在任职公司领薪,其参与董事会工作的过程中权利与责任、收益与风险并不匹配,导致自然人代表缺乏维护任职公司利益的充分激励。一方面,实践中参与董事会的自然人代表往往须听命于委任该代表的法人股东(甚至是法人股东背后的主导自然人,例如所谓的"总裁");[103] 另一方面,不完善的董事义务与责任规定可能仅能约束法人董事或其代表人中的一方,导致在公司利益损失中起主导作用者与实际承担违信责任者分离,助长不当行为。

不过,针对前述问题,解决方案即明确代表人的法律行为和事实行为均应直接归属于法人董事,对法人董事与代表人统一适用忠于任职公司利益的行事标准,要求其连带承担违反董事义务的责任并将代表人超越权限行事的情况交由法人董事与代表人内部解决。[104] 以我国台湾地区实践为例,相关行政机关已从"分割适用"转向"两位一体",将董事义务等规范同时适用于法人董事及其自然人代表,不以形式上谁来担任董事作为判断标准,[105] 包括内部人持

---

[103] 刘连煜:《公司法第 27 条第 2 项法人股东对于财报不实案件之连带赔偿责任——最高法院 108 年度台上字第 132 号民事判决的检讨》,载《裁判时报》2020 年总第 96 期,第 44 页。

[104] 林少伟:《法人董事之可能与构建》,载《北方法学》2020 年第 4 期,第 61 页。

[105] 邵庆平:《再论公司法第二十七条——公司治理强化下的另一种思考》,载《财产法暨经济法》2005 年第 2 期,第 104 页。

股期间的计算、[106] 董事竞业禁止义务的适用、[107] 董事会表决时利害关系的判断、[108] 董事消极资格的要求、[109] 公司库藏股买回的限制[110] 以及公司上柜审查准则的认定等。

2. 董事会服务提供商

有观点质疑董事会服务提供商是否难以履行受信义务，尤其是同时服务多家公司时的忠实义务。[111] 但类似地，律师事务所、会计师事务所、咨询公司和自然人董事也经常面临这些问题，在市场力量和专业标准的推动下，大量强有力的政策被用于应对这种棘手的情况，而这些政策没有理由不适用于董事会服务提供商。[112]

（二）代理问题

代理成本即股东监督和控制董事付出的成本以及董事在履职期间向委托人保证其对委托人的承诺时发生的约束成本，公司法即围绕如何降低代理成本展开。[113] 从表面上看，促进法人股东参与董事会工作有望缓解股东与管理层之间的代理问题，但亦有观点质疑这一安排是否以新的代理问题替代了旧的代理问题。

1. 代理权征集可能加剧所有权与经营权分离

在配合代理权征集的情况下，法人董事制度有可能造成持股甚少的法人股东取得公司控制权，加剧所有权与经营权分离下的代理问题。例如，在1995—1996 年台湾高雄银行发生的经营权转移案中，持股 0.03% 的某法人股东花费巨资获取其他股东的委托书支持，指派 5 名自然人代表当选董事，占据 15 席董事的 1/3。该法人股东联合董事会中另外 3 席董事，取得对银行的实际

---

[106] "财政部"证券管理委员会 1988 年 8 月 26 日（1988）台财政（二）字第 08954 号函。
[107] "经济部" 1970 年 4 月 24 日商 89206938 号函。
[108] "经济部" 2002 年 12 月 16 日商字第 90102287950 号函。
[109] "经济部" 2003 年 5 月 16 日商字第 09202098290 号函。
[110] "财政部"证券兼期货管理委员会 2001 年 12 月 17 日（2001）台财政（三）字第 006507 号函。
[111] Faith Stevelman & Sarah C. Haan, *Board Governance for the Twenty-First Century*, 74 Bus. Law. 329（2019）.
[112] Stephen M. Bainbridge & M. Todd Henderson, *Outsourcing the Board: How Board Service Providers Can Improve Corporate Governance* Combridge University Press, 2018, p. 225.
[113] 林少伟：《董事义务研究》，法律出版社 2023 年版，第 156—157 页。

控制。在该法人股东的不当影响下，高雄银行不良贷款大幅增加、存款流失，职业经理人大量离职。合计持股约35%的数位大股东经历一年多的努力才得以解任该法人股东的5名代表董事职务，收回银行经营权。[114]

不过，这一问题可以通过更完善的表决权征集及董事选举规则予以解决。一方面，我国《证券法》第90条对公开公司表决权征集设定了1%的持股门槛，且禁止以有偿或变相有偿的方式进行公开表决权征集。另一方面，为避免个别股东获得过强控制力，可考虑由强制性规定或公司章程对法人董事可取得的自然人代表席位数量设置上限。

2. 独立的董事会服务提供商自身存在代理问题

针对董事会服务提供商方案，亦有观点认为其并未摆脱代理问题——董事会服务提供商的最终选择权依然取决于管理层，且外包服务实体内部存在代理问题。外包董事会面临着与其他专业服务机构类似的问题——对审计师事务所来说，虽然管理层选择审计师需要经过独立董事和股东的批准，但当客户与事务所发生分歧，对会计处理具有最终决定权的地区合伙人出于对收入的考虑依然会把留住客户作为首要目标；对在诉讼中提供独立专家的经济咨询公司来说，在公司持股的专家给出意见时依然会忌惮客户因不满其意见而不再保留该专家或该咨询公司。[115] 对这一质疑的回应是，如果能够形成公司治理市场，优秀的董事会服务提供商应当颇负盛名甚至上市交易，则其作为董事会与管理层之间的关系将更加透明；且若现任董事会服务提供商与管理层沆瀣一气，则可以有其他董事会服务提供商在董事竞选中以更低成本替换现任董事会。[116]

（三）对股东平等原则的挑战

在法人董事制度下，一个自然人股东只能占据一个董事席位，一个法人股东却能指派多名代表人占据多个董事席位，这有违背股东平等原则之嫌。然而，股东平等原则本意为公司对同类股份给予同等待遇，而非不问股份多寡对

---

[114] 陈美玲：《从外场派到内场派——处理高企银行个案之经验谈》，载《月旦法学杂志》1997年总第26期，第57—58页。

[115] Ronald J. Gilson & Jeffrey N. Gordon, *Board 3.0: An Introduction*, 74 Bus. Law. 351, 365 (2019).

[116] M. Todd Henderson, *Outsourcing the Board: A Rebuttal*, 74 Bus. Law. 373, 376 (2019).

每一股东给予相同待遇。由此观之,法人股东得以指派多名代表人占据董事席位并非赋予法人股东的特权,而是一条中立的游戏规则。[117] 换言之,对稍有资历的自然人股东来说,设立法人用于投资公司并非难事,只要愿意设立法人即可获得指派数名代表人当选董事的资格。[118]

(四) 董事意志对股东会合意的挑战

我国台湾地区法人董事制度因允许法人董事随时改派代表人而遭到猛烈批评,因为如此安排使得仅凭单一法人股东的意思即可改变股东会决议通过的人选。

然而,对股权较为集中的公司来说,允许法人董事随时改派代表人实际上起到了对少数股东权益的保障作用。举例而言,假设公司大股东持股60%、小股东持股40%,通过累积投票制选出3席董事代表大股东、2席董事代表小股东,若小股东指派的1席董事在任期内辞任或死亡,则补选过程中该董事席次必然由大股东取得。[119] 如此结果并不符合累积投票制下股东会的集体意志;恰恰相反,此时允许小股东直接改派代表人更能保障其权益。

对股权较为分散的公开公司来说,实务中接受表决权征集的委托人股东对其所支持的股东往往了解甚少,甚至提供委托书只是为了换取纪念品。在这种情况下,实质上并不存在所谓的"股东会之总意"。[120]

(五) 控制股东权利滥用的隐忧

在法人董事制度广为应用的我国台湾地区,由于规范上允许法人董事对代表人无因改派,且实践中法人股东往往通过层层嵌套的所有权结构逃避董事责任,学术界与实务界不乏对控制股东滥用权利的担忧。

---

[117] 邵庆平:《再论公司法第二十七条——公司治理强化下的另一种思考》,载《财产法暨经济法》2005年第2期,第108页。

[118] 邵庆平:《再论公司法第二十七条——公司治理强化下的另一种思考》,载《财产法暨经济法》2005年第2期,第108页。

[119] 根据我国台湾地区"公司法",虽然此时董事缺额未达1/3,无法定意义上召开临时股东会补选额必要,但在此情况下大股东有可能为取得更高比例董事席次主导董事补选。邵庆平:《再论公司法二十七条——公司治理强化下的另一种思考》,载《财产法暨经济法》2005年第2期,第110页。

[120] 根据我国台湾地区"公司法",虽然此时董事缺额未达1/3,无法定意义上召开临时股东会补选额必要,但在此情况下大股东有可能为取得更高比例董事席次主导董事补选。邵庆平:《再论公司法二十七条——公司治理强化下的另一种思考》,载《财产法暨经济法》2005年第2期,第111页。

1. 派遣自由与过度控制

根据我国台湾地区"公司法"及德国《股份公司法》，法人董（监）事有权随时改派其代表人。从指派代表人的法人股东出发，这一制度设计可以避免当自然人代表违抗法人股东命令时，法人股东不得不通过股东会决议解任或法院裁判解任等成本高、效率低的方式止损；与之相伴的担忧即随时改派可能使代表人完全听命于法人股东，甚至在决策经营管理与履行监督职责的过程中违背任职公司利益。

然而，强化大股东控制的真正关键并非在于自然人代表能否被随时改派，而在于由谁来担任自然人代表。[121] 具言之，即便不存在随时改派的便利，大股东依然可以推举与其具备友好甚至主从关系的个人担任代表人，此类人选考虑到与法人股东的特殊情谊，即使存在不同意见也通常会选择辞任从而避免破坏关系，控制股东亦可以通过人际网络、压缩福利向其施压，或利用其在董事会中的优势架空该抗命代表人的权限。[122] 由此观之，随时改派更突出的作用是降低股东控制的成本，对遏制股东滥用控制权有更重要作用的是代表人的人选。

2. 权责匹配

在仅允许自然人担任董事的制度框架下，许多法人股东（尤其是国有法人股东）作为公司的控股股东，其选派进入公司董事会的代言人往往并非依据个人经验、专业知识和独立判断进行决策，而是依照单位的指示发表意见。在此情况下，大股东事实上行使着董事的权利，却无须受董事信义义务的约束、无须承担董事不当行为的责任。囿于经济实力，自然人董事往往无法充分补偿大股东操纵下其行为给公司及全体股东带来的损失；[123] 而即使在承认法人董事地位的法域内，法人股东也可以通过多层所有权结构以公司有限责任限

---

[121] 根据我国台湾地区"公司法"，虽然此时董事缺额未达1/3，无法定意义上召开临时股东会补选额必要，但在此情况下大股东有可能为取得更高比例董事席次主导董事补选。邵庆平：《再论公司法二十七条——公司治理强化下的另一种思考》，载《财产法暨经济法》2005年第2期，第112页。

[122] 根据我国台湾地区"公司法"，虽然此时董事缺额未达1/3，无法定意义上召开临时股东会补选额必要，但在此情况下大股东有可能为取得更高比例董事席次主导董事补选。邵庆平：《再论公司法二十七条——公司治理强化下的另一种思考》，载《财产法暨经济法》2005年第2期，第112页。

[123] 赵旭东主编：《上市公司董事责任与处罚》，中国法制出版社2004年版，第57页。

制其损害赔偿的数额。

追究经营股东或公司集团控制人责任的主要理论有三：一是针对清算、和解和重整中母公司债权的衡平居次原则；二是特殊情况下保护公司债权人、在大陆法系国家被谨慎适用的法人人格否认制度；三是针对法人股东直接或间接行使董事职权的事实董事和影子董事制度。[124] 其中，只有针对董事的功能主义认定能够覆盖并未损害债权人利益的情况。新修订的《公司法》初步构建了事实董事和影子董事制度，但相关法律规范在表述上依然未能完全摆脱"角色责任"色彩，将责任主体限制在控制股东和实际控制人则无法应对其他股东滥用控制权损害公司利益的情况。由此观之，若允许法人担任董事，通过信息披露或准入条件限制层层嵌套的所有权结构，同时科以完备的责任追究机制，将能够更充分地规制不法行为，补偿利益受损的公司或第三人。

3. 平衡大股东参与治理与中小股东保护

虽然强化对大股东过度控制的监督是必要的，但不必对大股东在公司管理中的积极参与过于警惕。一方面，实践中股东提名并入选董事会的自然人董事往往很难完全脱离其"支持者"的利益，控制权争夺本身就是促进公司治理的重要手段，而董事席位的争夺是掌握控制权的重要方式，不必然导致法人股东权利的滥用；[125] 另一方面，就公众公司尤其是上市公司的中小股东保护而言，制度重心应当放在小股东财产权与退出权的充分保护上，不必然要求小股东必须取得参与公司经营管理的权利。[126]

（六）公司透明度问题

在实践中，法人董事往往具有多层所有权结构，甚至跨越多个司法辖区。在这种情况下，如果难以判断谁最终控制法人董事，则难以通过起诉科以有意义的责任。由此观之，不完善的法人董事制度将沦为有心人士逃避董事责任的手段，严重影响公司透明度，加大道德风险，提高追责难度，削弱对投资人的保护。举例而言，我国台湾地区上市、上柜公司（尤其是金融机构、政府控

---

[124] 黄爱学：《法人董事制度的法律分析》，载《西部法学评论》2012年第2期，第91页。

[125] 黄爱学：《法人董事制度的法律分析》，载《西部法学评论》2012年第2期，第87页。

[126] 许德风：《论法人董事与代表人董事——兼议董事独立性的界限》，载《法学》2015年第3期，第91页。

股公司）中有很多具有实质控制力的大股东利用投资公司、财团法人的账户持有公司股权，并由这些账户当选董事、监察人，再安排亲信作为代表执行职务。尽管"公司法"及"证券交易法"禁止同一法人股东同时派代表担任董事与监察人，但控制股东仍然可以通过所控制的多个账户分别指派董事、监察人代表。[127]

针对这一问题，英国政府在公司登记改革中提出的规制思路值得参考。在准入条件方面，可仅允许自身董事全部为自然人且登记注册在本土的法人取得董事席位；在信息披露方面，宜要求法人董事就超过门槛的股东穿透披露至最终权益所有人。

四、构建法人董事制度的基本框架

基于对域外立法经验和教训的梳理，考虑到对法人董事制度的诸多担忧，这一部分就我国引入和构建法人董事制度提出基本框架，包括法人董事制度的适用范围、法人董事的资格与选任、法人董事代表人制度、信义义务、责任追究以及信息披露等。

（一）法人董事制度的适用范围

公众公司与私人公司在业务复杂程度、制度信任与人际信任的比重、股东利益异质性等方面具有较大差异，就何种公司更适合设置法人董事存在不同观点。例如，我国香港特别行政区将法人董事制度的适用范围限定在私人公司，英国政府对法人董事制度的讨论则认为大型公司或许更适合引入法人董事，因为法人董事对效率的提高往往离不开广泛的监管、高透明度和高标准的公司治理。[128] 我国台湾地区有人认为应当仅允许国营事业出于公股管理目的保留法

---

[127]《杜绝"影子董事"应修法人代表制》，载 TWSE｜公司治理中心网，https://cgc.twse.com.tw/latestNews/promoteNewsArticleCh/2149，2024年5月9日最后访问。

[128] Dep't for Bus., Innovation & Skills, Final Stage Impact Assessments to Part A of the Transparency and Trust Proposals（Companies Transparency）155（2014），https://www.gov.uk/government/uploads/system/uploads/attachmentdata/file/324712/bis – 14 – 908a-final-impact-assessments-part-a-companiestransparency-and-trust.pdf, at 228, May 9 2024 last visited.

人董事，亦有观点认为可允许非公开发行公司在章程中约定适用法人董事制度。[129] 在这一问题上，法律规范不应代替市场作前置判断，在设定较为严格的准入门槛、披露制度及责任规则的情况下，企业将综合考虑自身业务发展需要以及设置法人董事的成本收益以作出选择。

(二) 法人董事的选任与解任

如前所述，法人董事制度与自然人董事制度的核心区别不在于形式上以何种名称命名其自然人代表，而在于自然人背后的法人是否在参与决策、实施监督和承担责任上具有董事之实质。具言之，尽管容易造成混淆，但是在我国台湾地区"公司法"上，无论是法人以自己的名义担任董事、委派自然人代表执行事务，还是由自然人代表担任董事、在登记上披露其代表的法人股东、允许法人股东随时改派，都为实质上的法人董事制度。

考虑到自然人代表更换带来的登记与申报成本，法人股东以自己的名义担任董事，同时按照股东会决议或股东协议派出约定数量的自然人代表是更合理的安排。此外，为避免出现制度混淆，应明确同一法人股东仅能在担任法人董事与推举自然人董事间择一适用。

1. 哪些类型的法人能够担任董事

若明文允许法人担任董事，则需考虑是否排除某些类型的法人担任董事。我国《合伙企业法》在普通合伙人的消极资格规定中排除了国有独资公司、国有企业、上市公司以及公益性的事业单位、社会团体。不过，在我国的公司治理实践中，存在各级政府财政部门担任上市公司股东的情形[130]，也有事业单位法人和社会团体法人委派代表出任所投资公司董事的实例。[131]

从英国法的实践来看，在穿透监管与信息披露严格落实的情况下，各种类型的法人在追责难度上并无区分。在未经市场实践验证的情况下，不宜前置性地作类型化判断，禁止某些类型的法人担任法人董事。

---

[129] 苏怡慈：《由英国法之法人董事修法发展论我国公司法第 27 条法人董监之可能改革》，载《兴大法学》2019 年总第 25 期，第 121 页。

[130] 姜朋：《从与机关法人的关系视角看事业单位改革》，载《北方法学》2011 年第 5 期，第 59—65 页。

[131] 李凡：《我国引入法人董事制度之研究》，华东政法大学 2016 年硕士学位论文。

2. 法人董事的持股比例要求

与部分允许董事会产生董事的法域不同，我国《公司法》将决定董事人选的权利赋予股东会（或国有独资公司情况下履行出资人职责的机构）。在本文所列的诸多法人董事改善公司治理的方案中，除颇具前瞻性的董事会服务提供商方案外，各个方案都以法人股东选任董事为基础。从激励上看，若法人董事并不持股或持股过少，则公司经营状况与其自身财务状况几乎并不相关，可能导致法人董事懈怠履职，与引入集体智慧改善决策与监督的目的背道而驰；即使在董事会服务提供商的方案中，设计者亦提出以股权激励作为报酬的一种形式。[132] 另外，最低持股比例将排除自然人大股东故意设立类似空壳的私人投资公司并通过该公司担任董事代表人从而以有限责任逃避追责的可能。[133] 考虑到不同公司的资本规模及股权分散程度不同，宜遵循类型化的规范思路，对不同情况的公司设置不同的法人董事最低持股门槛。[134]

3. 法人董事的所有权结构

与既存法人董事制度的法域不同，我国在引入法人董事制度上并无历史包袱，从节约监管与司法成本的角度出发，相比对复杂所有权结构进行穿透监管与事后追溯，可参照英国正在酝酿的法人董事禁止之例外，要求担任董事的法人的董事会必须全部由自然人构成，且公司注册在我国境内，以避免出现法人层叠、无法探知法人董事背后真正的受益所有权人的情况。

4. 法人董事的决议解任

关于决议解任，学术上的争议在于是否需要法人董事因自身利害关系而进行表决权回避。从逻辑上看，若要求法人董事进行表决权回避，尤其对持有大量股份的董事来说，将面临持股比例高但董事职位防御能力弱的悖论。[135] 从

---

[132] Stephen M. Bainbridge & M. Todd Henderson, *Boards-R-Us: Reconceptualizing Corporate Boards*, 66 Stan. L. Rev. 1051, 1074 (2014).

[133] 邵庆平：《再论公司法第二十七条——公司治理强化下的另一种思考》，载《财产法暨经济法》2005年第2期，第126页。

[134] 邵庆平：《再论公司法第二十七条——公司治理强化下的另一种思考》，载《财产法暨经济法》2005年第2期，第125页。我国台湾地区股权核查规则即根据公开发行公司的实收资本额为全体董事持股设定了5%—15%的四类最低总额。

[135] 邵庆平：《再论公司法第二十七条——公司治理强化下的另一种思考》，载《财产法暨经济法》2005年第2期，第127页。

规范上看，目前我国《公司法》与《证券法》体系内的表决权回避事项包括关联交易、对外担保、重大资产重组、董事评价与薪酬等，并不包含董事的决议解任。有鉴于此，即便在大股东担任法人董事的情况下，依然应当排除表决权回避对董事解任决议的适用。

（三）自然人董事与法人董事比例

关于董事会的构成，需要考虑的问题是应否规定法人董事代表人席位数量的上限？虽然域外最大胆的学术观点畅想了完全由专业机构承担董事会职能的方案，但立法例及公司治理实践中通常没有完全由法人组成的董事会，法人与自然人混合是更普遍的董事会安排。考虑到派遣自由将赋予法人董事对自然人代表极强的控制权，且通过表决权征集，法人董事可能获得远超出其持股比例的控制权，因此有必要允许公司章程根据公司情况为法人董事代表人席位数量设置上限。

（四）法人董事代表人

法人董事制度在代理问题、大股东控制方面的担忧主要集中于法人董事与自然人代表之间、自然人代表与任职公司之间以及法人董事与公司之间的法律关系，法人董事代表人制度应当是法人董事立法的重点内容。

1. 自然人代表的资格与选任

就自然人代表的资格而言，首先，参照域外立法例，通常要求自然人代表适用自然人董事的各项积极与消极资格。其次，鉴于现代商业实践愈发复杂，且董事肩负监控公司、提供专业意见以及为公司带来助力业务发展的人脉资源等多重功能，应允许自然人代表是法人董事外部的专业人士，而非要求其同时在法人董事中任职。最后，参考德国法对股东派遣监事的规定，出于对公司利益的保护，公司章程可对自然人代表的资格以及派遣关系进行规定，包括排除派遣人的指示权或者规定被派遣人不得接受报酬。[136]

2. 自然人代表的更换

关于我国台湾地区法人董事制度的重要批评之一即法人股东对自然人代表

---

[136] 许德风：《论法人董事与代表人董事——兼议董事独立性的界限》，载《法学》2015年第3期，第93页。

的随时改派制度。对此设计的批评主要有三。首先,随时改派制度有违股东平等原则。一方面,实践中存在法人股东自身持股不足以获取董事席位,通过委托书征集获取席位后再行使随时改派权利的空间;另一方面,即使法人股东自身持股足以获取董事席位,在其代表人任职期间,若法人股东持股减少,其仍能随时改派代表人。[137] 其次,随时改派制度破坏公司内部民主。自然人董事选任须经股东会决议通过,随时改派使得单一股东意志即可改变股东会的决议行为,股东会决议选举的自然人代表沦为傀儡,有欺骗投资人之嫌。[138] 最后,随时改派制度为控制股东滥用控制权提供便利。具言之,若无随时改派制度,更换不受控制的自然人董事须股东会决议或法院裁判解任,在被随时改派的威胁下,代表人大概率完全受控于法人股东。基于前述考虑,不乏观点支持代表人改派须经过临时股东会决议通过。

然而,随时改派权尤其是在法人大股东对公司具有实质控制力时具有存在的必要性。例如,在1999年台湾肥料公司的民营化过程中,持股约45%的"经济部"指派代表人谢某生担任公司董事。谢某生当选董事长后,主导公司成立4家子公司并由这些子公司利用母公司融通款40亿元炒作母公司股票,从中牟利。在一系列涉嫌违反当时"证券交易法""公司法"的转投资、股票买卖等行为发生后,"经济部"迅速撤换代表人,解除谢某生的董事职务。[139]

为保障公司经营管理的稳定性,避免不同代表出席董事会导致责任稀释,有观点认为应设立常任代表制度,将自然人代表的更换事由限制在代表人丧失能力、履职不能、死亡或辞职等客观情况。[140] 然而,除了前述几种情形,还存在法人董事与代表人产生严重矛盾和信任危机、代表人超出代表权限自作主张并主导有悖于公司利益的违法行为等情况。在这些情况下,若不允许直接改派,则无法实现法人董事选派代表人的目的。因此,应当允许法人董事保有派

---

[137] 林仁光:《公司法第二十七条法人董监事存废之研究》,载《台大法学论丛》2011年总第40卷,第304—305页。

[138] 廖大颖:《评公司法第二十七条法人董事制度》,载《月旦法学杂志》2004年第9期,第208页。

[139] 林青青、徐安平:《由台肥公司案论我国公营公司事业民营化》,载《证交资料》2000年总第454期,第22—28页。

[140] 林少伟:《法人董事之可能与构建》,载《北方法学》2020年第4期,第68页。

遣自由。此外，基于成本和效率考量，理性的法人董事也不会频繁更换代表人，破坏其参与公司治理的稳定性与一致性。不过，改派时法人董事有义务就更换人选及改派原因通知公司。对公开公司来说，应当要求法人董事就代表人更换原因进行公开披露，若法人董事肆意更换代表人，必然影响投资者判断及公司股价，以此促使法人董事更加谨慎更换代表人。[141]

3. 代表人的薪酬支付

自然人代表的薪酬由法人董事支付为宜。在法律关系上，取得董事席位的主体是担任董事的法人股东，代表人的行为效果均归属于法人董事。在制度目的上，尤其当法人董事为外部董事时，由法人董事支付代表人薪酬有利于提高优秀专业人士担任代表人及最大化股东利益的激励，同时使代表人因其薪酬独立于内部人决策而更加客观、严格地履行监督义务。实证研究也表明，仅当控股股东的委派董事不在上市公司领取薪酬时，才能够有效缓解薪酬制订中的代理问题。[142]

（五）法人董事及代表人的信义义务

当代表人接受委托，代表人即与公司构建组织法上的关系，因而作为机关成员与其他自然人董事、法人董事具有相同的权利、承担相同的义务。[143] 我国台湾地区在实践中亦采取"两位一体"的规制思路，对董事的义务要求应当同时适用于法人董事及其自然人代表。

我国《公司法》基于董事同质化的假设采取了董事统一义务规则，但若引入法人董事制度，则董事之间的利益冲突可能更加明显，应考虑是否有必要在立法或司法层面就部分董事义务逐步构建适用法人董事语境的特殊规则。

就忠实义务而言，考虑到法人董事的自然人代表天然面对法人董事利益与任职公司利益的冲突，宜参考德国法，允许公司章程规定代表人对特定信息具

---

[141] 邵庆平：《再论公司法第二十七条——公司治理强化下的另一种思考》，载《财产法暨经济法》2005 年第 2 期，第 130 页。

[142] 陈胜蓝、吕丹：《控股股东委派董事能降低公司盈余管理吗?》，载《上海财经大学学报》2014 年第 4 期，第 77 页。

[143] 许德风：《论法人董事与代表人董事——兼议董事独立性的界限》，载《法学》2015 年第 3 期，第 93 页。

有沉默义务，不得向法人董事披露。[144] 此外，法人董事的引入涉及竞业禁止的适用范围以及篡夺公司商业机会的判断标准。然而，在商业实践中，战略投资者通常在提供融资时与公司协议约定业务上的战略合作与协同机会；财务投资者通常在加入公司时与公司签订竞业协议限制其对公司竞争对手的投资，不过"竞业"范围的宽窄取决于机构投资者与公司的相对话语权；在公司集团中，应当允许母公司从集团整体利益出发在子公司之间进行利益协调。因此，关于竞业禁止与篡夺公司机会，应当在个案判断中参考法人股东与公司间的协议内容。

就注意义务而言，由于作为组织的法人董事在商业判断上的能力更强、资源和信息供给更丰富，且承担民事责任的能力更强，应当在个案中对代表人是否尽到"管理者通常应有的合理注意"进行综合判断。

另外，在经济赔偿之外，能否在法人董事滥用权利或违背受信义务行使派遣权的情况下允许公司解除被派遣自然人代表的职务？德国《股份公司法》认为在这种情况下，派遣依然有效，但监事会有权请求法院解职该派遣监事。[145] 在我国语境下，若法人董事拒绝更换行为明显不当的自然人代表，有三种潜在解决路径：第一，可由公司起诉法人董事不作为；第二，可由股东通过股东代表诉讼起诉法人董事不作为；第三，我国亦可考虑建立董事的裁判解任制度。

（六）法人董事的责任追究

董事责任的承担是法人董事制度的焦点问题之一，这一问题既涉及法人董事与自然人代表之间的责任分配，也涉及法人董事制度与事实董事、影子董事制度的协调。

1. 法人董事与自然人代表之间的责任分配

在责任分配问题上，我国台湾地区对法人董事与自然人代表间的责任分配

---

[144] 许德风：《论法人董事与代表人董事——兼议董事独立性的界限》，载《法学》2015年第3期，第93页。

[145] 许德风：《论法人董事与代表人董事——兼议董事独立性的界限》，载《法学》2015年第3期，第93页。

采取事先不作规定、事后针对个案进行判断的态度。[146] 不过有观点认为，在责任认定上保持弹性虽然有利于缓解法人董事与代表人责任分配的困境，但明确的责任分配规则更符合企业经营的实务需要。[147] 以下分类讨论代表人行为损害公司利益、代表人行为损害外部第三人利益的两种情况，同时讨论代表人超越权限或违反指示时的责任追究机制。

（1）法人董事与代表人的关系性质

对法人董事与代表人关系性质的认定将决定追责机制的理论基础。从我国《民法典》的规定来看，代表人与代理人从事民事活动的效果均可归属于法人。若代表人与法人董事间为代表关系，则代表人因执行职务造成公司损害时，应由法人董事承担民事责任；法人承担民事责任后，向有过错的代表人追偿。[148] 然而，我国《民法典》所规定的法定代表人仅限依据法律或者法人章程的规定代表法人从事民事活动的负责人，[149] 即法人的董事长、执行董事、经理或法人章程规定的主要负责人。[150] 此外，只有非法人组织能够确定数人代表该组织从事民事活动。[151] 显然，法人董事代表人改派的灵活性、代理事务的有限性都不符合前述规定。

相较之下，认为法人董事与其代表人之间存在委托代理关系更为妥适，在我国丰原药业案中，司法机关亦认为合营各方委派董事与被派遣人之间成立的是委托关系。从《民法典》对代理关系的规定来看，法人董事及其代表人符合代理关系的各项特征，法人董事的派遣自由与代表人的辞任自由为委托合同

---

[146] "经济部" 1981 年 6 月 18 日商字第 24296 号函。"关于法人指派代表人为股东代表，担任另一公司董监代表行使职务，所负之法律责任，不能事先定其责任之归属。" "法务部" 1993 年 12 月 16 日（1993）法律决字第 26387 号函。"依公司法第二十七条第一项、第二项规定，以法人身份或推由其代表人当选董事、监察人时，保险法第一百五十三条第一项所称之董事长、董事、监察人，究系指该法人，抑系指依法指定代表人当选董事、监察人之代表疑义……至保险法第一百五十三条第一项之规定系保险公司负责人之一种特殊责任，须由'负责决定业务'之人负之，故其责任归属，宜视具体个案分别予以认定。"

[147] 邵庆平：《再论公司法第二十七条——公司治理强化下的另一种思考》，载《财产法暨经济法》2005 年第 2 期，第 115 页。

[148] 参见《民法典》第 62 条。

[149] 参见《民法典》第 61 条。

[150] 参见《民法典》第 81 条。

[151] 参见《民法典》第 105 条。

双方的任意解除权。[152]

（2）代表人行为损害公司

针对代表人不当行为损害公司的情况，存在三种不同观点。

第一种观点认为，仅在法人董事本身因故意或重大过失损害公司利益时得追究其责任。[153] 按照德国法的规定，派遣监事并非派遣人的履行辅助人或受雇人，因此公司无权追究派遣人的责任，仅在派遣人故意损害公司利益的情况下，公司得追究派遣人的侵权责任。

第二种观点认为，要求代表人与法人董事承担连带责任。法国法并未允许随时改派，而是要求法人董事设置常任代表人，同时辅以代表人和法人董事的连带责任。支持连带责任的主要理由，一则在于求偿可能性上"深口袋"具有更强大的资力，二则在于个案中法人股东亦有可能被认定为影子董事或事实董事。[154]

第三种观点在学术界与实务界接受度较高，即原则上由法人董事承担董事责任。这一安排与随时改派的控制关系保持一致性，要求法人承担责任既有利于填补损失，也有利于阻却违法。问题在于，自然人股东依然可能利用公司有限责任逃避追责。举例而言，持股比例甚高的自然人股东可以同时设立一个资产甚少、形同空壳的私人投资公司持有少数公司股份，并通过这一小规模投资公司担任公司董事，躲避董事责任。解决这一问题有三种进路：第一，事后通过刺破法人面纱要求背后控制股东承担责任；第二，在准入端限制担任董事的法人必须全部董事为自然人，同时穿透披露其所有权结构链条末端的最终权益人；第三，通过事实董事或影子董事制度要求该自然人承担责任。

综合考虑法人董事与自然人代表的关系性质以及损害填补和阻却违法的现实需要，应当由法人董事承担董事责任，同时代表人承担补充责任；法人董事

---

[152] 参见《民法典》第933条。当然，在代表人在法人董事任职时，亦可依据《民法典》第170条将代表人视为执行法人工作任务的人员，从而使其在职权范围内实施的民事法律行为对法人董事发生效力。

[153] 许德风：《论法人董事与代表人董事——兼议董事独立性的界限》，载《法学》2015年第3期，第93页。

[154] 刘连煜：《公司法第27条第2项法人股东对于财报不实案件之连带赔偿责任——最高法院108年度台上字第132号民事判决的检讨》，载《裁判时报》2020年总第96期，第47页。

可在代表人存在故意或重大过失的情况下向其追偿。在解释上，对于代表人损害公司利益行为宜类推适用委托代理关系中的职务代理及雇主的替代责任。在要件上，职务代理要求代理人基于商主体的授权，以商主体的名义实施代理行为。学术上通说认为，职务代理中的代理人须与商主体具有雇佣关系或劳动关系；司法实践中多数人民法院亦排除了独立从业的律师、经纪人和分包商。[155] 尽管如此，应当认为代表法人董事参与其所持股公司之治理的代表人从事的行为属于法人董事的日常经营行为（在独立的董事会服务提供商语境下无疑为日常经营行为）。根据《民法典》第170条的规定，代表人基于职务代理关系所实施的法律行为对法人董事发生效力；根据《民法典》第1191、1192条的规定，无论代表人是法人董事内部员工还是外聘专家，都应当由法人董事承担替代责任，仅在代表人具有故意或重大过失的情况下可向其追偿。尽管要求法人董事承担其代表人行为产生的外部责任有可能导致法人董事花费更多成本用于监督甚至干预代表人行为，但这一结果恰恰与法人董事制度集中集体智慧以促进董事会的增益这一目的相契合，也与法人董事基于派遣自由对代表人施加的强控制相一致。

（3）代表人行为损害外部第三人利益

针对损害债权人等外部群体利益的情况，参照法国、欧盟等立法例，有观点认为应当要求代表人与法人董事承担连带责任，[156] 我国部分台湾地区学者在改造台湾地区法人董事的建议中也持有此种观点。强制的连带责任能够减轻债权人举证责任，法人董事与代表人亦可以在承担责任后进行内部追偿。

在实定法层面，我国新修订的《公司法》新增了董事对第三人责任之规定，当董事存在故意或者重大过失时，应当与公司一同承担对外的赔偿责任。[157] 这一规定突破了职务代理中代理人不对外承担责任的基本原理，其对交易安全的保障思路亦可适用于法人董事情况下代表人行为损害第三人利益的

---

[155] 迟颖：《职务代理权的类型化研究——〈民法典〉第170条解释论》，载《法商研究》2023年第1期，第149页。

[156] Paula del Val Talens, *Corporate Directors: In Search of a European Normative Model for Legal Persons Board Members*, 14 European Company and Financial Law Rev., 609 (2017).

[157] 参见2023年《公司法》第191条。

情形。

2. 与事实董事、影子董事制度的协调

在同时存在法人董事与实质董事制度的我国台湾地区,由于缺乏对法人董事与其代表人的责任分配规则,有观点认为若法人股东选派之代表人当选超过半数席次,则发生举证责任倒置,推定该法人股东为影子董事,再由该法人股东证明其对公司无控制权。[158] 在英国,虽然存在事实董事与影子董事制度,强化透明度及有效的追责手段亦符合英国的监管趋势,但出于对法人独立性的保护,司法上通常不愿意适用刺破法人面纱和事实董事等追责机制。[159]

我国新修订的《公司法》增设了类似于事实董事和影子董事制度的实际控制人责任规定。但第 180 条、第 192 条关于事实董事和影子董事的规定仅限于控股股东和实际控制人,对非控股股东实施实质上董事行为的情况无能为力,依然没有完全摆脱"重角色责任、轻行为责任"的倾向。[160] 在董事义务的适用方面,也仅要求对作为事实董事的控股股东、实际控制人适用忠实、勤勉义务。

与既存法人董事、实质董事制度的法域不同,我国若能从一开始就构建合理的责任承担机制,则应当排除事实董事、影子董事规则对法人董事的适用。实际上,在我国实定法上,相比事实董事、影子董事制度对实际控制人而非实质董事的有限适用以及影子董事的事后追责,法人董事既能在我国依然倚重"角色责任"的情况下对参与公司经营管理的法人股东给予更全面的规制,又能兼顾事前的义务约束与事后的责任承担。

(七) 法人董事的披露制度

关于法人董事的透明性顾虑一直存在。一方面,法人董事可能成为其实际控制人的屏障,被借以逃避责任,从而助长洗钱等金融犯罪,例如以无须披露控制人的境外公司出任董事。另一方面,代表人从法人董事处领薪甚至接受法

---

[158] 朱德芳:《实质董事与公司法第 223 条——兼评最高法院 103 年度台再字第 31 号民事判决》,载《月旦民商法杂志》2015 年总第 49 期,第 142 页。

[159] Stephen M. Bainbridge, *Corporate Directors in the United Kingdom*, 59 William & Mary L. Rev. 65, 81–82 (2017–2018).

[160] 赵旭东:《中国公司治理制度的困境与出路》,载《现代法学》2021 年第 2 期,第 96 页。

人董事的考核，存在代表人为法人董事利益侵害任职公司利益的可能性。为帮助投资者及交易相对人在充分了解公司治理格局的基础上作出决策，有必要完善法人董事及代表人的信息披露制度。尤其是对大型公司，应当有适当的公司披露制度，确保最终所有权的追索，从而降低法人董事制度被实际受益人滥用的风险。[161]

在既存大量法人董事叠加多层所有权结构、跨越多个司法辖区的法域，学术界关于对公司所有权的披露要求有以下设想：第一，应当不区分公司规模与公司注册地，适用同等严格的信息披露要求；第二，应当完整披露所有权结构（包括最终权益所有者），并可向指派与被指派双方同时施加信息申报义务，以确保透明性与可追责性。[162] 金融监管中的穿透监管规则可为法人董事的所有权披露提供借鉴。以美国证券交易委员会（Securities and Exchange Commission，SEC）对经注册的经纪交易商（registered broker-dealer）的"25%所有权披露规则"为例，按照规定所有注册经纪交易商除需要披露其董事、高管外，还需要披露持股超过25%的全部所有者，并按此规则不断向上追溯直至披露所有权链条上最末端的公开公司。[163]

此外，为确保法人董事与公司利益的一致性，应要求法人董事披露其在任职公司的持股情况，并及时向公司报告任期内的持股变动情况。对于上市公司，其法人董事亦同等适用上市公司对董事减持的限制。[164]

在具体落实上，现行《公司法》并未对董事信息披露有强制性规定，《市场主体登记管理条例》及《市场主体登记管理条例实施细则》建立了董事备案制度，但备案材料限于任职文件及自然人身份证明材料；现行《公司法》虽然在第32条新增企业信息公示制度，但并不包含董事备案信息。参考《上

---

[161] 林少伟：《法人董事之可能与构建》，载《北方法学》2020年第4期，第69页。

[162] Stephen M. Bainbridge, *Corporate Directors in the United Kingdom*, 59 William & Mary L. Rev. 65, 79（2017-2018）.

[163] Form BD Amendments, 60 Fed. Reg. 4040, 4042 n. 19（proposed Jan. 19, 1995）（to be codified at 17 C. F. R. pt. 249）. https://www.govinfo.gov/content/pkg/FR-1995-01-19/pdf/95-1359.pdf, at 4042. 美国银行法也有类似的穿透监管规则。

[164] 根据我国《证券法》相关规定，上市公司董事每年转让的股份不得超过其所持股份的25%，且离职后半年内不得转让其股份。

市公司章程指引》《公开发行证券的公司信息披露内容与格式准则第 2 号——年度报告的内容与格式》等，针对法人董事，宜在法律层面将以下信息纳入公司登记与企业信息公示、上市公司信息披露：一是法人董事持股情况；二是代表人与法人董事的关联情况，包括是否任职、任职期限、获取报酬和津贴情况、保险情况、是否参与法人董事及其关联方的股权激励计划或取得其他利益回报等。[165]

五、法人董事制度的本土化应用

基于本文所陈列的四种法人董事增益董事会职能的思路，结合我国个性化的治理实践与现实需要，本部分提出两种中国特色的法人董事应用场景：一为履行出资人义务的机构优化国有股权管理；二为投资者保护机构基于股东积极主义保护中小股东权利。

（一）履行出资人义务的机构优化国有股权管理

董事会的重要组成部分之一是股东董事，即受大股东委派且不在公司担任执行实职的董事，而在我国的规范中，"外部董事"主要出现在对国有独资公司的规定中，属于股东董事的一种。

1. 国有公司外部董事制度

外部董事与独立董事类似，具有一定的独立性，不在公司担任除董事和与董事会专门委员会有关的职务外的其他职务，不负责执行层的事务，与其担任董事的公司不存在可能影响其公正履行外部董事职务的关系。[166] 在性质上，外部董事是典型意义上的国有股东产权代表，受出资人委派，对出资人负责，向出资人汇报，履职过程中要贯彻出资人意图，维护出资人与任职公司的利益。北京市相关文件明确规定外部董事对出资人和任职公司负有忠实义务和勤勉义务。[167]

---

[165]　白慧林：《建立〈公司法〉委派董事制度之研究》，载《法律适用》2023 年第 10 期，第 58 页。

[166]　参见《国有控股上市公司（境内）实施股权激励试行办法》（国资发分配〔2006〕175 号）、《中央企业控股上市公司实施股权激励工作指引》（国资考分〔2020〕178 号）。

[167]　参见《市属国有独资公司董事会工作指引》（京国资发〔2017〕37 号）第 5 条。

为实现有效监督，2023年最新修订的《公司法》在第173条明确要求，国有独资公司的董事会成员中应当过半数为外部董事；[168] 董事会成员（除职工代表）由履行出资人职责的机构委派。对于国有控股上市公司，《国务院办公厅关于上市公司独立董事制度改革的意见》（国办发〔2023〕9号，以下简称《独董改革意见》）要求其董事会除了独立董事应当占1/3以上，外部董事（含独立董事）还应当占多数；董事会应当设立审计委员会，成员全部由非执行董事组成，其中独立董事占多数。[169] 此外，在董事会各下设委员会中，除提名委员会、战略委员会外，其他专门委员会均由外部董事担任主任委员并发挥领导作用。[170]

2. 股权董事制度与法人董事制度的相似性

以金融行业为例，中央汇金公司作为履行出资人职责的准政府机构，在多年实践中形成了以派出董事制度为核心的股权管理模式。派出董事不仅要考虑任职公司的长远利益，还要维护国家整体利益，推动任职公司落实中央决策部署。作为中央汇金公司员工，派出董事的组织关系、薪酬发放及绩效考核都在中央汇金公司，但全年在控参股机构"坐班"，同时在同一派驻机构任职一般不超过两届，以非执行董事常驻企业的创新举措有效解决了精力投入与独立性不可兼得的困境，改善了长期困扰国有资产管理的信息不对称和内部人控制问题。[171] 通过重要议案、重大事项事前酝酿与沟通等机制，派出董事作为桥梁强化了股东与管理层的信息沟通。[172]

从履职目标来看，股权董事需要同时服务于国有金融资本的运营目标，实践中往往从股东角度监督管理层，对将任职公司利益放在第一位的治理原则重

---

[168] 同时参见《国有企业公司章程制定管理办法》（国资发改革规〔2020〕86号）第10条第2款。
[169] 同时参见《关于进一步完善国有企业法人治理结构的指导意见》（国办发〔2017〕36号）。
[170] 王斌：《股东资源论》，中国人民大学出版社2022年版，第188页。
[171] 张莫：《中央汇金打造金融国资管理样本》，载人民网，http://ccnews.people.com.cn/n1/2018/1225/c141677-30485693.html，2024年5月9日最后访问。
[172] 孙璐璐：《完善"汇金模式"！独家对话中央汇金沈如军：强化国有金融资本管理，市场化参与资本市场维稳》，载微信公众号"证券时报"2020年12月17日，https://mp.weixin.qq.com/s/Xy0jumrMPL6_tWraNkAJzA，2024年5月9日最后访问。

视不足。[173] 股权董事与其任职公司、派出股东之间的关系与法人董事语境下的自然人代表具有一定的一致性——代表人既对任职公司负有信义义务，又是其所代表股东的受托人。

从派遣人对代表人的指示与控制来看，根据 2023 年《金融机构国有股权董事议案审议操作指引》的规定，对于高管任免、利润分配、资本规划等需要特别多数决的重大事项，派出董事需要在报送意见前与派出机构进行沟通，派出机构则会经过内部审核向派出董事反馈意见。[174] 这与法人董事框架下便利法人参与所投资公司的治理具有高度相似的运作机制——代表人的报告义务以及对法人指示的遵从义务。

此外，该指引规定了在同一机构派出多名董事的情况下股权董事如何提交书面审议意见，[175] 这与域外的法人董事制度中代表人席位数的灵活性相吻合。

3. 法人董事制度优化国有股权管理的进路

一方面，法人董事制度的随时改派制度赋予履行出资人职责的机构在人员更换上的灵活性以及变更登记等手续上的便利性。根据实证调查，银行业反馈，在股权董事的 6 年任期中，具有政府背景的股权董事常常因为财政部的人事安排被提前调走，给银行董事会的运作造成一些困扰。[176]

另一方面，通过法人董事的设计更多发挥集体智慧在子公司经营决策中的作用也符合国有独资公司强化外部董事专业性和履职能力的导向。正如前文第三部分的建议，由机构投资者设立专门机构负责专业董事的人选审核与工作考核，这一机制与当下国有独资企业强化市场化公开选聘董事人选的设想不谋而合。

(二) 投资者保护机构强化中小股东保护

从我国资本市场建立之初，独立董事即作为保护中小投资者的重要制度被

---

[173] 中国六大商业银行公司治理实践研究小组：《提升上市银行董事履职能力》，载微信公众号"中国银行业杂志社"2019 年 6 月 24 日，https：//mp.weixin.qq.com/s/mkht1tq - _D4ceAwuoeemtA，2024 年 5 月 9 日最后访问。

[174] 参见《金融机构国有股权董事议案审议操作指引》(2023 年修订版) 第 15 条、第 17 条。

[175] 参见《金融机构国有股权董事议案审议操作指引》(2023 年修订版) 第 20 条。

[176] 中国六大商业银行公司治理实践研究小组：《提升上市银行董事履职能力》，载微信公众号"中国银行业杂志社"2019 年 6 月 24 日，https：//mp.weixin.qq.com/s/mkht1tq - _D4ceAwuoeemtA，2024 年 5 月 9 日最后访问。

引入上市公司。然而，在现行独立董事选任制度下，董事的提名、任免仅作为影响中小投资者利益的重大事项对中小投资者进行单独计票和披露结果，并无单独表决的要求。[177] 唯一需要中小股东表决通过的事项为董事候选人提名管理，即当董事在过去3年内存在行政处罚、市场禁入等负面情形，但董事会、监事会认为其继续担任董事对公司经营有益并提名这一董事时，该提名须经出席股东大会的中小股东所持股权过半数通过。[178] 由于独立董事选任在机制上无法独立于大股东与高管的控制，近年来监管机构有意推动中证中小投资者服务中心（以下简称投服中心）推举独立董事，以此更好地发挥独立董事的制度价值。与自然人董事相比，法人董事在集体智慧、派遣自由及对累积投票制的保护上均具有优越性。

1. 我国独立董事选任与履职的困境

独立董事制度于1997年通过《上市公司章程指引》被首次引入我国，并于2001年正式实行。[179] 2005年修订的《公司法》将上市公司设置独立董事写入法律。此后，关于独立董事的规定与指引在证监会与交易所层面不断完善。随着全面深化资本市场改革向纵深推进，为满足资本市场高质量发展的内在要求，国务院于2023年4月印发《独董改革意见》，确定了多个方面的改革任务。同年8月，证监会发布了《上市公司独立董事管理办法》（以下简称《独董管理办法》），围绕独立董事参与决策、监督制衡、专业咨询的三大职能，着重解决独立董事定位不清晰、责任权利不对等、监督手段不够、履职保障不足等制度性问题。

不过，本次《独董管理办法》并未修改独立董事的选任制度，新规下有资格提名独立董事的范围以及提名阶段上市公司需执行的内部审查程序与现行制度并无实质差异。在现行制度下，独立董事的提名人包括上市公司董事会、

---

[177] 参见《深圳证券交易所上市公司自律监管指引第1号——主板上市公司规范运作》第2.1.12条、第3.5.19条，《深圳证券交易所上市公司自律监管指引第2号——创业板上市公司规范运作》第2.1.12条、第3.5.19条，《上海证券交易所上市公司自律监管指引第1号——规范运作》第2.1.21条、第3.5.14条，《北京证券交易所股票上市规则（试行）》第4.1条。

[178] 参见《上海证券交易所上市公司自律监管指引第1号——规范运作》第3.2.2条，《上海证券交易所科创板上市公司自律监管指引第1号——规范运作》第4.2.2条。

[179] 参见《关于在上市公司建立独立董事制度的指导意见》（证监发〔2001〕102号）。

监事会、单独或合计持有已发行股份超过1%的股东；投资者保护机构可以公开请求股东委托其代为行使提名独立董事的权利。[180] 在审查流程上，若董事会下设提名委员会，则由提名委员会审查被提名人的任职资格，形成明确的审查意见。在选举程序上，新规颁布前，除创业板要求一律采用累积投票制外（选举1名董事除外），其他板块均仅要求单一股东及其一致行动人拥有权益的股比在30%及以上的公司采用累积投票制；《独董管理办法》新增规定选举2名以上独立董事须施行累积投票制，增加了主板、科创板和北交所上市公司法定采取累积投票制的情形。[181] 在任职期限上，《独董管理办法》明确了连任超过6年的独立董事再次任职必须间隔36个月，且首发上市前的独立董事任职期间须连续计算。

在目前的选任制度下，独立董事往往因其独立性的缺失而难以保障有效履职。一方面，我国上市公司持股较为集中，大股东对公司往往具有较强控制力；另一方面，我国不强制要求上市公司设立提名委员会，亦缺乏成熟的声誉市场和公开选聘机制。因此，独立董事多为内部人主动联系并提名，而非通过公开选聘或推荐。[182] 当控制股东通过关联交易等利益输送行为掏空公司、侵害公众股东利益时，独立董事考虑到人情关系以及续聘和薪酬需求，难以有效发挥监督职能。[183]

独立性的丧失，叠加独立董事作为兼职董事存在获取信息的障碍以及投入足够精力的激励，导致我国大量独立董事沦为"花瓶董事"。改革独立董事选任办法的关键在于提名和薪酬委员会如何摆脱大股东、高管的控制，但采取第三方选聘制度又存在现实困难。[184] 此外，独立董事的施展空间与公司股权分散程度息息相关，我国上市公司普遍存在的"一股独大"现象亦限制了独立

---

[180] 参见《独董管理办法》第9条。
[181] 参见《独董管理办法》第12条。
[182] 《2018中国上市公司独立董事调研报告》，载德勤中国网，https://www2.deloitte.com/cn/zh/pages/ined/articles/2018-deloitte-china-ined-report.html，2024年5月9日最后访问。
[183] 沈朝晖：《单层制公司董事会监督功能构造》，载《政法论坛》2022年第4期，第115页。
[184] 《独立董事制度的比较与完善研讨会纪要》，载微信公众号"证券法谭"2021年12月10日，https://mp.weixin.qq.com/s/4tg9k4VC9ZH0fyUVNhwYag，2024年5月9日最后访问。

董事职权的发挥。[185]

2. 作为特殊股东的投服中心

投服中心是我国证监会设立的中小投资者保护机构，该机构已成为沪深两市所有上市公司中仅持股一手的"最小股东"，并通过实践中国版的股东积极主义规范上市公司的公司治理。《证券法》赋予了投服中心多项持股行权的便利，对于表决权征集、提起派生诉讼，[186] 投服中心都无须达到相应的持股门槛。截至2024年2月底，投服中心共计持有5351家上市公司股票，共计行权4160场，累计行使包括建议权、质询权、表决权、查阅权、诉讼权、临时股东大会召集权在内的股东权利5629次。[187]

3. 独立董事是投服中心的关注重点

独立董事不"独"不"董"的现实问题始终受到投服中心的高度重视。一方面，独立董事履职情况是投服中心的关注重点。2023年，投服中心曾开展500场上市公司2022年度股东大会专项行权。据统计，超过70%的公司独立董事全部出席，超过90%的公司独立董事现场述职，但近60%的公司仅由1名独立董事代表述职而非由独立董事分别述职，更有近10%的公司存在其他人员代全体独立董事述职的情况。[188] 另一方面，独立董事提名是投服中心的重要行权事项。在独立董事人选方面，在满足独立性、未在超过3家上市公司任职等法定要求的前提下，投服中心计划优先考虑上市公司协会独立董事专业委员会委员以及履职评价良好的在任独立董事。[189]

4. 法人董事制度助力投服中心积极行权

在独立董事选任机制存在缺陷的情况下，投服中心通过表决权征集当选法

---

[185]《独立董事制度的比较与完善研讨会纪要》，载微信公众号"证券法谭"2021年12月10日，https://mp.weixin.qq.com/s/4tg9k4VC9ZH0fyUVNhwYag，2024年5月9日最后访问。

[186] 参见《证券法》第90条第1款、第94条第3款。

[187] 中证中小投资者服务中心内部会议介绍。

[188]《投服中心走进近四百家股东大会行权 独董履职成关注点——超七成公司独董全部出席，部分独董代为述职》，载中国投资者网，https://www.investor.org.cn/about_us/introduction_to_investor_service_center/dynamic/202306/t20230612_677221.shtml，2024年5月9日最后访问。

[189] 中证中小投资者服务中心内部会议介绍。根据投服中心介绍，本轮试点选取上市公司的标准主要包括：公司治理机制运行规范、经营相对稳健、未被监管机构采取行政处罚等监管措施、无重大负面舆情、积极回报股东等。试点阶段将以北京、上海、深圳为重点，综合考虑存在聘任独立董事需求的国央企及民营企业。

人董事有望成为改善上市公司治理、保护中小投资者权利的新路径。有观点认为，考虑到我国上市公司股权较为集中的特性，独立董事制度应借鉴国有企业中外部董事制度的经验加以完善。[190] 这一思路即指向由投服中心当选法人董事，并选派向其汇报、受其考核的代表人，以期实现保护中小投资者的公益目标。

（1）投服中心当选外部董事的现实可行性

一方面，投服中心具有当选法人董事的合理性。作为具有特殊权利的股东，投服中心可通过公开表决权征集、联合机构投资者获取董事席位，从而改变部分上市公司基于一股独大而出现的治理问题。《独董改革意见》即明确提出鼓励投资者保护机构等主体依法通过公开征集股东权利的方式提名独立董事。此外，机构投资者持股数量多、专业性强、沟通成本低，因此机构之间的协同行动在域外被英国《投资者参与准则》和欧盟新版《股东权利指令》等成熟市场规则共同倡导。[191]

另一方面，投服中心选派的代表人在履职中具有激励、精力投入与信息资源等多方面的优势。在改善独立董事制度的讨论中，已有观点提出宜探索由包括投服中心在内的监管部门选聘独董人选或派人"挂职"，为其他独董做好示范。[192] 由于派遣人具有一定的公权力色彩，接受派遣的代表人无论是具有升迁期待的公职人员还是关注个人声誉的专业人士，都天然具有更强烈个人荣誉感，因而更能谨慎、公正履职。此外，在监管机构集体智慧的支持下，投服中心在任职公司董事事务中的人力与资源投入将显著高于一般自然人独立董事。

在规范层面，从投服中心《中证中小投资者服务中心持股行权工作规则（试行）》第5条的规定来看，投服中心原则上不得干预或参与公司日常经营，不得参与涉及公司董事、监事、高管等的重要人事变更事项，不得参与涉及公司控制权争夺等利益纠纷的事项。不过，该条对董事选任的限制应当理解为不

---

[190]《独立董事制度的比较与完善研讨会纪要》，载微信公众号"证券法谭"2021年12月10日，https://mp.weixin.qq.com/s/4tg9k4VC9ZH0fyUVNhwYag，2024年5月9日最后访问。

[191] 郭雳：《作为积极股东的投资者保护机构——以投服中心为例的分析》，载《法学》2019年第8期，第151页。

[192]《独立董事制度的比较与完善研讨会纪要》，载微信公众号"证券法谭"2021年12月10日，https://mp.weixin.qq.com/s/4tg9k4VC9ZH0fyUVNhwYag，2024年5月9日最后访问。

应通过主动提名、提议罢免及征集表决权等方式更换内部执行董事,避免引起公司经营的震荡甚至公司僵局;对于不参与日常经营管理的独立董事席位则可考虑采取更积极的策略。[193]

(2) 发挥法人董事制度对累积投票制的保护作用

除了强化履职能力以及极端情况下改派代表人的便利性,法人董事制度对于中小股东保护的另一重要价值在于其对累积投票制结果的维持作用。在股权较为集中的情况下,为强化独立董事保护公众股东的激励,域外多设计"加强独立董事的独立性",即赋予非控制股东或公众股东在独立董事选任、解任中更大权重的投票权。英国要求独立董事的选任和连任采取少数股东单独投票与控股股东同意的双重批准。以色列则赋予公众股东对控制股东推荐人选的否决权,在此情况下,公众股东有权选举 1 名外部董事进入董事会,无须控制股东的同意。[194] 我国本次独立董事制度改革也体现了类似的思路,要求选举 2 名以上独立董事时采取累积投票制。[195]

然而,在没有法人董事制度的情况下,即使投服中心推举的自然人董事通过累积投票制成功当选,一旦该董事因辞任、死亡或出现不得担任董事的情形,改选就将只能采取资本多数决,届时该席位必将落入控制股东的手中。在法人董事制度下,投服中心只需基于无因改派权更换代表人,以此保障任期内这一代表中小股东权益的董事席位稳固存在。

六、结论

既有研究表明,监督型董事会引以为傲的董事会独立程度带来的长期成本超过了长期收益,[196] 而改进董事制度的关键或许不在于强化其董事会相对于

---

[193] 郭雳:《作为积极股东的投资者保护机构——以投服中心为例的分析》,载《法学》2019 年第 8 期,第 158 页。

[194] 沈朝晖:《单层制公司董事会监督功能构造》,载《政法论坛》2022 年第 4 期,第 115—116 页。

[195] 参见《独董管理办法》第 12 条。

[196] Lucian A. Bebchuk, *The Myth That Insulating Boards Serves Long-Term Value*, 113 Colum. L. Rev. 1637 (2013).

管理层的独立性,而在于强化其对股东的依赖。[197] 诚然,法人董事制度在逻辑上将增加大小股东之间的代理成本,降低股东与董事之间的代理成本,二者的利弊比较有赖实证分析的支持;但类似法人股东派遣董事之市场实践的出现,或多或少地暗示了引入法人董事的合理性和必要性。

尽管针对法人董事存在利益冲突、代理问题、过度控制等疑虑,但真正的问题并不在于公司治理中一方权力的大小,而在于配套的制度体系是否完善——法人董事制度的具体构建需要精巧的设计,而域外治理实践与学理讨论为我们提供了丰富的经验与教训。本文从法人董事的资格、法人董事代表人制度、董事义务与责任追究、信息披露等多个方面初步设计了我国引入法人董事制度的框架,以期为公司法规范的更迭与进步提供参考。在制度落地上,履行出资人义务的机构优化国有股权管理、投资者保护机构改善上市公司治理两大领域有望成为法人董事制度大展拳脚的试验田。

---

[197] Ronald J. Gilson & Reinier Kraakman, *Reinventing the Outside Director: An Agenda for Institutional Investors*, 43 Stan. L. Rev. 863 (1991).

职工董事制度的本土与现代构建

纪雨男[*]

目　次

一、引言
二、比较法视野下的职工董事制度
三、职工董事制度理论基础
四、职工董事制度的本土实践
五、职工董事制度的完善建议
六、结语

摘　要：职工董事制度是职工参与企业民主管理的重要途径之一，但在我国实施的根基较浅，缺乏以实践支撑理论的研究与细化，与域外成熟的法系相比，存在明显的理论与实践空白。根据 2023 年《公司法》，虽然职工董事制度的适用公司范围不断扩大，但是实践中缺乏明确的指引和标准。在职工董事的任职标准、选聘流程、权责内涵等方面，细则缺失且操作性不强。此外，履职保障的缺失亦导致职工董事履职能力受限，积极性受挫。考虑到我国法律构建的不完善、职工董事的特殊身份以及当前"以股为本"的公司治理模式，

---

[*] 纪雨男，清华大学法学院 2024 届法律硕士，现就职于北京君合律师事务所。

可借鉴域外职工董事制度的成功经验，从体系建设、实施细则、权责划分、配套措施等多方面完善职工董事制度的法律建构，循序渐进地推动职工董事与现代公司治理体系相融合。

关键词：职工董事；职工董事制度；公司治理；上市公司

一、引言

职工董事制度是公司职工通过职工大会、职工代表大会等其他民主程序出任公司董事，参与企业内部董事会决议的一种方式。这一制度是公司民主治理架构中不可或缺的一环，其产生与我国20世纪国有企业公司制改革的进程紧密相连。[1] 随着经济与社会的发展，职工董事制度也逐步得到完善与推广。

2023年12月29日，第十四届全国人大常委会第七次会议审议通过了新修订的《公司法》。该法第1条旗帜鲜明地提出保护职工权益，完善中国特色现代企业制度。与2018年《公司法》第44条第2款的规定相比，新《公司法》不再按公司所有制类型对职工董事的设置进行限制，而是按照职工人数的多少确定董事会成员中是否应当有公司职工代表，拓展了应当设置职工董事的公司范围。为更好保障职工参与公司民主管理、民主监督，保护职工利益，新《公司法》第120条亦将上述职工董事制度的适用范围从有限责任公司拓展至股份有限公司。

这种以雇工规模取代公司所有制类型作为界定职工董事适用范围的新标准为职工董事制度在中国的大范围铺陈确立了法律基础，[2] 开辟了职工董事在中国资本市场实践的新篇章。然而，制度的改革仅是开端，如何实践与完善才是下一阶段的重要任务。

二、比较法视野下的职工董事制度

职工董事制度的发源可追溯至西方现代公司企业制度的演变，并在公司治

---

[1] 邓峰：《董事会制度的起源、演进与中国的学习》，载《中国社会科学》2011年第1期，第164页。

[2] 刘俊海：《论基于理性自治的公司监督模式创新——兼评〈公司法（修订草案）〉中监事会与董事会审计委员会"二选一"模式》，载《中国社会科学院大学学报》2023年第4期，第5页。

理结构发生重大变革的背景下逐渐成形。在传统的西方公司法中，资本的作用被视为万能，而劳动的作用往往被忽视。公司被视为由物质资本所有者或股东组织起来的联合体，股东大会的权利至高无上，而董事、监事等其他治理机构的作用并未得到充分的重视。然而，随着经济的发展和社会的进步，西方国家逐渐认识到公司不仅是资本的集合，而且是资本与劳动相结合的契约组织。[3]因此，公司治理结构中逐渐重视劳动的作用和人才、知识产权的重要性。随着时间的推移，职工董事制度在以德国为代表的西方国家不断得到完善与推广。

（一）德国

1. 德国职工参与的理论基础与特点

德国是最早尝试在公司中设立职工董事、职工监事的国家之一。德国立法重视保护职工监事参与董事会决策、董事报酬决策、董事任免等。在德国，监事会重视职工权益的保障，并负责处理劳资关系相关事宜。[4]

德国共同决策制度（Mitbestimmung，以下简称共决制）是德国法的特色之一[5]，该制度是德国发展职工董事、职工监事制度的理论与现实基础。德国共决制是德国产业体系和德国公司治理体系的重要组成部分，主要包括了生产层面和经营层面上的职工参与共决两种形式，[6]即企业委员会的共同决定（betriebliche Mitbestimmung）和公司共同决定（Mitbestimmung auf Unternehmensebene）。前者是指职工在企业发展的过程中，积极投身于与自身权益息息相关的社会性问题，如工时管理、作业安全等；后者则意味着职工更深入地参与到企业的民主管理中，处理与企业发展紧密相关的经济决策并积极监督企业管理。[7]本文所探讨的共决制指的是后者经营层面共决制，主要表现形式为德国职工参与企业民主管理，如监事会、董事会，其核心在于职工与

---

[3] Stephen M. Bainbridge, *Unocal at 20: Director Primacy in Corporate Takeover*, 31 Delaware Journal of Corporate Law. 769（2006）.

[4] 刘俊海：《职工参与公司治理的体系化设计：立法宗旨、制度重构与股权纽带的三重视角》，载《北方法学》2023年第4期，第5页。

[5] [德]托玛斯·莱塞尔、[德]吕迪格·法伊尔：《德国资合公司法》，高旭军等译，法律出版社2005年版，第134页。

[6] 胡晓静：《德国职工参与共决制度评介》，载《商业研究》2010年第5期，第172页。

[7] 范健、张萱：《德国法中雇员参与公司决策制度比较研究》，载《外国法译评》1996年第3期，第53页。

雇主共同参与企业的意志形成过程，通过"伙伴式"的对话关系解决彼此之间的利益对立，协调彼此之间的权利和义务。在德国，大部分企业均实施共决制。根据统计，目前参与德国共决制的职工约占职工总数的85%。

与我国董事会和监事会的角色定位不同，德国共决制下，德国监事会权力非常大，监事会成员中的股东代表与职工代表由股东会和工会共同选举产生，而其中职工代表要占据监事会1/3或一半的席位。董事会只是监事会下属机构，董事会的任免权在监事会，监事会任命董事会成员并对董事会经营进行监督。[8] 除人事任免权外，德国上市公司的监事会承担着企业经营决策的重要职责，只有在监事会的许可范围内，董事会才有自主决策权。也因此，监事会有广泛的同意事项保留权，这也强化了董事会对监事会的依赖。[9] 有鉴于此，在德国的公司结构中，监事会实际上扮演着类似于我国公司中董事会的角色，并深度参与企业决策过程；相应地，德国公司中的董事会则更接近于我国公司中的经理层，负责执行具体的经营决策和日常运作。[10] 因此，德国的职工监事参与机制优于职工董事参与机制，职工董事的相关规定较少而职工监事相关的安排则较为多元。此外，德国公司股东会通常不会直接介入公司的日常业务运营，决策权仅限于法律明文规定的职权范围内的事项。在这些职权范围内，股东会负责处理一系列重要事务，包括但不限于修改公司章程、决定公司的增资或减资、选举和任命监事会中的股东代表、批准企业合同或变更企业合同以及决定利润分配等关键决策。[11]

首先，从特点角度来看，共决制最为突出的一个特点即为让职工有机会参与公司事务的内部决策领域。换言之，共决制赋予职工对企业经济层面的控制权。其次，不同于中国乃至其他国家的法律制度安排，德国共决制相关法律都

---

〔8〕 参见《德国股份法》第111条第1款，杜景林、卢谌译，中国政法大学出版社2000年版，第54页。

〔9〕 [德]托玛斯·莱塞尔、[德]吕迪格·法伊尔：《德国资合公司法》，高旭军等译，法律出版社2005年版，第131页。

〔10〕 袁英华：《美国、日本、德国公司治理结构比较分析》，载《湖南经济管理干部学院学报》2005年第2期，第43页。

〔11〕 Vgl. § 119 AktG.

呈现"合作主义"的特点,即明显的利益相关者导向。[12] 因此,合作、共识、信任等始终是德国公司治理理念的重要组成部分,德国的劳资合作伙伴关系也向来为人所熟知。在德国已有很多研究共决制的报告,相关研究表明,该制度有助于在资方和劳方内部达成平衡、增加企业的经济效益。德国能在经济危机中走出低谷,也恰恰是得益于德国的劳资合作伙伴关系。[13] 再次,德国公司内部呈现明显的"内部人控制体系"特点,不同于中国公司内部的以资本为导向,德国公司内部的监督是由公司内部机制来完成的,其中监事会扮演着重要角色。[14] 事实上,德国共决制度极具深远意义的优点便体现在雇员对董事会的独立监督作用上,共决制为员工提供了"检查"公司管理层的机会。[15] 从工会的角度出发,监事会中那些来自企业外部的工会组织代表与董事会之间不存在任何依赖关系,因此能够毫无顾忌地提出那些或许令人感到不舒服但至关重要的问题。这种监督机制确保了公司决策过程的透明度和公正性,避免了内部权力结构的滥用和偏袒。最后,德国的职工参与制度有效制衡了股东权利。德国的公司股权结构集中,但是德国职工参与公司治理的程度较深,劳动者的治理权利得以与股东权利相抗衡,因此经营者仍然手握相当程度的裁量权。

2. 德国共决制的法律体系

德国共决制是随着时代发展和历史变革而不断成熟、完善并更新的,也因此,德国公司的共决法实际是由多部法律组成的。在具体的适用层面,亦受到多部法律调整。德国共决制法律基础主要见于《煤钢行业共同决策法》《共同决定法》《三分之一共决法案》等,但是涉及职工具体的权利义务部分需参见其他法律,如德国《商法典》等。

---

[12] Schmidt/Spindler, Finanzinvestoren aus ökonomischer und juristischer Perspektive, Baden-Baden, 2008, C. Rn. 130. 转引自黄来纪、李志强、杨合庆主编:《完善中德职工董事、职工监事法律制度研究》,中国民主制出版社2015年版,第22页。

[13] 黄来纪、李志强、杨合庆主编:《完善中德职工董事、职工监事法律制度研究》,中国民主法制出版社2015年版。

[14] Schmidt, R. H. & Spindler, G.. Path dependence, corporate governance and complementarity, International Finance, Vol. 5:3, p. 311–333 (2002).

[15] Smith, Stephen C, On the economic rationale for codetermination law, Journal of Economic Behavior & Organization, Vol. 16:3, p. 261–281 (1991).

1919年《魏玛宪法》第165条即表明职工与企业主有平等参与公司治理的权利。以《魏玛宪法》理念为基础,德国1920年制定的《企业代表会法》第1条提出20名职工以上的企业应当组建企业职工委员会。截至此时,经营层面的共决制立法始终并未出现。受第二次世界大战的影响,资本所有权和经营权分离的进程加速,不仅德国职工参与的意识有所加强,而且德国政府也从第二次世界大战中进一步意识到职工参与的重要性。[16]

西德议会1951年通过的适用于煤炭、钢铁行业的《煤钢行业共同决策法》为德国职工参与监事会奠定了基石,为战后共决制的发展奠定了基础。该制度较1976年出台的普通的共同决策门槛低,适用于1000人以下的公司。该法案规定,资方代表与职工代表共同组建监事会,人数比例对半,此外还有1名中立的成员由上述双方共同选出,持关键一票。董事会中应有职工董事,监事会中劳方代表有权决定职工董事的任免。职工董事的职务范围无成文法限制,可参考董事会的业务规定。1952年德国新出台的《企业组织法》不局限于煤炭、钢铁行业,一般公司均可适用,明确规定对于职工人数在500人以上的公司,1/3的企业监事会成员必须是职工代表,职工代表有权选择董事会成员并参与公司的经营决策。此后该法两次进行修改,该法的适用范围扩展且对于职工权益的保护进一步加强。但是工会始终不满《企业组织法》中规定的1/3比例,因此工会后期始终积极推动单行法,以扩大职工参与公司共决的领域与占比。

监事会中正式引入共决制度始于1976年德国颁布的《共同决策法》,该法亦是德国生产水平影响下的积极的产物。[17]《共同决策法》的核心理念为劳动的供给者与掌握公司所有权的股东共同执掌公司,职工席位随着公司规模而不断扩大。与此同时,法案亦赋予工会成员公司治理权。具体而言,《共同决策法》规定对于人数在1000人以下的公司,股东、职工代表各有6个席位,工会代表有2个席位;人数在10000—20000人的公司,职工与股东各有8个

---

[16] [德]托玛斯·莱塞尔、[德]吕迪格·法伊尔:《德国资合公司法》,高旭军等译,法律出版社2005年版,第134页。

[17] Felix FitzRoy & Kornelius Kraft, Co-determination, Efficiency and Productivity, British Journal of Industrial Relations, London School of Economics, Vol. 43:2, p. 233 – 247 (2005).

席位，工会代表同样有 2 个席位；人数超过 20000 人的公司，职工代表与资方代表各占监事会 10 个席位，工会代表另有 3 个席位，工会代表无身份限制。此外，董事成员由监事会任免，必须有 1 名成员专门负责人事和劳工问题，该成员通常由职工代表担任。[18] 依据《共同决策法》，职工在监事会中的席位对应公司的决策控制权，职工与股东一样拥有公司的控制权。该法案虽没有明确表明职工、股东在法律地位上平等，却突出强调了职工在德国公司治理结构中的重要性。[19] 在德国体量较大的公司中，通常席位中有一半是职工与工会代表担任。对于人数较小的企业，职工代表人数同样不低于 20%。由此可见，在德国企业的监事会中，工会和职工代表普遍拥有一定的话语权，在公司治理中的影响力显著。

2004 年出台的《三分之一共决法案》取代了 1952 年《企业组织法》第 76 条（含）之后关于职工参与监事会的规定，适用于雇员规模在 500—2000 人的非煤炭、钢铁行业公司。该法案规定监事会成员中有 1/3 为职工代表，剩余 2/3 为股东代表，并且仅当职工代表人数超过 3 人的情况下，工会代表才有资格进入监事会，否则无权进入，且该部法律并未要求在这类公司的董事会中设置职工董事的席位。相较于《企业组织法》，《三分之一共决法案》在共决制的规定层面并未发生太大变化。但《三分之一共决法案》所确立的少数参与机制中职工代表人数少，在关键的决策流程中难以发挥切实有效的作用，仅扮演沟通协商的角色，反而是监事会中的股东代表占据核心位置，因此也被视为职工共决制中最薄弱的框架。

总体而言，德国共决制的立法进程，起始于生产层面参与决策的法规制定，随后逐步深化至公司层面参与决策的法律制定，最终构建起了覆盖面广、层次高的共决制，并辅以一套健全的法律体系作为支撑。这一历程既反映了德国职工参与公司管理事项范畴的不断拓展，也彰显了从"资本至上"观念向"以人为本"理念的转变。

此外，在这个历程中，我们也不难总结出德国职工参与公司治理的四个特

---

[18] 朱慈蕴等：《公司内部监督机制——不同模式在变革与交融中演进》，法律出版社 2007 年版。
[19] 杨冬梅：《我国职工董事、职工监事制度法律问题研究》，载《工会理论与实践·中国工运学院学报》2001 年第 1 期，第 31 页。

点。第一,德国针对不同类型的企业制定了相应的法律法规,确保了法律制度体系的完善与细致。这种立法方式使得职工参与公司治理的法律规定更具针对性和可操作性。第二,职工共决制并非凭空而建,而是在原有的公司治理结构之上逐步发展而来。也就是说,在相关法律出台之前,公司监事会与董事会就已存在。共决制的引入,并未颠覆原有的治理架构,而是巧妙地改变了监事会和董事会的组成方式。第三,德国职工享有的参与权广泛且层次较高,不仅有权参与决定企业内的职工福利、劳动条件等社会事务,而且能够涉足人事、生产、财务及销售等核心经济事务的决策,从而构建了"劳资共决"的有效机制。第四,工会根据相关法律的指引,积极开展活动,并致力于增进企业与职工间的协作、互信与合作。

随着共决制相关法案逐步走向完善,德国内部对于共决制的讨论暂时归于平静,德国共决制也逐渐成为德国经济的重要组成部分。然而随着时代的发展,德国共决制也同样面临着不小的危机与挑战。例如,部分学者经研究,发现共决制对公司生产效率、经营以及业绩影响甚微。[20] 此外是经济全球化带来的挑战。部分学者认为,并非所有国家均实行职工共决制,因此该制度已不能满足德国企业尤其是跨国企业的时代需求,共决制必须适应全球化的进程。[21] 但是即使这样,依赖其特殊的历史背景、广泛的群众基础,德国共决制度依然受到大部分群众的追捧。张冬萍认为,德国共决制反映了德国重视职工,强调集体主义的理念。[22]

(二)美国

职工参与公司治理的制度,实则是根据公司治理结构特性而精心设计的一种制度框架。考虑到公司股权结构是塑造其治理框架的基石,职工参与制度亦不可避免地与之紧密相连,受其潜移默化的影响。长期以来,职工利益保护力

---

[20] Benelli, Giuseppe & Loderer, Claudio & Lys, Thomas, Labor Participation in Corporate Policy-Making Decisions: West German's Experience with Codetermination, The Journal of Business, Vol. 60:4, p. 553 – 575(1987).

[21] John T. Addison & Claus Schnabel, Worker Directors: A German Product that Did Not Export?, Industrial Relations: A Journal of Economy and Society, Vol. 50:2, p. 354 – 374(2011).

[22] 张冬萍:《我国上市公司独立董事制度的发展脉络、存在的问题及对策研究》,载《西部经济管理论坛》2012年第3期,第37—39页。

度与股权结构之间的关联关系向来是学术界的热点讨论话题。德国和美国在职工参与公司治理的制度安排上也各具特色,美国是典型的单决制国家,在公司治理层面没有正式的职工参与制度,而是更加重视股东和管理层之间的委托代理关系。相比之下,德国的公司治理结构则更加重视职工、经营者之间的关系,并形成较为完善的职工参与制度,同时这种职工参与制度也大大地增强了经营层的话语权。德国股权较为集中,理论上德国企业的股东裁量权更大,但是因职工深度参与公司治理,所以股东的权利有所消减。相较之下,美国的股权结构呈现分散的特点,这导致经营者的权力相对集中。因此,美国在对股东利益的保护方面显得相对不足。[23] 不难发现,这种股权结构的差异直接影响了公司治理模式和股东权益、职工权益的保障程度。

就职工董事制度而言,不同于德国,美国仅有少数公司真正为职工预留董事会席位,并且即使部分美国公司中确有职工董事的存在,职工董事也始终未成为一种普遍且固定的制度安排。[24] 但值得一提的是,尽管董事会中并未直接体现"职工董事"的特征,但美国早期频发的"劳资冲突"与"劳资妥协"仍使美国政府越发重视职工参与企业民主管理的重要性。受限于资本主义的社会形态,美国早期劳资矛盾尖锐。为维护自身权益,工人组建工会、开展集体罢工等现象层出不穷,工人通过工会运动呼吁政府对其权益进行保障。随着股东本位的治理理念不断受到劳资关系的挑战,美国职工参与公司管理决策的程度逐渐加深。也因此,尽管美国公司法制度框架内并未明确职工参与公司治理的条款,但为保障职工参与公司民主管理的权利,美国劳动法通过载明职工参与公司治理的相关内容,间接传达了鼓励职工有权参与公司民主管理的价值导向。根据1935年制定的《国家劳工关系法》(后更名为《国家劳资关系法》),美国政府鼓励集体谈判、保护工人结社自由,并明确了不当劳动行为的范围等。然而,该法并未覆盖与职工相关的所有内容,因此部分与职工权益相关的

---

[23] 参见[美]莱纳·克拉克曼、[美]亨利·汉斯曼等:《公司法剖析:比较与功能的视角》(第2版),罗培新译,法律出版社2012年版,第86—91页。

[24] 赵炜:《也谈借鉴国外职工董事监事制度》,载《工会理论与实践、中国工运学院学报》2000年第6期,第21—25页。

内容仍需要通过劳资协商来解决。[25] 这导致了美国职工参与度的层次较低。

此外，随着时间的推移，第二次世界大战不仅带来了现代企业管理思想的铺陈，而且催生了工会力量的蓬勃发展。随着战后经济运行的逐渐恢复，人力资本的重要性得以加强，英美法系国家的公司治理模式逐步从"以股为本"向"以人为本"发生转变。[26] 在此情形下，美国越来越关注职工在公司治理体系中的地位与作用，职工参与机制持续完善与演进。尽管如此，由于受限于资本背景与社会形态，对资本、股东权利与市场竞争的关注依然是美国公司治理模式的核心内容。

20世纪70年代，"公司契约性质"[27] 理论兴起[28]，学术界越发强调公司拟制产物的地位，美国公司治理开始更多地关注利益相关者的利益，并通过赋予职工公司股权的方式改善职工民主参与度低的现状。据相关数据统计，在美国，每3万家企业中，就有7家公司明确将公共利益纳入其经营目标之中，[29] 员工持股计划（ESOP）应运而生。研究表明，美国近一半的职工均是该制度的参与者。[30] 不同于德国对该制度的运用程度较弱，[31] ESOP在当时劳资矛盾盛行的美国起到积极作用并有效提升企业生产效率，转而重视职工地位的同时加速了美国企业的公司治理模式现代化进程。

在2018年，美国参议员Warren提出了备受瞩目的《负责任的资本主义法案》，核心内容为对于年利润超过10亿美元的大型公司，要求至少40%的董

---

[25] 程宗璋：《我国职工民主参与公司治理的模式选择》，载《内蒙古师范大学学报（哲学社会科学版）》2002年第1期。

[26] 杨冬梅：《我国职工董事、职工监事制度法律问题研究》，载《工会理论与实践、中国工运学院学报》2001年第1期，第30页。

[27] Michael Jensen & William Meckling, *Theory of the Firm: Managerial Behavior, Agency Costs and Ownership Structure*, Journal of Financial Economics 3, p. 305 – 360（1976）.

[28] 许多美国主流学者都是坚定的公司契约论者，例如Stephen M. Bainbridge、Lucian A. Bebchuk、Henry N. Butler等。

[29] Schmidt Elizabeth, *New Legal Structures for Social Enterprises: Designed for One Role but Playing Another*, 43 Vermont Law Review, 676（2019）.

[30] Richard B. Freeman & Joseph R. Blasi & Douglas L. Kruse, *Introduction to Shared Capitalism at Work: Employee Ownership, Profit and Gain Sharing, and Broad-based Stock Options*, University of Chicago Press, p. 1 – 37（2010）.

[31] John S. Heywood & Uwe Jirjahn, Variable Pay, *Industrial Relations and Foreign Ownership: Evidence from Germany*, British Journal of Industrial Relations, Vol. 52:3, p. 521 – 552（2014）.

事会成员由员工直接选举产生，从而确保职工代表在董事会中拥有话语权。此外，该法案还强调董事在决策过程中应全面考虑包括股东在内的所有主要利益相关者的利益，若董事未能履行这一职责，股东有权对其提起诉讼。与此同时，另一份名为《奖励工作法案》的提案也提出了类似的要求，即所有上市公司中应有1/3的董事由职工选举产生。这两份法案的建议与如上的德国职工参与模式在理念上有着异曲同工之妙，都旨在加强职工在公司治理中的参与程度。

（三）英国

与德国共决制不同，欧洲层面的共决制不再取决于公司职工人数，而是通过谈判结果来确定。如果公司代表和"特别谈判委员会"选举出的职工代表未就某项事宜谈判达成一致，或谈判的进程受阻甚至尚未开启，那么双方即适用兜底条款。

在英国，人力资本在公司治理中的地位日益凸显，职工本身的地位也日益提升。英国系股东会中心主义国家，未专门为职工董事预留董事会席位。英国对职工董事制度的态度较为保守，多数组织均持观望态度。有鉴于此，英国仅有少量国有企业尝试引入职工董事制度。其他性质的企业，如大众所熟知的英国钢铁公司，即使有尝试职工董事制度的先例，也始终影响平平。[32] 截至20世纪70年代，职工董事才逐步走进英国的民营企业，成形的系统化制度始终未形成。但随着经济态势的回升，英国公司对职工的地位的态度也有所转变。英国《1985年公司法》明确将职工视为公司的重要组成部分，而非单纯的雇员，因此公司职工的利益应当被纳入董事会决策的考量因素。[33] 受美国影响，英国逐渐意识到了ESOP的作用与重要性，并于公司法领域中正式确立了这一制度。随着职工产权基础的完善，当职工进入董事会时，其职工身份逐渐被淡化，职工参与董事会和经营决策的机会得以增强。

（四）日本

日本职工参与公司治理的模式受德国影响，职工代表在董事会中地位显

---

[32] 周超：《职工参与制度法律问题研究》，中国社会科学出版社2006年版，第199页。

[33] 杨冬梅：《我国职工董事、职工监事制度法律问题研究》，载《工会理论与实践·中国工运学院学报》2001年第1期，第31页。

著。日本公司董事会的成员人数较多，通常为 30—40 人，但大多为终身雇员内部晋升，经过长时间考核与选拔，逐步在公司内部脱颖而出，因此他们通常对公司具有强烈的归属感和主人翁精神。在日本，职工在被选拔为董事之后，也可以通过晋升渠道上升至总裁职位。特别地，受利益相关者等理论的影响，日本的公司治理体系兼顾股东主权与职工管理两方面的需求，俗称"相机治理机制"。此外，日本企业普遍采用法人相互持股模式，个人股东较少，因此个体股东对企业经营决策的干预程度较低，职工对董事会决策的影响较高。这也导致了上市公司股东大会形式化的现象显著，职工实质更能左右公司控制权。

综上所述，无论是德国的共决模式，还是英美公司对人力资本的日益重视，抑或日本公司中雇员的特殊地位，都体现了西方国家的公司治理结构越发重视职工作用的价值取向，也暗示着职工参与企业民主管理的渠道正逐步拓宽，职工董事逐渐进入到发展新阶段。

三、职工董事制度理论基础

在公司治理的理论探讨中，职工参与公司决策一直受到股东中心主义的挑战。股东中心主义主张，职工参与公司治理可能会对股东的利益造成损害，并影响达成一致的速度与效率。此外，职工不依赖表决权也可以得到保护，劳动力市场的流动性为雇员提供了保障。[34] 因此职工参与被视为一种低效的制度设计。但除股东中心主义外，仍有不少职工参与相关的理论为职工董事的实践提供了必要的理论支撑与方法论指引。除在法学家、管理学家、经济学家口中频繁出现的利益相关者理论外，公司契约理论、人力资本理论、管理科学理论、经济民主理论、委托代理理论以及近年来兴起的 ESG 理论等，均从管理、组织、社会等多重视角为职工参与公司治理的合理性提供了坚实的理论支撑，多维度论证了职工参与公司治理的必要性。[35] 总体而言，如下几种理论均从不

---

〔34〕［美］斯蒂芬·M. 贝恩布里奇：《理论与实践中的新公司治理模式》，赵渊译，法律出版社 2012 年版，第 43—44 页。
〔35〕胡改蓉：《国有公司董事会法律制度研究》，华东政法大学 2009 年博士学位论文。

同层面探讨了职工参与的正当性与必要性，是职工董事制度得以蓬勃发展的重要理论基石。

（一）经济民主理论

经济民主，作为社会主义思想体系中的璀璨瑰宝，不仅是西方激进主义颠覆资本主义性质企业的核心原则，而且是实现由资本主义向共产主义演进的桥梁与纽带。有鉴于此，经济民主理论为职工董事的研究主题赋予了坚实的理论支撑。

经济民主的概念是从民主的概念中引申而来的，经济民主即资本主义生产方式与交易方式的民主化进程。经济民主的理念突破了传统政治民主的范畴，旨在构建经济领域的民主运作模式。经济民主理论主要包括三项原则：财产权原则、参与原则与限制原则。[36] 就参与原则而言，经济民主理论指出社会生活包括与人们社会实践息息相关的经济生活，因此凡涉及经济过程中的决策，均应当由所有参与者以平等的方式决定。《魏玛宪法》对于经济民主的构建具有里程碑意义，其深远影响延续至今。《魏玛宪法》第 165 条将经济民主法制化，不仅允许成立实现工人共决权的企业委员会，还设立了有权审查社会经济政策的中央经济委员会，其核心在于企业层面的工人共决权和社会层面的全体成员共决权。企业管理民主，即职工参与，便是经济民主理论参与原则在企业中的表现。[37]

在经济民主理论下，职工参与可以作为社会民主的稳定剂。德国著名劳动法学家胡戈·辛茨海默深刻指出，民主不仅包括政治民主，还包括社会民主。政治民主虽能协调社会条件与法律形式，但并不完全适用于社会生活，特别是经济生活。因此，建立经济委员会，让工人阶级参与决定生产政策的过程，显得至关重要。经济问题不能仅凭企业家单方面决策，经济委员会的设立有助于工人参与生产规划，拓宽他们的视野和提高他们的能力，从而对生产进程产生积极影响。就德国职工参与在德国社会中的"稳定剂"作用，我们也可以从共决制的实施中找到答案。首先，德国公司的共决制扩大了职工个体的尊严，

---

[36] ［美］路易斯·凯尔萨、［美］帕特里西亚·凯尔萨：《民主与经济力量——通过双因素经济开展雇员持股计划革命》，赵曙明译，南京大学出版社 1996 年版，第 24 页。

[37] 陆雄文：《民主管理》，浙江人民出版社 1997 年版，第 32 页。

共决制一系列法律赋予职工被公司所有权认可的权利。换言之，通过该制度，职工实质是为自己而工作，加速了企业内部民主化的进程。其次，德国共决制协调了社会内部的冲突与利益，社会民主相关的基础设施建设得以加强。最后，从解决危机的视角来看，正是得益于共决制，德国职工与企业主在企业内部达成了共识，德国职工对公司的认同感与责任感均有所增强；也得益于职工与企业主之间的合作，进一步为德国社会的平衡与稳定作出了突出的贡献。[38] 事实上，得益于德国共决制下劳资双方的认同与相互信任，德国的罢工天数较其他共决制发展不慎完善的国家而言要明显减少。德国的"社会伙伴关系"正是在社会民主的基础上逐步形成的。德国职工能够深入参与公司治理的一个重要原因就是，德国毅然意识到与职工的友好合作能给公司带来经济效益，对公司治理意义重大。[39] 事实上，德国共决制的存在，不仅从个体企业层面维护了企业内部和谐，而且极大程度帮助德国扭转经济下行的严峻态势，让德国出口在世界范围内始终维持着较高的社会评价。

此外，经济民主理论认为最为根本的是就经济权利进行民主监督，尤其是对决策过程进行民主监督。以德国为例，工人阶级获得了与资方共同决策的权利，这一变革相较于过去所提倡的民主管理和民主监督更为直接、具体、精确且易于操作。如果管理和监督构成了经济民主的基本诉求，那么共决权则是该诉求的具体体现，它直接指向决策的实际流程，具有显著的实际操作价值。通过共决权的实施，我们能够更直接、更有效地推动经济民主化进程，确保公共福利目标的实现，从而实现经济的持续、健康发展。

(二) 人力资本理论

在 20 世纪 60 年代，"人力资本"[40] 的概念逐渐出现，这一概念与物质资

---

[38] Vgl. Kommission zur Modernisierung der deutschen Unternehmensmitbestimmung (2006), Bericht der wissenschaftlichen Mitglieder der Kommission mit Stellungnahmen der Vertreter der Unternehmen und der Vertreter der Arbeitnehmer, S. 21ff. 转引自黄来纪、李志强、杨会庆主编：《完善中德职工董事、职工监事法律制度研究》，中国民主法制出版社 2015 年版，第 39 页。

[39] Uwe Jirjahn, Ökonomische Wirkungen der Mitbestimmung in Deutschland: Ein Update, Düsseldorf, 2010.

[40] 参见 [美] 加里·S. 贝克尔：《人力资本》（原书第 3 版），陈耿宣等译，机械工业出版社 2016 年版，第 12 页。

本形成鲜明对比。人力资本，即个体在从事某一特定工作时所依赖的知识与技能，其积累离不开长时间的投入与资源的倾注。随着劳动的专业化程度不断加深，这些技能变得越发珍贵。因此，职工所掌握的知识和技术，在特定的就业关系中，其价值往往远超其他环境，这也体现了这些知识和技术的专用性。一旦职工具备了这种专用型劳动技能，他们为哪家公司效力、从事何种工作就变得至关重要。[41]

人力资本理论则揭示，现代公司治理理论正不断赋予"投资者"更为深刻的内涵。[42] 股东向企业注入的，不仅有传统意义上的金钱资本，还有其他资本的汇总：人才的引进、智力成果的加成、管理者的更新迭代、技术力量的加盟等。这些资本的交织与融合，共同构成了企业的核心力量。随着人力资源"资本化"的趋势，人才的重要性日益凸显，这也为职工代表进入董事会提供了坚实的产权基础。

而职工董事制度存在的意义，是在上述现代公司越发意识到人才的重要性后需要借助一定的制度去保护人才。从企业专用性人力资本的角度出发，企业专用性人力资本是指那些专用于某一特定企业并且在特定企业中使用时能够不断增值的人力资本。这些技能与物质资本相似，具有强烈的专属性，一旦投入，便不易转移或收回。它们犹如一种投入风险中的"资产"，只能期待从公司获得相应的回报。在如此高度专用化的背景下，职工在某种程度上扮演着"股东"的角色。他们不仅要承担与特定投资相关的风险，还作为剩余索取者，肩负着承担剩余风险的责任。这种角色的转变，使得职工在企业的运营与发展中，扮演着越发重要的角色。而职工在企业专用型人力资本方面的投入，难以通过完备的合同得到全面保障。换言之，仅仅依靠协商或签订协议，往往无法充分捍卫职工的权益。实际上，如果连物质资本所有者的利益都难以通过合同完全保护，职工的权益就更难得到周全的维护。人力资本与物质资本一

---

[41] See Kent Greenfileld, *The Failure of Corporate Law：Fundamental Flaws and Progressive Possibilities*, The University of Chicago Press, 2006, p. 81.

[42] 李维安、李元祯：《上市公司治理新趋势》，载《中国金融》2017 年第 10 期，第 66 页。

样，同样需要借助公司制度安排，将职工与企业的命运紧密相连。[43]

(三) 社会责任理论与 ESG 理论

在股东至上主义的背景下，公司追求利润最大化似乎是理所当然。然而，随着社会进步，这一理念不断受到质疑和挑战，越来越多的人认识到公司应承担起对社会其他利益集团的责任。在这种背景下，作为股东至上主义向利益相关者理论过渡的一种妥协，公司社会责任（CRS）的概念应运而生。这一概念最早可以追溯到1932年[44]，经过数十年的讨论和发展，它已成为学术界和实务界关注的热点，并逐渐被大众认识和接受。在司法层面，公司社会责任的重要性也日益凸显，具体而言，美国特拉华州前首席大法官 Leo Strine 也在探讨公司社会责任的重要性，[45] 其曾指出大公司和机构投资者应以对社会负责、尊重所有利益相关者的方式行事。

公司的社会责任理论认为，职工参与公司管理是公司作为社会成员所应承担的一项重要责任。公司的社会责任并不局限于追求股东的最大利益，还要广泛促进股东利益之外的其他社会福祉。这些福祉涵盖了包括雇员在内的广泛社会群体的利益，强调了公司社会责任的理论基础源于其社会性本质。尽管公司作为投资者的盈利工具具有营利性，但它也是社会结构中的重要组成部分，具有显著的社会属性。公司巨大的经济力量意味着它必须承担起相应的社会责任。正如任何个体或组织，其经济实力和社会影响力越大，所承担的社会义务也就越重。公司并非孤立存在于社会真空之中，而是从社会中挖掘资源、获取利润。因此，公司应当积极解决社会问题，尊重并推动社会法律和社会政策的实施。公司不仅追求经济效益，而且其运营同样承载着广泛的社会责任。因此，我们不能仅仅将公司的利益等同于股东的利益。相反，公司应对其劳动者

---

[43] [美] 加里·S. 贝克尔：《人力资本》（原书第3版），陈耿宣等译，机械工业出版社2016年版，第53页。

[44] 参见陈群峰：《论公司社会责任司法化对利益相关者的保护》，载《法律适用》2013年第10期，第82—87页。

[45] 特拉华州前首席大法官 Leo Strine 表示："要求所有大公司和机构投资者以一种对社会负责、尊重所有利益相关者的方式行事，将使我们的体系与德国和斯堪的纳维亚等在全球市场上有效竞争、同时创造广泛繁荣的其他高功能市场经济体更加和谐。对美国来说，现在真正的危险是不作为，没有认识到我们目前的公司法模式不公平，并因此撕裂了我们的社会结构。"

提供合理的薪酬福利和职业发展机会，保障其权益，并对债权人、供应商、消费者、所在地居民、自然环境、国家安全以及社会的全面发展承担起一定的责任。

近年来 ESG（"环境、社会和公司治理"）理念的崛起，为公司社会责任的内涵注入了新的活力，除对公司的治理模式与经验策略提出了更高的要求外，[46] 还为上市公司职工董事制度的引入提供了新的理论视角。[47] 在 ESG 评级体系中，社会与治理两大维度都与职工的利益紧密相连。社会层面聚焦职工在公司中的成长与福祉，在这些关注点中，人力资本管理和职工利益保护作为社会议题下的两大核心二级指标，不仅备受瞩目，而且在 ESG 研究中享有较高的共识度和重要性；[48] 而治理层面则着眼于公司治理结构的多元性，包括专业、层级、性别等多个方面的多样性。然而，由于尚未形成明确的量化机制及一套具备指导性的治理模式，ESG 理念在某些学者眼中被质疑为"徒有其表的营销手段"。[49]目前，ESG 更多的是以非财务信息的形式呈现在上市公司的报告中，且主要集中在环境数据的披露上，潜在价值尚未得到充分发掘。尽管如此，CSR 与 ESG 为公司关注职工权益提供了有力的正当性支撑，逐渐改变了投资者、公司及政府对于职工权益的看法。越来越多的人开始为职工在公司中的权益发声，并提出建设性的意见。

（四）利益相关者理论

利益相关者理论和公司的社会责任理论相似之处甚多，但是利益相关者理论关注的侧面更加丰富。利益相关者理论的起源可以追溯到 17 世纪工业主义兴起时期，[50] 并在社会学领域进行广泛研究讨论；而现今我们所探讨的利益

---

[46] 朱慈蕴、吕成龙：《ESG 的兴起与现代公司法的能动回应》，载《中外法学》2022 年第 5 期，第 1244 页。

[47] 刘东辉：《ESG 视角下上市公司职工董事的制度定位与职能重构》，载《云南社会科学》2023 年第 6 期，第 114 页。

[48] Georgiev, G. S., *The human capital management movement in U. S. corporate law*, Tulane Law Review, Vol. 95:3, p. 639–740（2021）.

[49] Kasey Wang, *Why Institutional Investors Support ESG Issues*, U. C. Davis Bus. L. J. Vol. 22:129（2021）.

[50] R. E. Freeman, *Strategic Management: A Stakeholder Approach*, Pitman Press, 1984.

相关者思想，则可以追溯到更早的 1916 年。[51]

利益相关者理论揭示，不同于传统意义上的股东至上主义，公司的兴旺并非仅依赖于股东，而是需要所有利益相关者的共同参与，这些团体或个人都影响了组织目标的实现。[52] 有学者即指出："过度强调股东的力量和权利，往往会引发其他相关利益者的投资不足现象。"有学者提出的利益相关者定义曾受到广泛的认可，他将利益相关者定义为那些向公司投入了各种形式的资本、人力或财务等有价值资源并因此承担了某种形式风险的人。[53]

利益相关者有内部和外部之分。内部利益相关者是指职工、企业内部的部门、董事会、管理层；而外部利益相关者是指那些与公司之间存在正式、官方或合同关系的主体，他们与公司的运作紧密相连，缺一不可。这包括银行、供应商、客户和股东等核心群体，有些观点甚至将社区也纳入其中。这些群体与公司之间存在密切的相互依赖关系，共同构成了公司的运营生态系统。随着对利益相关者理论的深入研究和探讨，不同的学术观点逐渐涌现。这些观点在界定利益相关者、参与公司治理方式等方面存在差异，但无论如何，职工始终被视为重要的利益相关者之一，在公司的运营和发展中发挥着至关重要的作用，是公司不可或缺的一部分。

利益相关者理论认为，股东不应仅仅通过忽视企业决策对利益相关者产生的各种影响来谋求个人财富的增长[54]；企业所追求的也并非特定群体的利益，而是全体利益相关者的整体福祉。因此，企业实则是平衡各方利益的桥梁，每个与企业紧密相连的个体，无论其身份如何，都是推动企业发展的重要力量。特别是职工，他们不仅为公司贡献智慧和力量，而且在无形中将自己的命运与公司紧密相连，共同面对企业可能遭遇的风险。实际上，公司管理层在制订与公司战略相关的每一项实际决策时，都应充分考虑与职工之间的紧密联系，因

---

[51] J. Maurice Clark, *The Changing Basis of Economic Responsibility*, 24 J. Pol. Econ. 203 (1916).

[52] Melé and Domènec. The View and Purpose of the Firm in Freeman's Stakeholder Theory, Philosophy of Management, Vol. 8:3, p. 3 – 13 (2009).

[53] Amy Hillman & Gerald D. Klein, *Shareholder Value, Stakeholder management and Social Issue. What's the Bottom Line*?, 22 Strategic Mgmt. J. 125, 126 (2001).

[54] Virginia Harper Ho, *Enlightened Shareholder Value: Corporate Governance beyond the Shareholder-Stakeholder Divide*, 36 J. Corp. L. 59, 62 (2010).

为这些决策将直接影响到员工的工作环境、任务分配和职业发展。[55] 虽然股东可以通过分散持股来降低投资风险，但职工往往只能为一家公司效力，他们的风险相对集中。为了捍卫自己的权益，职工参与公司治理便显得合情合理、至关重要。[56]

但需要说明的是，就职工董事制度的定位与职权配置指引而言，利益相关者理论更多的是从公司道德层面进行阐述。[57] 很多经济学研究者即认为，在利益相关者理论下，不仅公司的治理目标不明确，而且管理者的代理成本有所增加。[58]

一般认为，利益相关者背后的理论逻辑是公司契约理论[59]，公司契约理论将公司视为一个复杂契约网络的本质。在这个网络中，"股东、经理、雇员、供应商、顾客、债权人"[60] 等多方主体通过一系列明示或默示的契约紧密相连[61]，共同追求合作收益，实现利益均衡。[62] 在这一理论框架下，职工董事作为职工代表进入董事会，体现了公司契约理论强调的合作与协商。这种基于契约的公司治理模式，将多方主体都置于公司这张契约大网下，强调每个主体的共同参与，而不是只把股东当成公司的所有者。契约理论未曾忽视个体的利益，反而通过合理化的调配与控制，协调平衡各方利益以实现决策的高效性与科学性。在这种"网状"契约关系中，为达成共同目标，多方主体在特

---

[55] See Kent Greenfileld, *The Failure of Corporate Law: Fundamental Flaws and Progressive Possibilities*, The University of Chicago Press, 2006, p. 81.

[56] 逯其彦、杨福栋：《我国职工董事在公司治理中的立法不足及其完善》，载《天津商学院学报》2004年第6期，第59页。

[57] 施天涛：《〈公司法〉第5条的理想与现实：公司社会责任何以实施？》，载《清华法学》2019年第5期。

[58] 苏启林：《上市公司家族控制与公司治理：基于契约理论的研究》，暨南大学2004年博士学位论文，第45页。

[59] 马俊驹、聂德宗：《公司法人治理结构的当代发展——兼论我国公司法人治理结构的重构》，载《法学研究》2000年第2期，第83页。

[60] Stephen M. Bainbridge, *Unocal at 20: Director Primacy in Corporate Takeover*, 31 Del. J. Corp. L. 769, 781 (2006).

[61] Jonathan R. Macey, *Corporate Governance: Promise Kept, Promise Broken*, Princeton University Press, 2008, p. 2.

[62] Michael Jensen and William Meckling, *Theory of the Firm: Managerial Behavior, Agency Costs and Ownership Structure*, Journal of Financial Economics 3, p. 305–360 (1976).

定情况下舍弃短期收益，构建持久且互利共赢的未来格局。[63] 具体到公司董事这一角色，无论是代表职工、股东还是其他利益集团的董事，在决策时都应超越本集团的狭隘利益，以公司整体利益为价值取向。这种全局观念不局限于职工董事本身，也适用于公司所有董事类型，并触及公司外部第三人之利益。通过这种共同治理的模式，我们能够确保公司的稳健发展，实现各方利益的和谐共生。

四、职工董事制度的本土实践

我国的职工董事制度起始于20世纪80年代国有企业改革时期，并于1993年通过《公司法》正式确立。自此以后，该制度在我国本土企业中得到了三十余年的发展。2005年10月，宝钢集团依法设立了职工董事，为本土企业全面推行职工董事制度提供了实践范例。起初，职工董事制度仅适用于国有企业，但随着我国经济形势的不断发展和公司治理模式的持续创新，其适用范围逐渐拓展。2005年修订的《公司法》规定，其他有限责任公司也可以根据实际情况选择是否设置职工董事，这一变化使有限责任公司更加具有灵活性和多样性。随着市场经济的深入发展和公司治理结构的不断完善，2023年《公司法》更是将职工董事制度的适用范围再次拓宽，我国本土企业公司治理结构持续优化，职工参与公司决策不断得到重视与认可。

尽管职工董事制度发展时间长、发展历程深厚，但从宏观层面来看，我国职工董事制度始终普及率较低、形式化程度高，该制度并未成为市场机制下公司治理的常态化选择。尽管实践中中央及地方均出台相关法律法规为职工董事制度提供科学引导，但落实效果并不尽如人意。职工并未真正成为企业的主人，有些企业仅仅是为了应付检查，形式化地设立了职工董事制度。即使是已经设立职工董事的公司，职工董事制度发挥的作用也有限，这受制于多方面因素的影响，包括董事会议题的局限性、职工董事自身素质的参差不齐以及职工董事工作机制与激励机制的缺失。

---

[63] 罗培新：《公司法的合同解释》，北京大学出版社2004年版，第62页。

(一) 国有企业职工董事实践现状

职工董事制度起源于国有企业，也因此在国有企业中推行范围最广、实施程度最高，并同时为国有企业的法人治理结构完善提供了坚实的制度支撑。但综观其实际运作情况，与立法时的初衷尚有一段距离。

1. 配套制度丰富但实施力度不足

在 2005 年《公司法》正式将国有企业职工董事制度纳入法定框架后，国资委及各地立法机构迅速响应，制定了一系列详尽的配套规范性文件，以期为职工董事行权提供坚实保障。上述文件的出台，无疑为国有企业职工董事制度的发展提供了强大的制度支撑。然而，从实际操作层面来看，尽管配套制度日趋完善，但实施力度有所不足，不同地区之间的规定差异导致制度执行过程中出现了一些不一致性，这在一定程度上削弱了职工董事制度在实际工作中的有效性和权威性。此外，2018 年《公司法》要求国有独资和全资公司必须设置职工董事，但对于国有控股和参股公司是否设置职工董事规定得较为模糊。以国有绝对控股公司为例，2018 年《公司法》允许这类公司"可以"设置职工董事，而《中国共产党国有企业基层组织工作条例（试行）》则要求国有绝对控股企业必须设置。上述制度之间的表述不明，导致该制度在国有企业实施过程中存在模糊之处。再者，从《公司法》的修订历程来看，无论是 2005 年、2013 年还是 2018 年的版本，均未对国有企业的职工董事制度进行深入调整或优化。上述制度变更的滞后现象，不仅未能适应国有企业改革和发展的新形势，而且可能成为制约职工董事制度进一步完善的瓶颈。

2. 选聘程序复杂且潜在操作空间大

《公司法》对国有企业职工董事选举前的国资监管部门考察同意要求未明确规定。但《国有独资公司董事会试点企业职工董事管理办法（试行）》规定了详尽的选举流程，包括提名、国资委批准和报备等步骤。这些程序虽确保了选举的规范性，但过程颇为冗杂。此外，在此过程中，公司或国资委影响选举结果的可能性较大。例如，在报备阶段，若国资委对选举结果有异议，就可能会要求重新选举或进行其他处理，企业的选举成本提高。

3. 工会主席兼任职工董事现象普遍

在国有企业中，职工董事的选聘一直是一个备受关注的话题。尽管《国有独资公司董事会试点企业职工董事管理办法（试行）》明确规定了一系列高级管理人员不得担任职工董事，但根据我国法律规定，工会主席并不属于高级管理人员，也因此未被排除在职工董事的候选人之外。这就导致了在实际操作中，工会主席兼任职工董事的情况屡见不鲜。考虑到实践中工会与国有企业关系更为紧密，甚至部分工会主席受国资委任命，且工会主席通常享有高级管理人员的待遇，上述兼任情况也带来了一定的消极影响——工会主席在履行职工董事职责时更偏向企业利益，而非代表职工利益，与职工董事的设置初衷背道而驰。

（二）上市公司职工董事实践现状

在上市公司中，职工董事制度同样意义显著，不仅体现了上市公司职工深度参与公司治理，而且通过公开渠道披露的职工董事信息也进一步展现了公司治理的透明度和开放性，但这也存在许多问题。具体而言，职工董事制度在上市公司中存在如下特点。

1. 设置职工董事的上市公司数量及比例增加

从数量及比例来看，为职工董事预留席位的公司数量在逐步增多。2014年10月的《证券时报》提及，国内A股上市公司（以下简称上市公司）中设立职工董事的公司数量仅为85家，这一数量仅占全部上市公司总数的3.33%。[64] 根据2024年2月上市公司年报披露的数据，截至2024年2月底，上市公司共有5193家，设置职工董事的上市公司数量为531个，占上市公司总数的10.23%，可见十年间上市公司设置职工董事的公司数量有着显著的增加。进一步地，根据2023年上市公司年度报告，以"职工董事""2023年年度报告"为关键词进行检索，得到包含职工董事内容的上市公告共计51份，分别对应40家上市公司。具体名称见表1：

---

[64] 苏秋燕：《浅议深入推进职工董事、职工监事制度建设的有效措施》，载《北京市工会干部学院学报》2019年第1期，第37—42页。

表 1　2023 年在年报中披露设置职工董事的上市公司名单

主板市场	上市公司（简称）
沪市主板	金盘科技、海天股份、平煤股份、北辰实业、中国平安、中国神华、兰生股份、天地科技、冠豪高新、金地集团、恒丰纸业、白云山、南山铝业、中国巨石、*ST 西钢、中国瑞林、华龙证券、华电新能、英虎机械、长光卫星
深市主板	塔牌集团、江南化工、中材科技、瑞泰科技、华特达因、山东海化、国海证券、浙江震元、金岭矿业、陕国投 A、粤高速 A、宝武碳业、美科科技、新水环保、速达股份
其他	高澜股份、中信出版、中航电测、兆信股份、汕头超声

2. 高级管理人员兼任职工董事现象频繁

目前，与公司有关的相关法律规范未明确规定职工董事不能由高级管理人员兼任，而部分地方性法规及规范性文件对公司高级管理人员兼任职工董事的情形进行了明确限制。具体见表 2：

表 2　职工董事任职资格限制（部分）

法规名称	任职资格限制
《北京市国有独资公司职工董事管理暂行办法》	有下列情形之一的，不得担任职工董事：在公司担任总经理、副总经理、总会计师等职务的
《江苏省企业民主管理条例》	职工董事、职工监事候选人中应当有公司工会负责人。公司高级管理人员不得作为职工董事、职工监事候选人
《国有独资公司董事会试点企业职工董事管理办法（试行）》	职工董事候选人可以是公司工会主要负责人，也可以是公司其他职工代表
《企业民主管理规定》	公司高级管理人员和监事不得兼任职工董事；公司高级管理人员和董事不得兼任职工监事
《中华全国总工会关于进一步推行职工董事、职工监事制度的意见》	公司高管的近亲属，不宜担（兼）任职工董事。职工董事、职工监事候选人应符合以下基本条件：与公司存在劳动关系；能够代表和反映职工合理诉求，维护职工和公司合法权益，为职工群众信赖和拥护；熟悉公司经营管理或具有相关的工作经验，熟知劳动法律法规，有较强的协调沟通能力；遵纪守法，品行端正，秉公办事，廉洁自律；符合法律法规和公司章程规定的其他条件

续表

法规名称	任职资格限制
《全国金融系统公司制企业建立职工董事和职工监事制度实施办法》	未担任或兼任工会主席、副主席的公司高级管理人员，《公司法》等相关法律法规中规定不能担任或兼任董事、监事的人员，不得担任职工董事、职工监事
《上市公司章程指引（2023年修订版）》	董事可以由经理或者其他高级管理人员兼任，但兼任经理或者其他高级管理人员职务的董事以及由职工代表担任的董事，总计不得超过公司董事总数的1/2。（注释：公司章程应规定规范、透明的董事选聘程序。董事会成员中可以有公司职工代表，公司章程应明确本公司董事会是否可以由职工代表担任董事，以及职工代表担任董事的名额。董事会中的职工代表由公司职工通过职工代表大会、职工大会或者其他形式民主选举产生后，直接进入董事会）

事实上，关于职工董事的任职资格、兼任限制及人数比例等方面的规定一直存在法规层级低、规范间差异冲突的问题，这使得上市公司在实践中缺乏明确的指导。公司高级管理人员兼任上市公司职工董事现象的频出，也引发了人们对职工董事制度的质疑。高管兼任现象的存在，使得普通职工的权益与声音难以通过职工董事得以传达。相较其他公司，上市公司本就对企业经济效益的关注度更高，对资本的重视程度也更高。在更强调资本与劳动对立的情况下，职工话语权更弱，获得董事会席位的概率也更低，因此本应更注重职工声音的输出，但高管兼任的存在掐断了职工从幕后走向台前的路。深究高管兼任职工董事现象频出的原因，除法律约定不明引发的误解外，其背后的逻辑也比较简单：上市公司的董事会决策对公司经营走向的影响程度大，因此更重视董事会综合决策能力，而普通职工的履职能力通常低于高级管理人员，在法律未对兼任作出明确禁止的情形下，高管担任职工董事更符合上市公司的经营利益与管理决策需要。

五、职工董事制度的完善建议

职工董事制度并非要与时代脱节，而是需要紧跟时代的步伐，通过系统性的改革和创新来适应当前社会快速发展的需求。在这一现实进路中，笔者认为可以借鉴德国等成熟市场经济国家的经验，从多个层面包括但不限于健全法律体系、发挥工会作用、明晰任职标准、细化选任机制、深化权责内涵以及建立履职保障机制等入手，构建一个科学、合理、可操作的职工董事制度，以期能够助力职工董事制度走出困境，更好地发挥其在公司治理中的独特作用。

（一）健全职工董事制度法律体系

健全且完善的法律制度为德国职工参与公司治理奠定了稳固的基石。德国除公司法就职工的权利义务进行规定外，亦出台了一系列旨在促进和规范职工参与治理的法律条文，形成了独具特色的共决制系列法律。上述系统化、一体化、功能鲜明的法律规范如同有力的"巨手"，引导并约束着职工参与治理的制度设计。

但是具体到我国，在保障职工董事权利行使方面存在法律体系零散、可操作性不足等问题。对此，首先要整合现有的职工董事制度。一方面，应从宏观法律体系建立的角度，加快整合和修订相关法律法规，将国资委、中华全国总工会等单位制定的系列法律、规章及规范性文件纳入统一的以《公司法》为核心的法律体系之中，确保职工董事权利行使有明确的法律依据。同时，加强法律之间的衔接和协调，消除不同法律之间的冲突和矛盾，形成完整统一的职工董事权利行使法律体系。另一方面，在地方性法律建设方面，应加强对地方法规的审查和监管，确保地方法规与中央法规保持一致，避免产生冲突和矛盾。同时，鼓励和支持地方在职工董事制度实施上的创新和探索，结合当地实际情况，制定更具可操作性的法规和规范，为职工董事权利行使提供更加有力的保障。通过整合法律法规、加强地方法规建设、增强法律意识和加强执法力度等措施，逐步建立一个统一、协调且具有可操作性的职工董事权利行使法律体系，为职工董事制度的落实和实施提供有力保障。

（二）发挥工会的作用、健全企业职工代表大会制度

德国工会作为职工参与共决制度的坚强后盾，为这一制度的发展提供了有力支持，并在与雇主的协商与对话中积极为职工争取应有的权益和福利。[65]

---

[65] Uwe Jirjahn, Research on Trade Unions and Collective Bargaining in Germany: The Contribution of Labor Economics, Research Papers in Economics, 2015.

推动了职工参与共决的相关法律条文的制定与出台。1950年，德国工会联盟将"职工参与决定普遍化"定为首要目标，为1951年《煤钢行业共同决策法》的通过奠定了坚实基础。1969年，工会联盟与社民党再次关注职工参与企业管理的问题，推动了1972年议会对《企业组织法》的修订。与此同时，德国的法律也通过设定工会代表与企业职工委员会的方式来进一步维护其利益。[66] 这为工会行使其职权提供了坚实的法律保障。

但是聚焦到中国，虽然以《工会法》为主的系列工会相关法律同样对工会的地位、权责等进行了较为详尽的说明，但是其中保障职工董事的部分暂未缺失；此外，尽管有上述法律保障，但在工会履行其职责的过程中，受公司股东、管理层的干预程度较高，工会决议的形式意义远大于实质意义。

因此在现代企业制度的框架下，我们有必要对职工代表大会及其工作机构工会的功能进行重新界定。在这一过程中，德国企业职工委员会的治理思路为我们提供了宝贵的经验。我们应明确将职工代表大会定位为职工参与企业管理决策的核心机构，摒弃其原有模糊不清的民主管理机构定位。职工代表大会的主要功能应聚焦于与管理层进行深入的意见沟通和交流，确保职工的声音得到充分的表达和尊重，从而真正发挥服务职工、维护职工权益的作用，并赋予职工代表大会充分的聘用、解雇职工董事的权利。这一机制的设立，不仅有助于维护企业治理的规范性和高效性，而且能切实保障职工的合法权益，增强职工在企业决策中的参与感和归属感。

在公司法或劳动法的相关立法中，也应明确职工代表大会的设立标准，包括人数要求等。针对不同规模的职工代表群体，应灵活设立职工代表大会或职工大会，确保各种规模的企业都能有效地利用这一平台，促进职工与企业管理层之间的沟通与协作，共同推动企业的健康发展。鉴于上述情况，职工董事与职工代表大会紧密合作，工会应充分发挥在职工代表大会中的工作机构作用。有鉴于此，通过充分利用职工代表大会的职权，职工董事能够更深入地了解职工的需求和期望，进而更加有效地履行其特殊职责。

---

[66] Wiedemann, Gesellschaftsrecht Band I, Munchen, 1980, §11. 转引自黄来纪、李志强、杨合庆主编：《完善中德职工董事、职工监事法律制度研究》，中国民主法制出版社2015年版，第22页。

(三) 明晰职工董事任职标准

1. 任职比例：兼顾职工利益与公司治理效率

虽然德国在职工比例层面采取等额主义，但是就其他国家职工代表在董事会、监事会中的比例问题，学术界向来有所争议。对于德国共决制，有一种批评声音指出，股东与职工之间存在巨大的利益鸿沟，因此当面临此类利益冲突时，投票作为决策方式显得尤为不完美，多数决的原则不仅可能损害公司的整体价值，还可能引发成本高昂的决策过程。上述观点明确表达了对过高比例职工代表的反对。此外，部分研究亦发现，谨慎的职工代表比例可以提高公司效率和市场价值。[67]

职工董事在董事会中的比例应以适中为原则。公司共决制，具有德国特色的一种制度，旨在公司层面维护职工权益。这一制度跨越劳动法和公司法两大法律领域，而这两大法律领域的价值取向存在明显差异。因此，如何在维护职工权益与确保公司盈利之间找到恰当的平衡点，成为我们面临的重要课题。过于强制性的规定可能束缚公司的市场反应速度，使其难以灵活适应市场变化；而完全任意性的规定又可能让职工权益保护变得空洞无力。因此，职工董事在董事会中的席位不宜过高，尤其在上市公司中，高比例的职工董事可能会对公司治理效率产生负面影响，甚至可能引发内部人员控制问题，同时损害中小股东权益。从稳定公司资本的角度出发，职工人数比例过高往往会使公司的决策结果与股东的利益背道而驰。有鉴于此，职工董事的设置比例应兼顾职工利益与公司治理效率，并结合公司实际经营情况，合理确定职工董事的人数比例。笔者认为，设定一个合理比例的最低参与权，并通过职工代表与股东代表之间的协商，根据各公司的实际情况，灵活确定职工参与的具体比例，这是一种既灵活又易于被各方接受的制度设计。这样的设计既能确保职工权益得到一定程度的保障，又能赋予公司足够的自主权，使其能够根据市场状况迅速作出决策。

---

[67] Fauver, Larry & Fuerst, Michael E, *Does good corporate governance include employee representation? Evidence from German corporate boards*, Journal of Financial Economics, Vol. 82:3, p. 673 – 710 (2006).

2. 任职资格：严禁高级管理人员及非公司职工担任

在任职资格层面，根据劳动法的核心理念，公司的高级管理人员在劳动法框架内并非被视为一般的劳动者。他们更多扮演着公司出资人（即股东）的代理人角色，在多数情况下，他们的利益与出资人的利益是一致的。因此，从利益同质性的角度出发，他们不应被列入职工参与制度的主体范畴内。[68] 有鉴于此，应明确禁止公司高级管理人员兼任职工董事，以满足职工董事为职工发声的核心立法目的。保护职工权益是职工董事制度存在基石，然而公司高管的价值取向为股东利益与个人利益至上，职工权益并非其考核的关键要素，尤其是在上市公司中，高管更无法触及基层职工，无法真正反映基层职工的利益与诉求。

此外，为确保职工董事具备足够的管理层次和决策能力，可以对职工董事的工作经验或级别进行一定的限制。德国《公司治理准则》即提出应将监事的人选所拥有的知识能力等纳入考虑因素。此外，德国经研究亦发现职工代表年龄与决策产生的影响呈正相关。[69] 有鉴于此，虽然并非要求每位监事都是"专家"，但是需要他们有基本的知识与能力，能够合理判断公司的基本运营情况。[70] 具体而言，可以设定一定的工作年限或在特定领域具有工作经验来筛选合适的候选人。同时，根据公司的规模和性质的不同，可以适当要求候选人有担任一定级别的管理岗位的任职经验。

进一步地，在实践中，关于职工董事的任职资格问题，亦存在"职工董事可以聘请职工之外的人"的声音。这种声音认为这样做能吸引到更有能力且不受公司内部权力结构影响的人士，从而更好地保护职工的利益。然而，笔者对该观点持批评态度，具体原因如下。首先，外部人士缺乏对职工实际需求和公司运作的深入了解，难以真正代表和维护职工利益；其次，这种做法可能破坏公司治理结构中的制衡关系，导致管理层权力过度集中，损害职工权益；

---

[68] 王学华：《公司高级职员与劳动者的身份界定》，载《中国人力资源开发》2006年第4期，第107页。

[69] Uwe Jirjahn & Jens Mohrenweiser & Uschi Backes-Gellner, Works Councils and Learning: On the Dynamic Dimension of Codetermination, Vol. 64, p. 427 – 447 (2011).

[70] [德] 路德·克里格尔：《监事会的权利与义务》（第五版），杨大可译，法律出版社2011年版，第26页。

再次，聘请外部人士可能增加公司的运营成本和复杂性，同时如何确保他们真正代表职工利益也是一个挑战；复次，即使这些外部人士具备能力和经验，如果公司治理结构本身存在问题，他们也难以有效发挥作用；最后，更为重要的是，从职工董事的内涵出发，职工董事的重点在于"职工"，若无职工身份，该制度无异于纸上谈兵。

3. 任期设定：兼顾连续性与稳定性

在任期设定层面，应充分兼顾董事会的连续性和稳定性，较长或较短均不合时宜。职工董事的任期设定应与其他董事的任期相同或略有区别，并结合职工董事的劳动合同期限进行综合考量。任期届满后，可以连选连任。在任期内，若遇到劳动合同到期的情况，其劳动合同期限可自动延长至任期届满，以保障职工董事能够履行完整的职责和任期。

（四）完善并细化职工董事的选任机制

1. 设置动态认定标准：灵活适应企业规模变化

在认定标准层面，300人的人数标准可设计为动态，以灵活适应企业规模变化。首先，应从"职工"本身的定义出发，劳动合同应作为认定"职工"的基本标准，明确雇佣关系，但也应考虑临时工、外包人员等，确保所有职工得到劳动权益保护；其次，认定职工人数应综合考虑公司自身职工及其子公司或母公司的职工；最后，人数的认定需综合考虑一段时间内的职工数量，防止企业通过临时雇佣或裁员规避职工董事的设置。

2. 精细选聘流程：确保程序公正透明

在选举和解聘流程层面，应当明确的是，细化职工董事选举程序是职工董事选举的核心与基石，包括细化"民主方式"、明晰提名流程和投票规则、严格依照法律法规及民主程序进行罢免和增补等。在提名环节，企业工会或职工代表大会、职工代表大会联席会议应充分发挥作用，积极推荐优秀的职工董事候选人，同时鼓励职工自荐提名，充分展现职工的主动性和积极性。提名后，候选人名单需提交所在企业党组织进行审核，确保候选人的资格和素质符合相关要求。在选举过程中，职工代表大会应严格按照法律和公司章程的规定，采取无记名投票方式进行选举，确保选举结果的公正性和真实性。只有获得应到职工代表半数以上赞成票的候选人，方能当选为职工董事。

此外，选举过程中还应当加强职工代表大会的独立性，并同时建立健全防止干预机制，避免公司管理层及股东对选举的过多干涉，这也恰恰符合经济民主理论的内涵。职工董事产生后，应及时按照管理权限上报党组织和工会备案，以确保选举结果的合法性和有效性。就解雇而言，我国《公司法》规定股东大会有权解聘董事。笔者以为，在职工董事由职工代表大会产生的情况下，同样应当赋予职工代表大会解聘职工董事的权利。具体而言，应赋予职工代表大会充分的权力，以使其能够行使对职工董事的罢免权。企业在考虑解聘职工董事时，必须事先征得职工代表大会的明确同意，以确保决策过程公正、透明，并充分尊重职工的意见。若职工董事或监事未能勤勉尽责、未能履行其应尽的职责，职工代表有权将相关情况如实反馈给职工代表大会。职工代表大会经过深入审议和投票表决，将审慎决定是否对失职的职工董事或监事进行罢免。

3. 强化违法成本：严格追责未设职工董事公司的法律责任

就违法成本而言，对于应设而未设职工董事的公司，相关法律应明确对未依法履行该义务的公司设定严格的法律责任，包括但不限于批评警告、责令限期改正等，甚至对于屡教不改、严重违法的公司，可采取禁止上市等更为严厉的处罚措施。同时，监管机构应加大对公司设置职工董事情况的监督检查力度，对发现的违法行为应毫不手软地予以查处，并视情节轻重适当提高处罚力度，以保护职工和股东的合法权益。

（五）深化职工董事的权责内涵

1. 明确职权范围：强化人事与社会事务管理方面的职责

为确保职工董事能够依法行使职权，需明确他们的职权范围，使工在工作中能够有法可依、有据可循。笔者认为，除了常规的经营决策参与，职工董事的核心责任应着重于劳动者的人事管理以及社会事务的统筹，比如人事相关资料的梳理、员工再教育的推进等。

2. 差异化责任界定：职工董事勤勉义务与责任承担之平衡

就职工董事的责任范围，笔者认为，职工董事固然需承担《公司法》规定的普通董事应承担的忠实勤勉义务，但应根据其身份差异采取不同的判断标准，对普通职工担任的职工董事和一般董事应有差异化的勤勉义务要求。具体而言，在确定责任内容及限度时，需考虑到职工董事的能力限度与履职积极性之间的平衡。因此，应详细界定董事的忠实义务范围，并阐明在履职过程中因潜在的利益冲突引发的责任违反而带来的法律风险和相应的处理机制。[71] 此外，就责任承担问题，笔者认为，在职工董事整体履职表现欠佳的情况下，不宜轻易扩大其民事赔偿责任的适用范围，但可以通过其他的惩罚性举措对职工董事进行惩戒。例如，限制其参与融资决策或发出警告等。

此外，需要注意的是，职工董事在履行其职责的时候，需要特别处理好以下两个部分。一是职工董事在履行职责时，必须妥善平衡其作为董事和职工代表的双重身份。作为董事，职工董事需致力于维护出资人的利益。同时，作为职工代表，他们必须坚定地站在职工立场，全力维护职工的合法权益，包括政治、经济和文化等各个方面。对于那些与职工切身利益息息相关的福利政策、生产安全以及劳动保护措施等，职工董事更是要给予特别的关注。二是职工董事还需要妥善处理与其他董事之间的关系。在日常工作中，他应积极与其他董事沟通交流，让其他董事更深入地了解职工董事的职责和职工的需求。

（六）建立职工董事的履职保障机制

1. 保障信息权：强化信息获取能力与交流能力

在德国，立法者在德国公司法中很早便识别出确保监事会高效运作的三个关键要素：信息的透明度、监事所需的专业知识与经验标准以及监事会内部成员间的合理职责分配。他们深知这些要素对于监事会履行职责的重要性，因此，在立法中对此进行了详尽的规定。这些规定极大地提升了监事会的监督能力，确保其能够在公司治理中发挥更加有效的作用。[72] 其中，信息权对德国监事履职意义最为重要。[73] 具体而言，共决制为德国公司的监事会提供了极

---

[71] Vgl. Thomas M. J. Möllers, Treuepflichten und Interessenkonflikte bei Vorstands-und Aufsichtsratsmitgliedern in: Peter Hommelhoff, Klaus J. Hopt, Axel von Werder (Hrsg.): Handbuch Corporate Governance, 2. Aufl., 2010.

[72] 详见胡晓静：《德国上市公司中董事会与监事会的共同作用》，载《当代法学》2008 年第 3 期，第 126 页及以下。

[73] [德] 路德·克里格尔：《监事会的权利与义务》（第五版），杨大可译，法律出版社 2011 年版，第 71 页及以下。

具价值的"第一手资料"。[74]

这些资料不仅有助于监事会作出更加明智的决策，还能进一步提升那些对内部共决机制有着更高需求的公司的价值。有鉴于此，确保职工董事具备足够的信息获取能力对其职能的发挥至关重要。倘若职工董事未能获得对经营管理层的全面信息权，即使他们身处董事会的领导地位且职工董事具备卓越的专业素养，但在没有充分了解具体经营管理措施的情况下，想要对公司潜在的机遇和风险进行精准评估，也绝非易事。在这种情境下，期待职工董事能够尽忠职守、履行其职责，几乎成了一种奢望，更不用提能够与其他董事进行深入交流并提出富有建设性的建议了。

相关研究发现，德国监事会与董事会间的信息互通对于增强监督效能具有显著正面影响。[75] 在我国现实公司治理体系下，工会与职工董事的信息交流同样可以增加职工董事的履职能力。工会作为职工利益的代表，应迅速而精准地将职工代表大会的协商计划与决策成果传达给职工董事，确保信息畅通无阻。此外，工会还应与职工董事保持密切沟通，就职工当前面临的问题与看法进行坦诚交流，共同为企业的稳健发展贡献力量。为确保职工董事与职工监事能够获取及时且准确的信息，企业应肩负起重要责任，积极为他们搭建多元化的信息获取平台。具体而言，企业应及时、全面地提供有关经营与财务的核心资料，让职工董事能够深入了解企业的运营状况。此外，企业也可以加强职工董事的培训和学习机会，或者建立与其他董事和管理层的沟通机制等。通过这些措施，可以帮助职工董事更好地了解公司运营情况、提升履职能力、增强与其他成员的协作效果。

2. 提供履职激励：激发职工董事履职活力

此外，应对职工董事提供必要的履职激励。薪酬确定方式对公司治理效果

---

〔74〕 [美] 莱纳·克拉克曼、[美] 亨利·汉斯曼等：《公司法剖析：比较与功能的视角》（第2版），罗培新译，法律出版社2012年版，第114—115页。

〔75〕 Vgl. Christoph H. Seibt, Informationsfluss zwischen Vorstand und Aufsichtsrat（dualistisches LeitungsSystem）bzw. innerhalb des Verwaltungsrats（monistisches LeitungsSystem）, in Hommelhoff/Hopt/v. Werder（Hrsg.）Handbuch Corporate Governance, 2. Aufl., 2010. 转引自杨大可：《中国监事会真的可有可无吗？——以德国克服监事会履职障碍的制度经验为镜鉴》，载《财经法学》2022年第2期，第11页。

产生重要影响。结合我国职工薪酬体系，可以从以下几个层面为职工董事提供履职激励。

第一，在保持薪酬制度公平性的基础上，对职工董事的薪酬结构进行适当调整，引入与履职绩效挂钩的薪酬激励机制。例如，设立与职工董事履职表现直接相关的绩效奖金，根据其在决策、监督、维护职工权益等方面的表现进行考核和奖励；同时，对于在履职过程中作出突出贡献的职工董事，可以设立专项奖励基金，给予一次性奖励或长期激励。

第二，针对职工董事因履行董事职责而减少正常收入的问题，应建立合理的履职津贴制度。津贴应足以覆盖职工董事履职过程中的经济成本和潜在劳动支出，可参照同类公司职工董事的津贴标准以及同类公司独立董事的薪酬水平。公司可以根据职工董事履职的实际需求，制订合理的津贴制度，与公司职工代表大会或职工大会协商确定最终的、津贴发放办法。

第三，公司可以建立反馈机制，鼓励职工董事就薪酬问题提出意见和建议，以便公司及时调整和完善相关制度。但是需要注意的是，薪酬制度还应当保证职工董事的独立性，避免其受到公司管理层或其他利益相关方的操控和影响。

3. 提供履职专门化培训：增强职工董事履职能力

德国《企业组织法》即规定公司应当为职工提供职业培训，尤其是进修；此外，《企业组织法》亦规定如果雇主的措施变动了雇员的工作，而雇员的职业知识和技能又不足以完成任务，企业职工委员会则应共同决定"实行企业培训"，甚至相关职工有权在上班时间获得进修。[76] 由此可见，德国重视并促进职工工作能力与工作内容配适性，并以法律形式切实保障职工获得相关培训的权利。

作为企业内特殊的"工作岗位"，职工董事同样有获得培训或进修的权利。具体而言，公司或者企业工会可针对职工董事的岗位职责和履职要求，提供定期的专业培训，这也符合人力资本理论的内涵。培训内容可以包括公司治

---

[76] [德]沃尔夫冈·多伊普勒：《德国雇员权益的维护》，唐伦亿、谢立斌译，中国工人出版社2009年版，第103页。

理、法律法规、行业动态、决策技巧等方面，帮助职工董事更好地了解公司治理理论和实践，提高其决策水平和监督能力。

4. 强化职工董事话语权：激发履职积极性与独立性

要深入讨论职工参与公司治理制度功能发挥的情况，一个核心前提是确保公司不被大股东过度控制。因为在大股东主导公司的情况下，公司治理结构中原本设计好的职工参与治理机制往往只是形式上的"装点"，无法真正发挥作用。大股东联盟在公司的决策层中拥有绝对的权威，可以轻易聘任或解聘董事会成员，包括那些名义上的董事。

针对上述问题，德国即根据监事会与董事会的不同职能和特点，实现了对股东权利进行有效的监督，不仅确保了职工代表在董事会及监事会中与股东代表享有平等的投票与决策权利，还保障了公司不被所谓的大股东所控制。具体而言，德国公司内部的监督除靠监事会完成外，亦构建了大监事会、小董事会的架构。[77] 在此体系内，监事会不仅肩负着监督的责任，而且手握对董事会人事任免的大权，监事会权力极高，职工参与公司治理的层次与范围均更为广泛。总体来看，德国双轨制的公司治理机制巧妙地在股东代表与职工代表之间形成了一种分权与制衡的和谐状态，使得董事会及监事会能够广泛吸纳各方建议，也为德国职工共决制的提供了稳固的基础和广阔的平台。因此，在德国，职工参与不仅存在于制度层面，而且深入到利益层面，实现了真正的利益共享。职工代表融入公司权力制衡体系，与股东利益代表者共同成为公司决策的核心力量，共同参与治理。当企业内部出现争端时，双方更倾向于通过谈判的方式来解决，而非采取罢工等激烈手段，构建了一种既相互制约又相互协调、相互促进的和谐合作机制，从而推动德国劳资双方的合作共赢。[78] 劳资之间的合作伙伴关系也因此而建立。[79]

但结合我国国情及企业社会责任、ESG 等理论内涵，我国企业在民主管

---

[77] 龙卫球、李清池：《公司内部治理机制的改进："董事会—监事会"二元结构模式的调整》，载《比较法研究》2005 年第 6 期，第 23 页。

[78] 金海清、庞笑竹：《德国企业的"共同决定与参与制度"》，载《中外企业文化》2000 年第 13 期，第 38 页。

[79] 张世鹏：《西欧经济民主理论及其实践》，载《中国工运》1994 年第 7 期，第 25 页。

理进程中，仍面临着"资本至上"的困境，股东仍掌握着公司的话语权，劳资伙伴关系的建立任重而道远，职工董事参与公司治理之路漫漫。德国的经验固然是好的范例，但是制度、社会与文化认知层面的改变并非一朝一夕。

有鉴于此，为提高职工董事履职的积极性并减少其决策受资本干预的可能性，我们可另辟蹊径。应结合利益相关者理论等，通过赋予职工董事对与职工利益密切相关事项的缓议权等方式提升其话语权。具体而言，为弥补当前职工董事在董事会中声音较弱的情况，应制定明确规定，当职工董事在履行职责时，若其维护职工权益的立场与董事会其他成员的意见产生分歧，董事会应持审慎态度，暂时搁置对该议案的表决。此时，应充分听取职工代表大会的意见，或经过各方民主协商后，再行进行表决，以确保决策的科学性和民主性。这样不仅能够保障职工董事的权益，而且能促进企业内部和谐，实现共赢发展。

六、结语

在新《公司法》修订背景下，我国职工董事制度本土化构建存在诸多困境与障碍，包括但不限于职工董事制度在中国的实践先例有限、根基较浅，配套理论研究流于表面，相关制度规定过于空泛、统一标准缺乏、践行程度不一。我国职工董事制度始终未能实现制度与实践的良性互动。同时，在现行制度下，职工董事的权利与地位未能得到充分的保障，职工董事在公司治理中地位较低且几近边缘化，制度实施效果不尽如人意。为实现我国职工董事制度的实践具象化，一方面，可以通过提出明确与细化的制度完善职工董事制度的践行，并保障职工董事的地位和企业的民主治理；另一方面，可以借鉴英美企业做法，加强对人力资本的重视程度，进而提高职工董事在企业中的地位。可以在整合现有职工董事制度法律安排的基础上，通过健全职工代表大会制度、明晰职工董事任职标准、细化职工董事选任机制、深化职工董事权责内涵与建立职工董事履职保障体系等方式，循序渐进地推动职工董事深入现代公司治理体系，使其真正与《公司法》中"保护职工权益"的立法目的相契合。

西班牙公司董事对第三人责任制度研究

高 姗[*]

目　次

一、引言
二、西班牙公司董事对第三人责任的规范体系
三、西班牙董事对第三人责任的触发
四、西班牙董事对第三人的责任承担与豁免
五、我国董事对第三人责任的适用建议
六、结语
附件：西班牙《资本公司法》相关条文

摘　要：我国2023年《公司法》第191条首次规定了董事对第三人的赔偿责任，但在具体适用中还存在诸多疑虑。他山之石，可以攻玉。西班牙的制度设计和演进可以为我国提供丰富的经验和教训。在责任性质方面，西班牙学术界较为普遍地认可特别法定责任说。在主体范围方面，西班牙《资本公司法》将责任主体扩展至实质董事。在构成要件方面，区别于公司责任诉讼，强调对第三人的直接损害，规定了董事之间的连带责任。在豁免机制方面，通

---

[*] 高姗，清华大学法学院2024届法律硕士。

过商业判断等规则为董事的决策提供了一定的自由度和安全边际。在此基础之上，可适当借鉴西班牙经验，结合中国的实际情况进行创新性的设计与改革，不断完善董事责任制度的具体适用标准，增强责任追究的可操作性与实效性。

关键词：董事对第三人责任；西班牙公司法；商业判断

一、引言

在我国公司法律体系发展的进程中，公司治理的核心定位从"股东会"转向"董事会"的趋势已经初步显露，与之对应，董事责任也进行了前所未有的扩张，董事虽头戴"皇冠"，但头顶也悬起了"达摩克利斯之剑"。

在旧《公司法》的框架下，董事所受到的责任约束相对较弱，一旦董事的行为损害了公司的利益，公司、股东及债权人的维权成本就较高，还可能催生董事与股东之间相互勾结以牟取不正当利益的情况。为弥补这一制度上的不足，2023年新修订的《公司法》对董事的责任进行了明确的扩展和强化。尤其值得关注的是，在董事赔偿责任方面，新法的一个修订焦点是打破了公司法人独立原则的传统界限，增设了董事对外部第三人的责任，在特定情况下要求董事直接承担外部责任。值得一提的是，在2005年《公司法》修订过程中，虽然全国人大常委会曾考虑加入相关条款，但出于避免立法争议和基于审慎的立法态度，该条款最终未能纳入到法律之中。相比旧《公司法》，一方面新《公司法》在公司治理结构上体现了向董事会中心主义转型的趋势；另一方面强化、细化了董事责任，为督促董事的以公司利益最大化的尽职尽责提供了制度保证并引入了董事责任保险制度平衡董事的利益与责任。可以预见，未来的董事将在公司治理及经营中将承担更为核心的角色，而法律赋予更重的责任也将督促董事在公司运营与治理中必须展现高度的专业性，在履行职责时以审慎的态度努力实现公司利益的最大化。

相较我国，西班牙公司法较早地规定了董事对第三人的责任，体现了其对第三人权益保护和公司信誉维护的积极姿态。西班牙立法呈现强化公司董事对第三人责任的趋势，当前我国公司法对于董事对第三人责任制度的最新修订动向也与西班牙相近。在这一背景下，本文旨在就董事对第三人责任的性质和法律定位展开深入研究。通过对西班牙相关法规、理论基础以及司法实践的深入剖析，可以探究该制度的合理性，从而为我国公司法的发展提供参考和借鉴，以促进公司的良好治理。

二、西班牙公司董事对第三人责任的规范体系

作为民商分立的国家，西班牙于 1829 年颁布《商法典》，是继法国之后第二个将商法法典化的国家。1885 年西班牙《商法典》（Código de Comercio）沿用至今，由商人及总则、商事特别合同、海商法等 4 卷组成，共有 955 条，根据客观主义原则构建了以"商行为"为核心的制度框架。[1] 西班牙《商法典》原本包含了有关商业公司的规定，但当时的法规内容有限，也未涵盖有限责任公司（sociedades de responsabilidad limitada），这导致后续必须通过单独的法律来补充和完善商业公司法的法律框架。西班牙《股份有限公司法》和《有限责任公司法》历来是以单行法的形式存在，即这些法律并不包含在《商法典》中，而是通过独立的法律条文进行规定。

随着市场、商业实践的发展以及公司类型、公司治理结构的复杂性增加，单一的法律文本无法有效地协调和统一不同类型公司的法律规定，西班牙在 2010 年将所有关于资本公司的法律规定合并为一部统一的法典——西班牙《资本公司法》[2]（Ley de Sociedades de Capital）。这一法律整合了多个之前散见于不同法律中关于资本公司的规定，包括 1885 年《商法典》第 2 卷第 1 章第 4 节中有关"股份合伙公司"（sociedades comanditarias por acciones）的规定、1989 年西班牙《股份公司法》[3] 的规定、1995 年西班牙《有限责任公司法》[4] 的规定以及 1988 年西班牙《证券市场法》[5] 中关于二级市场上的股份公司的规定。

《资本公司法》前 10 章规定了资本公司的一般规定，第 11—14 章是针对

---

[1] 江必新：《商事审判与非商事民事审判之比较研究》，载《法律适用》2019 年第 15 期。

[2] Real Decreto Legislativo 1/2010, de 2 de julio, por el que se aprueba el texto refundido de la Ley de Sociedades de Capital.

[3] Real Decreto Legislativo 1564/1989, de 22 de diciembre, por el que se aprueba el texto refundido de la Ley de Sociedades Anónimas.

[4] Ley 2/1995, de 23 de marzo, de Sociedades de Responsabilidad Limitada.

[5] Ley 24/1988, de 28 de julio, del Mercado de Valores.

不同类型公司的特殊规定。事实上，《资本公司法》没有创建一种新的公司类型——资本公司，而是保留了已有的公司分类，它只是一个简单的合并文本，不是一部新法，更不是对公司法的改革。西班牙《商法典》未就公司董事对第三人责任进行规定，相关规定见《资本公司法》第236—241条。其中，第236条、第237条、第241条和第241条之二以保障受损害的第三方的赔偿权利为出发点，确立了董事对第三人责任的范围和条件。

（一）西班牙公司董事对第三人责任的立法沿革与学说体系

1. 成文法中西班牙公司董事责任的演变

在过去几十年中，董事责任问题引起了西班牙立法者的极大兴趣，法律上的董事的责任范围也在逐步扩大。Garrigues Walker在西班牙1989年《股份公司法》[6]颁布后形象地指出，担任公司董事或高级管理人员可能成为人类可从事的极具危险和风险的职业之一，其风险程度可与拳击、冬季登山、无安全网的高空行走或在交通繁忙的长周末和节假日驾驶等活动相媲美[7]。这一比喻强调了董事潜在的高风险性，尤其是在新的董事责任制度下，该制度首次在西班牙引入了董事对公司清算后债务的个人责任。这一法律变革凸显了提升公司治理质量和对股东及债权人保护意识的增强，同时揭示了董事责任范围扩大对董事行为可能产生的影响，进一步强调了董事在公司决策过程中审慎和责任的重要性。

1986年1月，西班牙加入欧洲经济共同体，即今天的欧盟，在此之后，西班牙立法逐渐向欧盟法律靠近，在商业领域引起了许多变化。这一变化在很大程度上受到了1989年关于改革商法以适应欧洲经济共同体（CEE）公司法指令的法律[8]的影响，该法律对商业立法进行了部分改革，并根据欧共体的公司指令进行了调整。在这部法律中，西班牙立法者引入了许多新的内容，尤其是与管理机构的组织和结构有关的内容。欧盟关于公司的第5号指令第19

---

〔6〕 Real Decreto Legislativo 1564/1989, de 22 de diciembre, por el que se aprueba el texto refundido de la Ley de Sociedades Anónimas.

〔7〕 Marina Casado Gay, La acción individual promovida por acreedores en supuestos de cierre de hecho, trabajos fin de máster UVa（2023）.

〔8〕 Ley 19/1989, de 25 de julio, de reforma parcial y adaptación de la legislación mercantil a las Directivas de la comunidad Económica Europea（CEE）en materia de Sociedades.

条规定，本指令第 14 条至第 18 条之规定，并不限制公司机关成员个人根据成员国的普通民法规定对单个股东和第三人所负的责任。这一指令明确许可欧盟各国在公司法中确定董事对第三人的法律责任。

总体而言，西班牙关于董事对第三人责任的法律框架经历了多次变革，西班牙公司法立法呈现强化董事对第三人责任的趋势，以适应不断发展的商业环境和国际标准，同时有利于加强公司治理、保护股东和债权人利益。

2. 西班牙公司董事对第三人责任的学说定性

普通私法致力于规范法律和社会现实的方方面面，即生活的整体；而特别私法专注于规范具体和特定的事项或关系。[9] 民法是普通私法的代表，而商法则被称为特殊私法。[10] 与民法相比，商法的"节奏"更加敏捷、灵活、快速，这使得商法不断适应并规范着经济活动的快速发展。

Álvaro Águila-Real 的观点在学术界中属于少数，他从法律条文解释的角度出发，认为《资本公司法》第 241 条（原《股份公司法》第 135 条）对董事个人责任诉讼的规定是声明性的，而非例外规则。[11] 他认为，《股份公司法》第 135 条中的"不管"（no obstante）意味着法律保留了董事适用其他法律诉讼的可能，这表明虽然第 135 条提供了一个责任框架，但它并不排除其他可能因董事行为而产生的法律诉求；"在前述条款中"（en los artículos precedentes）引用的是第 133 条董事责任和第 134 条公司责任诉讼，由此形成一个统一的规范体系，这意味着第 135 条并非独立于这一体系，而是与之前的条款密切相关，共同构成对董事责任的整体规定。此外，将责任归咎于董事可能会加重董事责任，尤其是在董事的个人行为导致公司债权人财产损害的情况下，应根据一般规则由公司承担责任，而非董事个人。他强调，该条款在法律体系中的作用主要是确认而非创造新的责任形态，且保留了董事可能适用的其

---

[9] Diez-Picazo y Gullón, Sistema de Derecho civil: Volumen III (Tomo 1) Derechos Reales en general, Tecnos Editorial (2019).

[10] Fernando Sánchez Calero, Principios de Derecho Mercantil (Tomo I), Aranzadi 27a edición (2022).

[11] Álvaro Águila-Real, La acción individual de responsabilidad contra los administradores sociales, InDret (2002).

他法律诉讼途径。[12] 与此相反，Moya Jiménez 则主张董事责任应扩展到保护公司债权人和其他相关第三方，强调对董事行为的严格监管，特别是在公司财务危机时期。与 Águila-Real 的理论解释相去甚远的是，法院的判决对基于董事的不尽职行为对第三人或股东造成直接损害的责任理论呈支持态度。

对于公司董事对第三人的责任是否归属于民法或者商法的一般责任规则的问题，学术界存在不同观点。有学者主张，此类责任可完全纳入普通法的范畴进行考量。[13] 然而，反对者则认为，虽然《民法典》规定其条款可以补充适用于其他法律管辖的事项，但董事责任因与公司整体运营和治理体系紧密联系，拥有独特的法律地位，不应简单等同于普通民事责任。[14] 进一步探讨，董事责任的特殊性体现在其与公司的运作和经营的内在联系上，董事作为公司决策和执行的核心，其行为直接影响公司的投资、融资、经营等多个方面，这种全面性和核心性使得董事责任与普通民事责任有着显著区别。

值得注意的是，在现代法律实践中，合同责任与非合同责任的传统区分已逐渐淡化。公司董事对第三人的责任不能简单地归结为合同责任或非合同责任，而是一种具有独特性和特征的特定法律责任。按照传统观点，董事的责任可以分为合同责任和侵权责任。在传统的商法（如《商法典》）中，合同责任通常与董事未能履行其合同义务有关，而侵权责任则涉及违反法律或侵权行为。虽然这种有机责任可以归结为传统的合同责任和非合同责任，但由于董事的特殊角色和行为的特定性质，它们通常被预设为一种更加复杂的有机模式。这种预设表明，董事的行为不应被简单地视为个人行为，而是作为整个公司机构行动的一部分。[15] F. Marín de la Bárcena Garcimartín 强调董事责任的有机性

---

[12] Antonio Moya Jiménez, La responsabilidad de los administradores de empresas insolventes, Bosch; 8a edición（2012）.

[13] Suárez Llanos, Responsabilidad de los administradores de sociedad anónima, Anuario de Derecho Civil（1962）.

[14] José Daniel Cuadrado Ramos. La acción individual de responsabilidad en el artículo 241 de la Ley de Sociedades de Capital：concepto y naturaleza jurídica. CEFLEGAL：revista práctica de Derecho N.° 135（2012）.

[15] José Daniel Cuadrado Ramos, La acción individual de responsabilidad en el artículo 241 de la Ley de Sociedades de Capital：concepto y naturaleza jurídica, CEFLEGAL：revista práctica de Derecho N.° 135（2012）.

质,即责任不仅是个人的,而且与他们在公司中的角色紧密相关。[16] 这里的"有机"(orgánica)指的是与组织结构密切相关的内在责任,即个体因在组织内的角色和功能而所固有的责任。在法律或企业管理的语境中,通常是指个体,如公司董事基于其在公司机构中的职位而承担的责任。E. F. Pérez Carrillo 在研究董事的职责时也指出,作为公司管理机构的一部分,董事需要展现应有的勤勉和尽职,他们的行为和决策应当符合法律和公司章程的要求。[17]

综上所述,西班牙公司董事对第三人的责任涉及多个部门法,主流学说为特别法定责任说,强调董事责任的独特性。

(二)西班牙公司董事对第三人责任的现行规范

1.《资本公司法》中关于董事对第三人责任的规范

西班牙《资本公司法》中关于董事对第三人责任的规定展现了现代公司治理结构中对董事行为的高标准与严要求,第236条规定了董事责任的前提条件和主观责任的延伸,董事对公司、股东和债权人负有责任和义务。第一,主观过错责任。董事在存在故意或过失的情况下,对其因违反法律、违反公司章程或未履行职责而造成的损害承担责任。这意味着董事在行使职责时应遵守法律和公司章程,并采取合理的谨慎措施,以避免对公司、股东和债权人造成损害。第二,过错责任原则和过错推定责任原则。当董事的行为违反法律或公司章程时,可以推定其存在过错,除非有相反的证据。这意味着如果董事违反了法律或公司章程,他们就需要提供证据证明自己没有过错。第三,股东大会批准不免除责任。即使某项行为或协议获得股东大会的采纳、授权或批准,董事也仍然需要承担责任。第四,实际董事的责任。该法条还适用于实际上承担董事职责的人,即使他们没有被正式任命为董事。如果某人在实际交易中按照董事的指示行事、行使董事的职权,他们也将承担董事的责任。第五,如果董事会没有将权力永久地委托给一个或多个执行董事,那么所有关于管理者责任和

---

[16] F. Marín de la Bárcena Garcimartín, La acción individual de responsabilidad de los administradores de sociedad anónima frente a socios y terceros (art. 135 LSA), Revista de Derecho de Sociedades, núm. 13 (1999).

[17] E. F. Pérez Carrillo, El deber de diligencia de los administradores de sociedades, Revista de Derecho de Sociedades, pág. 276 (2002).

义务的规定都将适用于具有最高管理职能的人员，无论其职称如何，都不影响公司的诉讼。第六，被指定为永久行使法人董事职责的自然人应符合对董事规定的法律要求，应与法人董事承担相同的义务和连带责任。

第 237 条规定了董事之间的连带责任。所有参与制订协议或执行有害行为的董事会成员都将承担连带责任，除非他们能够证明未参与制订或执行且对有害行为或协议的存在一无所知；或者即使知道，他们也已尽力防止损害或明确反对该行为。该条进一步强化了董事之间的互相监督与制约机制。

第 241 条规定，如果董事的行为直接损害了股东或第三方的利益，那么这些个人有权采取个人诉讼行动以要求获得赔偿。第 241 条之二规定，董事的责任诉讼，无论是社会诉讼还是个人诉讼，诉讼时效都为 4 年。第 241 条及其之二赋予了股东和第三方直接追究董事责任的权利，并规定了诉讼时效，这使得受害者在受到损害时能够及时寻求法律救济，维护自身合法权益，4 年诉讼时效的规定也确保了法律的时效性和稳定性。

另外，第 238 条规定了股东大会代表公司对公司董事提起责任诉讼（acción social de responsabilidad）。第一，针对董事责任的诉讼应由公司提起，但须经股东大会通过决议，即使该决议未列入议程，也可应任何股东的要求予以通过。公司章程不得为通过该决议规定除普通多数票以外的多数票。第二，只要占总股本总数 1/5 的股东不反对，股东大会就可随时达成和解或放弃行使诉讼权利。第三，决定提起诉讼或达成和解将导致相关董事被免职。第四，批准年度账目不得妨碍对董事提起责任诉讼，也不得导致放弃同意或提起的诉讼。第 239 条规定了少数股东的诉讼权利。第一，单独或共同持有可要求召开股东大会之股份的一名或数名股东，可在董事未按要求召开股东大会、公司未在相应决议通过之日起 1 个月内召开股东大会或决议违反责任要求时，为维护公司利益而提起责任诉讼。前述的 1 名或多名股东可直接提起公司诉讼，要求公司承担违反忠诚义务的责任，而无须将决定提交股东大会。第二，如果全部或部分诉讼请求得到支持，公司有义务在《民事诉讼法》第 394 条规定的范围内偿还原告的必要费用，除非原告已获得这些费用的偿还或偿还费用的提议是无条件的。

2. 《资本公司法》中董事对清算问题的责任规范

《资本公司法》第 367 条设置了董事在公司清算问题上的责任，并为未能根据法律职责行事的董事设定了重大后果。第 367 条第 1 款规定，如果公司发生了法定或章程规定的清算原因，但董事未能在 2 个月内召集股东大会并就清算进行讨论，或者在股东大会应召开日期之前 2 个月内未向法院申请清算，那么董事将承担对公司债务的连带责任。这适用于清算原因发生后的债务，或者如果董事是在清算原因发生后的股东大会上或之后被任命的，那么适用于自接受任命之日起的债务。就公司债务的责任而言，对于董事在某些情况下不及时促进公司解散，或在适当情况下不及时申请破产程序的情况，西班牙最高法院在解释和适用法律以补充法律制度的职能时，不断通过判例来塑造《资本公司法》第 367 条所产生的责任的轮廓。区别于损害赔偿责任，最高法院在 2001 年 7 月 20 日的判决中宣布，在这类责任中，董事的勤勉与免除其责任的目的无关；在 2008 年 7 月 10 日的判决中还宣布，损害与管理人行为之间的因果关系也无关，因为第 367 条引起的责任是通过违反法律规定而产生的，是一种准客观的归咎，不要求基于过错而存在。[18]

在公司责任债务的日期假定问题上，通过法律途径追索的债务，除非有证据证明，否则应假定为是在解散原因发生后或董事接受任命后产生的债务[19]，这使得债权人更容易追回债务。此外，还存在这种例外情况，如果董事在解散原因发生后或接受任命后的 2 个月内通知法院他们正在与债权人进行重组谈判或已申请公司破产保护，那么他们不会对之后产生的债务负责[20]。

综上，在董事对第三人责任方面，西班牙现行公司法设置了较重的责任，规定了公司董事之间的连带责任以及清算不及时的连带责任。

三、西班牙董事对第三人责任的触发

管理者（administrador）一词来源于"administra"（管理），《西班牙语法

---

[18] Gonzalo Sánchez Mambrilla, Responsabilidad Solidaria de los Administradores por Deudas Sociales, Al Paso de Una Pretendida Responsabilidad en Cascada（2022）.

[19] LSC Artículo 367.2.

[20] LSC Artículo 367.3.

律词典》将其解释为行使管理权的人[21]。西班牙《资本公司法》第209条规定管理者有责任按照本法规定的条款管理和代表公司，与我国法中董事的职能相似，可以组成董事会（consejo de administración）。在英国法中，"administrator"[22] 指的是破产管理人，"director" 意为董事。在法国公司法中，"administrateur" 通常被译为"董事"。《资本公司法》规定了董事向第三人承担责任的制度，本部分将介绍责任的主体和触发的构成要件。

(一) 责任的主体：董事

西班牙《资本公司法》第236条规定向第三人承担责任的主体包括"法律上的董事"和"事实上的董事"，该规定凸显了对公司的透明度和管理责任的重视，使得所有参与公司管理的个体都能够对其行为负责。

1. 西班牙公司法中"法律上的董事"

"法律上的董事"是指负责管理和代表公司的人。[23] 董事的任命权属于股东大会，法律另有规定的除外。如果公司章程中没有具体规定，股东大会就可以设定董事需要提供的担保，或者免除他们提供担保的要求。董事的任命自被任命人接受之日起生效。[24] 这些规定确保了公司内部对于管理层成员的选择和任命具有明确的程序和要求，同时赋予了股东大会相应的权力和灵活性，任命生效的规定保障了管理员职位的及时接替，有助于公司管理的连续性和效率。在公司董事任命的登记程序方面，一旦接受任命，就必须将董事的任命提交至商业登记处进行登记，登记内容包括被任命者的身份信息，对于那些被赋予公司代表权的董事，还须注明他们是否可以单独行动或必须共同行动。此外，该条款要求在接受任命之日起的10日内完成向商业登记处的提交程序。[25]

---

[21]《西班牙语法律词典》(Diccionario panhispánico del español jurídico) 将"administrador"解释为"Persona que administra"。

[22]《剑桥商务英语词典》将"administrator"解释为"a person chosen by a court to manage a company that cannot pay its debts in order to try to improve its financial situation and to keep it operating"。

[23] Real Decreto Legislativo 1/2010, de 2 de julio, por el que se aprueba el texto refundido de la Ley de Sociedades de Capital. Artículo 209.

[24] Real Decreto Legislativo 1/2010, de 2 de julio, por el que se aprueba el texto refundido de la Ley de Sociedades de Capital. Artículo 214.

[25] Real Decreto Legislativo 1/2010, de 2 de julio, por el que se aprueba el texto refundido de la Ley de Sociedades de Capital. Artículo 215.

这一规定增强了公司管理层变更的透明度和正式性，同时为公司的商业活动提供了一个公开且可查的管理层信息记录，从而增加了商业交易的安全性和信任度。

《资本公司法》第212条规定了资本公司董事的主观要求，董事既可以是自然人也可以是法人，除非公司章程另有规定；成为董事不需要是公司的股东。第212条之二规定如何处理法人作为董事的情况，当法人被任命为董事时，它必须指定一个自然人代表来永久性地履行董事职责。如果这个法人代表被撤换，除非指定了新的代表，否则这一撤换不会生效，且新代表的任命需要在商业登记处进行登记。第213条列出了不能成为管理员的情况，包括未成年人、法院判定无行为能力者、根据破产法被禁止且禁令期未满者以及因犯有针对自由、财产、社会经济秩序、集体安全、司法行政或任何类型的伪造罪而被定罪的人。此外，执行与公司活动相关职能的公务员、法官以及任何与法律规定不兼容的人也不能成为董事。最后，这一条款还提到，在考虑这些限制时，可以参考欧盟其他成员国中任何有效的禁止性规定和相关信息。这些条款旨在确保公司董事具有必要的法律资格和诚信度，以便合法有效地管理公司。

2. 西班牙公司法中的"事实上的董事"

由于事实上的董事在公司中的实际影响力，即使没有正式的任命，他们的行为也会对公司产生重大影响，因此有必要对他们的责任进行界定和明确。如果事实董事的行为导致公司、股东或债权人受损，包括但不限于因违法行为、违反公司章程的行为或未能履行董事职责而造成的损失，则其需要承担责任。西班牙公司法中的董事范围较为宽泛，不局限于公开或明显的董事，也包括那些在幕后影响决策的个人。

"影子董事"的概念最初出现于英国《1917年公司法》[26]中，董事的范围包括以下两类主体，一是任何担任董事职务的人，二是那些公司董事习惯上遵循其指示或指令行事的人。英国《1985年公司法》[27]中进一步规范，董事包括任何担任董事职务的人，无论其名称如何。关于董事范围的规范沿用至今。

---

[26] Companies（Particulars as to Directors）Act 1917. s – 3.
[27] The Companies Acts 1985. s – 741.

西班牙法律体系中引入"事实董事"（administradores de hecho）这一概念，是对法国立法中相应概念的借鉴。[28] 法国通过 1966 年《商业公司法》[29] 和 1987 年《司法裁决、财产清算、个人破产及破产罪法》[30] 首次将事实上的董事纳入可能因其行为受到制裁的对象范围内。根据法国法律，事实上的董事，是指那些直接或间接通过代理人参与公司管理和决策的个体，其具备独立性和主动承担董事职责的特征。法律和事实上的董事责任规定旨在确保那些可能利用自己非法定董事身份作为借口，以逃避对公司管理责任的个人受到相应的制裁。

西班牙 2003 年《资本公司法》[31] 旨在加强上市公司的透明度，该法具体规定了董事的勤勉义务和忠诚义务，并将违反这些义务作为董事责任的前提。该法修改了 1989 年《资本公司法》第 133 条，引入了"任何作为公司事实上的董事的人，对于违反法律或公司章程的行为，对于那些根据本法正式拥有董事地位的人所规定的义务而造成的损害，应向公司、股东和债权人承担个人责任"。在这部法律颁布之前，西班牙法律没有明确提及"事实上的董事"一词。从这一措辞中可以看出，立法者将董事责任的主体范围扩大到实际行使董事职权的人，将法律上的董事和事实上的董事的责任等而视之。

2010 年《资本公司法》第 236 条规定了董事责任的前提条件，将主体限定为法律上的董事和事实上的董事，并沿用了之前立法的连带责任。在 2014 年 6 月《资本公司法》[32] 第 236 条第 1 款对公司董事责任的主体范围进行扩大后，2014 年 12 月《资本公司法》[33] 提供了事实董事的法律定义。在此之

---

[28] Erika Velasco Rubio, La responsabilidad del Administrador de Hecho, alcance y límites, Tesis en Universidad Pontificia Comillas（2020）.

[29] Ley núm. 66 – 537, de 24 de julio de 1966, sur les sociétés comerciales.

[30] Ley núm. 67 – 563, de 13 de julio de 1987, sur le règlement judiciare, la liquidation des biens, la faillite personnelle en les banqueroutes.

[31] Ley 26/2003, de 17 de julio, por la que se modifican la Ley 24/1988, de 28 de julio, del Mercado de Valores, y el texto refundido de la Ley de Sociedades Anónimas, aprobado por el Real Decreto Legislativo 1564/1989, de 22 de diciembre, con el fin de reforzar la transparencia de las sociedades anónimas cotizadas.

[32] Real Decreto Legislativo 1/2010, de 2 de julio, por el que se aprueba el texto refundido de la Ley de Sociedades de Capital, modificación publicada el 06/09/2014.

[33] Real Decreto Legislativo 1/2010, de 2 de julio, por el que se aprueba el texto refundido de la Ley de Sociedades de Capital, modificación publicada el 04/12/2014.

前，公司法一直未明确规定"事实上的董事"的法律定义，这一空白曾导致对事实上的董事概念的适用范围孰大孰小的分歧，现在立法者填补了这一空白。西班牙《资本公司法》第236条第3款规定，被视为事实上的董事的，既包括实际上未经授权、以无效或失效的授权以及其他授权身份执行董事行为的人，也包括按其指示行事的公司管理者。因此引入了一种广泛的事实上的董事的范围：不仅包括显名或表面的管理者，其特征是缺乏正式任命并以独立决策权持续进行管理活动；而且包括在暗中执行职务的人，学术界将其定义为"那些故意隐藏董事身份，但对正式董事有决定性影响的人"[34]。有学者区分了在其他表象下行事的事实上的董事，如在交易中以一般授权人或商业代理人的外观行事的事实上的董事以及暗中的管理者，其中可能包括集团总公司指导受控公司走向并将其董事置于所下达指令之下的情形。[35]

根据《资本公司法》第236条第1款和第3款所述的公司责任主体的法律框架，某些情况下总经理和授权代表[36]（apoderado general）可能被认为属于该责任范围内。根据该框架，虽然总经理和授权代表在原则上不被直接视为公司责任的主体，但在特定情况下，他们可能因为被认定为"事实上的董事"而承担责任。在此，需要区分"董事"和"授权代表"两个角色。授权代表通常是指那些被授予权利并代表公司进行特定活动的人员，他们的职责和权利通常通过委托书定义且服从于公司的管理机构，比如董事会。因此按照《资本公司法》的规定，他们原则上不承担与董事相同的责任。西班牙法律中没有对"总经理"这一职位给出明确的法律定义，但学术界通常认为总经理是企业中的一名重要辅助人员，在企业的管理机构的指导下，担任领导职务并执行管理职责。总经理可能同时拥有"授权代表"的身份，即被授予在特定范

---

［34］ Fernando Martínez Sanz, Aceptación e inscripción del nombramiento, Comentarios a la Ley de Sociedades Anónimas. Volumen II, Anaya, Madrid（2001）.

［35］ Perdices Huetos, Antonio, Significado actual de "los administradores de hecho", los que administran de hecho y los que de hecho administran a propósito de la STS de 24 de septiembre de 2001, EDJ 2001/28890, Revista Derecho de Sociedades n° 18, págs. 285 – 286（2002）.

［36］ "apoderado general" 意为授权代表，"apoderados" 是指被公司正式授权代表公司进行特定事务的人员，这种授权通常是通过一份法律文件（如授权书）进行的，与中国法中的"法定代表人"的概念相似，但中国的法定代表人通常对公司的行为承担较广泛的法律责任，而授权代表的责任则更依赖于其授权的范围。

围内代表公司行动的权利，但拥有这种身份并不是担任总经理职位的必要条件。[37] 如果某个授权代表或总经理在没有正式的董事职位的情况下实际上履行了公司董事的职责，那么他们可能被视为事实上的董事，并依据第 236 条的规定承担责任。这实际上提供了一种机制，可以将那些在没有正式职位的情况下实际参与管理决策的个体纳入责任范围，这种区分对于理解公司内部责任机制至关重要，特别是在公司破产或财务危机情况下确定应该为公司的行为承担责任的主体。

此外，《资本公司法》第 236 条第 4 款提供了另一种情况，即在没有将管理职责永久委托给一个或多个执行董事的情况下，拥有公司最高管理权限的个人（无论其职位名称如何）也可能承担与董事相同的责任。这意味着，如果没有执行董事，那么总经理（可能同时是授权代表）将直接承担责任，法律希望通过这种方式防止规避董事责任的情况发生。

3. 西班牙法律体系中对"事实上的董事"的规范统一

1995 年的《刑法典》[38] 是西班牙法律体系的一个里程碑，它是第一部将"事实上的董事"一词纳入立法的法典，从而承认了那些没有正式董事职位或未作为法定董事登记但实际上在组织内部执行管理或控制职能的人可能存在的法律责任。

此后，西班牙 2003 年《破产法》[39] 将这一概念扩展到了破产的实体和程序的领域，明确了法律上的董事和事实上的董事的定义。具体来说，它侧重于这些董事在负有过失的破产情况下的责任以及在预防性财产扣押制度中的作用，旨在强调董事行为对企业财务健康的重要性，因为他们的管理方式可能导致企业陷入财务困境。西班牙 2003 年《税法》[40] 也沿用了这一概念，将债务税的附带责任扩展到了事实上的董事，承认那些即使未被正式指定但实际上对公司拥有控制和管理权的人也可能对公司的税务义务负有责任。

---

[37] Recamán Raña, Eva, Los deberes y la responsabilidad de los administradores de sociedades de capital en crisis, Revista Aranzadi de Derecho de Sociedades, p. 343 – 345 (2016).

[38] Ley Orgánica 10/1995, de 23 de noviembre, del Código Penal.

[39] Ley 22/2003, de 9 de julio, Concursal.

[40] Ley 58/2003, de 17 de diciembre, General Tributaria.

将破产法规与刑事法律接轨，旨在确保实际掌握企业控制权的个人，无论其在法律上的正式地位如何，都需对其行为产生的后果承担责任，特别是在企业破产和税务责任方面。这反映了立法在试图消除个人借助复杂的公司结构或仅仅是形式上的法律登记来逃避责任的可能性。

西班牙立法将"事实上的董事"的概念在不同的法律领域中统一规范化被认为是一项重大贡献，有利于整个法律体系的协调一致，确保在不同法律领域内对"事实上的董事"的理解和处理保持一致。然而，尽管有这些进步，但是这些新规定并没有明确界定"事实上的董事"的具体概念，法律上的界定相对模糊可能导致在实际应用时出现困难。这一概念通常指的是那些虽未被正式任命或登记为公司管理者，但实际上参与公司管理决策、指导公司日常运营的人，如董事或经理。

(二) 董事对第三人责任触发的构成要件

《资本公司法》第 241 条规定，对于董事的个人责任行动（Acción individual de responsabilidad），保留了股东和第三方针对董事行为所导致的直接利益损害提起赔偿的权利。这一规定应用于董事行使管理职能的行为，尤其是当这些行为违反了对其社会活动施加的具体规范时。接下来本文将介绍董事对第三人责任触发的构成要件。

1. 主观过错

西班牙关于董事责任的主观条件的规定最早见诸 1951 年《公司法》[41] 第 79 条，该条明确规定主观方面的过错包括恶意、滥用权力或严重疏忽。在责任程度的限制层面，一方面，法律规定了一定程度的责任免除，即不要求董事对轻微过失承担责任，这与《民法典》在履行义务方面所遵循和规定的原则相反；另一方面，法律也要求他们在执行职责时要遵循高度的谨慎和忠诚，并对他们在职责执行中的行为进行审查。

随后，1989 年《股份公司法》删除了对故意和重大过失的规定，并以"违反法律、公司章程或未勤勉尽责的行为"[42] 作为对公司、股东和公司债权

---

[41] Ley de 17 de julio de 1951 sobre régimen jurídico de las sociedades anónimas.
[42] 1989 年《股份公司法》第 133.1 条。

人承担责任的前提条件。学说和判例法将这一变化解释为具有强化董事责任的目的，因为它将轻微的和非常轻微的过失扩大为适用董事责任制度的前提条件，不再豁免轻微的和非常轻微的过失的责任，由此可能产生更多需要被纳入承担责任的情形。[43]

2010年《资本公司法》颁布，单独设置了章节来规定董事责任，这标志着董事责任从单一条款升级为专门章节的规定，在主观方面未提及过错或过失。2014年对《资本公司法》的修改使得董事责任制度进一步完善，增加了需要存在欺诈或过失（dolo o culpa）的主观意图，资本公司的董事对故意和任何类型的过失都要负责。[44] 鉴于立法者没有提及董事承担赔偿责任的恶意或过失类型，董事的赔偿责任再次得到了强化。

根据法律规定，公司的董事对于故意和任何类型的过失或过错，即使是非常轻微的也要负责，另外还有一些在资本公司中引起争议的问题，比如是否在违反法律或公司章程时设立过失推定，或者在公司经营以及未及时申请公司清算时是否存在更多的客观责任。许多法律对董事的责任进行了泛化的规定，未能明确指出哪些具体行为或疏忽应被认为是过失行为。评估董事的尽职应当基于决策是否以合理、知情的方式作出，而非仅仅基于结果。[45]

2. 客观行为

西班牙2010年《资本公司法》明确规定董事行为包括作为和不作为两种。现行《资本公司法》将董事的不法行为限制为违反法律或公司章程的行为[46]，如若董事未遵守第225条及以下条款规定的董事义务即为违反法定义务。

董事的主要职能是管理股东的资产，因此，股东将他们的信任托付给一个

---

[43] Erika Velasco Rubio, La responsabilidad del Administrador de Hecho, alcance y límites, Grado en Derecho (2020).

[44] María José Morillas Jarillo, La responsabilidad de los administradores de las sociedades cooperativas: mosaico legal e interpretación judicial, Revista jurídica de economía social y cooperativa, ISSN 1577-4430, N°. 28, págs. 97-154 (2016).

[45] María José Morillas Jarillo, La responsabilidad de los administradores de las sociedades cooperativas: mosaico legal e interpretación judicial, Revista jurídica de economía social y cooperativa, ISSN 1577-4430, N°. 28, págs. 97-154 (2016).

[46] Real Decreto Legislativo 1/2010, de 2 de julio, por el que se aprueba el texto refundido de la Ley de Sociedades de Capital. Artículo 236.

或几个人，他们对公司开展的活动承担一定的风险，目的在于实现公司的宗旨，从而取得最佳经济效益，为股东增加红利分配。勤勉义务和忠诚义务是董事责任制度的两条主线。正确履行公司董事的职责或职务，不仅包括以"有条不紊的商人"原则勤勉行事的义务，还包括履行职务行为时恪守忠诚原则。在此背景下，立法者认为有必要重新规定董事职责的内容，以更好地规范资本公司董事的责任，同时避免股东滥用权利，这也是上一次经济危机的导火索之一。另外，与实际履行的职能相比，董事获得的报酬过高，这些情况导致董事激励的优先顺序颠倒，使其无法实现公司的预期目标。这一法律改革构成了西班牙公司法的现代化，以保证建立一个更有效率、更具竞争力的公司治理体系。

在《资本公司法》经过第31/2014号法律的重要改革后，第225条和第227条分别规定董事有义务在考虑到职务性质和每个人的职能的情况下，以有序经营者的勤勉尽责态度履行法律和公司章程规定的职责，并以忠实代表的忠诚度，本着诚信为公司的最佳利益行事。因此，董事应以有条理的管理者行为作为参考标准；有条理的管理者行为意味着以熟练的方式行事，耗费必要的时间和适当的努力作出决策和执行任务。这种行为理念的一部分也包括遵守法律、履行公司章程和内部管理规则、遵守股东大会的决议以及公司制订的整体政策，甚至包括遵循董事会制订的指示。大多数法律中都明确规定了保密义务，履行必要的保密义务也是有条理的管理者行为的表现。从2003年开始，信息权和信息义务在《资本公司法》第225条第2款中得以体现，而在2014年的修订后，《资本公司法》第225条第3款再次明确董事的行为必须以对公司情况的全面和准确了解为基础，他们有权获取必要的信息，并有义务提供这些信息。在忠实义务方面，《资本公司法》第229条在避免利益冲突的义务中规定了避免自己或他人从事与公司产生竞争的活动，无论是现有的还是潜在的，或者以任何其他方式使自己陷入与公司利益的永久冲突。

在D. Fermín诉公司董事Héctor和Evaristo一案[47]中，公司董事将员工D. Fermín转移到另一家没有足够资本且面临财务困境的公司，未向员工提出正式的解雇通知，也未说明解雇原因，甚至未支付任何形式的解雇补偿。公司

---

[47] STS 828/2024, 20 de Febrero de 2024.

董事在组织结构调整和员工管理的决策过程中缺乏透明度和法律依据，也未能在法定时间内提出公司破产的请求，违反了相关法定义务。基于此，西班牙最高法院判决 2 名董事需共同承担对第三人的赔偿责任。在 BBVA 诉 Alaska 公司的董事 Eusebio 一案中，Alaska 公司在有法律义务偿还不当收取的款项的情况下，不履行该义务，违反了其应尽的法律义务，该公司董事 Eusebio 多次拒绝返还公司不当收取的金额，而且这种情况持续了相当长的一段时间，超出了一个尽职的董事可以认为进行调查具体情况以确保不当收取的事实所需的合理时间。西班牙最高法院认为，该董事和财务总监在有关资金去向的证言中表现的阻碍态度和不透明性以及未在商业登记处提交财务报表的行为与《资本公司法》第 225 条规定的审慎义务背道而驰，并且与诚实信用原则相抵触，需对第三人承担法律责任。[48] 由此可见，西班牙最高法院在认定未尽勤勉义务时，会综合考量董事执行职务的透明度与合理性、对法定程序的遵循、对合理时间的把握、对公司和利益相关者利益的忠实与保护、职务行为所体现的专业性与尽职程度等因素。

此外，最高法院在 F. Cortés 诉 NEOC 公司及其董事 Cornelio 一案[49]的破产问题判决中明确了个人责任诉讼的逻辑前提，如果公司的行为不构成违规行为，那么董事的个人责任也不成立。本案中，破产定性判决中并未认定存在与了解 NEOC 公司的财务和资产状况相关的重要会计违规行为，因而董事 Cornelio 也不构成会计违规。

在未来，西班牙公司董事还面临着新的潜在可能义务。欧洲委员会的《企业可持续发展尽职调查指令》[50] 旨在促进企业采取可持续和负责任的商业行为，并确保企业运营和公司治理深植于人权和环境考量之中，意味着公司不仅要负责自己直接的商业活动，还要关注其供应链和业务伙伴的实践是否符合可持续性和人权标准。若该指令获得通过，作为成员国之一的西班牙将有义务

---

[48] STS 4072/2020, 10 de diciembre de 2020.
[49] STS 3435/2019, 4 de Noviembre de 2019.
[50] 《企业可持续发展尽职调查指令》是一项要求企业制订和实施尽职调查政策和程序，以识别、预防、减轻、结束和报告其自身活动和价值链中的活动所产生的负面人权影响和环境影响的法律提案，该提案设立了一个新的民事责任机制，以便受到不利影响的人或实体可以向公司提起诉讼，并规定了对于不遵守尽职调查义务的公司的行政处罚和刑事处罚。

在一定的时间内将其转化为国内法律。草案在第 25 条中要求成员国确保为了公司的最佳利益行事的董事们在作出决策时，要考虑到其决策对可持续性的影响，包括对人权、气候变化和环境的短期、中期和长期后果。由于在欧盟各成员国中对董事责任的处理差异很大，这一条款备受争议。尽管最新文本已经删除了对董事责任的规定，但这一指令仍可能对其适用范围内的公司及董事的责任风险问题产生重大影响。

3. 直接损害

《资本公司法》第 236 条未明确公司董事对第三人责任中损害的性质，仅将损害限定为"因违反法律或章程的行为或疏忽，或因未能履行与职务执行相关的职责而造成的"。该法第 241 条的表述则更为清楚，第三人对董事提起个人责任诉讼的前置条件包括董事有直接损害第三人利益的行为。从这个层面来看，直接损害可以理解为由于董事的作为或不作为直接导致的损失。

区分个人诉讼和公司诉讼并决定前者的对象和目的的关键词是副词"直接"。构成对西班牙公司董事诉讼的作为和不作为与公司责任诉讼中的作为或不作为相同，即违反法律、公司章程或董事未尽职尽责的行为，不同之处则在于损害或资产减少不是对公司造成的，而是直接对第三人造成的。个人责任诉讼旨在修复董事对股东和第三人资产造成的直接损害。因此，不同于公司诉讼，个人诉讼可能获得的补偿或赔偿将直接进入这些股东或第三人的账户，该注释经常出现在涉及个人诉讼的判例中。[51] 例如，在股东 Almudena、Cornelio、Francisco 诉公司董事 Leonardo 一案中，Leonardo 被指控管理不善，要求其赔偿由于其疏忽管理导致的直接财产损失，总计 170560977 比塞塔。一审、二审和最高法院均驳回了原告的诉讼请求，最高法院在 2008 年 11 月 27 日的判决[52]中指出，原告采取的是个人责任诉讼而非公司诉讼，原告必须承担证明其财产受到直接损害的责任，且需证明该损害直接由被告董事未尽职责的行为所致。该案中，最高法院强调个别诉讼是关于个人的诉讼，旨在直接且单独地修复股东和第三人利益造成的损害。此类责任为非合同责任，其成立需

---

[51] Manuel García-Villarrubia, Los presupuestos de la acción individual de responsabilidad frente a los administradores sociales en caso de impago de deudas por la sociedad, Boletín Mercantil, n.º 103（2022）.

[52] STS 6457/2008, 27 de Noviembre de 2008.

要满足以下条件：一是对股东或债权人造成的损害必须是对其财产的直接损害，仅证明公司破产是不够的；二是董事因未能像一个有序的商人那样行事而实施疏忽的行为或不作为，不一定是违反法律或公司章程的行为，只需未能展示应有的谨慎；三是行为与损害之间存在因果关系。

西班牙最高法院在判决中多次确认对第三人造成的损害仅限于直接损害，"对债权人造成损害的董事行为（作为、协议或单纯的不作为）可被定性为违反董事的特定义务，且该损害是直接损害，而非作为公司破产后果的间接损害"[53]，"对第三方财产的直接损害性质正是解释为什么本庭的判例已经确认个人责任诉讼是直接和主要诉讼而非附属诉讼的原因"[54]，"这些资产直接受到董事行为的影响"[55]。在 Mertom Instalaciones, S. L. 诉 Nerer Inmobiliaria, S. L. 公司董事 Matías、Arsenio 和 Faustino 一案[56]中，原告指控被告作为公司董事在房屋延迟交付后未能保护购房者的预付款。在本案中，西班牙最高法院进一步阐释了个人诉讼的适用条件。首先，董事的行为必须违反了法律规定；其次，此种违反行为必须能归咎于作为公司管理者的董事；再次，此种故意或过失行为应当能够直接对第三方造成损害；最后，必须存在明确将董事的非法行为与第三方遭受的损害直接联系起来的因果关系。值得注意的是，最高法院在判决中特别强调，通常情况下，由于公司作为一个独立履行义务、行使权利的法人实体，大多数由公司活动造成的损害应由公司自身承担，个别责任行动是一种特殊情形，仅在董事的非法行为直接导致第三方损害时才能适用。根据第 57/1968 号法律[57]第 3 条之规定，买方有权选择解除合同并要求退还已支付的预付款，董事违反退款义务给买方造成了损害，违反了强制性法律规定，也未尽到《资本公司法》第 225、226、236、241 条涉及的董事职责范围内应尽的基本注意义务，因此这一损害可直接归咎于董事。

综上所述，西班牙《资本公司法》创建了一种特殊的、非合同的责任模

---

[53] STS 253/2016, 31 de Marzo de 2016.

[54] STS 140/2005, 11 de Marzo de 2005.

[55] STS 375/2003, 10 de Marzo de 2003.

[56] STS 131/2016, 3 de Marzo de 2016.

[57] Ley 57/1968, de 27 de julio, sobre percibo de cantidades anticipadas en la construcción y venta de viviendas.

式，适用于董事的行为直接违反了对其施加的具体法律规范，并直接导致了第三方的损害，这一规定旨在寻求保护第三方利益和维持公司法人格独立性之间的平衡。

4. 因果关系

在法律实践中，要确定董事对第三方的责任，关键是要证明董事的不当行为与造成的损害结果之间存在直接的因果联系，这意味着董事的具体行为必须是第三方遭受损害的直接原因。换言之，如果没有董事的不当行为，该损害结果是不会发生的。

因果关系的判断并非总是一目了然的，需要深入分析董事的行为以及这些行为如何具体地导致了损害结果的出现，分析过程通常涉及复杂的法律和事实判断，有时还需要专业知识来确定行为与结果之间的直接联系。例如在 Industrias Subiñas Aragón S. A. 诉董事 José、Ángel、Jose Augusto、Fábrica Colchones Puchades S. L. 一案中，西班牙最高法院在审理中重点考虑了是否存在足够的因果关系证据来支持对董事的个别责任索赔，并在判决书中重申了 1991 年 11 月 4 日最高法院在判决中关于因果关系的论述，即如果与债权人进行的法外安排失败，董事未对公司进行合法清算，则属于严重过失，但这种行为并不一定会造成损害，只有在得到证实后才能给予因依法清算导致可分配资产减少而造成股东或第三方利益损害的赔偿。法院查明，董事在订购和未付款的操作发生前就已经离职，且没有证据表明他们是订购方或他们的不当行为导致了未付款，从而认为没有足够的证据表明被告个人董事的行为与原告的损失之间存在直接的因果关系，驳回了原告关于董事个人责任的上诉请求。[58] 又如在 Montserrat 诉 Track & Trace Volum Expeditions S. L. 及其唯一董事 Delia 一案中，Delia 辩称她的行为并未直接导致 Montserrat 的损失，但两审的法院判决均指出，Delia 作为公司董事未能合理解释公司 83000 欧元的资金支出，这一行为被视为管理上的重大疏忽，导致公司资不抵债，增加了 Montserrat 作为担保人的财务负担。西班牙最高法院在判决中强调，要确定董事的个人责任，需要明确其行为直接导致了第三方的损失，且这种损害是公司行为不能合理解

---

[58] STS 7358/2003, 20 de Noviembre de 2003.

释的直接后果。此外，还需证明董事行为与损失之间存在直接的因果联系，即若无管理上的失职，第三方的损害就可避免。[59] 以上案例说明了西班牙法院在处理董事责任诉讼时对因果关系的严格审查，在任何涉及董事责任的诉讼中，确立董事行为与损失结果之间直接关联的证据至关重要，是法律对于公司治理的规范作用发挥的应有之义。

四、西班牙董事对第三人的责任承担与豁免

（一）责任分配

1. 董事之间的连带责任

1951年《公司法》对由多名董事承担责任的规定相对较少，特别是关于董事之间的连带责任问题。虽然法律规定了一些情况下董事应当采取的行动，比如在决策中明确表达自己的异议，但这些规定不够清晰和完善，也未能明确解决董事之间责任分担的具体方式与比例问题以及在某些情况下责任的免除问题。董事的责任是基于过失（culpa）的，而不是基于结果的。这意味着法律不会要求他们对公司的结果承担无限责任，而是要求他们在管理公司时行事谨慎，以免造成损害。在责任证明方面，法律未明确规定承担证明责任的主体，这可能导致法律适用上的不确定和争议。西班牙立法允许债权人以补充性方式进行诉讼，这意味着债权人可以进行诉讼，但条件是该诉讼行为旨在维持公司的资本，而不是直接向债权人追索债务。[60]

1989年《股份公司法》引入了董事的连带责任规则，这一规定基本保留在《资本公司法》中，要求实施不法行为或制订有害协议的所有董事会成员均应承担连带责任，如最高法院在 Tratamientos Asfálticos S. A. 诉 Forestal Colloto S. L.、Silvia、Aquilino 一案中作出的判决，Silvia 作为法律上的董事、Aquilino 作为事实上的董事，二者均未能防止造成损失，被认定具有连带责任，应与 Forestal Colloto S. L. 共同承担部分责任。[61]

---

[59] STS 1660/2017, 2 de Noviembre de 2017.

[60] Girón Tena, José, La responsabilidad de los administradores de la Sociedad anónima en el derecho español, nuario de derecho civil, ISSN 0210-301X, Vol. 12, N° 2, págs. 419–450（1959）.

[61] STS 1650/2016, 6 de Julio de 2016.

在清算问题中，董事责任被理解为一种根据法律规定的（ex lege）、连带的（solidaria）、具有惩罚性质的（sancionatorio）责任。这意味着，当董事未能履行其在法律上规定的职责，特别是在公司出现解散原因时未能及时采取相应的法定行动时，该责任便自动产生。《公司法》第367条中规定的不促进解散或破产的责任是一种处罚性的责任，这种责任制度除本质上是由债务而不是由损害产生之外，与《资本公司法》第225条及以下的责任制度还存在其他重要差异，如未及时清算是对公司债权人的责任，是公司董事之间以及公司之间的连带责任。[62] 在破产问题上设置连带责任，立法者的目的不仅仅是对董事进行惩罚，更重要的是保护公司的债权人。[63]《资本公司法》没有设定豁免期限，而是让董事从实际发生解散原因或出现破产情况时起就对债务负责。需要注意的是，根据公司法和相关判例，最高法院表示，不能将公司未履行债务及其债权人因公司破产而无法收取债权的情况等同于董事违反法律或义务的行为，如果将这种观念应用于董事个人责任，就会使其变为客观责任。公司未支付债务并不一定意味着债权人直接因董事而遭受了损害，除非该董事企图完全消除商业风险或试图使股东个人不对公司债务承担责任。因此，除了证明损害，法院还要求原告提供董事的违法或不谨慎行为的证据以及该行为与损害之间具有因果关系的证据，公司违约并不能成为证明董事存在过失或责任的决定性因素。[64]

西班牙法学界对于因不启动公司清算程序而产生的董事责任并非赔偿性质的责任持有较为一致的看法，因此不需要证明特定的损害即可追究董事的责任。但司法领域的观点并非如此，至少在《股份公司法》实施的最初几年，省级法院间就该法第262条第5款所述责任是否属于因损害而产生的责任的问

---

[62] María José Morillas Jarillo, La responsabilidad de los administradores de las sociedades cooperativas: mosaico legal e interpretación judicial, Revista jurídica de economía social y cooperativa, ISSN 1577-4430, N°. 28, págs. 97-154（2016）.

[63] Fernando Marín de la Bárcena Garcimartín. Fernando Rodríguez Artigas, Algunas cuestiones sobre la responsabilidad de los administradores de Sociedad Anónima por no promoción de la disolución en caso de pérdidas（art. 262. 5 LSA）: STS 1ª de 16 de diciembre de 2004, Revista de derecho de sociedades, ISSN 1134-7686, N° 24, págs. 295-314（2005）.

[64] STS 417/2006, 28 de Abril de 2006.

题产生了广泛的争议。最终，这场司法争议由最高法院一锤定音，明确表示《股份公司法》第 262 条中的责任不应被视为因损害而产生的责任。该条无论是在功能上还是在实施条件上，都不同于典型的民事赔偿机制，在此情况下，法律并非意在使董事赔偿已经发生的损害，而是旨在防止发生对公司构成危险的情形，即资本损失超过一半。法律关注的是防止特定的违约行为，而非对损害的补偿，其目的在于预防而非赔偿特定损害，以保护债权人的偿还权益不受损害。[65]

2. 不同性质的董事之间的责任

《资本公司法》中未对执行董事和独立董事对第三人的责任作出区分，根据《上市公司良好治理准则》[66] 的规定，董事会将共同和单独承担公司管理和监督公司管理层的直接责任，以促进公司利益为共同目标。董事会的组成将保持平衡，非执行董事占多数，执行董事和独立董事之间的比例适当，后者一般至少占董事的半数。

《资本公司法》第 529 条明确区分了执行董事和非执行董事的不同角色。执行董事负责公司或其集团的日常管理，而非执行董事则可能是支配性董事、独立董事或其他外部董事。大型公司中的职能分工意味着执行董事和非执行董事之间有明确的区别，执行董事负责管理事务，而非执行董事则负责监督。然而，这种内部职责的划分并不影响他们的责任，董事会的所有成员都应承担责任。即便如此，特定情况下的责任豁免仍可能考虑到各自被委派的具体职责。[67]

3. 归责原则

根据《资本公司法》第 236 条第 1 款，董事对第三人的责任既包括了传统

---

〔65〕 Jorge Moya Ballester, Responsabilidad por no promoción de la disolución de los miembros del consejo rector. Revista jurídica de economía social y cooperativa, ISSN 1577–4430, N°. 18, págs. 107–122 (2007).

〔66〕 Código de buen gobierno de las sociedades cotizadas.《上市公司良好治理准则》由国家证券市场委员会制定，旨在确保西班牙公司治理和管理机构的正常运作，引导它们达到最高水平的竞争力；为国内外股东和投资者建立信任和提高透明度；改善西班牙公司的内部控制和企业责任，并从最大专业性和严谨性的角度确保公司职能和责任的充分分离。

〔67〕 Valpuesta Gastaminza, Comentarios a la Ley de Sociedades de Capital, 4ª edición (2022).

的过错责任，即需要证明过失或故意导致损害；也包括了过错推定责任，在特定情况下过错被自动推定，董事需要通过反证来解除责任。根据西班牙《民事诉讼法》第 217 条的证明责任，原告通常需要证明其索赔的构成事实，而被告则需要证明否定、消灭或排除原告主张的事实。但当行为直接违反法律或章程时，进入过错推定责任范畴，责任推定机制启动。在其他情况下，依然需要根据具体情况证明存在过失或故意，属于传统的过错责任。

在过错责任原则之下，第三人需证明董事具有过错。有学者指出，在过错推定的归责原则之下，"连带责任的扩展基于对所有董事个人的违法或非法行为的推定"。根据这种解释，原告只需要证明董事会存在非法行为，而不需要具体指出参与损害性行为或决定的个人。那些没有参与行为或决定的董事，如果能证明自己"不知道该行为或决定的存在，或者知道后尽了一切可能避免损害，或者至少明确表示反对"，就可以免责。在这些情况下，尽管原告需要对整个董事会的责任进行举证，但对于试图免责的董事，证明责任将会反转，这实际上建立了一种过错推定原则，从而在某些情况下减轻了原告的证明责任负担。[68] 这种证明责任的分配反映了保护原告权利与防止对董事进行无端指控之间的平衡。

(二) 追责机制的程序和时效

1. 追责程序

《资本公司法》在第 240 条和第 241 条中规定了债权人的诉讼权利，以确保债权人和其他受影响的利益方能够有效追究公司董事的责任。

第 240 条规定了债权人在行使公司责任诉讼权方面的替代资格，为债权人提供了一种特殊的诉讼资格。通常情况下，追究公司董事责任的主体是公司或股东，他们直接受到董事不当行为的影响。然而，如果公司或其股东未行使对董事的社会责任诉讼权且公司的资产不足以清偿其债务，公司的债权人就可以对董事行使这一权利。此规定为债权人提供了一种特别的保护机制，使他们在特定条件下能够独立于公司或股东采取法律行动，以寻求对董事不当行为的

---

[68] Blanca Casado Andrés, Acción individual de responsabilidad contra los administradores de sociedades de capital: presupuestos y aspectos procesales, Derecho Mercantil (2012).

补偿。

第 241 条允许股东和第三人因董事的行为直接受损而提起赔偿诉讼。这种诉讼与通过公司进行的社会责任诉讼不同，它允许直接受损的个体自行追究董事的责任。

2. 诉讼时效

《资本公司法》第 241 条之二规定了追责行动的时效，对于董事责任的诉讼，无论是集体的还是个别的，时效都自可以行使权利之日起 4 年期限届满后终止。

纵观西班牙董事对第三人责任诉讼时效的立法沿革，有以下几个重要阶段。在 1989 年《股份公司法》和 1995 年《有限责任公司法》实施期间，并没有针对公司董事包括个人责任行为[69]、社会责任行为[70]以及社会债务责任行为[71]在内的不同责任行为作出诉讼时效的特别规定。在这种情况下，对于社会责任行为和社会债务责任行为，采用了《商法典》第 949 条的规定，即对公司或社会的合伙人和管理人的行为，在任何原因导致其停止管理后 4 年期限届满后终止。在 2001 年之前，针对董事个人责任的诉讼时效没有明确的法律规定。在这一时期，对于个人责任诉讼时效的问题，西班牙的法院有时会采用《民法典》第 1968 条第 2 款规定的 1 年时效期限，有时则会采用《商法典》第 949 条规定的 4 年时效期限，可见这一时期的司法实践存在不确定性。

2001 年 7 月 20 日，西班牙最高法院第 749/2001 号判决认为，针对董事个人责任的诉讼应当统一适用《商法典》第 949 条规定的 4 年时效期限，这一时效期限从董事离职之日起开始计算，因为《商法典》是商法领域的基本法典，理应优先适用《商法典》的特殊规定，而非《民法典》中的一般规定。此后，这一判决成为后续案件董事责任诉讼时效的主导性司法解释。回归到更通用的时效规则是对责任诉讼时效规则的简化和统一，这一变化旨在提供更大的法律明确性和可预测性，但也带来了不合理减轻董事不当行为的责任的隐忧。[72]

---

[69] 《股份公司法》第 135 条，《有限责任公司法》第 69 条。

[70] 《股份公司法》第 134 条，《有限责任公司法》第 69 条。

[71] 《股份公司法》第 262.5 条和《有限责任公司法》第 105.5 条。

[72] Ángel Carrasco Perera, El nuevo régimen legal de prescripción de las acciones de responsabilidad contra los administradores sociales, Análisis GA&P, Marzo（2015）.

在 2014 年修订《资本公司法》时，西班牙增设第 241 条之二，该条款规定了一个新的时效期限——自可以提起诉讼之日起 4 年——适用于董事对社会及个人责任的诉讼。然而，就社会债务责任行为的时效起算日问题而言，近年来有两种不同的观点。一种观点支持以《资本公司法》的最新规定替代《商法典》的规定，保持统一的时效期限的司法解释线路是有益的，有利于寻求更大的法律确定性，巴塞罗那、萨拉曼卡、瓦伦西亚、托莱多、穆尔西亚、阿斯图里亚斯、卡斯特利翁和比斯开的省级法院已经对此作出了支持性的判决。反对者认为，个人和社会责任行为是基于过错原则的责任行为，但社会债务责任行为具有客观性质，时效从《商法典》规定的董事离职之日起开始计算更为合理，马德里、莱昂、科尔多瓦、拉里奥哈、蓬特韦德拉、马拉加、拉科鲁尼亚和坎塔布里亚的省级法院的判决支持这一观点。2023 年 10 月 31 日，最高法院通过第 1512/2023 号判决，对董事责任诉讼时效的理解作出了重要调整。该判决认为，针对公司债务责任的行为，既不适用《资本公司法》第 241 条之二，也不适用《商法典》第 949 条，而是应当适用向公司索赔债务的行为的时效期限，这是统一适用 4 年时效期限解释的一个重大转变。[73]

总体来看，董事对第三人责任的个人诉讼时效在西班牙经历了从早期的不确定性到 2001 年最高法院试图统一时效期限，再到 2014 年《资本公司法》引入新规定，最终到 2023 年最高法院对这一问题作出新的解释的演变过程。这一系列变化反映了法律解释和应用中的动态性以及对法律确定性和公平性之间平衡的不断追求。

(三) 对董事责任的豁免

1. 未参与不法行为

1989 年《股份公司法》规定了个人免责事由[74]，即董事能证明他们没有参与决议的通过和执行，不知道存在这种行为，或在知道这种行为后，已采取一切适当措施避免损害，或至少明确表示反对。《资本公司法》第 236 条明确了董事在对公司、公司股东和公司债权人造成损害时的责任条件。具体来说，

---

[73] Blanca Casado Andrés, Acción individual de responsabilidad contra los administradores de sociedades de capital: presupuestos y aspectos procesales, Derecho Mercantil (2012).

[74] 1989 年《股份公司法》第 133.2 条。

当董事的行为违反了法律、公司章程或者未能履行职务所固有的职责时，就会承担这种责任。责任成立必须存在故意（即有意造成损害）或过失（即疏忽或未尽应有的谨慎）。第237条讨论了董事责任的连带性质，这意味着所有参与决策或执行有害行为的成员都将共同承担责任，但也为那些能够证明自己未参与决策或执行有害协议、不知道其存在或尽管知道但尽了一切可能避免损害或明确表示反对的成员提供了免责途径。这些规定既反映了在公司管理中对责任和尽职尽责的重视，也突出了董事在能够证明自己未参与或积极反对有害决策时可免除责任的可能性。公司法中确立了证明责任倒置的基础，董事必须证明损害不应归咎于他们。

2. 商业判断规则

所谓的"商业判断规则"是适用于公司治理领域的一项法律原则，该原则规定，只要公司董事本着善意并为了公司的利益行事，就不能因其作出合理的商业决策而对其进行审判。[75]商业判断规则首创于美国，作为司法审查标准，它是法院用来审查公司董事是否违反注意义务的重要准则。作为由判例发展而来的一项司法审查原则，经常为法官和学术界引用的是1984年Aronson v. Lewis案中法官的解释，"商业判断规则建立在这样一种假定之上，即董事在行使决策之职时，会在知悉的基础上本着善意为公司的最佳利益行事。指证董事违反职责的一方应负举证责任，找到董事滥用裁量权的证据"[76]。换言之，在董事履行管理职责和勤勉尽责方面，法院建立了一种在某种程度上与无罪推定相类似的责任制度。商业判断规则的核心在于授权董事享有宽泛的公司管理权限，并假定这种管理权的理性行使在常规情况下无须接受司法审查的干预。这一规则使得很难证明董事可能存在违规行为，因此可以认为，由于违反了适用该规则的任意要求，某些商业决定可能具有勤勉的表象和推定，但实际上并非如此。[77]

对商业决定的评估是从普通法的角度进行的，商业判断规则源于普通法判

---

[75] "business judgement rules"（def.）.

[76] 刘迎霜：《股东对董事诉讼中的商业判断规则》，载《法学》2009年第5期。

[77] Antonio Roncero Sánchez, Protección de la discrecionalidad empresarial y cumplimiento del deber de diligencia. Junta General y Consejo de Administración de la Sociedad cotizada（2016）.

例的广泛发展,特别是在美国法院适用注意义务的情况下,这一规则最著名的版本见于美国法律协会起草的《公司治理原则》第 4.01 节,但欧洲大陆法系的很多国家也引入了这一概念。相较于西班牙,德国和葡萄牙更早采用美国公司法中的"商业判断规则",但存在不同的取向。作为董事面对因违反其积极勤勉而产生的责任索赔的对立面,西班牙第 31/2014 号法律将商业判断规则纳入公司法的法律框架,使其成为保护董事自由裁量权的一种手段,以避免董事对采取错误或无结果的商业决策承担责任。[78] 如在 Inmobiliaria Colonial SA 诉其前任董事 Anibal、Conrado 的上诉案件中,尽管原告声称董事处理公司资金和进行大额投资时未遵循适当的程序和规范,支付过高的价格购买远低于支付金额的资产,这些不当行为导致了公司的损失,但法院认为董事在进行投资之前要求外部专家公司提供评估报告的行为是适当的,因为董事没有能力了解有关案件所需的特定评估机制,这些管理行为符合商业决策的合理范围,并没有违反任何具体的法律规定和章程规定。此外,Colonial 公司未能充分证明其所声称的损失与被告的管理行为直接相关。马德里省级法院最终裁定,维持一审判决,驳回 Colonial 公司的上诉请求,并再次确认被告不需承担任何赔偿责任。[79] 需要澄清的一点是,董事的义务并不是结果义务,因为他们在履行职责时只能为公司谋求利益,而不能保证他们所管理的公司在经济活动的发展中取得成功。[80]

从这个意义上说,董事仅在公司内部收集必要的信息是不够的,他们还应该收集和索取外部信息,在许多情况下,外部信息比内部信息更具客观性和批判性。同样,如果董事采取被动的"不闻不问"态度,仅限于接收信息,他就没有履行充分了解情况的职责。[81] 尽管如此,如上文所述,该规则并不寻

---

[78] Guerrero Trevijano, El deber de diligencia de los administradores en el gobierno de las sociedades de capital, La incorporación de los deberes de la business judgment rule al ordenamiento español, Aranzadi-Civitas, Cizur Menor, passim (2014).

[79] SAP Madrid, 16480/2016.

[80] Gallego Rodríguez, Ana, La regla del juicio empresarial: ámbito de aplicación y alcance práctico en el ordenamiento jurídico español, Trabajo Fin de Grado (2019).

[81] Guerrero Trevijano, El deber de diligencia de los administradores en el gobierno de las sociedades de capital, La incorporación de los deberes de la business judgment rule al ordenamiento español, Aranzadi-Civitas, Cizur Menor, passim (2014).

求通过外部专家提供的信息来免除董事的责任,即如果受托人有独立判断,认为要作出的决定不合规、不合法或根本就是错误的,或者受托人有理由不信任所提供的建议或提供建议者的独立性,或者建议的条款引起合理怀疑,那么专家的建议就不应该提供保障。所收集的信息必须从根本上不带偏见。

根据《资本公司法》第236条规定,在涉及企业自由裁量权的战略和业务决策领域,如果董事按照一个谨慎经营者的标准,基于善意、不基于个人利益参与决策事项,拥有充分信息,并依据适当的决策程序行事,那么可以认为董事已经履行了谨慎经营者的责任,但在直接或潜在利益冲突的情况下,董事不能仅仅为了自身或与其有密切关系的人受益而作出决策。尽管一些学者认为这一规则无须特别立法即已被法律界接受并由法院在判决中应用,Paz-Ares指出设立"豁免区域"意味着将某些影响公司组织和业务的商业决策从司法控制中剥离,但也要适当限制适用范围,以避免造成普遍的有罪不罚现象。[82] "安全港"只适用于某类酌情决定,尤其是那些要求承担责任可能会给公司带来更高成本的决定,如技术—商业性质的决定以及涉及公司组织和业务的决定。[83] 这些决策在过失方面的评估更不确定,主要是由于判断董事具有此目的的自由裁量权框架内的技术复杂性,所以通常会对这类决策中的信任原则进行论证。

第236条改革的首要目标之一是,商业决策的作出和执行都应遵循正确的有机程序。[84] 这样做的逻辑结果是,董事必须遵守法律或法规层面规定的协议和其他正式程序,以正确构成机构的意志;[85] 否则,勤勉行动的推定就无法适用。从这个意义上说,这一职责意味着公司章程或内部条例中与公司运作

---

[82] José Cándido Paz-Ares Rodríguez, Responsabilidad de los administradores y gobierno corporativo, Madrid: Colegio de Registradores de la Propiedad y Mercantiles de España, págs. 73 (2007).

[83] José Manuel Serrano Cañas, La incorporación de la "Business Judgment Rule" al Derecho españolel proyectado art. 226 de la Ley de Sociedades de Capital, La Ley mercantil, ISSN-e 2341 – 4537, N°. 6, págs. 30 – 44 (2014).

[84] CMS Albiñana y Suárez de Lezo, Comentario práctico a la nueva normativa de gobierno corporativo: Ley 31/2014, de reforma de la Ley de Sociedades de Capital, Revista de derecho de sociedades (2015).

[85] José Manuel Serrano Cañas, La incorporación de la "Business Judgment Rule" al Derecho españolel proyectado art. 226 de la Ley de Sociedades de Capital, La Ley mercantil, ISSN-e 2341 – 4537, N°. 6, págs. 30 – 44 (2014).

有关的程序也构成强制性行动。立法者暗示这些程序的相关性似乎是合乎逻辑的，因为它们在一定程度上影响并涉及公司的组织结构，而公司的组织结构是由建立沟通渠道组成的，与建立信息和控制程序有关。[86] 值得注意的是，《资本公司法》第 226 条规定的对企业自由裁量权的保护适用于特定类型的决策，即战略决策和业务决策，排除了那些不属于公司目的范围的决策以及那些远非自由裁量权的决策，因为这些决策的通过完全符合法律义务或公司章程规定的义务。[87]

在追究董事责任时应根据所涉及的因素和作出的决策类型来判断，包括但不限于决策的性质和目的、信息的充分性、决策的程序、风险和收益的评估、董事的个人利益冲突、善意原则和结果的可预见性，尤其是在这些决策可能属于"商业判断规则"保护范围内的情况下。

五、我国董事对第三人责任的适用建议

（一）董事对第三人责任的争议

在公司法领域，董事的责任定位一直是个难题，明确董事对外第三方的责任性质尤为复杂，国内外法学界在这个问题上均争论不休，见解迥异。我国立法者在面对此一难题时，经过深思熟虑，最终塑造了现行《公司法》第 191 条的法规框架，如果董事存在故意或重大过失，也应对第三人承担损害赔偿责任。此次修订增加了针对影子董事的规定，既加强了对控股股东和实际控制人的监管力度，也促使他们在行使权力时更加公开透明、审慎行事。[88] 这样的改革设计有助于维护公司的治理结构和股东权益，促进市场的健康稳定发展。

在我国当前的立法中，也可以看到在法规制定的逻辑、理论基础及责任界定上，仍存有不少模糊之处：第一，尚未明确第三人可主张的损害是仅限于直

---

[86] Luis Hernando Cebriá. La buena fe en el marco de los deberes de los administradores de las sociedades de capital, viejos hechos, nuevas implicaciones. Anuario de derecho civil, ISSN 0210 – 301X, Vol. 69, N° 4, págs. 1385 – 1426（2016）.

[87] Molina, M. La protección de la discrecionalidad empresarial como excepción de la responsabilidad de los administradores sociales en el derecho español（Business Judgement Rule）, Revista Consumo y Empresa（9）, 21 – 42（2019）.

[88] 万国华等：《规制影子董事将优化董事会治理》，载《董事会》2023 年第 10 期。

接损害还是也包括间接损害；第二，尚未明确董事需承担的赔偿责任是连带责任、补充责任还是比例责任；第三，未明确董事之间的责任形式；第四，鉴于该条款提到董事需因故意或重大过失承担责任，那么在"一般过失"或"轻微过失"情形下的责任承担方式尚不清晰；第五，在过错责任与过错推定责任的责任类型的抉择上尚不清楚。另外，我国立法对董事责任的限制及差异化配置未给予充分关注。可见，我国在董事对第三人责任问题上的立法较为笼统，似乎意在留白于司法，但这样也存在造成司法权滥用的隐患和风险。

(二) 基于西班牙经验的适用建议

审视中国与西班牙董事对于第三人责任法律制度的交汇点时，可以看到两国虽文化迥异、法系不同，但在公司治理的理念与实践中有诸多相通之处。我国《公司法》修订对加强董事责任、保护第三人权益予以特别关注，这与西班牙立法不谋而合。然而，立法背景和法律体系的差异导致了两国在具体制度设计上的不同，这些差异既有待于进一步的调和，也蕴藏着对彼此法律实践的启迪。

关于第三人可主张的损害的范围。在西班牙只限于直接损害，我国未明确规定。间接损害，是指董事通过施害于公司以间接损害公司债权人利益，债权人受损的直接原因是公司责任财产的不当减少，即利益传导链条为"董事—公司—债权人"。直接损害，是指董事不以公司为中介，直接侵害公司债权人利益，即利益传导链条为"董事—债权人"。对于第三人可追索的损害类型，学术界主要分歧点在于是否包括间接损害。将间接损害纳入其中，可能引发公司债权人滥诉，董事会不堪诉累。西班牙《公司法》中缺乏董事责任救济机制，若放宽第三人直接向董事追责的场景限制，无疑会进一步加剧利益失衡，对董事有失公允，因此建议我国也将场景限定在直接损害。

关于公司与董事之间的责任承担。《公司法》修订草案一审稿的规则表述为"董事、高级管理人员执行职务，因故意或者重大过失，给他人造成损害的，应当与公司承担连带责任"，但从《公司法》修订草案二审稿开始，删除了"连带责任"的表述。是否需承担连带责任应依据董事在不法行为中的参与行为、程度以及与公司行为的联系进行判断，同时依据其他商事特别法的规定确定在特殊情形中的董事第三人责任，西班牙《公司法》未进行规定，在这一问题上我国《公司法》也应进一步细化。《公司法》修订草案的变更过程不代表对连带责任形式的否定，参考侵权法理论，董事与公司的侵权形态在实务中较难明确界定，以连带责任为原则具有一定合理性，但这样可能会导致部分董事在责任比例或数额上的损失过重，可将其设置为不真正连带责任，这样既避免了对董事责任规定过严，又能够实现法人侵权责任下的双重责任效果，有效控制不法行为。

关于董事之间的责任形式。西班牙法律明确规定了董事之间的连带责任，特别是在决策造成第三方损害的情况下，参与决策的董事需承担连带责任，除非他们能证明自己反对了该决策。我国《公司法》对董事之间的连带责任并未作出明确规定，责任追究通常针对有具体行为的董事。由于董事作为董事会成员集体参与公司的运营和决策，且董事个体都具有个人意志，建议在这一问题上采用连带责任。

关于主观过错。在我国台湾地区，关于该责任究竟是属于过失责任还是属于无过失责任，理论界和实务界展开了广泛讨论，普遍接受的观点还是认为其为过失责任，而将其视为无过失责任的看法则因多方面的不足而受到广泛批评。在大陆地区，董事对第三人的责任需要证明董事的故意或重大过失，这是因为根据《公司法》，该责任的法律性质应采侵权责任说，而非法定责任说。西班牙将故意和过失都囊括在主观过错的范畴之中，未区分轻微过失和重大过失。我国未引入商业判断规则这一豁免条款，若将轻微过失也纳入过错的范围，可能会导致董事的责任畸重，因而建议依然采用故意和重大过失的标准，在一般过失的情形下，不需要承担连带责任，至于是否需要承担赔偿责任，要根据是否满足侵权责任构成一般要件进行判断。

关于归责原则。我国《公司法》中仍存有疑问的是，在程序法上，董事的过错应由哪一方证明；在实体法上，董事对第三人责任基础是过错责任还是过错推定责任。西班牙法律规定过错推定原则和过错推定原则并行，如在清算问题中，董事未能履行清算义务时，可能被推定存在过错，而需董事反证自己无过错以免责。过错推定原则的合理性在于董事和公司债权人之间的地位往往不具有对等性，公司债权人所面临的风险多是由董事在公司内部制造，由风险制造者承担证明责任符合证据法理论，可避免以公司债权人保护为核心的规范意旨彻底落空。我国《证券法》第 85 条也采取了此种立法技术，公司法中董事归责原则宜确定为过错推定责任，既缓解了债权人在外部收集证据所面临的现实困难，也可与《证券法》的规定保持一致。

关于董事责任限制与豁免。西班牙通过商业判断规则为董事的决策提供了一定的自由度和安全边际，鼓励董事为公司利益勇于作出决策，避免因过度追责而抑制正当的商业决策。我国法暂未引入商业判断规则作为一个具体的法律原则，因此理论上在实践中可能对于董事的决策审查较为严格，不容易给予董事较大的自由裁量权。为此，我国可在反对路径依赖的基础上，明确商业判断规则的适用范围和条件，在司法审判中将以商业判断规则作为商业决策场景下对董事注意义务的判断因素，平衡董事责任与公司决策的自由度。此外，可考虑根据董事的过错、薪酬、职位等多方面因素额外确定最高赔付限额。

六、结语

董事会中心主义的发展使得董事在公司经营管理中的作用越发重要，传统的法人机关理论受到挑战。公司董事的过错决策可能会损害第三人的利益，出现董事权责失衡的情况。西班牙公司法以较为严苛的责任促使董事遵守法律，履行忠实和勤勉义务，并配置了相应的责任分配机制、追责机制和豁免机制，有利于促进公司治理的完善。我国 2023 年《公司法》也对该责任进行规范，尽管中西两国在法律文化、市场环境、公司治理结构等方面存在差异，但在董事对第三人责任的规范上存在相似之处。我国公司法在某些问题的规定上语焉不详，缺乏足够的操作性，基于此，可以参考西班牙的部分立法，形成更加明晰的法律文本，以确保法律适用的精准与高效。

在董事对第三人责任问题上，我国公司法应将损害场景限定于直接损害，在公司与董事的责任承担问题上采用不真正连带责任，董事之间的责任形式采取连带责任，在主观方面依然采用故意和重大过失的标准，一般过失的赔偿问题视具体情况而定，归责原则包括过错责任原则和过错推定责任原则，在司法实践中将商业判断规则纳入董事注意义务的考察因素，并根据董事的过错、薪酬、职位等多方面因素额外确定董事的最高赔付限额。我国在完善董事对第三人责任制度方面拥有广阔的探索空间和发展潜力，通过适当借鉴西班牙经验，结合中国的实际情况进行创新性的设计与改革，不断完善董事责任制度的具体适用标准，以增强责任追究的可操作性与实效性。

附件：西班牙《资本公司法》相关条文

法规原文	中文翻译
Artículo 212. Requisitos subjetivos.	第212条 主观要求
1. Los administradores de la sociedad de capital podrán ser personas físicas o jurídicas.	1. 资本公司的管理者可以是自然人或法人。
2. Salvo disposición contraria de los estatutos, para ser nombrado administrador no se requerirá la condición de socio.	2. 除非章程另有规定，被任命为管理者不需要具有股东身份。
Artículo 214. Nombramiento y aceptación.	第214条 任命与接受
1. La competencia para el nombramiento de los administradores corresponde a la junta de socios sin más excepciones que las establecidas en la ley.	1. 任命管理者的权力属于股东大会，除非法律另有规定。
2. En defecto de disposición estatutaria, la junta general podrá fijar las garantías que los administradores deberán prestar o relevarlos de esta prestación.	2. 如果章程没有规定，大会可以设定管理者必须提供的保证或免除这种保证。
3. El nombramiento de los administradores surtirá efecto desde el momento de su aceptación.	3. 管理者的任命自接受之日起生效。
Artículo 236. Presupuestos y extensión subjetiva de la responsabilidad.	第236条 责任的前提条件和主观责任的范围
1. Los administradores responderán frente a la sociedad, frente a los socios y frente a los acreedores sociales, del daño que causen por actos u omisiones contrarios a la ley o a los estatutos o por los realizados incumpliendo los deberes inherentes al desempeño del cargo, siempre y cuando haya intervenido dolo o culpa. La culpabilidad se presumirá, salvo prueba en contrario, cuando el acto sea contrario a la ley o a los estatutos sociales.	1. 管理者应对因违反法律或章程的行为或疏忽，或因未能履行与职务执行相关的职责而造成的损害，对公司、股东及公司债权人承担责任，前提是涉及故意或过失。 当行为违反法律或公司章程时，除非有相反证据，否则默认存在过错。

续表

法规原文	中文翻译
2. En ningún caso exonerará de responsabilidad la circunstancia de que el acto o acuerdo lesivo haya sido adoptado, autorizado o ratificado por la junta general.	2. 不论何种情况，损害行为或协议经股东大会通过、授权或批准的情况均不能免除责任。
3. La responsabilidad de los administradores se extiende igualmente a los administradores de hecho. A tal fin, tendrá la consideración de administrador de hecho tanto la persona que en la realidad del tráfico desempeñe sin título, con un título nulo o extinguido, o con otro título, las funciones propias de administrador, como, en su caso, aquella bajo cuyas instrucciones actúen los administradores de la sociedad.	3. 管理者的责任同样适用于实际上的管理者。为此，不具备资格但实际上承担管理者职责的人，或者在其指导下行事的人将被视为事实上的管理者。
4. Cuando no exista delegación permanente de facultades del consejo en uno o varios consejeros delegados, todas las disposiciones sobre deberes y responsabilidad de los administradores serán aplicables a la persona, cualquiera que sea su denominación, que tenga atribuidas facultades de más alta dirección de la sociedad, sin perjuicio de las acciones de la sociedad basadas en su relación jurídica con ella.	4. 如果董事会未将职权永久授权给一个或多个执行董事，那么对管理者的职责和责任的所有规定都将适用于拥有公司最高管理权力的人员，无论其名称如何，都不影响其基于与公司的法律关系的行为。
5. La persona física designada para el ejercicio permanente de las funciones propias del cargo de administrador persona jurídica deberá reunir los requisitos legales establecidos para los administradores, estará sometida a los mismos deberes y responderá solidariamente con la persona jurídica administrador.	5. 被指定为行使法人管理者职责的自然人必须符合法定的管理者资格要求，与法人管理者负有相同的职责并承担连带责任。
Artículo 237. Carácter solidario de la responsabilidad.	第 237 条　责任的连带性质
Todos los miembros del órgano de administración que hubiera adoptado el acuerdo o realizado el acto lesivo responderán solidariamente, salvo los que prueben que, no habiendo intervenido en su adopción y ejecución, desconocían su existencia o, conociéndola, hicieron todo lo conveniente para evitar el daño o, al menos, se opusieron expresamente a aquél.	采取该协议或者实施损害行为的管理机构的所有成员，应当承担连带责任，但能够证明自己未参与该协议的制定和执行、不知道该协议的存在或者明知该协议的存在但采取了适当措施来避免损害，或者至少明确表示反对的除外。

续表

法规原文	中文翻译
Artículo 240. Legitimación subsidiaria de los acreedores para el ejercicio de la acción social.	第240条 债权人对行使公司责任诉讼的附属合法性。
Los acreedores de la sociedad podrán ejercitar la acción social de responsabilidad contra los administradores cuando no haya sido ejercitada por la sociedad o sus socios, siempre que el patrimonio social resulte insuficiente para la satisfacción de sus créditos.	如果公司或其股东没有提起公司责任诉讼，那么当公司资产不足以偿还其债务时，公司的债权人可以提起公司责任诉讼。
Artículo 241. Acción individual de responsabilidad.	第241条 个人责任诉讼
Quedan a salvo las acciones de indemnización que puedan corresponder a los socios y a los terceros por actos de administradores que lesionen directamente los intereses de aquellos.	股东和第三方有权就管理者直接损害股东和第三方利益的行为提起赔偿诉讼。
Artículo 366. Disolución judicial.	第366条 司法解散
1. Si la junta no fuera convocada, no se celebrara, o no adoptara alguno de los acuerdos previstos en el artículo anterior, cualquier interesado podrá instar la disolución de la sociedad ante el juez de lo mercantil del domicilio social. La solicitud de disolución judicial deberá dirigirse contra la sociedad.	1. 如果会议未被召集、未举行或未通过前条规定的任何决议，任何利益相关者都可以向公司注册地的商事法官申请解散公司。司法解散的申请应针对公司提出。
2. Los administradores están obligados a solicitar la disolución judicial de la sociedad cuando el acuerdo social fuese contrario a la disolución o no pudiera ser logrado.	2. 当社会协议与解散相悖或无法实现时，管理者有义务申请公司的司法解散。
La solicitud habrá de formularse en el plazo de dos meses a contar desde la fecha prevista para la celebración de la junta, cuando ésta no se haya constituido, o desde el día de la junta, cuando el acuerdo hubiera sido contrario a la disolución o no se hubiera adoptado.	若大会未能召开，申请应在预定召开大会的日期起2个月内提出，若决议与解散相悖或未被通过，应从大会召开之日起2个月内提出。
Artículo 367. Responsabilidad solidaria por las deudas sociales.	第367条 对公司债务的连带责任

续表

法规原文	中文翻译
1. Los administradores que incumplan la obligación de convocar la junta general en el plazo de dos meses a contar desde el acaecimiento de una causa legal o estatutaria de disolución o, en caso de nombramiento posterior, a contar desde la fecha de la aceptación del cargo, para que adopte, en su caso, el acuerdo de disolución o aquel o aquellos que sean necesarios para la remoción de la causa, así como los que no soliciten la disolución judicial en el plazo de dos meses a contar desde la fecha prevista para la celebración de la junta, cuando esta no se haya constituido, o desde el día de la junta, cuando el acuerdo hubiera sido contrario a la disolución, responderán solidariamente de las obligaciones sociales posteriores al acaecimiento de la causa de disolución o, en caso de nombramiento en esa junta o después de ella, de las obligaciones sociales posteriores a la aceptación del nombramiento.	1. 管理者未能在发生法律或章程规定的解散原因之日起2个月内，或在接受任命后从接受任命之日起2个月内召集大会以通过解散决议或为消除解散原因所需的决议，以及未在预定召开大会的日期起2个月内申请司法解散，若大会未能召开或从大会召开之日起，若决议与解散相悖，这些管理者将对发生解散原因之后或在任命并接受任命任务后的公司债务承担连带责任
2. Salvo prueba en contrario, las obligaciones sociales cuyo cumplimiento sea reclamado judicialmente por acreedores legítimos se presumirán de fecha posterior al acaecimiento de la causa de disolución o a la aceptación del nombramiento por el administrador.	2. 除非有相反证据，被合法债权人通过司法途径索赔的社会义务被推定为在发生解散原因之后或管理人接受任命之后产生。
Artículo 376. Nombramiento de liquidadores.	第376条　清算人的任命
1. Salvo disposición contraria de los estatutos o, en su defecto, en caso de nombramiento de los liquidadores por la junta general de socios que acuerde la disolución de la sociedad, quienes fueren administradores al tiempo de la disolución de la sociedad quedarán convertidos en liquidadores.	1. 除非章程另有规定，或在股东大会未对清算人作出任命的情况下，解散时的管理者将成为清算人。
2. En los casos en los que la disolución hubiera sido consecuencia de la apertura de la fase de liquidación de la sociedad en concurso de acreedores, no procederá el nombramiento de los liquidadores.	2. 如果解散是破产公司进入清算阶段而导致的，则不能指定清算人。

［专题二］信托与资管

刚性兑付认定与效力研究

——基于金融司法监管化视角

李金枝*

目　次

一、引言

二、我国刚性兑付的现状梳理

三、资管业务中刚性兑付的规制思路

四、刚性兑付司法裁判观点的梳理

五、资管业务刚兑条款规范化路径

六、结语

摘　要：我国的资产管理市场长期存在保本、保收益的刚性兑付现象，《九民纪要》确立了"刚兑无效"的审判原则，但时至今日，关于第三方主体刚兑、事后刚兑、刚兑条款效力对整体合同的效力影响等问题，司法实践中存在类案不同判的现象。从域外经验可以看到，资管产品中的刚性兑付行为有其存在的合理之处，域外金融监管也并未采取"一刀切"的态度。为完善当前的刚性兑付规制思路，可考虑引入合同效力判定的动态系统论，完善刚兑无效

---

* 李金枝，清华大学2024届法律硕士，现就职于北京金杜律师事务所。

后的责任分配制度，防止不诚信当事人通过恶意撤销合同获利。同时，需明确司法和监管对刚性兑付的协同治理边界，以立法目的—危害结果—社会公共利益的逻辑展开论证。在论述危害结果时，以"系统性风险"的认定标准为抓手，精细化规制刚性兑付。

关键词：资产管理；刚性兑付；效力认定；金融司法监管化

一、引言

2007年以来，信托业高速发展，随着信托规模快速增长，信托在实体经济中起到越来越突出的作用。银监会（现已撤销）曾多次下发指导文件，提醒业界关注行业风险和兑付问题。例如，2014年的第99号文《关于信托公司风险监管的指导意见》明确指出，信托公司应全力以赴处理项目风险，若相关风险无法妥善处置，项目负责人就不得继续开展新业务。[1] 该文发布后，由于信托牌照的稀缺性，在信托产品风险事件出现时，信托公司一般都会为了保证己方牌照的存续和业务的正常开展，以"刚性兑付"的形式履行风险处置义务。监管部门此项要求的初衷是避免因信托"暴雷"而引发的社会性事件，也是为了打消投资者的疑虑，进而推行新业务。但是刚性兑付，背离了"风险与收益相匹配，高收益隐含高风险"这一基本的定价体系特征，极易导致系统性金融风险，也不利于投资者适当性制度的建设。因此，"打破刚性兑付"又回到了监管的视野。

官方对刚性兑付下的首次定义来自《中国金融稳定报告（2014）》。在该报告中，中国人民银行金融稳定分析小组认为刚性兑付存在三个要素：第一，刚性兑付主体是作为理财产品发行方或代销方的商业银行、信托公司、保险机构；第二，刚性兑付出现的前提是理财资金出现风险、产品违约或预期收益无法达成；第三，刚性兑付的方式为自有资金垫付、第三方机构"接盘"等。[2]

---

[1]《关于信托公司风险监管的指导意见》第二部分之（一）中规定，"落实风险责任。健全信托项目风险责任制，对所有信托项目、尤其是高风险项目，安排专人跟踪，责任明确到人。项目风险暴露后，信托公司应全力进行风险处置，在完成风险化解前暂停相关项目负责人开展新业务，相关责任主体应切实承担起推动地方政府履职、及时合理处置资产和沟通安抚投资人等风险化解责任"。

[2] 中国人民银行金融稳定分析小组编：《中国金融稳定报告（2014）》，中国金融出版社2014年版，第144页。

在此基础上，2019年《全国民商事审判工作会议纪要》（以下简称《九民纪要》）第92条确立了"刚兑无效"的审判原则，并且"刚兑"的形式采用实质判断，不局限于保底承诺。2018年《关于规范金融机构资产管理业务的指导意见》（以下简称《资管新规》）第19条对刚性兑付的三种典型情形作了具体罗列与说明。《资管新规》被视为规范资产管理业务的纲领性文件，但行业中刚性兑付的现象依然存在。在2021年上海金融司法沙龙上讨论的资管纠纷热点问题中，就包括刚兑条款的认定和效力问题；在2022年10月上海市浦东新区人民法院和上海仲裁委共同主办的金融资产管理前沿法律问题研讨会上，也提到了近年来越来越隐蔽的刚性兑付安排问题，比如"变相保底协议""抽屉协议""第三方过桥"等。

近年来，金融监管介入金融司法的现象在实践中日益增多，典型表现为司法裁判合同效力的依据为金融规章，而非立法中所要求的"法律、行政法规"，学术界将金融司法诉诸金融监管规则的这类现象称为"金融司法监管化"。刚性兑付的司法裁判也在一定程度上体现了金融司法监管化的趋势。在此背景之下，可重点关注以下四个方面的问题：第一，资产管理业务中的刚性兑付行为如何认定，如何辨识它与增信措施或其他安排的区别；第二，司法认定刚兑条款无效的法律依据有哪些，金融监管规则借用何种通道影响刚性兑付的认定及效力判断；第三，在实务中的司法判例中，刚性兑付案件有哪些疑难要点，法院的司法裁量因素有哪些；第四，现行禁止刚性兑付的监管规则是否有效，刚性兑付的规范化路径有哪些优化的方向。

二、我国刚性兑付的现状梳理

（一）刚性兑付的内涵

1. 刚性兑付的定义

"刚性"这一术语起源于物理学领域，原指坚硬且不易变形的特性。在经济学领域，该词义被延伸，用以描述那些不易调整的固定模式或坚定不移的要求，例如价格刚性现象。在中国社会经济活动中，所谓的刚性兑付主要出现在债权债务关系中，其核心要义是债务人必须依照约定或承诺，确保在债务到期时全额偿还本金和利息，以此保障债权人的合法权益。根据《企业破产法》，当债务人无法履行到期债务时,债权人有权向人民法院提出对债务人进行重整或破产清算的申请。[3] 从这一视角来看,对债务人执行依法破产偿债程序,就是借助法律机制的强制力,迫使债务人遵守法律义务,履行到期债务的偿付责任。这种做法可以被称为"依法刚性兑付"。

在中国金融市场的特定背景下,"刚性兑付"最早是信托行业发展的一条隐性规则。具体而言,这一规则要求信托公司在信托产品到期时,必须向投资者支付本金以及约定的固定收益。如果信托计划面临无法按期兑付或兑付困难的情况,信托公司便会动用自有资金或通过发行新的产品来确保投资者的本金和收益得到偿付,从而实现所谓的"兜底"处理。[4] 随后扩展到资产管理领域。本文聚焦的刚性兑付行为,特指在资产管理业务中,资产管理人或其关联方所采取的行为。资产管理业务,即金融机构如证券、信托、理财、基金公司接受投资者委托,遵循资产管理合同规定的方式和条件,对受托资产进行投资运作,并据此收取费用的业务模式。刚性兑付可能发生在任何一类资产管理业务中。

通常刚兑条款的具体内容和表现形式会略有差异,但其共通的本质有两点:第一,都是为投资者提供资管产品投资回报以外的风险保障措施,使得投资者在资管产品即使亏损的情况下依旧能够享有约定的本金或固定收益回报;[5] 第二,投资者获取的固定收益回报并非全部来自投资本金及其投资收益,部分资金可能来自资产管理人或其关联方的固有财产,甚至可能来自其他投资者的投资本金。

通常来说,投资者的本金和收益得到偿付是刚性兑付的最终目标,但如果我们仅仅关注这一经济结果,就很可能混淆刚性兑付与实践中的增信措施。

刚性兑付的表现通常为资管产品管理人以明示、默示形式对投资者作出固定收益承诺,采用滚动发行形式以部分劣后级投资者的本金为部分优先级投资

---

[3] 《企业破产法》第7条第2款规定:"债务人不能清偿到期债务,债权人可以向人民法院提出对债务人进行重整或者破产清算的申请。"

[4] 李生昭、张磊、祝立群:《中国信托业"刚性兑付"问题成因分析及对策研究》,载《中央财经大学学报》2015年第8期,第47页。

[5] 袁小珺、陈志峰:《信托业刚性兑付模式之法律分析》,载《证券法苑》2017年第2期,第348页。

者的本金保本、保收益，或者在产品兑付困难时委托其他金融机构代为偿付。

增信措施，即信用增级，是融资方为优化融资条件、降低融资成本而采取的一系列手段。这些措施旨在减少投资违约风险，提高融资效率。尽管"增信"并非严格的法律概念，但在实践中，增信措施不仅包括传统的担保方式，如保证、抵押等，还涵盖新型担保方式，如让与担保、经营权质押等。此外，还有通过特定交易结构为投资提供保障的做法，如溢价回购、差额补足等。目前，实践中常见的增信措施包括保证保险承诺、优先/劣后结构设计、保证担保等，广泛应用于各类资管产品中。

尽管刚性兑付与某些增信措施在表面上可能极为相似，但它们之间的关键区别在于行为主体的不同。增信措施通常由融资方或其关联方实施，旨在提高信用等级，而刚性兑付则是由资产管理人或其关联方执行，确保投资者的本金和收益得到偿付。然而，不可否认的是，当资产管理人或其关联方承诺承担特定的义务时，这种行为本质上也可以被视为一种增信措施，因为它增加了投资者对资产安全性的信心。

2. 刚性兑付的类型化识别

对于刚性兑付类型的分类，一些学者提出了不同的分类方式。例如，曾有学者将其分为以下三类：一是事前承诺型，即在产品销售时即承诺保本、保收益的兑付行为；二是事后偿付型，即在产品出现亏损或未能达到预期收益时进行的兑付；三是"卖者未尽责"情况下的兑付行为，即在销售过程中因卖方未能充分履行告知义务或存在误导行为而导致的兑付。[6]也有学者关注到实现刚性兑付的具体手段，例如固有资金垫付，即使用金融机构的自有资金先行兑付投资者的本金和收益；又如发新还旧型垫付，即通过发行新的金融产品来筹集资金，用以兑付旧产品的投资者，从而实现刚性兑付。[7]

3. 刚性兑付的风险点及影响

（1）增加金融系统性风险

刚性兑付导致一些本应属于投资者的资产损失风险被作为受托管理人的金

---

[6] 朱大明：《论信托投资产品刚性兑付的法律规制》，载《法学》2019年第4期，第50页。
[7] 李祝用、李星：《"刚性兑付"都该打破吗？——以信托产品为例的法律分析》，载《中国银行法学研究会2014年年会论文集》，第37页。

融机构承担。随着这类风险的逐渐累积，一旦各种风险，尤其是信用风险集中爆发，个别金融机构就可能因无法持续执行刚性兑付而触发系统性风险。[8] 引发系统性风险的路径有以下两种：第一，刚性兑付使得金融机构承担投资带来的损失，如果该金融机构本身就是系统重要性的，那么个别机构的崩溃可能会引起多家市场机构的连环违约；第二，由于刚性兑付在一定程度上扭曲了投资者对产品风险的认知，因此可能导致资管产品风险等级与投资者实际的风险偏好、风险承受能力不符的情况，一旦刚性兑付无法持续，大量风险厌恶型的投资者就会争相赎回其投资，这可能会引发市场恐慌。[9]

对比日本的"刚性兑付"情况，日本的贷款信托制度同时受存款制度和信托制度的监管和保护，因此允许刚性兑付。而中国信托公司的刚性兑付未受存款准备金和存款保险制度的规制，一旦个别金融机构无法履行兑付承诺，而该信托产品又系其他金融产品的底层资产，就容易引发金融市场的系统性风险。[10]

（2）助长低质量金融产品的泛滥

刚性兑付使得市场上一些资产管理能力不强、但愿意进行刚性兑付的机构比资产管理能力优秀的机构更有吸引力、受消费者的认可度更高、更容易赢得市场竞争。长此以往，受供需关系影响，金融机构往往会为了追求高发行量、高认购量而忽视投资质量的提升，导致"劣币驱逐良币"，最终造成市场的扭曲。[11] 刚性兑付的产品通常承诺比其他资管产品更高的收益，这吸引了追求高回报的投资者，使他们倾向于忽视自己的风险承受能力，并倾向于选择这类产品而非更为稳健的资管产品。这种倾向可能导致市场上充斥着投研能力不足的项目。当这些项目到期且未能达到预期的投资收益时，就会触发"刚性兑付"流程，这会显著增加金融机构的兑付风险，并间接提高了投资者的投资

---

〔8〕吴晓灵、邓寰乐等：《资管大时代：中国资管市场未来改革与发展趋势》，中信出版集团2020年版，第22—40页。

〔9〕邹晓梅：《刚性兑付不应持续》，载《中国金融》2014年第8期，第55页。

〔10〕刘燕、邹星光：《信托与大资管的关系——日本实践的启示》，载《证券法苑》2021年第3期，第12页。

〔11〕魏婷婷：《金融信托"刚性兑付"风险的法律控制》，载《法学杂志》2018年第2期，第127页。

风险。

(3) 削弱监管的公信力

刚性兑付行为违反了我国现行法律法规，包括《信托公司管理办法》第34条第3项和《信托公司集合资金信托计划管理办法》第8条第1项的相关规定。[12] 这些法规明确禁止信托公司作出刚性兑付承诺，以维护金融市场秩序。此外，《信托法》也明确了受托人的兑付范围以信托财产为限，无条件刚性兑付并非信托公司的法定义务。然而，刚性兑付扭曲了信托法律关系中的权利义务关系，改变了金融风险承担的方式，违反了信托法律规定的精神。在法治国家建设的背景下，刚性兑付行为屡禁不止，已经对监管部门及监管法权威性构成了挑战。如果法律无法得到有效的贯彻与执行，就将削弱其公信力，并对我国信托业的立法造成负面影响。因此，刚性兑付行为对法律法规的权威性和信托市场的健康发展可能造成不利影响。[13]

(二) 刚性兑付的现实困境

在学理中，《资管新规》等规范性文件影响刚兑条款效力的上位概念是金融司法监管化。学术界对此评价不一，"向监管靠拢"和"向监管逃逸"两种声音此起彼伏。实践中，在金融司法监管化的大趋势下，已存在因监管规范的立场而导致刚性兑付行为无效的司法裁判结果，但囿于法官自由裁量权造成的不确定性以及评价尺度的大小不一，造成实践中认定刚性兑付效力裁判结果的混乱。

1. 金融司法和金融监管进退下的合同效力之变

资产管理业务本质上是以合同关系为基础的契约群，金融监管规定在一定程度上会影响合同的效力。对于位阶为行政规章、部门其他规范性文件的金融监管规则是否可以直接适用于司法裁判，理论界尚存在争议。

支持者认为，由于金融市场的动态变化错综复杂，且金融领域的制度供给

---

[12] 《信托公司管理办法》第34条规定："信托公司开展信托业务，不得有下列行为：……(三) 承诺信托财产不受损失或者保证最低收益……"；《信托公司集合资金信托计划管理办法》第8条规定："信托公司推介信托计划时，不得有以下行为：(一) 以任何方式承诺信托资金不受损失，或者以任何方式承诺信托资金的最低收益……"

[13] 崔兵、何彦霖、邱少春：《有序打破刚性兑付：基于投资者软预算约束理论》，载《南方金融》2018年第5期，第5页。

远远不足，现行的金融法律和规章尚未能全面涵盖市场内的各种关系，依赖传统的民法等私法体系，治理效果并不理想。因此，仅仅因为某些金融监管规则的位阶较低就将其排除在司法审查之外，是一种过度的纠正。[14] 相较于法律、行政法规，部门规章在及时性和专业性方面具有显著优势，能够更精确地掌握金融活动和法律关系，对金融风险的管控至关重要；部门规章所包含的社会公共利益、金融安全等价值取向属于"公序良俗"范畴，应当受到保护。[15]

反对者提出，将行政规章和国家监管政策通过"公序良俗"的概念纳入合同效力的评价体系，可能导致公权力不适当地介入私法领域，从而削弱了意思自治原则的基础。此外，这种做法还可能淡化法律位阶的效力，引发法律秩序的混乱。由于监管变动更新较快，如果司法步监管之趋势，就可能会挫伤司法的稳定性，进而影响整个金融市场。[16]

但在实践中，自第五次全国金融工作会议后，穿透式监管、风险为本的强监管态势已在一定程度上影响了司法裁判的尺度，司法实践中已出现大量以金融监管规则为实质裁判依据的案例。最典型的案例为 2017 年的"天策案"。[17] 该案中，最高人民法院认定，当事人双方签署的信托持股协议因违反《保险公司股权管理办法》第 8 条而无效。尽管该办法属于部门规章，但违反其规定的行为对金融秩序和社会稳定构成危害，进而直接损害社会公共利益。因此，最高人民法院依据原《合同法》第 52 条第 4 项等相关规定，认定该协议无效。此种现象在学术界被称为金融司法的监管化。

金融司法监管化的动因主要有三：一是金融监管部门制定的规章制度能在短时间内快速锁定实践中的复杂问题，并对违反规定的市场主体加以有力制裁，其专业性更强、更为及时、更有威慑力；二是法院作为国家政法体系的组成部分之一，对社会公共利益、金融安全等政治话语保持积极的追随，司法裁判结果也往往追求一定的社会效果；[18] 三是监管规章可为司法的自由裁量提

---

[14] 李建伟：《行政规章影响商事合同效力的司法进路》，载《法学》2019 年第 9 期，第 184 页。
[15] 鲁篱：《论金融司法与金融监管协同治理机制》，载《中国法学》2021 年第 2 期，第 191 页。
[16] 陈秋竹：《金融监管规则介入司法裁判的合理性及其限度——基于穿透式监管对商事合同效力认定的影响》，载《南方金融》2021 年第 3 期，第 81 页。
[17] （2017）最高法民终 529 号。
[18] 黄韬：《"金融安全"的司法表达》，载《法学家》2020 年第 4 期，第 72 页。

供说理依据，在一定程度上提高司法效率。[19]

2. 适用理念不明确造成的刚性兑付司法裁判之乱

当前金融司法监管化的趋势越来越明显，金融监管规则在合同效力评判中的分量也愈来愈重，但同时，司法和监管边界模糊的弊端也日益突出，其中最明显的两个问题即为金融司法监管化标准的界定问题以及"穿透式审查"与商事外观主义的冲突问题。

金融司法与金融监管属于两种完全不同的治理机制，金融监管偏重对市场秩序的维护、对广大投资者权益的保护等，而金融司法基于法律思维，处于中立地位，强调对案件进行公正审理。因此，法院在裁判时需把握好二者之间的进退关系。

司法面临的另一个问题就是"穿透式审查"与商事外观主义的冲突。"穿透式审查"起源于穿透式监管，穿透式监管旨在拆分具体的金融活动以评判其背后商事行为的私法逻辑。[20]"穿透式审查"是指法院在面对复杂的金融交易和金融关系时，逆向地对合同交易目的进行考察，以识别真实的法律关系。这与商事外观主义是截然不同的路径与理念，后者强调通过权利人行为所表现的外观认定法律关系，对其背后的目的不做过多考察，法院尊重合同的文义解释，并根据合同文本本身的解释适用法律。这两种不同的司法理念的适用，也是导致金融司法领域"类案不同判"现象的因素之一。

针对资管业务刚性兑付问题，在金融司法监管化的趋势下，法院吸纳《资管新规》《九民纪要》等监管规则的意旨，多数资管争议案例中的刚兑条款被判定为无效。虽然存在上述趋势，但司法实践中对于合同效力评价的依据依然有不一致的看法，针对资产管理业务刚性兑付问题，法院对于如何适用金融监管规则判定合同效力的态度和尺度也不一，法官自由裁量权的不确定性造成了实践中刚兑条款效力裁判结果的混乱。

例如，有法院认为，资产管理业务中的保底协议是各方为规避法律法规的

---

[19] 吴冬兴：《论部门规章在商法中的价值补充功能及其规范实现——从"合同违反部门规章无效"的司法认定切入》，载《法律方法》2021年第1期，第299页。

[20] 邓纲、吴英霞：《穿透式监管如何嵌入合同治理——以"天策公司和伟杰公司股权代持纠纷一案"为例》，载《安徽大学学报（哲学社会科学版）》2019年第3期，第111页。

监管而作出的约定,违反了市场基本规律、不利于金融市场的风险防范,应属无效。[21] 也有法院认为,基金合同中的保底条款属于当事人意思自治范畴,不违反法律、行政法规的强制性规定,不影响合同效力。[22] 甚至有法院不对相关金融行为对金融市场产生危害影响进行论证,简单、线性地将违反金融监管规章视同于违背公序良俗。究其根本,还是金融监管规则如何对合同效力产生影响、公序良俗如何在刚性兑付的司法过程中被审查这些问题未得到解答。

三、资管业务中刚性兑付的规制思路

"刚性兑付"一词最早起源于信托行业,因信托非标及类似资管业务的盛行而蔓延传播。可将按时间顺序,对刚性兑付的规制思路进行回溯。

(一)阶段一:默许

我国《信托法》于2001年颁布,其中的第34条明确了受托人的责任范围,规定受托人需以信托财产为限,向受益人承担支付信托利益的义务。同时,第22条赋予了委托人在受托人违反信托目的处分信托财产或者因管理职责的违背、处理信托事务的不当而使信托财产受损时的法律救济权利。具体来说,委托人可以申请人民法院撤销受托人的不当处分行为,并有权要求受托人恢复信托财产的原状或者提供相应的赔偿。[23] 总体上,信托法不认可受托人在无过错的情况下,以自有资产赔付;但在受托人有过错的情况下,委托人可以要求其赔偿,赔偿额度与其过错程度相匹配,不被认为是刚性兑付。

2004年,银监会下发91号文,即《关于进一步规范集合资金信托业务有关问题的通知》。发文时期,信托公司大量存在期限错配、滚动发行的运作方式,一旦停止新办集合资金业务,就很可能导致资金链崩溃,因此保兑付成为

---

[21] (2020)苏01民终6867号。

[22] (2020)鲁02民终7483号。

[23]《信托法》第34条规定:"受托人以信托财产为限向受益人承担支付信托利益的义务。"第22条第1款规定:"受托人违反信托目的处分信托财产或者因违背管理职责、处理信托事务不当致使信托财产受到损失的,委托人有权申请人民法院撤销该处分行为,并有权要求受托人恢复信托财产的原状或者予以赔偿;该信托财产的受让人明知是违反信托目的而接受该财产的,应当予以返还或者予以赔偿。"

信托公司的头等大事，刚性兑付成为信托公司、投资者普遍接受的潜规则。[24] 监管部门的初衷是让成长初期的信托行业快速发展，然而该条款过度偏向受益人权益保护，在一定程度上偏离了信托法的本意。意识到这一问题后，监管部门于2007年废止了91号文，但此时投资者的"刚兑预期"已经形成，一旦信托产品不能按约定兑付，则向信托公司施予信访、舆情压力，信托公司从声誉出发也偏向于刚性兑付息事宁人。由于信托产品流动性差、投资起点高，信托公司需要保持良好声誉才能持续吸引更多投资者，确保后续产品成功发行，以有足够的动力进行刚兑。

由于资本的趋利性，在信托产品承诺刚性兑付后，其他各类资产管理业务活动中也积极履行刚性兑付或在相关法律文本中嵌入保底条款，比如一度盛行的银行保本型理财产品，多承诺由银行等金融机构对发行的理财产品本金的偿付兜底。在券商、基金专户乃至债券领域，也纷纷出现刚性兑付现象。

(二) 阶段二：原则禁止

2007年，监管文件开始禁止刚性兑付行为。2007年颁布的《信托公司管理办法》第34条和2009年颁布的《信托公司集合资金信托计划管理办法》第8条，都明确了对信托公司的业务操作和推介行为的限制。这些规定禁止信托公司在开展信托业务或推介信托计划时，承诺信托财产不受损失或保证最低收益。[25]

2018年，中国证监会颁布了《证券期货经营机构私募资产管理业务管理办法》，其中第4条指出，证券期货经营机构禁止以任何方式向投资者承诺本金不受损失或者承诺最低收益。此外，该条款还强调了投资者在参与资产管理计划时应遵循的原则，即投资者应当根据自身的风险承受能力审慎作出投资决

---

[24]《关于进一步规范集合资金信托业务有关问题的通知》第17条规定，信托投资公司出现集合信托计划到期结束时无法按信托合同的约定向信托受益人交付信托财产情形的，其注册地银监局应当在获知该情形发生之日起，即刻要求该公司停止办理新的集合资金信托业务，并要求其提交风险处置预案。

[25]《信托公司管理办法》第34条规定，信托公司开展信托业务，不得承诺信托财产不受损失或者保证最低收益。《信托公司集合资金信托计划管理办法》第8条中规定，信托公司推介信托计划时，不得以任何方式承诺信托资金不受损失，或者以任何方式承诺信托资金的最低收益。

策,并独立承担投资风险。[26] 其间监管的态度是明确的,但并未遏制刚性兑付之风,究其原因主要有二:其一,对刚性兑付没有作界定,执法时难以判定何种行为属于刚性兑付;其二,没有明确对刚性兑付行为的处罚。

(三)阶段三:严管

2018年,人民银行、银保监会、证监会、外汇局联合下发《资管新规》,这一文件被视为资管行业的重要里程碑。《资管新规》首次对刚性兑付的概念进行了明确的界定,并规定了相应的惩处措施。

《资管新规》第19条对刚性兑付行为进行了罗列式界定,其要点有三。第一,刚性兑付的界定不仅基于"是否真实公允地确定净值",还包括资金资产是否一一对应,因此,将滚动发行也纳入了刚性兑付的范畴。这意味着,即使资产管理产品在表面上遵守了净值公允确定的原则,但如果存在资金和资产的错配,或者通过滚动发行等方式在不同投资者之间转移本金、收益和风险,这些行为也会被视为刚性兑付。第二,之前的政策主要关注"事前刚兑承诺",即要求发行人在推介产品时不得承诺保本、保收益,而《资管新规》的覆盖范围更广,包括了"事后刚兑承诺"的场景。这意味着,即使在产品已经出现风险的情况下,也不允许发行人或管理人以任何形式承诺偿付,从而加强了对此类行为的监管。第三,前期政策默认刚性兑付的主体是资管产品发行人,然而,《资管新规》将"委托其他机构代为偿付"也纳入了刚性兑付的范畴。这意味着,即使发行人没有直接进行刚性兑付,但如果其通过委托其他机构代为偿付,这种行为同样被视为刚性兑付,从而使得监管更加全面和严格。由此可见,《资管新规》对刚性兑付行为的界定,较此前市场的认知有较大扩展,堵住了很多"曲线救国"的漏洞。[27] 第19条对刚性兑付的惩处措施进行了明确规定。一是对于存款类金融机构实施的刚性兑付,将被视为利用具有存款特性的资产管理产品进行监管套利。对此,国务院银行保险监督管理机构和中国人民银行将按照存款业务的标准进行规范,要求其足额补缴存款准备金和

---

[26] 2018年《证券期货经营机构私募资产管理业务管理办法》第4条规定:"证券期货经营机构不得在表内从事私募资产管理业务,不得以任何方式向投资者承诺本金不受损失或者承诺最低收益。投资者参与资产管理计划,应当根据自身能力审慎决策,独立承担投资风险。"

[27] 卜振兴:《资管新规的要点分析与影响前瞻》,载《南方金融》2018年第6期,第69页。

存款保险保费，并对其施以行政处罚。二是非存款类持牌金融机构若实施刚性兑付，将被认定为违规经营。金融监督管理部门和中国人民银行将依法对其进行纠正，并实施相应的处罚措施。此外，对外部审计机构提出了举报要求，对其他单位和个人提出了举报奖励。

尽管2007年至2018年，监管部门发布的一系列文件均禁止刚性兑付，《资管新规》更是提供了清晰的概念界定和惩处操作，但司法实践层面就刚兑承诺的效力问题仍有争议。有观点认为，《信托法》第34条关于"受托人以信托财产为限向受益人承担支付信托利益的义务"的规定并非效力性强制性规定，"以信托财产为限"并未禁止受托人用固有资金来偿付；而监管部门禁止刚性兑付的文件均属行政规章，不能作为认定合同效力的依据。[28] 实际上，在《九民纪要》印发之前，法院对产品管理人所作的保底或刚兑条款仍倾向于认定有效，虽然有些法院认为保底条款因违反了民法公平原则而无效，或者认为存在保底即构成借贷关系，但在法律、行政法规层面并无其他关于管理人提供保底安排效力问题的规定，因此法院倾向于认定有效。

2019年《九民纪要》对刚性兑付承诺的效力问题从司法角度作出了明确回应。纪要指出，信托公司、商业银行等金融机构在作为资产管理产品的受托人与受益人订立的合同中，如果包含保证本息固定回报、保证本金不受损失等保底或刚兑条款，人民法院将认定这些条款无效。如果受益人因这些无效条款遭受损失，并请求受托人承担与其过错相适应的赔偿责任，人民法院应依法予以支持。[29] 纪要还补充说明，实践中，保底或刚兑条款通常不在资产管理产品合同中明确约定，而是以"抽屉协议"或其他方式约定。无论这些条款的形式如何，只要它们实质上构成了刚性兑付承诺，人民法院就都应认定其为无效。

最高人民法院认同"刚兑承诺无效"的依据有二：一是刚性兑付打破了

---

[28] 马荣伟：《信托抑或融资：结构化信托法律关系性质的认定——以郝茹莎与万向信托案为切入点》，载《法律适用（司法案例）》2019年第4期，第15页。

[29]《九民纪要》第92条中规定："信托公司、商业银行等金融机构作为资产管理产品的受托人与受益人订立的含有保证本息固定回报、保证本金不受损失等保底或者刚兑条款的合同，人民法院应当认定该条款无效。受益人请求受托人对其损失承担与其过错相适应的赔偿责任的，人民法院依法予以支持。"

受托人固有财产与信托财产之间的隔离状态，违反了信托财产独立原则；二是从法益衡量的角度，认为刚性兑付使风险集中在金融体系内部，个别机构的风险可能引发系统性风险，且不利于资源配置和直接融资服务实体经济。[30] 与《资管新规》相比，《九民纪要》对刚性兑付的界定较窄，首先是刚兑主体被明确为"信托公司、商业银行等金融机构"，没有把受委托第三方纳入其中；其次是基于合同和"抽屉协议"来判定，没有把"滚动发行"的情形纳入其中。

可见，监管和司法机关对刚兑承诺效力的认识尚未完全统一，体现在对刚兑承诺的主体、承诺时间（风险暴露前后）和刚兑方式的认定不一。

（四）域外监管思路借鉴

国内"打破刚性兑付"的监管思路有其时代背景的推动，具备一定中国特色。域外对于资产管理产品刚性兑付的监管方式或许可帮助我们形成一套统一的刚性兑付认定及规制思路。

例如，在我国台湾地区，2000年以前曾明确允许信托公司在获得"财政部"许可的情况下实施刚性兑付。然而，随着"信托业法"的颁布，这一制度被废止。具体而言，我国台湾地区关于信托业务刚性兑付的规定主要反映在当时的"信托公司管理规则"第22条中，该条款允许信托公司在信托合同中约定由信托公司对本金和收益进行兜底，但兜底收益率的确定需经"财政部"审核。[31]

日本的贷款信托产品在其历史进程中，显著推动了日本信托银行业务的蓬勃发展，对日本经济的整体增长起到了不可或缺的推动作用。值得注意的是，日本的贷款信托产品允许信托银行作出刚性兑付承诺。[32] 日本的商事信托法草案中包含了关于商事领域信托产品的保本约定的规定，根据这一草案，在商事信托中，信托公司可以承诺在特定条件下，如果信托产品未能达到预期的收益水平或遭受损失，将使用自有资金或其他方式为投资者提供补偿，以保证投

---

[30] 最高人民法院民事审判第二庭编著：《〈全国法院民商事审判工作会议纪要〉理解与适用》，人民法院出版社2019年版，第297—300页。

[31] 杨崇森：《信托与投资》，正中书局1983年版，第103页。

[32] ［日］神田秀街、［日］折原诚：《信托法讲义》，弘文堂2014年版，第254页。

资者的本金安全和收益保障。[33] 该草案中的内容在后续 2005 年日本《信托法》修改时基本都被采纳。

英国的职业养老金分为待遇确定型计划和缴费确定型计划两类。在法律结构的层面上，待遇确定型养老金计划均采取信托型结构，当运营此类养老金计划的企业陷入破产时，养老金的支付责任将由养老金监管局监管的养老金保护基金承担，确保养老金的连续性与安全性。

在美国，尽管信托法并未明确禁止信托公司进行刚性兑付，但也没有明确规定支持这种做法。然而，在实际操作中，美国企业的年金信托产品中确实存在信托本金的填补设计。这种设计在功能上类似于我国信托行业的刚性兑付，即对信托投资本金进行补偿，以保障投资者的利益。[34]

四、刚性兑付司法裁判观点的梳理

（一）刚性兑付无效依据的探讨

禁止刚性兑付行为，并不能直接得出刚性兑付行为无效的结论。民法应当充分尊重当事人的意思自治，如果不能找到认定刚性兑付行为无效的法律渊源，则不应认定刚性兑付行为无效。根据我国《民法典》的规定，法律行为无效的原因包括：虚假的意思表示；违反法律、行政法规的强制性规定；违反公序良俗或社会公共利益等。可从上述要素入手，探讨司法认定刚性兑付无效的法律依据。

1. 刚性兑付行为与意思自治的界限

资产管理合同，作为合同的一种，其中的"刚性兑付"条款被视为资产管理人与投资者之间真实意愿的体现，这充分展现了合同双方的意思自治原则。从私法自治的角度出发，资产管理公司发布的包含"刚性兑付"意图的合同被视为一种要约。一旦投资者接受这一要约并作出承诺，合同即告成立。资管公司采取这种策略，主要是出于吸引资金的目的。通过将盈利动机与投资

---

[33] 商事信託法研究会『商事信託の研究——商事信託法要綱およびその説明』（有斐閣，2001 年）52 頁。

[34] Johnathan Barry Forman, *Public pensions: choosing between defined benefit and defined contribution plans*, 1999 Law Review of Michigan State University Detroit College of Law (1999), p. 194.

者的利益紧密地结合在一起，"刚性兑付"成为资管公司与投资者之间合作的关键纽带。这也是"刚性兑付"条款最显著的特点之一。投资者选择参与此类产品，是在充分权衡了利益和价值之后作出的决策。这意味着，合同中的"刚性兑付"条款是基于双方各自利益的考量而达成的合意，属于合同双方意思自治的范畴。

有观点认为，只要法律没有明文禁止，此类保底条款及"刚性兑付"承诺就应被允许存在。这体现了对合同双方意思表示的尊重，也符合私法自治的基本原则。因此，在资产管理合同中，"刚性兑付"条款不仅代表了双方的真实意愿，而且在一定程度上体现了法律的灵活性和对合同自由的尊重。[35]

2. 刚兑条款是否违反法律、行政法规的强制性规定

《民法典》第153条明确了民事行为效力认定的两种路径："违法无效"和"背俗无效"。[36] 其中，"违法无效"是指违反强制性规定的民事行为无效，但这种强制性规定仅限于法律和行政法规这一层级。

由此来看，想要通过"违反法律、行政法规的强制性规定"这条路径论证刚性兑付的无效性，需找到刚性兑付不符合法律、行政法规中的规定之处。其中讨论较多的是《信托法》第34条。《资管新规》规定私募资管产品均依据信托法律关系设立，私募资管产品可以按照"营业信托"来进行监管，需遵守《信托法》的相关规定。基于此，有观点认为资管产品的刚性兑付行为违反了"受托人以信托财产为限向受益人承担支付信托利益的义务"的规定，以此认为刚性兑付违反了《信托法》。本文认为，即使刚性兑付违反了《信托法》第34条，也需要论证该条是否属于强制性规定。有学者认为，《信托法》允许当事人约定受托人因过失造成信托财产损失的，不必以受托人固有财产为限向受益人兑付利益，既然受托人的支付义务可以自由约定，那么"以信托财产为限"相关的规定就不应解释为强制性规范。[37]

然而，对于法律、行政法规之外的规范性文件，如规章，与合同效力之间的关系，当前也存在理论争议。有观点认为，法源位阶的存在是为了防止公法

---

[35] 周小明：《信托制度：法理与实务》，中国法制出版社2012年版，第442页。
[36] 汪君：《违反规章之合同效力认定》，载《荆楚法学》2023年第1期，第19页。
[37] 吴至诚：《保底信托效力认定的类型化》，载《法学研究》2022年第6期，第129页。

过度干预私法自治，确保法律的公正性和合理性，法律、行政法规之外的规范性文件不应影响合同效力。[38] 但也有观点认为，法源位阶的限制促使法官向一般条款逃逸，应该突破强制性规定的法源位阶桎梏，使法律更加灵活和适应社会的发展。[39] 这两种观点的争议从原《合同法》时期就开始存在，到了《民法典》时期，合同效力认定的法源位阶规定与原《合同法》并无区别，相关争议更是愈演愈烈。与学术界的争议不同，最高人民法院对规范性文件影响合同效力问题的态度已经出现明确的转变，原《合同法》时期，认定合同无效的依据应为法律、行政法规，地方性法规、行政规章不得成为依据；[40]《九民纪要》及最高人民法院对其的解释指出，规章内容涉及公序良俗的，可以作为合同无效的依据，在评估合同效力时，法院需全方位、多角度地审慎判断规章是否涉及公序良俗。

综上所述，以本条路径判定刚性兑付行为无效，不仅需要识别出其违反法律、行政法规之处，而且需要充分论证相关规定属于影响合同效力的强制性规定，这一点在实践中并非容易做到。但在《九民纪要》颁布后，最高人民法院并未完全排除金融监管规章等规范性文件在合同效力判断中的适用，并提出以公序良俗作为规章等规范性文件的衡量标准。

3. 刚兑条款与公序良俗

强制性规定和公序良俗是资产管理业务中"刚性兑付"行为的常见反对理由。强制性规定指的是不能由当事人约定的必要规定；而公序良俗涵盖公共秩序和善良风俗。公序良俗作为社会的基本道德准则，其重要性不言而喻。它不仅起到填补法律漏洞的作用，还在一定程度上补充了法律的价值，特别是在低阶规范性文件中，公序良俗更是体现了社会公共利益的核心价值。《民法典》通过对公序良俗的规定，补充了民法的强制性规定之不足，使法律体系更加完善。值得注意的是，这一观点得到了最高人民法院的认可。在（2017）

---

[38] 王利明：《论无效合同的判断标准》，载《法律适用》第2012年第7期，第3页。
[39] 谢鸿飞：《论法律行为生效的"适法规范"——公法对法律行为效力的影响及其限度》，载《中国社会科学》2007年第6期，第136页。
[40]《最高人民法院关于适用〈中华人民共和国合同法〉若干问题的解释（一）》第4条规定："合同法实施以后，人民法院确认合同无效，应当以全国人大及其常委会制定的法律和国务院制定的行政法规为依据，不得以地方性法规、行政规章为依据。"

最高法民终 529 号案中，最高人民法院明确支持了公序良俗在资产管理业务中的重要地位，进一步强调了其在维护社会公共利益和保障法律实施方面的重要作用。

（1）金融监管借用公序良俗通道影响刚兑条款效力

《资管新规》等金融监管规章确立了刚兑无效的原则。2019 年，最高人民法院发布《九民纪要》，其中第 31 条明确规定了当规章的内容涉及金融安全、市场秩序、国家宏观政策等公序良俗时，应当认定合同无效。这一规定与《民法典》第 153 条之规定相通，即当合同违反规章且这种违反涉及公序良俗时，可以借助违背公序良俗的理由来否定该合同的效力。

在司法实践中，金融监管规章构成合同效力判定依据的路径主要有两种：一是"提升"相关金融监管规章的位阶和效力，将金融监管规章解释为更高位阶的法律、行政法规的授权立法，获得与上位法相同的法律效力，进而可直接作为合同效力判定的依据；二是借助"公序良俗"的通道，即将违反相关金融监管规章的行为视作侵害金融安全、社会公共利益、违反公序良俗等，进而判定合同无效。[41]

公序良俗、公共利益的含义模糊不清、难以条分缕析，为实践中司法引入规章等金融监管规则作为裁判依据设立了便利条件，具体论证过程为，金融监管规则中的相应条款是为社会公共利益而设置，违反相关规定即构成与公序良俗之间的忤逆，据此认定合同无效。例如，在某私募基金合同纠纷中，法院认为，基金管理人的股东为基金本金及利息提供保证及差额补足承诺，本质上属于规避监管规定的行为，破坏资本市场的合理格局，不利于金融市场风险防范，有损社会公共利益，故认定相关承诺无效。[42] 常见的其他论证理由还包括"损害金融安全""可能引发系统性金融风险"等。

（2）刚性兑付行为违反公序良俗的主要场景

中国人民银行就《资管新规》回应记者提问时，深入剖析了刚性兑付的三大主要危害。首先，刚性兑付无法有效化解风险，反而可能加剧金融系统的

---

[41] 张阳：《金融司法监管化的边界约束》，载《清华法学》2023 年第 2 期，第 130—132 页。
[42] （2022）沪 74 民终 1674 号。

脆弱性，甚至引发全面崩溃。这是因为刚性兑付使得金融机构和投资者在面临风险时缺乏必要的风险意识和风险管理措施，导致风险不断累积并最终爆发。

其次，刚性兑付会导致投资者和金融机构过度追求高风险、高收益产品，从而忽视低风险、低收益产品。这种扭曲的投资行为不仅会增加市场的波动性，还可能引发道德风险。在刚性兑付的庇护下，投资者和金融机构可能会放松对风险的警惕，盲目追求高收益，忽视底层资产的真实风险和收益。这不仅会损害市场的公平性和稳定性，还可能加剧金融市场的波动性和脆弱性。

最后，刚性兑付会扰乱资产管理产品的定价机制，破坏公平的市场秩序。在刚性兑付的影响下，资产管理产品的定价不再基于底层资产的真实风险和收益，而是基于资产管理人的偿债能力和预期收益。这种定价方式不仅扭曲了市场信号，还使得资产管理产品变相成为储蓄业务，失去了其应有的投资属性。这不仅会损害市场的公平性和有效性，还可能引发一系列连锁反应，加剧系统性金融风险。

综上所述，刚性兑付违反了金融安全和市场秩序的公序良俗。在金融安全方面，刚性兑付可能引发金融机构的连锁违约和债务危机，进而加剧系统性金融风险。对于市场秩序，刚性兑付使得资产管理产品的定价机制失去公平性和有效性，破坏了市场的公平性和稳定性。此外，刚性兑付还可能加剧投资者和金融机构的道德风险，损害市场秩序的公平性。因此，加强对刚性兑付的监管和改革是维护金融安全和市场秩序的重要举措。[43]

需要指出的是，在判定刚兑条款效力时，需避免公序良俗的概念被泛化或简单化使用。虽然刚性兑付存在以上可能违反公序良俗的情形，但并非所有表面上符合"刚性兑付"样态的行为都必然违反公序良俗。换句话说，违反金融监管规章的行为与公序良俗之间的比照需结合具体情况详细论证，避免公序良俗成为司法裁判投机取巧的工具。[44] 商事活动中金融合同的效力是至关重要的，意思自治、契约自由是现代市场经济有效运行的根基。虽然完全的契约

---

[43] 崔兵、何彦霖、邱少春：《有序打破刚性兑付：基于投资者软预算约束理论》，载《南方金融》2018年第5期，第5页。

[44] 李学尧、刘庄：《矫饰的技术：司法说理与判决中的偏见》，载《中国法律评论》2022年第2期，第95页。

自由不可取，但也应尽力避免公序良俗原则的滥用以及民商事私法的架空，合理把握公法介入私法的动态平衡。

（二）刚性兑付效力的影响因素

从民法理论视角分析，刚性兑付行为本身属于商事活动中的契约自由范畴；目前约束刚兑条款的金融监管规定效力层级均不属于法律、行政法规，其效力位阶决定了无法通过《民法典》第153条来判定合同无效。实践中，金融监管规定介入刚性兑付司法裁判的路径多为借助"公序良俗"通道，以危害金融秩序、损害金融安全为由论证刚性兑付损害公共利益，进而判定其无效。在公序良俗价值的兜底下，原本未在法律所规定的位阶范围内的金融监管规则成为刚性兑付效力判定的准据，进一步制约了私权自由。在公序良俗的技术路径下，影响刚性兑付认定及其效力的司法裁量因素可以归纳为以下几类。

1. 作出刚兑承诺的主体

广义上可以进行刚兑的主体有三类：第一类是资管产品的发行人和管理人；第二类是发行人或管理人的实控人、股东、关联方以及其他第三方；第三类是结构化产品中的劣后级投资者，要么根据合同约定由劣后级投资者先承担亏损，要么在合约外与劣后级投资者签署差额补足协议，从而可以被认为是一种刚性兑付。[45]

对于第一类主体在合同中的刚兑承诺，无论是《资管新规》还是《九民纪要》，都认定条款无效；对于第三类主体，金融监管规定均未提及，而《九民纪要》对劣后级投资者承担亏损表示明确支持。《九民纪要》指出，信托文件及相关合同将受益人分为优先级和劣后级的，优先级受益人通过其财产购买信托计划份额，信托到期后，若优先级受益人的收益未达预期，劣后级受益人需承担差额补足义务，且法院将依法支持优先级受益人要求劣后级受益人按约定承担责任的诉求。[46] 综上，这两类主体的刚兑承诺效力较为清晰。

---

[45] 朱晓喆：《增信措施担保化的反思与重构——基于我国司法裁判的实证研究》，载《现代法学》2022年第2期，第137页。

[46]《九民纪要》第90条规定，信托文件及相关合同将受益人区分为优先级受益人和劣后级受益人等不同类别，约定优先级受益人以其财产认购信托计划份额，在信托到期后，劣后级受益人负有对优先级受益人从信托财产获得利益与其投资本金及约定收益之间的差额承担补足义务，优先级受益人请求劣后级受益人按照约定承担责任的，人民法院依法予以支持。

对于第二类主体，即产品发行人和管理人的实控人、股东、关联方以及其他第三方的刚兑承诺，《九民纪要》未作明确规定，目前司法实践中存在类案不同判情形。部分法院认定管理人的股东、实际控制人、关联公司提供的刚兑承诺有效，如在（2020）浙01民终9807号案中，一审法院认定，基金管理人的关联公司、实际控制人共同出具承诺函，为A类份额投资者出具回购承诺，上述合同关系未违反有关法律禁止性规定，应认定为合法有效，对双方均有法律约束力。二审法院对此予以维持。在（2023）沪74民终1318号案中，投资人与基金管理人签订基金合同后，又与融资方（非金融机构）签订抵押担保合同，法院认为投资人与融资方签署抵押合同的意思表示真实有效，双方当事人之间依据案涉抵押担保协议书所确立的抵押合同法律关系并未违反法律法规的规定，且已依法办理了抵押登记手续，故上述抵押合同法律关系依法成立并合法有效；基金管理人并未出具刚兑承诺，第三方或融资方与投资人签署抵押担保协议书的行为与基金管理人无关，也不属于刚性兑付。

但也有法院认为，管理人的控股股东提供的保本、保收益承诺无效，如在（2022）沪74民终1674号案中，法院认为，基金管理人控股股东对案涉基金本金及收益作出承担不可撤销连带责任担保，属于基金管理人密切关联利益主体作出刚性兑付承诺的情形。控股股东与基金管理人事实上属于利益共同体，控股股东为投资人本息兑付提供保证及差额补足的承诺属于保本、保收益，其本质上是有意规避监管，属于刚性兑付，其违背私募基金"利益共享、风险共担"的基本原则，扰乱资本市场内在秩序，不利于防范金融市场风险，损害了社会公共利益，因此应当被认定为无效。

在（2019）沪74民初601号案中，上海金融法院指出，应区分"刚兑承诺主体"是由监管对象作出的还是由非监管对象作出的。如果是前者，则可能构成无效刚兑；如果是后者，则不存在构成无效刚兑的可能。在实务中，有法院以"投资人是否知晓股东、实控人的身份"作为判断依据，如果投资人知道股东、实控人的真实身份，将之视为发行人和管理人的"利益共同体"，则较可能判定刚性兑付承诺无效。

本文认为，目前司法实践中的部分做法有不完善之处，如以"投资人是否知晓股东、实控人的身份"作为判断"股东、实控人"是否构成管理人

"利益共同体"的理论在实践中显然较难落实，投资人是否"知晓"这一主观事实本身就较难举证证明，且资产管理人属于金融机构，其股东、实控人等身份信息在公开渠道均可查询，透明度极高。本文认为，管理人的股东、实控人、关联方应被当然视为管理人的"利益共同体"。若刚性兑付的主体是受委托的金融机构、资产管理人的股东、实控人、关联方，则面向投资者的兑付行为是基于资产管理人的协议，该行为依然会将偿付风险累积在金融系统，因此，此类操作仍应被视为无效。若刚性兑付的主体是非金融机构或与资产管理人无关的第三方（如融资方），则相关偿付风险在金融系统之外，且属于自愿行为，不应构成保本、保收益的刚性兑付，应为有效。

2. 作出刚兑承诺的时点

司法实践中，一般对于风险暴露前发行人和管理人所作的刚兑承诺，包括合同签订时、产品存续期间，法院都倾向于认定为无效。如在（2019）粤01民终23878号案中，投资人与基金管理人签订投资合同后，又签订一份补充协议，约定若产品到期时净值在1.0以下，则由管理人负责给投资人补足至1.0。广州市中级人民法院裁决，尽管案涉补充协议是在投资者购买相关理财基金之后订立的，但它依然构成了当事人之间对于理财行为所约定的受托人保障委托人本金不受损失的一项保底条款，这种条款应当被认为是无效的。

但在资管产品已经出现风险，面临终止、清算时，资管产品管理人"事后"向投资人承诺还本付息的，则不一定会被认定为"无效刚兑"。例如在（2021）沪02民终3211号案中肯定了在投资期限届满后，管理人承诺向委托人支付投资本息的协议效力。又如在（2023）京74民终321号案中，法院认为，贾某向李某转账系当时为解决以李某名义投资的嘉禾8号优先级基金到期不能兑付问题而达成的协商解决方案，这一兑付的意思和行为都是在案涉基金到期不能清算的情况下产生和进行的，并非在案涉基金成立时所订立的保证本息或固定回报的条款，因而不符合《九民纪要》关于保底或刚兑无效的情形。

值得注意的是，《资管新规》对出现风险后的兑付承诺持否定态度，与司法实践不完全一致。有观点认为，如果受托人存在明显过错，此时事后刚兑应该有效，原因是当受托人存在过错时，有义务填补受益人的损失，这属于民事责任的主动履行，有利于维护资管市场秩序，督促受托人认真履行信义义务。

不过受托人的过错通常难以明确，也难以量化到具体的损失金额，实践中并不容易落地。

（1）"事后刚兑"有效的裁判理由

司法实践中，认可"事后刚兑"效力的裁判理由主要包括如下几点。

第一，法律仅禁止受托人在设立初期作出的吸引投资者的刚兑承诺，"事后损失赔偿的自主承担"不在此列。（2021）京民终399号案件认为，禁止刚性兑付承诺规制的应当是资管计划、信托计划等金融产品在设立之初为了吸引投资者所作的承诺。案涉资管计划成立时，资管计划管理人及投资顾问均未对投资者承诺保底保收益，即未以保底、保收益承诺的方式提高产品吸引力。资管计划已经运行甚至临近清算，管理人在此时作出承诺实际是对事后风险的自行承担，并不会产生"抬高无风险收益率水平、干扰资金价格，影响发挥市场在资源配置中的决定性作用、弱化了市场纪律、导致投资者冒险投机"的效果，实际上只是管理人就可能发生的损失作出由其承担的承诺，是管理人自行设定的付款义务，是其自愿单方行为。

第二，双方当事人就合同到期后相关款项的支付或补偿事项达成新协议，合法有效。（2021）最高法民申7307号案件认为，当事人双方签订了信托合同，信托计划期限为2017年10月27日至2018年10月29日。该信托计划到期后，双方又签订了补充协议，既约定了受托人向投资者支付已到期的信托收益，又约定了延长信托计划期限至2019年6月28日，并分期偿还委托资产本金和相应的预期收益以及逾期支付的违约责任。因此，二审判决认定补充协议是原信托合同到期后双方就合同相关款项的支付等事项达成的新的协议，并无不当。补充协议系双方当事人真实的意思表示，内容未违反法律、行政法规的强制性规定，应为合法有效。

（2021）沪74民终545号案件判定，刚性兑付协议是金融机构在合同缔结时向投资者承诺固定回报的协议。本案中，回购协议是在基金赎回阶段由双方签署，非合同缔结阶段。根据回购协议内容，当被上诉人无法实现投资目标时，上诉人与被上诉人已就补偿事项达成共识，该协议合法有效。

第三，产品已发生亏损、产品已临近到期，管理人事后弥补投资人损失不会扰乱市场秩序。在（2021）京民终399号案件中，法院认为，案涉承诺函出具时间是在产品到期的当日，是对事后风险发生的后果承担的承诺，并不会产生"抬高无风险收益率水平、干扰资金价格，影响发挥市场在资源配置中的决定性作用、弱化了市场纪律、导致投资者冒险投机"的效果。

在（2020）京03民终5181号案件中，法院认为，案涉基金在清盘之前已经发生亏损，双方基于该情况就签订还款协议进行了协商，还款协议是基于出现亏损这一事实而签订，双方在签订还款协议时已对案涉基金发生亏损的情况予以知晓。故还款协议系双方真实意思表示，并不存在违反法律、行政法规的强制性规定的情形，应属合法有效。该案中，产品投向的股票因触发止损线而清盘，损失已经确定，还款协议也签订在产品进入清盘程序后。

综上所述，以上支持"事后刚兑"有效案例的共性事实是：产品已经发生风险，投资人已经发生损失，之后管理人才作出弥补投资人损失的承诺。该行为被法院区别于投资阶段的刚性兑付承诺从而认可效力。

（2）"事后刚兑"无效的裁判理由

认为"事后刚兑"无效的裁判理由主要包括以下几点。

第一，在购买理财后签订保底条款，会影响投资机构的存续性及其管理能力，亦会造成实质不公，与"事前刚兑"无异。（2019）粤01民终23878号案件指出，即便补充协议是在投资者购买案涉理财基金后签订，其依然属于当事人对委托理财行为所设定的保底条款，该条款应视为无效。尽管财大公司并非证券公司，但同样具备投资机构的资质。在财大公司管理多个理财产品的情况下，若认可案涉理财产品的保底条款有效，将可能对投资机构的存续性及其管理的其他理财产品的投资本金、利润产生重大影响，进而损害其他投资者的本金和利润回收权益，也会造成实质上的不公平。

第二，监管意见认为"投资期限内签订的信托受益权转让"构成刚兑，法院直接采纳。在（2020）湘民终1598号案件中，湖南省高级人民法院根据上海银保监局的函件认定，双方通过签订信托受益权转让协议等保证本金收益不受损失，属于违规刚性兑付。上海银保监局作为金融规范、监督管理的专业行政机构及信托公司主管部门，有权认定并处罚金融机构的违法违规行为。因此，案涉转让协议应被认定为违规刚性兑付行为。

根据上述案例，认为"事后刚兑"无效案例的共性事实是：在保底承诺发生在投资后、产品到期前（发生亏损前），法院认为该阶段作出的保底承诺无异于投资前的保底承诺，甚至是为规避事前刚兑无效的法律规定，而故意人为控制保底承诺作出的时间，因此应否定该行为的效力。

如上文所言，司法实践以及学理观点对于"事后刚兑"的效力存在争议。有观点认为，在《九民纪要》所规定的框架内，若某种情况确实符合信托法律关系的构成要件，那么无论刚兑条款以何种形式呈现，均应被视为无效。至于合同整体是否无效的问题，则需全面考量缔约的整个过程。鉴于实践中刚兑条款的订立时间可能受到当事人主观操控的影响，倾向于不认可事后刚兑的有效性。司法实践中揭示，某些资管产品存在变相实施刚兑的现象，例如通过资产管理公司转让债权并随后委托清收的方式，这实质上仍是刚性兑付的一种表现形式。因此，在判断合同效力及刚兑条款的有效性时，应充分考虑其实际操作与信托法律关系的契合度以及是否存在规避法律监管的嫌疑。

本文认为，对于符合"投资后＋过错赔偿"模式的"事后刚兑"，应当予以支持。也就是说，刚性兑付的时间不在产品设立阶段，且管理人在产品运行过程中存在过错的，其提供的保底承诺系为过错赔偿责任的承担方式，应认定为有效。

首先，产品出现亏损后产品管理人自愿作出的损失弥补承诺，与投资合同签订时通过保本、保收益承诺招揽投资者、在投资中以自有资金或其他投资者资金变相保证固定收益的行为有本质区别。

其次，上述做法属于纠纷双方自行和解，并不违反任一法律规定或法律原则。若部分管理人在产品运作期间确有过错行为，则投资者通过诉讼方式也可获得赔偿。但毕竟诉讼维权经济成本与时间成本高昂，亦容易造成司法资源的极大浪费。若管理人与投资人在诉前阶段，就管理人在募集、投资、管理、退出各阶段的过错事实能达成一致，并就过错导致的损失自愿达成赔偿协议安排，也是一种类似于"庭前和解协议"的做法。一旦一方当事人反悔并企图推翻和解协议，主张和解协议有效的一方就应当获得法院的支持。所以，针对有一定过错依据、不违反法律法规强制性效力性规定、符合和解目的的"事后刚兑"，法院应予支持。

3. 刚兑条款无效对整体合同效力的影响

通常情况下，刚性兑付约定（刚性兑付行为）与资产管理合同（资产管理行为）是两个相互独立的民事法律行为。刚性兑付行为无效，不应影响资产管理行为的效力。这是因为刚性兑付行为仅仅是一种保障措施，而资产管理行为的实质是为客户提供资产增值和风险控制的服务。即使刚性兑付约定被认定为无效，资产管理行为的效力也不应受到影响。即使将刚性兑付约定视为资产管理合同的一部分，当其无效时，也应对资产管理行为效力进行区分处理。

《民法典》第156条明确规定，民事法律行为中若部分无效，不影响其他部分效力的，其他部分的效力不受影响，依然保持有效。第157条则进一步指出，一旦民事法律行为被确认无效、被撤销或确定不发生效力，行为人因此获取的财产应予以返还。若财产无法返还或无须返还，应给予相应的折价补偿。有过错的一方需承担赔偿对方所受损失的责任；若双方均有过错，应各自承担相应责任。[47]

"不影响其他部分的效力"主要涵盖以下两点：一是无效部分若对整体法律行为无显著影响，则不应影响其他部分的效力；二是若无效部分独立于法律行为，无论其重要性如何，均不应对其余部分产生法律效力。[48] 只有在合同部分无效会导致整个合同目的无法实现时，部分无效才可以使整个合同无效。[49] 相对于资产管理合同，刚性兑付约定一般具有独立性，刚性兑付约定无效的，原则上不应影响资产管理合同的效力。只有当刚性兑付的约定构成了资产管理合同的基础时，资产管理合同才应因刚性兑付无效而无效。

总体来看，刚性兑付约定无效后，可能存在以下两种状态。

(1) 刚兑条款无效不影响资管合同效力

刚兑条款无效，不影响整个合同的效力。也就是说，当资产管理产品合同内容含有保底、保收益的刚兑条款时，该条款并非其他合同条款的不可分割的

---

[47] 《民法典》第156条规定，民事法律行为部分无效，不影响其他部分效力的，其他部分仍然有效。第157条规定，民事法律行为无效、被撤销或者确定不发生效力后，行为人因该行为取得的财产，应当予以返还；不能返还或者没有必要返还的，应当折价补偿。有过错的一方应当赔偿对方由此所受到的损失；各方都有过错的，应当各自承担相应的责任。法律另有规定的，依照其规定。

[48] 朱庆育：《民法总论》（第二版），北京大学出版社2016年版，第311页。

[49] 韩世远：《合同法总论》（第三版），法律出版社2011年版，第180页。

前提条件或组成部分，刚兑条款无效时，不影响合同其他部分的效力。[50]

例如在（2020）沪01民终1158号中，上海市第一中级人民法院认为保底条款系以合法形式掩盖非法目的，应当认定为无效。我国原《合同法》明确规定，违反法律、行政法规的合同无效。被告另外主张的《私募投资基金监督管理暂行办法》的相关规定，则并非属于法律、行政法规之范畴，不能作为认定合同效力之依据。故被告关于顾问服务协议无效的主张，缺乏相应依据，本院不予采纳。

(2) 刚兑条款无效将导致合同整体无效

刚兑条款无效，进而导致整个合同无效。当资产管理产品合同内容含有保底、保收益的刚兑条款时，若该条款的约定属于当事人缔约的核心目的，则整个资产管理产品合同也会随刚兑条款的无效而失去存在意义，因而无效。

例如在（2017）闽民申171号案件中，福建省高级人民法院认为，保底条款将风险全部转嫁给受托人，违反了民法的基本原理和公平原则，应为无效条款。因保底条款为委托理财合同关系中的核心条款，所以本案讼争合作投资协议整体无效，原审对合同效力的认定并无不当。在（2020）湘民终1598号案件中，湖南省高级人民法院认为，其法律关系是名为信托受益权转让，实为保本、保收益的承诺安排。违反了《信托法》第34条"受托人以信托财产为限向受益人承担支付信托利益的义务"的规定，应属无效。本案中，尽管信托合同中未明确载明保本、保收益的条款，但信托受益权转让协议及补充协议的实质内容明显符合保本、保收益的定义，属于刚性兑付的范畴。因此，应认定这两份协议无效。

笔者认为上述逻辑有其合理之处，毕竟在双方订立合同以保本、保收益为核心目的的情况下，实际并未形成投资合意，属于民法上的虚假意思表示，那么合同显然应属无效。

在资产管理合同无效的情况下，委托人、受托人法律地位须恢复至资产管理行为实施前的状态：管理人、受托人因信托合同而取得的信托财产，应当返

---

[50] 袁小珺、陈志峰：《信托业刚性兑付模式之法律分析》，载《证券法苑》2017年第2期，第347页。

还投资者;如果无法返还的,管理人、受托人应当折价补偿投资者。在管理人、受托人完全返还或者足额补偿的情况下,投资者并未发生其他实际损失,原则上,管理人、受托人不应再向投资者承担赔偿责任。管理人、受托人承担前述责任,不是因为刚性兑付无效,而是资产管理合同无效。

4. 刚性兑付行为的实质性认定规则

综合前述分析及司法案例可以看出,当前对于刚性兑付的司法认定坚持"实质大于形式"的原则,因此,刚性兑付的实质对于刚性兑付的认定有着重要意义。下文结合司法案例和学术观点,归纳了刚性兑付行为的实质性认定规则。

(1) 收益来源视角

无论是《资管新规》和《九民纪要》,都与《信托法》中关于信托财产独立性的要求息息相关。刚性兑付的判定,关键在于受益人是否享有与金融市场风险无关的额外收益,且该收益不受资管产品自身风险的影响。因此,无论是监管政策还是《九民纪要》,在关于刚性兑付的规定中,都含有禁止信托公司向受益人提供保本、保收益的兜底承诺的要求。这一要求应源于《信托法》第 34 条的规定。[51] 根据该规定,受托人对受益人承担的是有限责任,即以信托财产为限向受益人支付信托利益,而无"兑付"的义务。也就是说,受益人也只能在信托财产的范围内获得信托利益,而不能获得超出信托财产范围的利益。

刚性兑付的判定核心在于投资者是否从资管项目中获得了超出产品本身价值的利益,包括但不限于投资者从资管项目中获取的除产品价值外的其他利益,或者与产品价值完全无关的其他价值。例如,如果投资者通过远期回购等形式获得了额外的非资管产品收益,或者本金不受损失的预期,即使他们没有直接从资管产品中获取收益,这种行为在原则上也应该被视为刚性兑付。因此,判断是否为刚性兑付的关键在于全面审查投资者的收益来源和形式,确保符合市场规则和公平原则。

但是,资管产品内价值,除了剩余资管产品财产的价值,还可能有因其他

---

[51] 赵廉慧:《信托法解释论》,中国法制出版社 2015 年版,第 420—421 页。

主体应向信托承担赔偿责任而带来的其他价值。如果管理人或受托人违反了勤勉尽责的信义义务，那么原则上其应当向产品财产承担赔偿责任。只不过这种赔偿责任最终可能表现为管理人、受托人向投资者、受益人赔偿。此时，管理人、受托人实际上是以承诺受益人产品利益的方式，承担管理人、受托人的赔偿责任。在此情形下，受益人并没有获得超过资管产品价值的其他利益或者与资管产品价值无关的其他价值，其仍然是通过资管产品内价值获得产品利益。因此，这种情况下管理人、受托人的承诺不应当被认定为刚性兑付。

(2) 承诺时点视角

目前，司法实践中对于事前刚性兑付行为有明确的认定标准。在事先的兑付或兜底约定中，如果资管业务的发行人或管理人、关联方或员工事先作出了承诺，则这种承诺被视为无效。但是，如果事后这些主体主动兑付，情况就有所不同。事后主动兑付的行为，需要根据交易安排的实质特点来判断是否构成刚性兑付。如果产品在运行过程中发生了风险或损失，且管理人在管理过程中存在过错，那么事后的刚性兑付就可能被视为管理人对损失赔偿的自主承担。在这种情况下，事后刚性兑付应被视为有效。这一认定标准在司法实践中得到了广泛应用，有助于维护市场秩序和投资者权益。

(3) 承诺主体视角

无论是管理人、受托人还是他们之外的主体提供的保本、保收益承诺，都应以前述"利益规则"作为认定刚性兑付的根本依据，而不能简单地说管理人、受托人提供的保本、保收益承诺便是刚性兑付，而管理人、受托人以外的主体提供的则不是。无论是《资管新规》还是《九民纪要》，其本意都在于维护"卖者尽责、买者自负"的良性金融秩序，如将主体限制为管理人或受托人，则刚性兑付可以轻易地通过交易安排规避，与禁止刚性兑付的立法本意不符。

五、资管业务刚兑条款规范化路径

(一) 引入合同效力判定的动态系统论

由于规制刚性兑付行为的监管规则位阶为规章或部门规范性文件，在处理违反规范性文件的合同效力问题时，当前司法机关经常对多方当事人的利益取舍不定，存在类案不同判、意见不一致的情况。对此，可以借助动态系统论的理念解决上述问题。动态系统论由奥地利法学家瓦尔特·威尔伯格提出，其主导思想为法律制度构建在明确的价值判断之上，其包含了多个相关决定因素，法院在司法过程中，应当将各个因素的权重和相互作用的关系纳入考量、综合判断。[52] 动态系统论对"违反规范性文件的合同效力"问题的贡献在于，首先，使法官在裁判时不必纠结于规范性文件的位阶，而是更加关注文件中的价值判断因素；其次，动态系统论促进了司法与监管之协同，法官在立法者划定的范围内考量各个要素、开展论证与裁判；最后，动态系统论能够适应复杂多变的金融市场，各个要素之间可以互相弥补、处于法官的动态考量之中。[53]

在动态系统论指导下，刚性兑付的认定与效力评价框架可以考量以下要素：一是规范性文件的性质，即规范性文件是否属于对合同效力产生实质性影响概率较高的强规范性文件；二是合同无效的必要性，即否定诉争刚性兑付效力是否为维护社会公共利益所必需的，如否定其效力对金融安全、防范系统性风险等公共利益有实质助益，则可以采取否定其效力的手段，反之则不应采纳该手段；三是契约自由，即刚性兑付主体是否利用其优势地位，在订立合同时诱导、欺骗投资者，如有上述情况，则属于违背了契约自由，造成实质上的不公平。

（二）完善刚兑无效后的责任分配制度

实务中，在资产管理合同被认定为无效后，多数判决会根据《民法典》第157条的规定认定由管理人承担主要责任，要求其返还部分、全部投资款项，有时还会要求管理人赔偿利息。

对于认定为"借贷法律关系"等资金融通性质的合同，法院一般依据借贷合同法律关系中的还本付息义务，要求管理人偿还"本金"和"利息"。[54] 在借贷利率方面，法院既可能认可当事人之间约定的收益率为贷款利率，也可

---

[52] [日] 山本敬三：《民法中的动态系统论——有关法律评价及方法的绪论性考察》，解亘译，载梁慧星主编：《民商法论丛》（第23卷），金桥文化出版（香港）有限公司2002年版，第177页。

[53] 牛安琪：《违反规范性文件合同效力判定的动态系统论》，载《当代法学》2024年第2期，第58页。

[54] 高安市城市建设投资有限责任公司诉华金证券股份有限公司确认合同无效纠纷案，最高人民法院（2020）最高法民终682号民事判决书。

能以中国人民银行同期贷款利率为贷款利率；若双方约定的利率过高，也可能调整为一年期贷款市场报价利率的4倍。[55]

综上所述，在现行司法实践的情况下，投资者事实上还是能获得保本、保收益的结果，讨论刚兑条款的效力似乎成了流于形式的过程，因为无论效力如何，最终都会导致还本付息的结局。这既不利于引导投资者拒绝那些违规的刚性兑付产品，也不利于培养投资者心理、构建更为健康的资产管理业态。

《九民纪要》第32条规定，"在确定合同不成立、无效或者被撤销后财产返还或者折价补偿范围时，要根据诚实信用原则的要求，在当事人之间合理分配"。该条款的核心目的是阻止不诚信当事人通过恶意取消合同来谋取利益，对刚兑条款无效后的责任分配有较大的参考意义，实务中可参照这一规定合理分配管理人和投资者之间的责任，以防止投资者通过刚兑无效的认定事实达到保本、保收益的目的。也就是说，在资产管理合同无效时，应当认定管理人和投资者均存在过错，共同承担相应损失，如此才是实质上达到了"卖者尽责、买者自负"的状态，也有利于抑制资管行业中的投机风气。[56]

（三）明确司法和监管对刚性兑付的协同治理边界

在金融司法监管化视角下，如何平衡司法和监管对刚性兑付问题的协同治理边界是一个重要的问题。本文认为，在司法过程中，需要以金融监管规则的规范意旨为导向，明确其所保护的法益所在，以立法目的—危害结果—社会公共利益的逻辑展开论证。在论述危害结果时，可以以"系统性风险"的认定标准为抓手，精细化规制刚性兑付。

1. 以金融监管的规范意旨为导向平衡法益

据上文分析可知，《民法典》第153条第2款的"公序良俗"是金融监管规则影响司法实践中刚兑条款效力的通道。然而，实践中法院在论述刚性兑付效力时，时常出现"金融监管文件/公共利益"等同义重复和循环论证，更有部分裁判文书省略论证过程，直接以违反公序良俗为由将合同判定为无效。

---

[55] 刘某藏诉仝某花、李某洲民间借贷纠纷案，最高人民法院（2019）最高法民申4490号民事裁定书。

[56] 李皓：《论资管产品中差额补足协议的效力认定——基于108份相关司法判决的分析》，载《金融法苑》2020年第4期，第228页。

在商事行为效力的认定过程中，关键在于分析金融活动的实际影响效果，而非仅仅局限于形式上的合规性判断。为此，需要深入探究规范意旨和比例原则在效果评判中的适用，理性地分析目的与手段之间的内在联系。[57] 在评估金融监管文件对刚性兑付效力的影响时，需首先考察监管规则的立法目的，审慎考虑是否有必要宣告条款/合同无效，权衡其是否有助于实现规范目的。

具体而言，首先需明确金融监管规则所旨在保护的法益所在，随后考察相关金融活动是否产生了危害金融秩序、金融安全、不特定主体利益以及社会稳定等危害结果，最终指向社会公共利益。此外，还需考察宣告合同无效是否有助于实现这些保护目的。在此基础上，还应运用比例原则，权衡是否存在其他成本更低、效果更佳的替代方式。毕竟宣告合同无效是对私法自治的最大限制，若能够通过行政处罚等手段实现规范目的，则不应轻易判定合同无效。

2. 基于系统性风险之认定精准规制刚性兑付

《九民纪要》第90条、第92条对刚性兑付行为进行价值判断的依据之一是"防范系统性风险"。"系统性风险"这一标尺比笼统的公序良俗、公共利益概念更有指向性。司法认定刚性兑付效力时，可以以刚性兑付主体引发系统性风险的可能性为标准，判定相关行为是否有损社会公共利益。若诉争资管产品刚性兑付承诺的主体不会引发系统性风险，则法院不应以侵害社会公共利益为由判定刚性兑付行为无效。

就引发系统性风险可能性的具体判断标准而言，可以考虑两种方案：一是强监管立场，若刚兑主体是金融机构且作出相关承诺时已经资不抵债，就可认定其有引发系统性风险的可能；二是弱监管立场，在第一种方案的基础上增加了一步，即还须判断刚兑主体与系统重要性金融机构之间的债权债务关系是否可能引发后者破产，两步都满足后才可认定刚兑主体有可能引发系统性风险。[58]

---

[57] 赵霞：《金融司法监管化：动因、困境与调适》，载《商业经济与管理》2022年第5期，第75页。

[58] 吴至诚：《保底信托效力认定的类型化》，载《法学研究》2022年第6期，第130页。

六、结语

在学理上,《资管新规》等规范性文件影响刚兑条款效力的上位概念是金融司法监管化,学术界对此评价不一。实践中,在金融司法监管化的大趋势下,已存在因监管规范的立场而导致刚性兑付行为无效的司法裁判结果。但金融监管规章在位阶上不属于法律、行政法规,无法成为独立的效力认定依据。在公序良俗的技术路径下,影响刚性兑付认定及其效力的司法裁量因素包括刚性兑付主体、作出刚性兑付承诺的时点等。刚性兑付的实质性认定规则可以归纳为以下几点。第一,从收益来源的角度来看,如果投资者从资管项目中获得了超出资管产品价值的额外利益,或者得到了与资管产品价值无关的其他价值,这就构成了刚性兑付。第二,从承诺时点的角度来看,事前的兑付或兜底约定通常被认为是无效的。对于产品已经发生风险或产生损失,并且在产品管理过程中管理人存在过错行为的事后刚性兑付,一般被视为管理人对损失赔偿的自愿承担,应当是有效的。第三,从承诺主体的角度来看,资管产品的发行人、管理人以及其股东、实际控制人等关联方或受委托的金融机构作出的刚性兑付承诺通常被认为是无效的。如果刚性兑付的主体是非金融机构或与资产管理人无关的第三方,那么相关的偿付风险在金融系统之外,且属于自愿行为,不应被视为保本、保收益的刚性兑付,因此应当是有效的。

在构建资管业务刚兑条款的规范性路径上,可从以下三个方面入手:第一,针对刚性兑付效力司法裁判观点不一致的问题,可以考虑引入合同效力判定的动态系统论,考量因素包括规范性文件的性质、合同无效的必要性以及契约自由;第二,完善刚兑无效后的责任分配制度,参照《九民纪要》第32条合理分配管理人和投资者之间的责任,以防止投资者通过刚兑无效的认定事实上达到保本、保收益的目的;第三,明确司法和监管对刚性兑付的协同治理边界,在司法过程中,首先需要以金融监管规则的规范意旨为导向,明确其所保护的法益所在,以立法目的—危害结果—社会公共利益的逻辑展开论证,在论述危害结果时,可以以"系统性风险"的认定标准为抓手,精细化规制刚性兑付。

我国欺诈信托撤销权制度研究：比较法视角

陈飞帆[*]

目　次

一、我国欺诈信托撤销权制度的短板
二、比较法视角下欺诈信托撤销权制度的起源与适用
三、欺诈信托撤销权制度构成要件分析
四、欺诈信托撤销权法律效果
五、完善我国欺诈信托撤销权制度之构想

摘　要：信托的核心是建立在诚信关系上的内部结构，但当委托人利用信托来逃避债务或其他责任时，需要有相应的制度来防止信托成为逃避法律责任的手段。中国在引入信托制度时存在一些法律漏洞和不足之处，特别是在家族信托方面，如何平衡信托财产的独立性和外部关系人的利益是一个亟待解决的问题。具体而言可归纳为四个方面：撤销权行使的条件模糊不清、缺乏明晰的权利构成要件、委托人的债权人范围过于宽泛、未规定具体的举证责任分配方式。我国可借鉴英美法系的欺诈信托撤销权制度，明确债权人行使欺诈信托撤销权的权利范围和行权方式，推动欺诈信托撤销权制度的本土化。

---

[*] 陈飞帆，清华大学法学院2025届本科生，现就职于北京观韬律师事务所。

关键词： 欺诈信托；撤销权；信托财产独立性

一、我国欺诈信托撤销权制度的短板

起源于英美法系等国家的信托制度，至今已有百年的发展历史，从衡平法中发展出来的一系列规则，以"信赖"为基础设立了将受益权与财产权的分离这一新颖的概念，让信托在有关经济需求的领域内绽放异彩。强调内部结构之间的诚信关系，一直以来都是信托赖以延续的内核，但是当委托人能够通过设置信托财产的方式逃避债务时，如何阻止信托成为委托人逃避责任的"保护伞"，则需要具体的防范制度加以制约。我国作为更为接近大陆法系的国家，在引入信托这一制度时，在立法层面仍然存在较多漏洞与不足，在当代家族信托进入大众视野，逐渐成为许多家族传承财产的方式时，如何平衡信托财产独立性与信托财产外部关系人利益，则是亟须关注与解决的问题。

我国《信托法》第12条规定了欺诈信托撤销权制度。从全国人大常委会法工委针对该条的释义补充[1]可以看出，欺诈信托撤销权制度的理论基石正是信托财产独立性原则，并且还说明信托财产一经设立生效后便脱离委托人的财产而独立存在，不可由委托人收回财产，除非是在自益信托的情况下。同时，《中华人民共和国信托法释义》一书紧接着详细阐述了我国法律制度内债权人行使撤销权的条件，只不过其中的三个条件仍然不能够弥补这一制度本身存在的漏洞。[2]

（一）撤销权行使的条件模糊不清

从英美两国的司法实践中可以看出，法官在处理欺诈信托的认定及撤销权的行使问题时，会将考察的重点放在审查委托人的主观意图上，即委托人到底有没有"主观意义上的欺诈意图"。这样针对主观思想的审查，注定是实质意

---

[1] "信托成立后，信托财产由委托人委托给受托人并独立存在，除非委托人是信托的唯一受益人，否则，委托人不能收回信托财产。"卞耀武主编：《中华人民共和国信托法释义》，法律出版社2002年版，第55页。

[2] 本条规定的债权人行使撤销权，应当具备以下三个条件：（1）委托人设立信托前，其债权人的债权已经存在；（2）委托人设立信托后，因为用自有财产设立信托导致无法清偿全部债务，损害其债权人的利益；（3）债权人向人民法院提出了撤销申请。参见卞耀武主编：《中华人民共和国信托法释义》，法律出版社2002年版，第56页。

义审查而不可能仅仅是形式上的。反观我国《信托法》第 12 条，并没有直接地将委托人设立信托的主观意图或目的作为审查是否构成欺诈信托的明确要件。[3] 但需要注意的是，全国人大常委会法工委对该条第 1 款的内容仍然作出了一定的补充，即所谓欺诈信托，是指"自有财产设立信托导致无法清偿全部债务，损害其债权人的利益"的信托。在此处，损害债权人的利益其实是一个客观存在的事实，释义书并未更加明确地将委托人的主观目的与这一客观事实联系在一起，故而有些学者认为释义书中有规定欺诈信托撤销权主观构成要件。

《信托法》第 12 条第 1 款这样粗略的规定，紧接着带来的问题便是法律解释上的混乱。我国在吸收了信托这一制度后，实际存在立法层面的缺失，没有选择对撤销权制度作出细化，甚至在法律条文中对于该撤销权与民法概念中的债权撤销权之间的关系也语焉不详。在实践中，则会让想要撤销欺诈信托的债权人不知道该如何行使自己的合法权利，司法工作人员也会因法律适用混乱而产生困惑，比如是否对于所有类型的信托皆可以行使撤销权？如果委托人设立的信托事实上损害了债权人的利益，但其并无主观故意，此时又是否应该准许债权人行使撤销权？

（二）"损害债权人利益"缺失具体构成要件

英美法律在规定欺诈信托撤销权时，从实质角度出发设置了主观要件与客观要件。主观要件，是指委托人设立信托的目的在于阻止、妨碍和拖延债权人实现债权清偿，具体又将欺诈意图分为实际欺诈与推定欺诈，并确立不同的认定标准。客观要件，是指在认定时需要委托人设立信托这一行为满足特定条件，方能构成损害。若委托人客观行为上以低价甚至赠送的方式转让财产，但仍保留受益权，即视为满足客观构成要件。我国《信托法》中对这样的主客观构成要件都缺乏规定。也就是说，就算作为债务人的委托人并非出于主观欺诈故意，而是基于其他目的设立的信托，同时不具备"未取得合理对价"及"无清偿能力"等要件[4]，只要实际上损害了债权人的利益，撤销权就仍然

---

[3] 周煌凯：《欺诈信托撤销权制度研究——结合破产法与合同法相关撤销制度的思考》，华东政法大学 2018 年硕士学位论文。

[4] 陈雪萍：《论英美欺诈性移转信托及对我国的借鉴》，载《法学评论》2008 年第 6 期。

成立。这使得可撤销的信托缺乏判断依据，直接挑战了信托制度的稳定性。

(三) 委托人的"债权人"范围不清

委托人的债权人这一概念范围太过宽泛，因为债发生的原因有很多，这意味着侵权法中的损害赔偿请求方、破产法中的债权人及合同之债中的债权人都将被纳入这一范畴，由此带来的问题是民法中债权人的撤销权、破产法中的撤销权及信托法中的撤销权产生竞合。这样广泛的概念造成的后果即是：从理论上讲，任何因为委托人设立信托后利益受损的债权人都可以享受撤销权[5]，但这明显不符合该条款设立的初衷，故而从立法目的的角度出发解释法条，也应当限缩委托人之债权人的范围，使之实质性地满足在存在欺诈转移信托的情况下真实权益受到损害这一要求，但是具体应当如何划定委托人之债权人的界限，目前我国《信托法》并没有给出标准。

(四) 未规定具体的举证责任分配方式

在建立起判断欺诈信托是否"损害债权人利益"这一问题的主客观构成要件之后，程序法层面仍然面临着举证责任分配的问题。按照一般的民事证据规则[6]，应当由提出权利主张的债权人进行举证。但是，是采用举证责任倒置还是适用原有的一般规定，在《信托法》中均未提及。举证责任倒置在欺诈信托撤销权中进行适用，实际上具备一定的积极意义，因为委托人的债权人作为信托关系中的外部关系人，一方面对于委托人进行财产处分这一事实存在信息不对称，另一方面由本就处于信息不对称中劣势地位的债权人来证明委托人的主观故意也不是一件容易的事。甚至很多时候，委托人与第三人之间的确存在"低价转移"的行为，但债权人在实践中难以发现并举证，将这些交由委托人进行证明，相较之下更为轻松可行。

(五) 未针对不同类型的信托进行区别性规定

在吸纳信托这一制度时，我国法律其实倾向于允许多种信托方式存续与发展，比如可撤回信托、推定信托以及默示信托等。在讨论欺诈信托撤销权的行使时，笔者认为应当根据不同信托的特征予以一定的区分，比如可撤回信托实

---

[5] 张芳：《信托委托人的债权人权利保护法律制度研究》，华东政法大学2017年硕士学位论文。
[6] 《民事诉讼法》第67条第1款规定："当事人对自己提出的主张，有责任提供证据。"此即"谁主张，谁举证"原则。

际上是债权人保留特定撤回权导致的,在这时若信托财产中的受益权并非由委托人独自享用,则债权人能够撤销的部分不得波及其余受益人应当获得的收益。而在推定信托中,法院为保护在欺诈情形下受到权益损害的当事人,通过认定推定信托的方式将当事人视为潜在受益人,进而使得其他债权人无法就其应得的部分追偿。

(六)《信托法》第 12 条第 2 款及第 3 款存在的问题

《信托法》第 12 条第 2 款意在保护善意受益人,所谓善意受益人,应当是指对于信托损害债权人的利益并不知情且没有损害债权人的恶意的受益人。基于此,其已经取得的信托利益,不因该信托的撤销而受影响。

有学者认为,当委托人的占有存在瑕疵时,即使随后将财产无瑕疵地转移占有给受托人,仍会导致受托人在占有时继续存在瑕疵[7]。而这种瑕疵是否可以阻断,则应当基于自益信托与他益信托进行区别考虑[8]。在自益信托中,委托人作为信托的唯一受益人,此时并不能够阻断瑕疵,一旦信托撤销,受益人就应当返还已经获得的信托利益。而在他益信托时,又存在完全以第三人为受益者的情况与委托人也属于受益人的情况之区分,若完全以第三人为受益者,信托财产产生的收益应当分配给受益人,此时若受益人善意且无过失,则该善意第三人可以阻断占有瑕疵[9]。若委托人也为受益人之一,则应在除去委托人本身获得的利益部分之后,再类比前者对其他善意受益人的善意进行判断。我国法律中对此语焉不详。

而《信托法》第 12 条第 3 款规定的 1 年时间限制,实际是指债权人向法院申请行使撤销权的除斥期间,此项规定乃是基于 1988 年《最高人民法院关于贯彻执行〈中华人民共和国民法通则〉若干问题的意见〈试行〉》(已失

---

[7] 参见张军建主编:《信托法纵横谈——写在我国信托法修改之前》,中国财政经济出版社 2016 年版,第 12 页。

[8] Robert T. Danforth, *Rethinking the Law of Creditors' Rights in Trusts*, Law Reviews and Journals, 2002, p. 287 - 363.

[9] Alan Newman, *The Rights of Creditors of Beneficiaries under the Uniform Trust Code: An Examination of the Compromise*, Tennessee Law Review, 2002, p. 771 - 833.

效）第73条第2款规定[10]而制定的。而此款规定无法解决的问题则是，如果委托人在设立信托财产之后破产，该如何认定其设立信托的行为是否"损害债权人之利益"？首先，法条需要明确的是设立信托财产的时间点与破产时间点之间的距离，以确保债权人的权益在委托人破产之后仍然能够得到保障与实现；其次，本法条还缺乏针对债权人行使其撤销权的具体时间期限，如在其知道或者应当知道后的特定年数内仍然不行使撤销权的，撤销权归于消灭，否则债权人这一撤销权将持续影响信托财产，毕竟债权人可以无限期地溯及性阻碍该信托的效力。

《〈中华人民共和国信托法〉释义》一书对于本条的补充[11]虽然讨论了其他国家针对上述问题的解决思路，但是并没有白纸黑字地承认我国也采取这样的做法，从文本解释的角度出发，无法推定我国已经建立同样的制度。

二、比较法视角下欺诈信托撤销权制度的起源与适用

（一）英国欺诈信托撤销权制度

1. 概况

信托制度最早起源于英国，是一种建立在受益权与财产权相分离的基础之上的制度，之后其在发展中逐渐被许多大陆法系国家引入。在信托关系中，通常存在三个角色，即委托人、受托人及受益人。委托人将自己的财产转移给受托人并设立信托财产后，由受托人负责管理该信托财产，并将财产所获得的收益按照协议要求分配给受益人。在这样的一套内部关系中，委托人与受托人之间基于信任而存在忠实义务[12]，类比于公司法中的董监高的忠实义务原则，受托人同样需要依照授权内容并为了委托人的利益而处理事务。而在信托的外部关系中，虽然没有要求像受托人与委托人之间那样紧密的忠实义务，但作为债务人的委托人，与其债权人之间仍然需要保持着基本的诚实信用。一旦信托

---

[10] 该款规定："可变更或者可撤销的民事行为，自行为成立时起超过一年当事人才请求变更或者撤销的，人民法院不予保护。"

[11] "一些国家直接规定，委托人在设立信托后一定时期内破产的，视为信托损害了债权人的利益，信托应予以撤销。"全国人大信托法起草工作小组编：《〈中华人民共和国信托法〉释义》，中国金融出版社2001版，第46页。

[12] 参见刘正峰：《美国商业信托法研究》，中国政法大学出版社2009年版，第254页。

财产得以成功设立，其便会脱离出委托人原本的财产范畴，同时独立在受托人的责任财产之外，这种性质在法学理论中称为"信托财产独立性原则"。基于此，委托人的债权人不能就委托人设立的该信托财产提出任何主张。但需要注意的是，该原则并非一道"天然屏障"，债务人不能通过利用这一原则的方式设立欺诈信托以转移责任财产，并最终达到逃避债务的目的。

信托一开始产生的目的，在于解决英国封建王朝时期的土地问题，为了规避法律与欺诈，许多地主选择把土地转让给值得托付的他人，使之成为名义上的地主，负责管理土地并获取土地上收益，只不过管理者需要将收益转交于委托人的亲属。因此，从这个角度来看，信托的基因中就带有欺诈的色彩。如何防范委托人利用信托进行欺诈，自然就成为法律需要限制的对象。

在英国，由于信托具备的特殊性质，其很早就被用来欺诈债权人，债务人利用设立信托财产的方法转移债务人的财产，进而逃避债权人的追偿。英国法中最早对这个问题予以关注，欺诈转移的含义通常是指债务人无偿转移财产以阻止或者妨碍其债权人就该财产提出追偿请求[13]，著名的判断"欺诈意图"概念的案件是Twyne案。该案的案件事实较为简单[14]：皮尔斯，即案件的委托人与债务人，欠了某两个债权人400英镑，同时欠了另一位债权人200英镑，并因此收到了判决书与强制执行令。当郡长执行强制执行令以试图对皮尔斯牧场上的羊进行征收时，Twyne主张这些羊已经由皮尔斯转让给了他本人，并且皮尔斯将这些羊转让给他的同时，还把所有其他货物和动产都一起转让给了他。但是，这些财产并没有转移，而是仍然留在皮尔斯那里。后来，皮尔斯的其他债权人因皮尔斯不能到期偿还欠款而将之告上法庭并获得了胜诉判决。在强制执行这一判决时，Twyne反对进行配合，因为他认为这些财产已经不属于皮尔斯。最终星室法庭审理认为该信托构成欺诈转移，因为该赠与属于"一揽子赠与"，债务人将全部财产都转让给了Twyne，但未真正转移，其仍然占有这些财产，甚至在绵羊上烙了债务人的标记。这样建立的信托关系，其

---

[13] 薄守省：《信托欺诈研究》，载沈四宝主编：《国际商法论丛》（第7卷），法律出版社2005年版。

[14] Twyne's case, Star Chamber 3 Coke 80b, 76 Eng. Rep. 809 (1601).

设立的目的在于掩盖赠与的欺诈性[15]。

2. 法律依据

上述案例针对欺诈性转移信托的认定与分析至今仍影响着后世法院的判决思路[16]。并且，后来英国基于此进行了一次概念的扩张，将以设立信托方式欺诈性转移财产的问题推广至采用其他方式进行欺诈性转移。在这个过程中，法院通常认为当债务人有多个债权人时，债务人对某一债权人或第三人进行无合理对价的财产交易，很大概率是出于欺诈债权人这一目的。如果这种无合理对价交易不公开进行，则大大地增加了进一步认定欺诈的可能性。英国法中关于"欺诈意图"的认定，具体而言，是认为这种意图无须包含事实上的欺骗或不诚实，只需要能够显示剥夺债权人对原本可以满足其利益的财产的意图就足够了。事实上，直接证明该意图的证据是很难找到的，法院在判断的时候仍然是基于种种看起来有欺诈意图的事实（a prima facie case of intent to defraud）进行推论的[17]。

随后，英国《1925年财产法》针对意图欺诈现有债权人或者未来债权人的财产转让进行规制[18]，不过这一法律随后被《1986年破产法》废除，并以第423—425条的新规定取而代之。比如，第423条中主要规定了以低价方式欺骗债权人的交易：一是他向对方赠送礼物，或以其他方式与对方进行交易，而交易条款规定他不收取任何代价；二是他与另一人达成交易，作为婚姻或民事伙伴关系的形成的代价；三是他与对方进行交易的代价，以货币或货币价值计算，明显低于他自己提供的代价的价值。[19]

《1986年破产法》第423条与第339条一样，都涉及低价交易，但有三个重要差别。一是时间限制：第339条只适用于在被宣告破产前一定时间内进行

---

[15] Emily Kadens, *New Light on Twyne's Case*, American Bankruptcy Law Journal, p. 3 – 4.

[16] 星室法院指出，该项财产转让具备六个欺诈的标志：（1）转让几乎包含了委托人的全部财产；（2）委托人虽然宣称已经将财产转让给他人，但是事实上仍然占有和使用这些财产；（3）转让是秘密进行的；（4）转让是在债权人针对委托人发出令状之后进行的，或者在债权人威胁要执行委托人的财产之后进行的；（5）存在一项为委托人的利益而设立的信托，同时牺牲债权人的利益，信托只是欺诈的掩饰；（6）转让过程中不必要和不同寻常地声称该转让是诚实且善意的。

[17] Jill E. Martin, supra note 73, p. 350.

[18] 何宝玉：《信托法原理与判例》，中国法制出版社2013年版，第94—97页。

[19] Insolvency Act 1986, § 423, Transactions defrauding creditors.

的低价交易，而第 423 条则没有时间限制。举个例子，假设委托人在 10 年前设立了信托，并在 10 年后提出破产申请，如果满足第 423 条的条件，那么这个信托仍然可能被视为无效，只要能证明委托人在设立该信托时存在欺诈债权人的意图即可。二是适用对象不同：第 339 条只适用于被宣告破产的人，而第 423 条则不论当事人是否被宣告破产，只要某项交易意图欺诈债权人，就都可以适用。三是委托人的意图：第 339 条对于破产者的实际意图并不作任何考察，只需要证明其进行了低价交易，即算满足第 339 条的规定。而第 423 条则要求必须证明交易的主要目的在于欺诈债权人，至于这一目的究竟是主要目的还是次要目的，或者这次交易是否还有其他动机，并不在讨论范围内。此外，第 423 条还要求破产者是将财产转移给债权人无法诉及的人，或者以其他方式损害债权人的利益，这样法院才有权发布命令。

根据第 423 条与第 339 条的区别，可以看出，一项交易如果支付对价并且对价适当，即使受让人知道转让人是为了损害其债权人的利益而进行交易的，法院也不应当干预[20]。而若根据《1986 年破产法》第 339 条委托人在设立信托后一定时期内被宣告破产的，破产受托人可以收回信托财产，用于清偿委托人的债务。当一个人被宣告破产时，只要他在一定时间期限内以低价与任何人进行过交易，破产受托人就可以申请撤销该交易，使委托人恢复到他未进行低价交易之前的状况。

(二) 美国欺诈信托撤销权制度

美国对于普通的欺诈债权人行为并没有制定统一的联邦立法，在《信托法重述》评论第 63 节中，美国法律将以欺诈债权人为目的成立的信托分为以下三种情况：一是债务人将财产转移给同意为其凭借信托持有的其他人，并且后来该受让人又将财产还给债务人，这种信托的目的在于欺诈债权人，防止现在的或未来的债权人得到财产以实现清偿，因此这样的信托是无效的；二是如果债务人购买了财产，但为了欺骗其债权人，其不以自己的名义持有财产，而是选择通过一个秘密信托使财产所有权归于他人名下，这种信托是无效的；三是债务人将财产转让给他人，其目的在于防止特定的债权人对转让的财产提出

---

[20] 何宝玉：《信托法原理与判例》，中国法制出版社 2013 年版，第 94—97 页。

追偿或强制执行。当最终特定债权人并没有要求追偿或未实现强制执行时，转让人可以依据归复信托原理要求被转让人返还财产"。[21]

此外，美国关于欺诈性财产转移行为的立法过程经历了《统一欺诈交易法》（UFCA）、《统一欺诈性转移法》（UFTA）、《统一可撤销转移法》（UVTA）三个阶段。根据2014年《统一可撤销转移法》的规定，财产欺诈转移行为主要包含两种：一是实际的欺诈转移行为；二是推定的欺诈转移行为。在UFTA中，如果根据第4（a）（1）条的规定，债务人在进行转让时"有阻碍、拖延或欺诈债务人的任何债权人的实际意图"，则该转让是欺诈性的。在基于实际欺诈意图的诉讼中，未来的债权人必须"确定欺诈性处置与所受伤害之间的预见可能性及因果关系"。而由于实际的欺诈意图往往难以证明，UFTA第4（b）条允许债权人通过证明存在一个或多个"欺诈线索"[22]（badges of fraud）来间接确定欺诈意图，这些标志只是法院承认的可能表明欺诈意图的情况。UFTA的评论指出，证明存在一个或多个欺诈迹象是实际欺诈的相关证据，并不能推定债务人进行了欺诈性转让，这在之后的UVTA中也存在相同的规定。在讨论推定的欺诈意图时，根据UFTA第4（a）（2）条，即所谓的"推定欺诈"条款，债务人在没有收到合理的等值交换的情况下进行了转让，并且债务人从事或即将从事一项业务或交易，而相对于该业务或交易而言，债务人的剩余资产少得不合理；或者债务人有理由相信他将产生超出他到期支付能力的债务，在这两种情况下，将会被推定为具备欺诈意图。未来债权人基于推定欺诈提出的索赔通常必须证明转让与转让人未能满足索赔之间的因果关系。推定欺诈条款还会要求证明被质疑的转让将转让人置于无法履行其义务的不合理风险中。而针对债权人（不包括未来债权人），UFTA第5（b）条规定，如果债务人向内部人进行转让是为了回应先前的债务，债务人在转让时已经无力偿还，而且内部人应该知道债务人无力偿还的情况，那么

---

[21] Restatement, §63, Comment on Subsection（1）b. Fraud on creditors.
[22] 几种常见的可以视为"欺诈线索"的情况：(1) 在UVTA的第4（b）（1）条中规定转让给"内部人"，即委托人也是直接或者间接受益人；(2) 在UVTA的第4（b）（2）条中规定"债务人保留占有或者控制权"；(3) 在UVTA的第4（b）（3）条中规定的"转让是隐蔽的"。

转让就是欺诈性的。此外,《统一信托法典》第 505 条第 a 款[23]规定了欺诈信托撤销权,即可撤销信托在委托人在世时可以受到委托人的债权人主张权利。

建立在弥补普通法的不足这一初衷上的信托制度,在衡平法的发展中逐渐完善自身,形成一套独特的规则,促进英美法系国家的商业蓬勃发展。

(三) 日本与我国台湾地区欺诈信托撤销权制度

如今大部分的大陆法系国家和地区都已经引入信托制度,但若细化到完善针对欺诈信托撤销权制度的讨论,还属日本有着较为细致的研究,其他诸国和地区并没有对此给予过多的关注。

由于没有英美法系衡平法的历史传统,日本于 1922 年(大正 11 年)制定《信托法》之初,就面临着移植这一制度时需要与自身法律体系相适应的问题[24]。甚至在设立信托制度之前,日本学者倾向于将信托之法律关系视为普通的民事法律关系,进而运用民法来处理信托关系,但后来在实践中才逐渐发现实际信托内部关系构成完全不同于普通的民事法律行为,并不能够简单地运用一般的财产让与制度来解决。

随后,日本《信托法》于 2006 年进行了一次修改,其承继了 1922 年《信托法》的基本理念,即在对欺诈信托的处理方式上,采取了将民法中的债权人撤销权与破产法相结合的方式,强调了信托中法益关系的特殊性,并通过特殊的《信托法》规定来调节不同制度之间的冲突[25]。2006 年修改后的日本《信托法》充分考虑了欺诈信托撤销权制度防止信托制度滥用、恶用的作用,并对债权人以欺诈为目的设立的信托进行了限制和调整。与英美法系国家相比,日本《信托法》最终仍将路径导向原有的民法与破产法中的撤销权机制,但在适用上进行了一定的修改和缓和。这种特点使得日本《信托法》在大陆法系国家和地区中成为成功移植信托制度的范本。

---

[23] Uniform Trust Code, §505, Creditor's Claim Against Settlor.

[24] 王志诚:《信托之基本法理》,元照出版有限公司 2005 年版,第 4 页。

[25] 2006 年日本《信托法》第 11 条第 1 款规定,"委托人明知有害其债权人而为信托者,不论受托人是否知悉该有害债权人之事实,债权人得以受托人为被告,依民法第四百二十四条第一项规定声请法院撤销"。第 11 条第 1 款在其后半段规定:"但现存有受益人者,受益人之全部或一部于知悉被指定为受益人时,或受让受益权时,如不知有害债权人之事实,不在此限。"

换句话说，为了将信托制度与自身的法律制度相融合，2006年日本《信托法》采取的方法是首先通过建立欺诈信托撤销权制度，随后再将民法中的债权人撤销权制度作为备位方案以弥补特殊法中的不足。此外，在立法过程中，日本还关注到了破产法中撤销权与欺诈信托撤销权的竞合问题[26]。

此外，我国台湾地区在制定"信托法"时，着重参考借鉴了日本立法，形成了与日本法律体系相似的信托法制度。如台湾地区"信托法"第6条第1项规定："信托行为有害于委托人之债权人权利者，债权人得申请法院撤销之。"第6条第3款规定："信托成立后六个月内，委托人或其遗产受破产之宣告者，推定其行为有害及债权。"条文中选择推定，而非视为，意思解释上就是得由信托关系人举反证推翻法律所规定的效果。具体而言，委托人如果能举证其所设定之信托并不会对债权人之债权造成影响，则委托人之债权人即不得申请撤销。

这些规定在制定之初就具有比较强烈的借鉴意味，实质上与日本信托法制度并无太大差别。考虑这一欺诈信托撤销权与民法诈害行为撤销权之间的关系时，我国台湾地区学者一般认为后者仍然适用于欺诈债权人的信托行为，但为兼顾受益人的利益，台湾地区"信托法"第6条第2项规定，受益人已经取得利益者，如所取得者为未届清偿期之利益，或取得时明知可得有害及债权时，若仍使受益人保有该利益，并不合理，因此法律对于这种利益不应当进行保护。[27]

三、欺诈信托撤销权制度构成要件分析

（一）客观构成要件

1. 损害债权人利益要件的细化

在客观要件这一方面，我国《信托法》中规定的损害债权人利益之要件的缺陷如前文所述，在本部分不再赘述。本部分想从信托制度独立性的角度出

---

[26] 2006年日本《信托法》第12条第1款规定："破产人为委托人之信托，于适用破产法第一百六十条第一项规定时，同项各款中之'因此受有利益者'应为'因此受有利益之受益人信托者，破产管理人得以受益人为被告，诉请返还受益权予破产财团'。此时准用前条第四项但书之规定。"

[27] 参见李智仁、张大为：《信托法制案例研习》，元照出版有限公司2013年版。

发，重新细化《信托法》第 12 条中规定的"损害其债权人利益"这一客观要件。

信托财产的独立性原则，在英美法系和大陆法系中存在理解差异。英美法系在普通法与衡平法中逐渐发展认为所有权是所有权人依法对自己的财产享有的实际上占有、使用、收益及处分的权利，这种权利具有排他性。从这个角度考虑，英美法系更加注重所有权人对自己保有财产的实际控制，委托人将财产转移给受托人时，赋予其"普通法意义上的所有权"，而受益人则获得"衡平法意义上的所有权"，这样逐渐形成了双重所有权之区分。而大陆法系则认为所有权是所有权人对财产的完全支配权，"具有绝对性、排他性和永续性的特征，注重对标的物的抽象性支配"[28]。这样理论的分歧，导致英美法系信托法将信托财产所有权区分为名义所有权与实质所有权，而欧洲大陆法系国家包括后来引入相关概念的日本等，在移植信托法时，整体的法律制度仍然保持对所有权的原有间接，并不承认英美法系国家所谓的"实质与名义所有权"这一概念，认为这样的区分不过是把所有权中的受益权与控制权进行了一种人为的分别，因此大陆法国家只是接受了信托财产之上的权利具有二重性的本质[29]。

信托财产一旦设立，就会独立于委托人的财产之外，同时不构成受托人的个人财产[30]，这意味着委托人的债权人需要接受信托财产独立性的约束，不能够违反这一原则将信托财产仍然视为委托人的责任财产进而期望获得清偿。但是，这样的原则基础，最开始的时候是在委托人完全将财产权转移给受托人的情况下产生的。如果此时委托人选择保留部分信托财产上原有的权利，比如部分受益权[31]，此时信托财产的独立性是否成立，则成为债权人能否针对信托财产提出自己主张的核心问题。

在讨论这一问题之前，本部分想要首先讨论的问题在于，委托人把信托财

---

[28] 温世扬：《物权法要义》，法律出版社 2007 年版，第 52 页。

[29] 薄守省：《信托欺诈研究》，载沈四宝主编：《国际商法论丛》（第 7 卷），法律出版社 2005 年版。

[30] 薄守省：《信托欺诈研究》，载沈四宝主编：《国际商法论丛》（第 7 卷），法律出版社 2005 年版。

[31] Robert T. Danforth, *Rethinking the Law of Creditors' Rights in Trusts*, Law Reviews and Journals, 2002, p. 287–363.

产与自身责任财产分离后，若仍然保留一些权利，是否必然导致信托财产丧失独立性？委托人设立自益信托，是否也会被视为欺诈信托进而可撤销？要进一步回答这些问题，需要明确的是，信托财产的独立性地位令其免受信托当事人与其他第三人之间债权债务关系的影响，进而使得信托财产具备了其他财产制度所不具备的风险隔离功能。从设立信托到信托财产具备独立性，一个代表着信托合同的成立，另一个代表着信托财产的交付。在这个过程中，存在负担行为与处分行为，如果处分行为未完成，那么信托财产仍不具备独立性。也就是说，信托财产独立性是信托设立的可能后果而非必然后果[32]。同时，信托财产独立性是信托设立的后果，但不等于说，若信托财产不符合独立性的要件以致未达到破产隔离的效果，就得出信托设立失败（不成立）或无效。因为信托设立与信托财产独立性是两个阶段。信托成立并有效，是信托财产成立的必要条件，而非充分条件。

明确这一概念之后，本文想要展开讨论委托人保留部分权利时信托财产是否具有独立性，以及在这种情况下该如何行使欺诈信托撤销权之问题。在设立信托时，存在委托人保留部分权利的情况，其中最重要的权利即为受益权。受益权保留又分为全部保留和部分保留，若是全部保留则属于自益信托。部分保留目前根据我国法律规定，并不属于自益信托。如果委托人保留的权利是部分受益权或控制、命令受托人依照其要求分配利益的权利以及其他诸如增加或减少受益人等权利，甚至是撤回信托的权利，此时信托是否仍然独立，仍需分类讨论。英美法系中有观点[33]认为，上述情况实质上都应视为委托人保留了部分控制信托财产的权利，信托财产因此不具有独立性，但我国部分学者对此持否认态度，认为应当具体问题具体分析[34]。

---

[32] 赵廉慧：《信托财产独立性研究——以对委托人的独立性为分析对象》，载《法学家》2021年第2期。

[33] Jack F. Williams, *Revisiting the Proper Limits of Fraudulent Transfer Law*, Emory Bankruptcy Developments Journal, 1991, p.55-128.

[34] 赵廉慧：《信托财产独立性研究——以对委托人的独立性为分析对象》，载《法学家》2021年第2期。

自益信托中，委托人作为信托的唯一受益人，保留了全部的权利[35]。也就是说，这里的信托财产上的权利，其实已经跳脱出了"部分保留"的范畴，而由委托人独自一人享受，在这种情况下，英美法系[36]认为"即使设置挥霍条款仍然不能借此规避委托人的债权人"[37]，即委托人的债权人可以要求其以信托财产清偿债务，如果委托人死亡或者宣告破产，则信托终止，信托财产回归责任财产以清偿债务，我国法律目前对此也采取同样的态度。

他益信托中，如果委托人作为信托的部分受益人，保留了部分的受益权，那么该信托财产是否具有独立性，尤其是在涉及未来债权人时[38]，理论界存在争议[39]。英美法系中传统规则认为应该只允许债权人接触那些委托人可以强制分配的资产，以及受托人没有酌情决定为非委托人受益人的利益保留在信托中的资产[40]。虽然全权信托的委托人不能强迫受托人向委托人分配信托收益或本金，但委托人的债权人仍能够强迫进行这种分配。尽管允许委托人的债权人接触信托资产不仅可能会损害委托人的利益，而且可能会损害其他受益人的利益，但该规则仍然适用。但也有学者对此提出疑问[41]：首先，该规则实

---

[35] 此处为中国法律中的定义，英美法系中使用的概念应当是"自设信托"，即委托人是唯一或其中之一受益人的信托。一种常见的自设信托为资产保护信托（Asset Protection Trust），曾在库克群岛和国外其他地方长期使用，这类信托后续被很多学者认为是无效的，因为委托人是主要受益人，或有权通过指定可改变的受托人而成为受益人的自我解决的信托。在这种信托中，无一例外都会有"挥霍条款"以阻止债权人接触信托财产，当委托人也是受益人时，委托人有享受资产的直接权利，即使他不是受益人，委托人也经常有享受资产的间接权利，如保留了罢免任何不尊重委托人要求的受托人的权利，这实际上仍是一种欺诈性转移。

[36] Alan Newman, *The Rights of Creditors of Beneficiaries under the Uniform Trust Code: An Examination of the Compromise*, Tennessee Law Review, 2002, p. 771 – 833.

[37] James J. White, *Fraudulent Conveyances Masquerading as Asset Protection Trusts*, Uniform Commercial Code Law Journal, 2018.

[38] Uniform Voidable Transactions Act (2014), § 4. Transfer or Obligation Voidable as to Present or Future Creditor.

[39] 未来债权人是只包括转让时委托人已知的债权人和转让时委托人有可预见联系的债权人，还是也包括当时不知道或未预见的其他债权人，这是一个备受争议的问题。UFTA 第 4（a）条并不要求从债务人的角度来看，在寻求补救措施之前，质疑转让为欺诈性的债权人必须是可以合理预见的债务人的债权人。相反，该规定认为债权人可以对一项转让提出欺诈性质疑，无论该债权人在转让时是否有债权，如果该债权人能够证明该转让是阻碍、拖延或欺骗任何债权人的话。

[40] Alan Newman, *The Rights of Creditors of Beneficiaries under the Uniform Trust Code: An Examination of the Compromise*, Tennessee Law Review, 2002, p. 771 – 833.

[41] Robert T. Danforth, *Rethinking the Law of Creditors' Rights in Trusts*, Law Reviews and Journals, 2002, p. 287 – 363.

际上赋予了委托人的债权人大于财产授予人保留的权利,这样一来,不能保障非财产授予人受益人的权利;其次,该规则未能区分财产授予人保留处置权的自设信托和财产授予人不保留处置权的自设信托。更为合理的规则应当设置为债权人的权利范围以委托人所保留之权利为限,债权人可以就委托人能够强制分配的财产以及受托人没有酌情决定为非委托人受益人的利益保留在信托中的财产提出清偿请求。

上述讨论主要围绕的是委托人保留的权利为受益权或其他处置信托财产产生收益的权利这一情况,此外,根据传统的信托法规则,还需考虑委托人保留撤回信托这一权利的情况。传统中,信托是不可撤回的,但是在实践发展中逐渐形成了可撤回信托,越来越多的国家规定除非在设立信托的文件中明确表示不可撤回,否则一般而言信托皆是可以撤回的。美国《信托法重述》第二版中规定,只要委托人不行使这一撤回权,委托人的债权人就不能以信托财产作为追偿对象。[42] 而《统一信托法典》[43] 中,当委托人保留撤回权时,信托仍然有效,但肯定信托存在的同时又允许委托人的债权人直接执行信托财产。

我国《信托法》在这一问题上则认为在委托人保留撤回权时,债权人不必然能够取得强制执行信托财产的权利。只要在保留撤回权但信托关系仍然设立并有效,委托人确保这一信托财产不会与责任财产产生混同,那么委托人的债权人就不能否认该信托财产的独立性进而强制执行信托财产。而只有在某些由于委托人在任何时候都能够从受托人处取回财产的情形下,我国法律才会赋予委托人的债权人以强制执行的权利,因为这时委托人实际上保留着财产的所有权,信托财产的用途完全听凭委托人的指示与安排,掌控于委托人手中,自然没有信托财产之独立性可言,此时不应产生风险隔离之功能。

2. 英美法案例

在表1所示的三个案件中,法院在判断债权人是否有权撤销该欺诈性信托时,也首先是从"信托财产独立性"的角度出发,即使这样的财产转移满足"合理对价"的要求,但如果发现委托人保留了过度控制权,导致信托财产实

---

[42] Restatement of the Law, Second, Trusts (2d) (1959) §320.
[43] Uniform Trust Code, §505, Creditor's Claim Against Settlor.

质上仍然归委托人所属，也可以视为客观上损害了债权人的利益，法院进而授权债权人以撤销权撤销这类信托。

表 1　有关欺诈信托撤销权的英美法案例

案例名称及案号	案件事实	争议焦点	法院判决观点及理由
TMSF v. Merrill Lynch Bank［2011］UKPC 17	土耳其籍委托人德米雷尔被指控在20世纪90年代末参与了一系列金融欺诈活动，导致土耳其银行业危机，其在同年通过单独的合同建立了两个酌情信托，其中他既是委托人又是受益人，同时保留了撤销信托的权利。TMSF作为土耳其政府的代理机构，试图追回他所欠的数十亿美元的债务，并撤销他在开曼群岛设立的这两个酌情信托	债权人是否有权撤销两个酌情信托？	英国枢密院作为上诉法院裁定，TMSF可以对德米雷尔在开曼群岛的信托资产进行强制执行，因为委托人拥有不受约束且能够在没有任何人同意的情况下行使的撤销权，并且这些信托是为了规避债权人而设立的。法院认为"委托人保留所有权的所有实质性因素，并且过度服从财产持有的形式，以防止债权人接触根据这种条款置于信托中的财产"
Mezhprom Bank v. Pugachev［2017］EWHC 2426	Pugachev于1992年创建了Mezhprom银行，该银行后来成为俄罗斯规模较大私人银行之一。在金融危机期间，Mezhprom银行得到了俄罗斯中央银行的支持，但最终破产清算，随后俄罗斯法院于2015年4月认定Pugachev先生从Mezhprom银行挪用了10亿美元，并用这笔资金设立了酌情信托	Pugachev的债权人是否可以对以他作为受益人的酌情信托的资产进行强制执行？	本案信托的委托人保留了任命替代保护人、同意或不同意收入分配、投资决定和清除受益人以及有理由或无理由地替换受托人等权利，并且在信托合同中明确允许受托人将所有资产转让给Pugachev，而不包括其他受益人。如果受托人拒绝这样做，那么Pugachev先生有权将其撤职。此外，没有Pugachev的同意，资产不可能发生任何变化。法院裁定，鉴于其作为该信托的委托人以及保护人拥有对信托财产的完全控制权，且设立这些信托的目的是误导第三方并规避债权人，因此判定这几个信托为虚假信托。由于该委托人仍然保留了对信托财产的实益所有权，其债权人可以对这些财产进行强制执行

续表

案例名称及案件号	案件事实	争议焦点	法院判决观点及理由
Deposit Guaranty National Bank v. Walter E. Heller & Company 204 So. 2d 856（1967）	委托人在失去行为能力前将自己的资产放入美国国家储蓄担保银行设立的信托之中。根据协议，委托人有权在指定顾问同意的情况下，在任意一年取得信托本金的25%；且若委托人失去行为能力，其授权人可以支取超过25%的本金用于支付生活所需。后来由于委托人无法偿还债务，在其死后，其遗产管理人被债权人起诉要求获得信托资产用于抵债	信托财产是否具备独立性？	法院裁定，即使参与准备该信托协议的任何负责人（包括受托人）没有任何邪恶的企图，委托人也并未在生前支取信托本金，但因为委托人有按每年财产的25%的比例获得本金的权利，再加上协议第5条和第9条的措辞充分表明了设立信托的目的是让资金为委托人服务，所以该信托失去其独立性，债权人有权从遗产管理人手中取得信托财产用于偿还债务

概言之，信托财产纵使为无偿行为或者部分有偿，但就是否构成"损害债权人利益"这一要件，首先必须区分自益信托与他益信托。在自益信托中，委托人享受部分受益权，财产如果没有实质减少，若委托人的责任财产加上受益权数额后，使之并未陷入没有清偿能力的状况，则不应当视为损害债权人的利益；反之，则可以视为构成损害。而在他益信托中，委托人转移信托财产后，不享有信托利益，此时的转移一方面有可能导致委托人陷入无清偿能力的状况，另一方面由于委托人保留了过多信托财产的权利导致信托财产实质性受其掌控，在考察两方面后，应当可以认定委托人之设立信托的行为客观上损害了债权人的合理利益。

（二）主观构成要件

1. 实际欺诈意图

仅仅有债权人的权利遭受损害这一客观事实，实际上并不能够确定委托人的真正意图。而欺诈信托撤销权之所以带有"欺诈"二字，正是因为委托人的主观意愿在撤销权是否成立这件事中具有重要的地位，这也是我国欺诈信托撤销权存在主要缺陷的地方。事实上，通过增加或者设立主观构成要件，一方面可以限缩欺诈信托撤销权的行使范围，避免任何有可能侵害到债权人利益的信托都面临被撤销的风险；另一方面主观要件的探究可以被视为一种"损害"

的原因，进而与实质客观结果之间形成因果关系。

而由于实际的欺诈意图往往难以证明，UFTA第4（b）条允许债权人通过证明存在一个或多个"欺诈线索"来间接确定欺诈意图，这些标志只是法院承认的可能表明欺诈意图的情况。几种常见的可以视为"欺诈线索"的情况如下：一是在UVTA的第4（b）（1）条中规定转让给"内部人"，即委托人也是直接或者间接受益人；二是在UVTA的第4（b）（2）条中规定"债务人保留占有或者控制权"；三是在UVTA的第4（b）（3）条中规定的"转让是隐蔽的"。

美国《破产法典》第548条也对此进行了规定[44]，其中第548（A）条规定如果债务人自愿或非自愿地进行这种转让或承担这种义务，实际意图是阻碍、拖延或欺骗债务人在进行这种转让/承担这种义务之日或之后所欠的任何实体，即应当视为具备实际欺诈意图，此外在基于实际欺诈意图的诉讼中，未来的债权人必须"确定欺诈性处置与所受伤害之间的预见可能性及因果关系"。

在 In re Larry Wayne Sherman；Karen Lucille Sherman，Debtors v. Third National Bank[45]案中，双方主要的争议点即在于债务人转让11处房产这一行为是否具备美国《破产法典》第548（A）条规定的"实际欺诈的故意"。本案的基本案情为：在1978—1988年，债务人一共购买了11处房产，第三国家银行为每处房产提供了融资，并使每处房产都有单独的抵押贷款作为担保。到1989年末，债务人拖欠了对银行的付款，随后又以11处房产中的部分房产的第二和第三抵押权为担保，以保证他们对银行的无担保债务。1990年7月，佩提斯县收款员公布了一份因拖欠房地产税而要出售的房产清单。这份名单包括了债务人的几处房产。银行支付了债务人1年的拖欠房地产税，并将该金额加入到抵押贷款债务中，从而避免了税务拍卖的可能性。

银行计划在1991年1月4日对债务人的11处房产启动止赎程序。然而，在启动止赎程序之前，J. D. 与Broaddus联系，提出如果银行提供融资，他将

---

[44] 冀宗儒编著：《美国破产法案例选评》，对外经济贸易大学出版社2006年版，第232页。
[45] 67 F. 3d 1348, 27 Bankr. Ct. Dec. 1237, Bankr. L. Rep. p. 76, 671.

购买这 11 处房产。J. D. 购买这 11 处房产的动机是防止银行对他儿子进行止赎。1991 年 1 月 22 日，J. D. 和谢尔曼夫妇向银行借了 24.6 万美元，为购买这 11 处房产融资。1991 年 2 月 15 日，谢尔曼夫妇将这些房产转让给小谢尔曼和多丽丝-谢尔曼家庭可撤销信托（谢尔曼信托），不久后申请破产。

破产法院认为该案满足实际欺诈意图并作出了相应判决，但随后债务人进行了上诉，认为破产法院错误地认定了债权人提供的证据已经达到了"明确令人信服"的标准。上诉法院首先肯定了破产法院依据欺诈迹象[46]来认定"实际欺诈意图"的做法，认为通过综合考察判断的方式，的确可以得出债务人是否具备欺诈意图的结论，甚至上诉法院认为仅仅通过三项欺诈迹象，就可以认定债务人构成实质欺诈意图，而不需要破产法院所列举的五项欺诈迹象。在这些欺诈迹象被证明之后，便已经达到了"明确令人信服"的证明程度。

2. 推定欺诈意图

由于实际欺诈意图很难去探究，英美法关于欺诈信托撤销权的主观构成要件认定设立了一项极具特色的制度，即推定欺诈意图。推定欺诈条款要求证明被质疑的转让使转让人处于无法履行其义务的不合理的风险之中。因此，所谓的"不合理的风险"，在很大程度上既取决于该转让是否使转让人无力偿还或几乎无力偿还债务，也取决于转让人是否保留了足够的资产来满足债权人的索赔要求，或者作为一个推论，这一问题也可以取决于转让人是否已经破产。如果财产授予人向受托人转让资产时，保留了足够的资产以保持财产授予人的清偿能力，并确保可以支付合理可预见的索赔，那么以推定欺诈为由对转让提出的疑问就不会发生。

有关推定欺诈意图的规定，美国《破产法典》中同样有所体现，即在第 548（B）条[47]中规定："以低于合理等值的价格换取该转让或债务；以及（Ⅰ）在进行这种转让或承担这种义务之日无力偿债，或因这种转让或义务而变得无力偿债；（Ⅱ）从事业务或交易，或即将从事业务或交易，而留在债务

---

[46] 破产法院发现了与本案有关的五项欺诈迹象：(1) Shermans 是知情人；(2) 债务人隐瞒了转移财产这一事实；(3) 在转移财产之前债务人已经收到了债权人要求清偿的信息；(4) 被转让的几乎是债务人所有的财产；(5) 转让后债务人针对债权人再无清偿能力。

[47] 11 U. S. C. Bankruptcy, § 548, Fraudulent transfers and obligations.

人处的任何财产是不合理的小额资本；（Ⅲ）打算产生或相信债务人将产生的债务，在这些债务到期时将超出债务人的支付能力；或（Ⅳ）根据雇佣合同，非在正常经营过程中，向内部人或为内部人的利益进行这种转让，或向内部人或为内部人的利益产生这种义务。"

从这一条文中可以看出，债权人只需证明转让人以低于同等价值的代价进行了转让，并且债务人已从事或即将从事一项业务或交易，而其剩余资产相对于该业务或交易而言少得不合理；或打算承担或相信或有理由相信他将承担超出其支付能力的债务[48]。需要重申的是，这些规定从字面上看似乎不适用于未来债权人，因为这类债权人的债权是在有关转让之后很久才产生的。从文意解释的角度来看，"从事业务或交易"这一短语所涵盖的转让仅是那些在时间上就债权人索赔请求而言不利的转让，并且这种不利需要满足时间上的合理性[49]。美国法院在传统上就是这样解释这一条推定欺诈条款的，此外，与实际欺诈意图的索赔一样，未来债权人基于推定欺诈提出的索赔通常必须显示转让和转让人未能满足索赔之间的因果关系。这一因果关系不能仅仅通过显示可疑的转让和债务人的破产之间的时间关系来建立，必须明确的是，债权人在确定这种因果关系时不能得到事后的好处。因此，导致或促成破产的不可预见的干预行为会打破被指控的欺诈性转让与债务人随后的破产之间的因果关系，也即"转让和索赔之间的时间越长，因果关系就越弱"。

关于推定欺诈意图，较为经典的案例是 BFP v. Resolution Trustee Corporation 案[50]，该案的基本案情是请愿人 BFP 获得了加利福尼亚州一栋房屋的所有权，但受制于有利于 Imperial 储蓄协会的信托契约。在 Imperial 公司因贷款没有得到偿还而发出违约通知后，该房屋被被告 Osborne 公司在一次适当通知的止赎销售中以 43.3 万美元购买。BFP 很快申请了破产，并作为拥有

---

[48] 斯嘉丽大法官指出，推定欺诈条款适用于无力偿还债务人的转让。它允许撤销，如果受托人能够确定：(1) 债务人拥有财产权益；(2) 该权益的转让发生在提交破产申请后的 1 年内；(3) 债务人在转让时无力偿还或因此而无力偿还；(4) 债务人收到的"低于合理的等价物来交换这种转让"。其中第 4 项正是本案的争议焦点。

[49] Jack F. Williams, *Revisiting the Proper Limits of Fraudulent Transfer Law*, Emory Bankruptcy Developments Journal, 1991, p. 55 – 128.

[50] 冀宗儒编著：《美国破产法案例选评》，对外经济贸易大学出版社 2006 年版，第 247 页。

所有权的债务人提出申诉，要求将出售给奥斯本的行为作为欺诈性转让予以撤销，声称该房屋在出售时价值超过 72.5 万美元，因此没有按照美国《破产法典》第 548 条的规定以"合理的等值"进行交换。破产法院批准了 Imperial 公司的简易判决。地区法院确认了驳回，破产上诉小组确认了该判决，认为在非竞争性和定期进行的非司法止赎销售中收到的对价作为一个法律问题确定了"合理的等值"，上诉法院维持了原判。

这一案件对何为"合理的对价"进行了深入的讨论，斯嘉丽大法官撰写的法官意见表示，第 548 条适用于任何"转让"，其中包括"对债务人赎回权的取消"。而在三个关键术语"合理的等价物"中，只有最后一个有定义：就第 548 条而言，"价值"是指"财产，或对债务人的……债务的清偿或担保"。第 548 条（a）款（2）项中的"合理对等价值"在适用于实现担保权益的终止回赎权变卖时，不应该将其简单地理解为"公平市场价值"或"公平的变卖价格"。变卖财产的公平合理价格，或者说法律条文中所称的"合理对等价值"，是指变卖中实际收取的价格。按照第 548 条（a）款（2）项，任何可以根据州法宣布无效的、不符合规定的行为，都将使变卖价格失去正当性，并且这样的转让行为可以被撤销，如果这一价格与财产在变卖时的实际价值（我们认为应当是按照法定程序进行变卖时实际收到的价格）没有合理对等。

关于如何确定"合理对价"的问题，无论是本案的法官还是之后的案件中的法官，都倾向于采纳 Durrett 案规则，即变卖价格不得低于变卖财产公平市场价值的 70%。这一规则早在 BFP 案之前就已经被称为确定"合理对价"的重要标准，只不过在本案中最终得以确认成最为实际和合理的判断标准。而对于第二个条件，即债务人在转移财产时已经丧失清偿能力，法院通常采用资产负债标准[51]进行判断。这种标准的运用有助于确保在变卖财产时，债务人已无法偿还债务，从而维护了债权人的权益。这样的规则和标准的选择在司法实践中具有充分的理据和合理性，有助于确保公平公正的交易环境。

---

[51] 21 B. R. 832, 9 Bankr. Ct. Dec. 364.

综上所述，在认定推定欺诈意图时，首先应当考虑四个条件是否满足，而最需要关注的"合理对价"这一条件，在司法实践中仍然存在解释的必要。

四、欺诈信托撤销权法律效果

（一）信托行为归于无效

英国《1986年破产法》中规定如果法院认定委托人设立了欺诈信托，那么法官会授予债权人以欺诈信托撤销权，这一权利行使之后得到的效果有二：一是将情况恢复到如果没有进行该交易的情况；二是保护作为该交易受害者的人的利益。美国《信托法重述》第三版中也规定为欺诈信托被撤销后视为无效，这一效力及于债权人的利益限额。

在大陆法系地区，我国台湾地区法院[52]规定债权人一旦申请法院撤销债务人所为的信托行为后，得一并申请受益人或者受托人恢复原状，唯有转得人于转得时不知撤销原因的，可以视为善意第三人而排除在外。虽然台湾地区"信托法"中并未明确若法院按照第6条规定撤销信托行为后具体的法律效果，但当地学者的主流观点还是认为在解释上应该类推适用台湾地区"民法"第244条的规定，受托人或受益人需恢复原状，将信托财产返还债务人，以确保债权人债权得以实现。

这种"将情况恢复到如果没有进行该交易的情况"，置于我国的立法语境下，应当视为一旦欺诈信托撤销权成立并行使，则信托行为自始归于无效。学者对此的分析路径是认为欺诈信托违反的是"信托法"中的强制性法律规范，且符合台湾地区"民法"第244条第1项规定的诈害行为，进而判断这类欺诈信托满足诈害行为的构成要件，被撤销后视为自始无效[53]。

---

[52] 参见我国台湾地区"最高法院"1995年度台上字第2038号民事判决书。

[53] 潘秀菊、陈佳圣：《信托法实务问题与案例》，元照出版有限公司2020年版，第95—97页。

（二）欺诈信托债权人撤销权的范围与顺位

1. 我国信托撤销权第一案：杨某与张某不当得利纠纷执行异议案

该案[54]中，针对是否准许撤销该信托，法院的观点如下：信托未生效时，信托财产自然不具备完全独立性。欺诈信托中委托人的债权人可向法院申请撤销该欺诈信托，以保护自身合法权益。在信托被认定欺诈并予以撤销后，自始无效[55]，债权人继而可以申请强制执行委托人财产，以清偿其债权，并允许债权人诉请法院采取保全执行措施，属于事后救济措施。信托生效之后，仍然可以通过我国《信托法》第12条认定为欺诈信托，损害债权人的利益，进而撤销已经生效的信托。

委托人设立家族信托之后，信托财产脱离其责任财产具备独立性，原则上既不可以被强制执行，也不可以被采取冻结等保全措施，债权人更不可以以该信托财产请求追偿债务[56]。委托人依据《九民纪要》第95条的规定[57]认为法院不应当批准原告的保全该信托财产的请求，而本案法院则认为其要求受托人停止向委托人及其受益人支付相关收益，并不涉及信托财产实体权益的处分，不能构成对信托财产的强制执行[58]，这一观点明显与信托独立性原则相违背，受托人分配收益是对信托财产产生的利益进行的一种处分，显然是信托

---

[54] （2020）鄂01执异661号。该案基本案情为：委托人张某将其合法的所有财产转移给受托人（中国对外经济贸易信托有限公司），受益人为张某之子，信托财产由受托人按照信托文件规定持有、管理和处分，并向受益人定期分配信托利益。委托人张某实为胡某婚外情人，受益人张某之子为二人非婚生子，3080万元信托财产为张某自胡某处所得。胡某之妻认为，信托财产来源于胡某而非张某，因此起诉张某不当得利、并申请冻结财产。案涉家族信托合同于2016年签订，该合同内规定委托人在五年内保留撤回信托的权利，而产生纠纷时正好是五年期限内，委托人与受托人签订《信托变更函》将上述信托受益人由委托人张某与胡某的私生子、父亲、母亲、舅舅和外婆等共计五人变更为其儿子一人。若这种变更经过全体受益人同意，或者在订立信托合同之时，委托人便已经保留了任意变更受益人的权利，则这种变更自然有效。

[55] 金晓文：《滥用信托脱产行为的可行性规制路径探究》，载《经济问题》2021年第7期。

[56] 赵廉慧：《信托财产独立性的边界在哪里——国内"家族信托被强制执行第一案"引发的思考》，载《金融博览（财富）》2021年第5期。

[57] 该条款规定，人民法院原则上不应当准许当事人因其与委托人之间的纠纷申请对信托公司专门账户中的信托资金采取保全措施申请。

[58] 法院认为，为避免委托人转移信托受益权或信托理财回赎资金行为，本院依杨某的申请于信托期间内对案涉信托合同项下的所有款项进行了冻结，要求受托人停止向委托人及其受益人或者其他第三方支付合同项下的所有款项，该冻结措施不涉及实体财产权益的处分，不影响信托期间内受托人对张某的信托财产进行管理、运用或处分等信托业务活动，只是不得擅自将张某的本金作返还处理，不属于对信托财产的强制执行。

财产实体权益的一部分，只不过如果是委托人强迫或者干预受托人进行分配，这一部分的处分才有可能纳入债权人能够采取措施的范围之内。有学者从保全措施是否属于广义上的强制执行措施这一角度出发[59]，同样认为应当将保全措施视为广义上的强制执行措施，涉及对信托财产实质权益的处分，进而适用上述第 95 条的规定予以禁止。

并且法院还认为针对这一信托财产进行保全能够提出异议的，只有受益人。而我国《信托法》第 17 条第 2 款明确规定[60]，委托人与受托人也同样具备提出异议的权利，所以法院的观点在本文看来是错误的。

在存在其他受益人的情况下，该案中的保全行为显然属于对信托财产进行的干涉，已经影响到了其独立性之问题。对于该案中不当得利之债的债权人胡某之妻，在这种情况下不应当具备直接进行强制执行已经成立且有效的信托财产之权利，而应当先依据《信托法》第 12 条提出撤销欺诈信托。

至于该案中的信托究竟是否满足欺诈信托，进而应当赋予胡某之妻撤销权，本文认为应当首先考察委托人主观上的欺诈意图及客观行为是否满足一定的构成要件，该案委托人出于为子女、亲属之利益考虑设立该信托，并通过签订信托合同设立信托财产，在主观上较难认定为故意诈害债权人，只能认为其在财产的占有及转移上存在权利瑕疵。而此时若受让人善意则可以弥补这一瑕疵，该案中的受益人为委托人的亲属，究竟是否善意，还需要案件进一步展开，甚至需要法官的自由心证，若认定为善意受益人，则就算后续满足债权人撤销权的要件，也应依据《信托法》第 12 条第 2 款不予返还已经给予受益人的那部分财产利益。

2. 欺诈信托债权人撤销权行使范围及顺位

所谓欺诈信托债权人撤销权的行使范围，可以分为两个部分进行分析：第一，欺诈信托撤销权所及的财产范围是以信托财产的全部为限，还是以被损害的债权利益为限？第二，哪些债权种类应当归入欺诈信托债权人的撤销权

---

[59] 刘杰勇：《论诈害信托的财产独立性否认——兼评"家族信托被强制执行第一案"》，载《政法学刊》2022 年第 6 期，第 106 页。

[60] 该条款规定，若无权对信托财产采取强制执行措施的当事人对信托财产采取了强制措施，委托人、受托人和受益人都有权提出异议。

范围?

针对第一个问题,如上文所述,美国《信托法重述》第三版认为欺诈信托撤销权所涉及的财产范围应当以被损害的债权利益为限。但是大陆法系国家及地区,包括我国,都持相反观点,认为欺诈信托撤销权所及的财产范围应当以全部信托财产为限。例如,日本《信托法》将民法中的诈害行为作为一般性的规定,并进而适用自始无效的规定,只不过日本《信托法》同时规定善意受益人所得的利益不予撤销。

我国《信托法》针对这一问题,并没有给出明确的答复,有学者认为基于文意解释应当理解为撤销效力及于全部信托财产,这是基于与民法中债权撤销权相协调的理念而提出的观点[61]。但也有学者持相反意见,认为我国《信托法》既然为委托人之债权人专门设立欺诈信托撤销权,并且没有将《民法典》中的债权人撤销权的构成要件照搬、复制到欺诈信托撤销权,那么从体系解释的角度就不应当理所当然地认为欺诈信托撤销权应当与债权人撤销权具备相同的法律效果[62]。理由是如果将《民法典》中的债权人撤销权作为欺诈信托撤销权的备位条款,则实际没有必要再单独规定委托人欺诈转移财产并设立信托这一行为的撤销权,而应当直接将之归入到民法中的诈害行为,进而通过违反法律强制性规范的解释路径划入到信托无效的情形之中去,而这正是日本的处理思路[63]。

若考虑到信托法的特殊法地位,有学者便提出欺诈信托撤销权的行使范围应当"以债权额度为限",这样方能与针对受益人制定的善意受益人条款相匹配,但需要注意的是,这一行使范围的划定并不要求委托人之债权人在行使信托撤销权时请求撤销的具体数额与债权额度完全一致。这是因为委托人之债权人往往无法精确分割委托人设立的信托行为,因此在实践中很难操作。在信托的分割问题上,即使委托人之债权人主张撤销的数额超过债权额度,只要能证明信托

---

[61] 参见韩竹滨:《论信托财产的独立性与信托关系人之债权人利益保护平衡机制》,南京大学2021年硕士学位论文。

[62] 参见钟丽怡:《论信托受益人和委托人之债权人的利益冲突与平衡——围绕债权人撤销权展开》,上海交通大学2019年硕士学位论文。

[63] 参见叶张基:《信托法与民法之调和》,台湾中兴大学1998年硕士学位论文。

对其利益造成损害并满足其他法律要件，委托人之债权人就应被允许提出此类撤销主张。超过债权额度的部分仍归委托人所有，委托人有权处置该部分财产，例如重新设立信托。因此，委托人之债权人基于合理原因主张超过债权额度的撤销数额并不会对实质上产生严重负面影响，也不会损害其他相关主体的利益。

针对第二个问题，本文主要想从三个方面进行讨论：一是有关未来债权人是否应当纳入委托人之债权人的范围内进行考虑；二是就信托财产上抵押权这一债权是否受到信托财产转移的影响；三是税务机关能否称为委托人之债权人。首先，未来债权人是只包括转让时委托人已知的债权人和转让时与委托人有可预见联系的债权人，还是也包括当时不知道或未预见的其他债权人，这是一个备受争议的问题。美国UFTA第4（a）条并不要求从债务人的角度来看，在寻求补救措施之前，质疑转让为欺诈性的债权人必须是可以合理预见的债务人的债权人。相反，其规定认为债权人可以对一项转让提出欺诈性质疑，无论该债权人在转让时是否有债权，如果该债权人能够证明该转让是阻碍、拖延或欺骗任何债权人的话。笔者认为，我国法律中应当限缩"债权人"这个概念本身的范围，不应当将欺诈信托撤销权囊括未来债权人，因为一旦扩展到未来不特定的债权人这个范围，欺诈信托撤销权所保护的范围就过广，这并不利于维护委托人、受益人及受托人的利益，甚至很可能阻却信托制度的发展。如果任何一个潜在的利益可能受到损害的债权人都可以依据《信托法》第12条撤销信托，本身就已经打破了信托关系内部与外部的平衡，给予了债权人过度充足的保护。其次，信托财产之上已经设定抵押权者，应当认为委托人之债权人的抵押权不因其后交付信托而受影响，而未设立抵押权者，委托人之债权人不得对信托财产申请强制执行，这样做的目的是在引入信托制度的基础上将之与我国民法中的抵押权制度相融合。最后，委托人作为纳税义务人，若欠缴税款，应当将税务机关视为其债权人，与此类似的还有与委托人之间形成侵权之债的债权人，具体的债权人行使顺位可以借鉴破产法中的债权人受偿顺位，在这种情况下，若委托人欺诈转移财产并设立信托，税务机关、侵权之债债权人等都可以被视为欺诈信托撤销权的行使主体。[64]

---

[64] 潘秀菊、陈佳圣：《信托法实务问题与案例》，元照出版有限公司2020年版，第93页。

3. 欺诈信托撤销权与民法中债权人撤销权的区别与联系

我国台湾地区学者认为台湾地区"信托法"第 6 条规定的欺诈信托撤销权是对以信托行为诈害委托人之债权人权利的特别规定，而台湾地区"民法"第 244 条规定的债权人保全债权之规定，实则是针对诈害债权行为的一般性规定。[65] 但同时由于二者就债权人行使撤销权的要件规定存在差别，学者之间产生较多争论。有一种观点认为信托行为一般是无偿行为，欺诈信托撤销权的规定与债权人撤销权规定的适用原则没有区别，因为受托人不得享有信托利益，因此不存在保护所有权或保护交易安全的问题，同时无偿受益人也没有就取得的收益权支付相应对价。简而言之，在这种情况下受托人和受益人都属于台湾地区"民法"第 244 条意义上的"无偿受益人"，在诈害行为是信托行为时，应当优先适用特别法，排除适用第 244 条。

另一种观点则认为如果"信托法"中没有规定"受托人即使为善意"等词语，则应当排除民法中诈害行为条款的适用，受托人如果是善意的，委托人的债权人无论信托有偿或无偿，皆应当依据欺诈信托撤销权制度撤销。[66]

我国欺诈信托撤销权与《民法典》第 538 条[67]及第 539 条[68]规定的债权人撤销权不同的地方在于债权人撤销权以受让人知情为要件[69]，似乎所有委托人设立信托的行为在一定程度上对债权人获偿不利。然而，如果将所有信托行为都视为对债权人利益有害的情况，就会侵犯委托人设立信托的自由意愿，因此有必要进一步辨析对债权人利益有损的信托行为，以保护委托人的自由意愿同时保护债权人的利益。

对于委托人有偿移转财产，即通过设立信托进行融资的情况，可以参照《民法典》的规定。在信托成立过程中，如果存在无偿或低于财产实际价值的

---

[65] 王志诚：《信托之基本法理》，元照出版有限公司 2005 年版，第 50—52 页。

[66] 王志诚：《信托之基本法理》，元照出版有限公司 2005 年版，第 51 页。

[67] 《民法典》第 538 条规定："债务人以放弃其债权、放弃债权担保、无偿转让财产等方式无偿处分财产权益，或者恶意延长其到期债权的履行期限，影响债权人的债权实现的，债权人可以请求人民法院撤销债务人的行为。"

[68] 《民法典》第 539 条规定："债务人以明显不合理的低价转让财产、以明显不合理的高价受让他人财产或者为他人的债务提供担保，影响债权人的债权实现，债务人的相对人知道或者应当知道该情形的，债权人可以请求人民法院撤销债务人的行为。"

[69] （2006）渝高法民初字第 14 号。

转让，这种行为可被认为是有害于债权人利益的情况，适用于《信托法》第12条的规定。此外，即使不存在上述行为，仍需根据信托成立时的背景来判断信托行为是否对债权人有害。同样地，在委托人申请破产的情况下，如果委托人设立信托的行为同时符合《企业破产法》第31条管理人可申请撤销的情形，可以直接适用该法第31条的规定。[70]

五、完善我国欺诈信托撤销权制度之构想

（一）针对不同类型的信托进行区别性规定

首先，应当与民法中的债权人撤销权进行区别。美国法律体系认为，撤销权的行使应当对可撤销信托与不可撤销信托进行分类讨论，这正是针对不同类型的信托进行区别规定的表现。在可撤销信托中，由于委托人仍然保留着使信托财产撤销，进而使之回归自己的责任财产这一权利，应当认为此时的信托财产并未实质地脱离委托人的控制，那么债权人自然也就不受这一独立性原则的限制，可以在证明存在欺诈转移意图及客观构成要件后针对这一财产提出追偿请求；而在不可撤销信托中，由于该信托财产实际上已经脱离委托人的控制，成为独立财产，则法律不应当赋予债权人撤销该信托的权利。简而言之，债权人所拥有的撤销该信托的权利，实际上应当视为委托人控制权的一种延伸，其权利行使的范围，不应当超过委托人自身保有的权利限度。

正如上文所说欺诈信托撤销权的行使，首先必须区分自益信托与他益信托。在自益信托中，委托人享受部分受益权，财产如果没有实质减少，若委托人的责任财产加上受益权数额后，并未使之陷入没有清偿能力的状况，则不应当视为损害债权人的利益；反之，则可以视为构成损害。而在他益信托中，委托人转移信托财产后，不享有信托利益，此时的转移一方面有可能导致委托人陷入无清偿能力的状况，另一方面由于委托人保留了过多信托财产的权利导致信托财产实质性受其掌控，在考察两方面后，应当可以认定委托人设立信托的行为客观上损害了债权人的合理利益。

---

[70] 参见韩竹滨：《论信托财产的独立性与信托关系人之债权人利益保护平衡机制》，南京大学2021年硕士学位论文。

(二) 确立欺诈信托撤销权认定的主客观构成要件

本文认为,既然欺诈信托撤销权在认定过程中着重考察的是委托人是否具备欺诈意图,那么应当效仿英美法系,设置主观构成要件与客观构成要件,相互辅助以实质性地考察该欺诈意图是否具备以及是否存在损害债权人利益的客观事实。

首先,从主观构成要件上考虑,委托人的欺诈意图应当满足其设立该信托财产的目的是阻碍债权人进行追偿,同时,我国法律可以尝试引入英美法系中关于"实质欺诈"与"推定欺诈"两种认定欺诈意图的方式。不过,需要注意的是,由于实质的欺诈意图较难证明,我国也可以类比"客观归责论",将客观的欺诈迹象设定为标准,只要满足这一客观事实,就视为一条"欺诈线索",进而与客观构成要件中的合理对价及委托人清偿能力等要素结合于一体。

其次,在涉及委托人无偿移转财产的情况下,对于信托行为是否构成欺诈信托的判断标准。仅依据委托人无偿转让财产不能被认定为欺诈信托[71],而需要结合信托设立的背景来判断其是否有损于债权人利益。在客观构成要件的建造上,是否客观上存在损害债权人利益之事实,应当拆分成两点:一是是否低价或无偿转让财产;二是信托财产设立之初委托人是否不具备清偿能力[72]。若委托人获得合理对价,则债权人需要考虑委托人在设立信托财产时是否还具备清偿能力及是否存在主观故意;若委托人未获得合理对价,则债权人依据此结合主观欺诈线索判断是否能够行使撤销权。

(三) 完善"损害债权人利益"的举证责任分配

根据一般的举证责任分配规则,该撤销权制度中应当由债权人负责举证证明上述客观构成要件。只不过在委托人获得合理对价的情况下,债权人还需要证明委托人在设立信托财产时是否还具备清偿能力及是否存在主观故意[73]。

至于举证责任倒置之方法,可以用于委托人并未获得合理对价的情况,由委托人负责提供证据证明其"存在合理对价",这样设置较为合理地解决了债

---

[71] 参见韩竹滨:《论信托财产的独立性与信托关系人之债权人利益保护平衡机制》,南京大学2021年硕士学位论文。
[72] 张芳:《信托委托人的债权人权利保护法律制度研究》,华东政法大学2017年硕士学位论文。
[73] 陈雪萍:《论英美欺诈性移转信托及对我国的借鉴》,载《法学评论》2008年第6期。

权人身为信托关系中的外部关系人从而无法接触到信托关系设立的内部这一困境。

（四）设置细化的行使撤销权的时间限制

如前文所述，首先，我国法律应当明确设立信托财产的时间点与破产时间点之间的距离，以确保债权人的权益在委托人破产之后仍然能够得到保障与实现；其次，还应当设置针对债权人行使其撤销权的具体时间期限，比如在其知道或者应当知道后的特定年数内仍然不行使撤销权的，撤销权归于消灭。

首先，一项低价交易只有发生在一定时间期限内，才有可能被法院撤销[74]，我国《信托法》法条应当明确的是设立信托财产的时间点与破产时间点（或者说委托人陷入无清偿能力）之间的距离，以确保债权人的权益是在委托人欺诈性转移财产之后才面临无法实现的风险。正如英国《1986年破产法》第423条与第339条之间的区别一样[75]，第339条适用于被宣告破产前一定时间内发生的低价交易，第423条则没有时间的限制，这种立法上的细致差别是基于不同的立法目的的，主要需要考虑委托人之债权人利益与信托关系内部人利益的平衡。

其次，法条还应当设置针对不同债权人行使其撤销权的具体时间期限，正如上文所述，能够行使欺诈信托撤销权的债权人应当包括侵权之债的债权人、普通债权人甚至税务机关（法条可以明确排除未来债权人这一概念），针对不同类型的债权人，分别设置不同的行使期间限制，比如侵权之债的债权人行使期间应当较短，鼓励侵权行为发生后及时索赔、避免拖沓。若债权人在其知道或者应当知道后的特定年数内仍然不行使撤销权的，撤销权归于消灭，因为如果不进行这样的规定，债权人这一撤销权将持续影响信托财产，毕竟债权人可以无限期地溯及性阻碍该信托的效力。

（五）与《民法典》债权人撤销权的法律适用关系

信托法是民法的特别法。[76] 我国《信托法》第12条所规定的欺诈信托撤

---

[74] 张叶东、王智伟：《家族信托破产隔离功能滥用的法律规制——兼议信托法和个人破产制度的协调》，载《南方金融》2020年第8期，第92—99页。

[75] See Inland Revenue v Hashmi & Anor [2002] EWCA Civ 981.

[76] 赵廉慧：《作为民法特别法的信托法》，载《环球法律评论》2021年第1期，第68页。

销权制度，还需要处理与《民法典》债权人撤销权制度之间的法律适用关系。

首先，我国《民法典》第538条为"无偿处分时的债权人撤销权行使"，规定"债务人以放弃其债权、放弃债权担保、无偿转让财产等方式无偿处分财产权益，或者恶意延长其到期债权的履行期限，影响债权人的债权实现的，债权人可以请求人民法院撤销债务人的行为"。

比较而言，《民法典》第538条的撤销权构成要件与我国《信托法》第12条的债权人构成要件基本一致，因此，如果根据作为特别法的《信托法》认定委托人之债权人的撤销权不成立的话，那么即便债权人转而援引《民法典》第538条，债权人的撤销权也难以成立；反之亦然。《民法典》第538条和《信托法》第12条的法律适用将导向一致的裁判结果。

其次，我国《民法典》第539条为"不合理价格交易时的债权人撤销权行使"，规定"债务人以明显不合理的低价转让财产、以明显不合理的高价受让他人财产或者为他人的债务提供担保，影响债权人的债权实现，债务人的相对人知道或者应当知道该情形的，债权人可以请求人民法院撤销债务人的行为"。

我国《民法典》第539条是否适用于信托设立时的欺诈设立行为呢？信托，既不是交易关系，也不是"转让财产"；信托设立，为一个独立性质的法律行为。根据文义解释，《民法典》第539条的涵摄范围为交易关系，因此不适用于信托设立。

最后，《民法典》关于恶意串通的规定，可以适用于信托设立。我国《民法典》第154条规定，行为人与相对人恶意串通，损害他人合法权益的民事法律行为无效。如果信托设立人（委托人）与受托人串通，通过设立信托的方式转移财产，那么委托人的债权人可以援引《民法典》恶意串通的一般规定，请求人民法院确认信托设立无效。

[专题三] 证券市场与法治

股份回购型内幕交易的法律规制

李 想[*]

目　次

一、问题的提出
二、对股份回购型内幕交易的立法梳理
三、规制股份回购型内幕交易的必要性
四、股份回购型内幕交易行为的特殊性分析
五、结语

摘　要：我国2019年修订的《证券法》第51条将"发行人"纳入证券交易内幕信息知情人的范围，这体现了我国证券监管者对该种类型内幕交易的承认。结合域外经验可知，股份回购型内幕交易具有规制的必要性：在理论层面，发行人与股份回购计划中出售股票的股东可以被解释为具有信义关系，发行人利用未公开重大信息实施的交易也有损证券市场的信息平等；在实践层面，出售股票股东的利益将转移至未出售股票股东处，而持有公司股票的内部人也将从中获益，这不仅有损于出售股票股东利益，而且对公司未来长远发展有不利影响。区别于一般认知中的内幕交易，股份回购型内幕交易在构成要件

---

[*] 李想，清华大学法学院2025届法学硕士。

和法律责任方面都具有特殊性，为更合理有效地规制此类内幕交易，应建立相应的特殊规则。

关键词： 股份回购；内幕交易；信息披露

一、问题的提出

"股份回购型内幕交易"，是指股份回购行为本身便构成内幕交易[1]。在表现形式上，实施股份回购计划是内幕交易中的买入公司证券行为，发行人作为实施股份回购计划的主体，是外在显名的内幕交易主体。股份回购型内幕交易的主要操作模式为：当公司内部人（如控股股东、董事、高管）基于内幕信息认为公司股价被低估时，其选择不披露该信息，并推动公司实施回购计划，这将使公众股东以低于股票实际价值的价格向公司出售股票，此时利益将从出售股票股东处转移至未出售股票股东处，而如果该内部人持有大量公司股份，其便可能通过这一系列操作获益。

长久以来，我国证券法理论与实践对股份回购型内幕交易缺乏关注，即使将股份回购与内幕交易相联系，也多关注将股份回购作为未公开重大信息进行证券交易问题，或股份回购后违法减持问题，忽视了发行人自身基于股份回购行为也可能构成内幕交易。2019年修订的《证券法》在一定程度上弥补了这一漏洞，其中，第51条将"发行人"纳入证券交易内幕信息知情人的范围，使得股份回购型内幕交易处于现行法律的规制范围之内。相关立法释义明确指出："发行人最了解自身相关信息，随着2018年公司法修订逐渐放宽股份回购限制，实践中存在上市公司利用内幕信息操作股票进而损害投资者利益情形，有必要明确发行人属于内幕信息知情人，并禁止其从事内幕交易。"中国证监会于2022年公布了《上市公司股份回购规则》，该规则对与股份回购相关的信息披露义务及限制实施期间等进行了更为细致的规定。这些都体现了立法者与监管者对股份回购型内幕交易问题的重视，但颇为遗憾的是，学术界少有文献专门讨论这一问题。

---

[1] 参见邹星光：《股份回购型内幕交易的规制逻辑——作为内幕交易主体的发行人》，载《金融法苑》2020年第4期，第118页。

综观全球主要资本市场地区证券法规与学术观点，各国及地区对股份回购型内幕交易持有不同态度：美国法上禁止内幕交易的10b-5规则足以将发行人股份回购囊括在内幕交易的规制范围内，多数学者也认可此类内幕交易情形的存在[2]；就欧盟规则而言，其于2014年颁布的《市场滥用规制法》（Market Abuse Regulation）第5条所规定的内幕交易安全港规则直接针对的也是发行人自身从事的股份回购行为，这证明欧盟立法者也清晰地认识到股份回购型内幕交易的存在；而我国台湾地区"证券交易法"并未将发行人归为内幕交易主体，且学术界以公司法人交易自身股票不构成内幕交易为通说。[3] 不同的立法例展示了对待这一问题的不同态度，也促使我们思考是否有规制股份回购型内幕交易的必要性；如果存在这种必要性，那么为了更好地规制此种内幕交易行为，需要探究该种类型内幕交易在构成要件与法律责任上的特殊性。

二、对股份回购型内幕交易的立法梳理

（一）中国

通过梳理我国现行法律规定，可以发现在证券法领域存在规制股份回购型内幕交易的相关制度，其中，部分规则明确将此类内幕交易纳入规制范围，还有部分规则虽存在其他规制目的但也有利于遏制该种内幕交易行为。对于规范利用股份回购作为内幕信息进行内幕交易的制度，因其与本文讨论问题无直接相关性，此处暂且不进行归纳。

我国2019年修订的《证券法》第51条第1项将发行人也纳入证券交易内幕信息的知情人范围，相关立法释义也明确指出："发行人最了解自身相关信息，随着2018年公司法修订逐渐放宽股份回购限制，实践中存在上市公司利用内幕信息操作股票进而损害投资者利益情形，有必要明确发行人属于内幕信

---

[2] See Jesse M. Fried, *Insider Trading via the Corporation*, 162 U. Pa. L. Rev. 801, 801-839 (2014); see also Mark J. Loewenstein & William K. S. Wang, *The Corporation as Insider Trader*, 30 Del. J. Corp. L. 45, 45-78 (2005).

[3] 参见刘连煜：《新证券交易法实例研习》（第十七版），元照出版有限公司2020年版，第531页。

息知情人,并禁止其从事内幕交易。"〔4〕可见,立法者认识到股份回购型内幕交易规制必要,并明确了发行人的内幕交易主体地位。

(1)以集中竞价交易方式回购股份的禁止回购期间

中国证监会于 2022 年出台的《上市公司股份回购规则》对于上市公司的股份回购进行了更为详细的规定,其中的部分制度对股份回购型内幕交易的防范也有所帮助。

对于以集中竞价交易方式回购股份的情形,证监会设置了两个特殊的禁止回购期间:一是在上市公司年度报告、半年度报告、季度报告、业绩预告或业绩快报公告前 10 个交易日内不得回购;二是在有可能会对公司股价造成重大影响的重大事件发生后,或在决定过程中至法定披露期间,不得进行回购。

之所以禁止公司在第一个期间内进行股份回购,原因之一便在于上市公司的各种报告为敏感信息,在敏感信息披露前设置封闭期可以减少内部人员因知悉内幕信息而从事内幕交易的可能,也能够防范对股价的操纵以及对二级市场正常交易的冲击。〔5〕

第二个期间的设置则与股份回购型内幕交易的规制直接相关,该规定明确要求在未披露对股票价格产生重大影响的重大事项前不得以集中竞价交易方式进行股份回购,一定程度上遏制了以《证券法》第 81 条所规定事项的相关信息为未公开重大信息进行内幕交易的行为,但是没有关注涉及发行人经营、财务等其他未公开内幕信息。这体现了该规则意在稳定股票价格,防范回购对二级市场交易产生的冲击,而并未关注对股份回购型内幕交易的管控。

除此之外,证监会也对两个禁止回购期间设置了除外规定:上市公司如果出于维护股票价值与股东权益需要并减资的,不受禁止期间的限制。笔者推断,证监会之所以作此规定,一方面是因为上市公司出于维护公司价值等目的

---

〔4〕 王翔主编:《中华人民共和国证券法解读》,中国法制出版社 2020 年版,第 110 页。
〔5〕 参见邹星光:《股份回购型内幕交易的规制逻辑——作为内幕交易主体的发行人》,载《金融法苑》2020 年第 4 期,第 127—128 页。

进行股份回购本就面临着相对苛刻的条件[6]，能够达到此处条件的情形不多，对二级市场交易影响不大；另一方面是因为考虑到需要进行"护盘"回购的公司大多处于紧迫的危险之中，如果再对其回购苛以更多限制，将会阻碍该公司自救可能。总之，证监会更多关注二级市场交易的稳定，注重推动市场止跌回稳，为特殊情况中的上市公司提供例外规则。

（2）以要约方式回购股份的全面披露

如果上市公司选择采取要约方式进行股份回购，那么依据《证券法》《上市公司收购管理办法》等规定，其需要编制并公告要约收购报告书，对于公司内部股权结构、收购资金来源、重大交易、后续计划等重要信息进行披露。以要约方式回购股份对发行人提出了较高的信息披露要求，这在一定程度上能够阻却利用内幕信息进行股份回购的行为。

（3）对回购计划执行情况进行及时事后披露

对于规制股份回购型内幕交易，要求尽早披露回购计划执行情况有利于减少此种内幕交易给内部人带来的收益。因为这使得投资者能够尽早了解回购计划执行情况，从而可能认为公司回购价格反映股票真实价值，并调整其对股票的估值，使得股价更向真实价值趋近。[7] 按照此种理论，法律要求公司尽早披露回购方案执行情况，能够减少股份回购型内幕交易行为的获益，从而抑制内部人进行此类行为的动机。证监会的《上市公司股份回购规则》要求以集中竞价交易方式回购股份的上市公司履行一定公告义务，其中便包括在回购期届满或回购计划实施完毕后在2个交易日内公告回购股份情况。对于采取以要约方式回购股份的上市公司，《上市公司收购管理办法》要求此类收购人在收购期限届满后15日内，向证券交易所提交关于收购情况的书面报告并予以公告。此处规则对于及时披露回购执行情况进行规定，有利于使投资者尽快知悉回购价格，减少内部人利用股份回购进行利益输送的可能。

---

[6] 2022年1月5日中国证券监督管理委员会发布的《上市公司股份回购规则》第2条第2款规定："前款第（四）项所指情形，应当符合以下条件之一：（一）公司股票收盘价格低于最近一期每股净资产；（二）连续二十个交易日内公司股票收盘价格跌幅累计达到百分之三十；（三）中国证监会规定的其他条件。"

[7] 参见邹星光：《股份回购型内幕交易的规制逻辑——作为内幕交易主体的发行人》，载《金融法苑》2020年第4期，第129页。

(二) 域外立法例是否明确规定股份回购型内幕交易

1. 明文规定

与我国《证券法》规定类似，域外也有立法例以明文规定的形式，承认发行人也可构成内幕交易的主体。

（1）韩国规定

根据韩国现行的《金融投资服务与资本市场法》第 174 条第 1 款规定，内幕交易规制主体包括上市公司自身。公司作为内幕人员的情形限于买卖自有股份，即包括公司进行股份回购。韩国学者进一步解释，之所以规定该条是因为公司在分红等产生利益时可自由取得股份，即可能运用股份回购来分配利润，而公司有可能利用内幕信息来取得或处分自己股份，因此自 1999 年 1 月起上市公司便被韩国立法者纳入内幕人员的范围进行规制。[8]

（2）加拿大规定

无独有偶，加拿大《商事公司法》第 131 条第 1 款对内幕交易主体的"内部人"采取列举式的规定模式，并将上市公司自身作为第一项纳入内幕交易主体的范围之内。[9]

（3）新西兰规定

新西兰已被废除的《1988 年证券市场法》第 3 条也曾将上市公司明确列为内幕人。[10] 虽然该法已于 2006 年被废除，但新西兰随后将内幕交易主体统一称为"信息内幕人"，其在新西兰现行法下，是指拥有与发行人相关的内幕信息，并且知道或应当合理知道该信息为未公开重大信息。根据这一规定，在新西兰现行法下，上市公司仍可以构成自己的信息内幕人。[11]

2. 可以从成文法中解释

主要资本市场法域对于内幕交易主体范围的规制存在两种思路：一是

---

[8] 参见董新义：《韩国资本市场法上内幕交易规制研究》，载《河北法学》2012 年第 2 期，第 159 页。

[9] 加拿大《商事公司法》第 131 条第 1 款。

[10] See Z. Su. M. A. Berkahn, *The Definition of Insider in Section 3 of the Securities Markets Act 1988A Review and Comparative with Other Jurisdictions*, Massey University School of AccountancyDiscussion Paper Secries, 2004.

[11] 参见曹理：《证券内幕交易构成要件比较研究》，法律出版社 2016 年版，第 230 页。

"身份联系路径"（Person Connection Approach），即认为内幕交易主体应与上市公司或内幕信息来源之间存在某种特殊关系；二是"信息联系路径"（Information Connection Approach），即认为无须考虑内幕交易主体与上市公司或内幕信息来源的关系，任何获悉未公开重大信息的主体都可以成为内幕交易的主体。[12]

选用"信息联系路径"的立法例，虽然可能未在法条中明确将发行人列为内幕交易主体，但也因法条语言涵摄范围广泛而可以运用解释方法，将发行人纳入内幕交易的规制范围之内。

（1）欧盟规定

欧盟地区便是选择"信息联系路径"的典型法域，其在2014年颁布的《禁止市场滥用条例》中，将内幕交易主体区分为两大类。一类是仅"持有"（possess）内幕消息便可能构成内幕人的主体，包括：该发行人的行政、管理或监督机关成员，持有发行人股份的主体，因履行劳动合同、职业而获悉相关信息的主体以及参与犯罪活动的主体；另一类是"知道或应当知道"（knows or ought to know）该信息为内幕信息的才构成内幕交易任何主体。可以说这两类主体基本上可以涵盖证券市场中有可能接触内幕信息的所有主体，发行人自身虽然没有被明确列举为第一类主体，但因其是与内幕信息联系最为紧密的主体之一，所以被解释成第二类主体是不存在障碍的。

除此之外，欧盟《禁止市场滥用条例》中为股份回购设置安全港的规定也是其承认发行人可以构成内幕交易主体的又一有力例证。该条例在第5条为满足一定条件的股份回购设置了安全港，即只要发行人遵照该条规定，其股份回购行为便不会被认定为内幕交易。该规定的设置从反方向说明，如果发行人实施的股份回购未能满足规定条件，则有可能构成内幕交易。

（2）英国规定

与欧盟《禁止市场滥用条例》规定一致，英国《金融服务与市场法》第118B条将内幕交易主体设置为"基于下列原因而拥有内幕信息的任何人：

---

[12] See Z. Su. M. A. Berkahn, *The Definition of Insider in Section 3 of the Securities Markets Act 1988 A Review and Comparative with Other Jurisdictions*, Massey University School of Accountancy Discussion Paper Secries, 2004.

(1) 作为发行人行政管理机构的一员；（2）在公司中拥有股票；（3）执行公务或承担责任；（4）实施违法行为；（5）以其他方法知道或有理由认为他们应当知道有关信息是重要的尚未公布信息"。需要注意的是，与英国《刑事审判法》将内幕交易罪主体限定为自然人不同，此处规定的主体可以包括法人。[13] 根据上述规定，拥有重大未公开信息的发行人虽然难以符合前四类主体的要求，但也很难将自身排除在第五类主体之外，所以在英国法下，股份回购型内幕交易也是可以被成文法语义范围包含的。

（3）澳大利亚规定

按照澳大利亚现行《公司法》第1043A（1）条，内幕交易主体是指掌握内幕信息，且知道或应当知道该信息为内幕信息。也就是说，澳大利亚不再对关联人和非关联人进行区分，任何人只要获悉重大未公开信息并且知悉其属于内幕信息，不管其通过何种方式、从何人处获悉，均属于内幕交易主体。这一种规制方式不但对内幕交易主体的定义进行了简化处理，而且可以将所有可能实施内幕交易的主体都纳入规制范围内，从而达到立法的确定性与周延性效果，是运用"信息联系路径"的典例。[14] 在这一规定下，发行人只要拥有内幕信息并且知悉该信息为内幕信息，便可以成为内幕交易的主体，所以可以从该法条中解释出澳大利亚承认股份回购型内幕交易的结论。

3. 态度摇摆

美国法中规制内幕交易的基础为《1934年证券交易法》第10条（b）款，它赋予了美国证券交易委员会（SEC）为保障公共利益或维护投资者利益而禁止操纵或欺诈行为的权力。美国SEC于1942年依照此项法令制定了10b-5规则，该条指出："任何人（any person），任何以邮件或者州间通信方式、或以全国股票交易方式或以其他方式、或以任何方式、计划或技巧，实施下列活动，都是违法的：（一）以任何方式、计划或技巧实施诈骗；（二）对一项重要的事实作出不实的说明，或遗漏了一些重要的事实，以致在此种情况下引起别人的错误认识；（三）就购买或出售任何有价证券而实施的任何行为、活动

---

[13] 参见曹理：《证券内幕交易构成要件比较研究》，法律出版社2016年版，第227页。

[14] 参见董新义：《韩国资本市场法上内幕交易规制研究》，载《河北法学》2012年第2期，第229页。

或交易，而这些行为或活动或交易已导致或可能导致另一个人的欺诈。"此处并没有将"任何人"限制为"自然人"，所以如果仅对该条文进行文义解释，那么发行人自身也可以构成内幕交易主体。但该规定是反欺诈的一般条款，并没有提及内幕交易，所以仍需研究美国法院经典判例中确定的系列规则。

为将内幕交易与反欺诈相联系，美国联邦最高法院在1947年的Kardon案中阐述了"披露或戒绝交易"的原则（disclose or abstain from trading），即当内部人（insiders）知悉公司未公开的重大信息，且其交易对手方尚未知悉该信息时，内部人只有在披露该信息后才能进行交易，如果他不及时公布该信息，那么便可能被认为欺诈其交易对手方，从而违反《1934年证券交易法》第10（b）条与10b-5规则。[15]

出于防止内幕交易规制范围过宽从而抑制正常市场行为的顾虑，联邦最高法院并没有采纳SEC所持的"平等获取信息理论"（equal access theory）[16]，而是选择限定解释。在1980年，Chiarella v. United States一案首次将信义关系理论引入规制内幕交易的视野中，并于1983年在Dirks v. SEC一案中对该理论进行改进，从而形成规制内幕交易信义关系理论的传统理论（traditional theory）。该理论提出，因公司职位而获悉内幕信息的内部人与公司间存在一种信义关系，又因为股东是公司的最终所有者，所以该内部人与公司之间具有信义关系可以等同于内部人与股东间具有信义关系，该种关系是"披露或戒绝交易"义务的来源；相应地，单纯知悉未公开重大信息并不能产生此种义务。[17] 按照传统理论，内幕交易主体主要为：与发行人间存在信义关系的董事、高管、控股股东等传统意义下的内部人（traditional trader）[18]，基于业务关系得以接触公司内部信息的承销商、律师、会计师等拟制内部人（constructive trader）[19]，以及从违反信义义务、泄露内幕信息的内部人处获得

---

[15] See Kardon v. Nationa Gypsum Co, 83 F. supp. 613, 614 (1947).
[16] 该理论认为任何知悉公司内幕信息时均应当遵守"披露或戒绝交易"的原则，以确保市场投资者均有公平获取信息的机会，否则有可能构成内幕交易。See John C. Coffee, Jr, and Hillary A. Sale, Securities Regulation 8 (Foundation Press 11th ed. 2009).
[17] See Chiarella v. United States, 445 U. S. 222, 224-237 (1980).
[18] See Chiarella v. United States, 445 U. S. 222, 224-237 (1980).
[19] See Dirks v. SEC, 463 U. S. 646, 660 (1983).

信息的信息受领人（tippee of information）[20]。

鉴于传统理论无法解决以公司外部人为主体的内幕交易的问题，在 United States v. O'Hagan 一案中，美国联邦最高法院又发展出"私取理论"（missappropriation theory）进行补充。根据这一理论，如果有人不履行其对信息提供方承担的义务，并且为了交易证券而私自利用内幕信息，便构成内幕交易。这一理论的要义在于，受托人在获得委托人信赖后获悉内幕信息，如果其未经披露而为了个人利益使用这些信息，便使委托人违背了其自身的忠实和保密义务，因此对委托人构成欺诈。而如果此时上述被私取的信息又被用于证券交易活动，那么盗用人便会违反《1934 年证券交易法》第 10（b）条所禁止的"与证券交易有关的欺诈"。[21]

以上所梳理的传统理论与私取理论是由联邦最高法院发展出的辨别内幕交易的主流经典理论，但并没有直接反映其对股份回购型内幕交易的态度，所以仍需结合具体规则与类似判例探究监管者与法院的立场。

美国 SEC 一向旗帜鲜明地承认应规制股份回购型内幕交易，其不仅在相关判例中坚持对拥有内幕信息而进行股份回购公众公司构成内幕交易的指控[22]，还通过一系列规则与解释加强自身立场。具体而言，SEC 所制定的 10b5 – 1 规则中包括"预定交易计划"的豁免事由，即如果证券交易者在意识到存在内幕信息前，已制订买卖证券的书面计划（wrriten plan），那么后续为实施这一计划而购买相关证券便不构成内幕交易；在发布这一规则时，SEC 特意指出该项抗辩适用于进行股份回购计划的发行人。[23] 除此以外，10b5 – 1 规则中也包含一项专属于非自然人的积极抗辩，即当该主体采取合理的防范内部自然人内幕交易的机制时，该主体交易证券行为不被认为是内幕交易；在 SEC 工作人员对该规则的解读中，也明确指出发行人自身也可以运用该项抗辩。

---

[20] See Dirks v. SEC, 463 U. S. 646, 649 – 667 (1983).

[21] See United States v. O' Hagan, 521 U. S. 624 (1997).

[22] See Mark J. Loewenstein & William K. S. Wang, The Corporation as Insider Trader, 30 Del. J. Corp. L. 45 (2005).

[23] See SEC Rel. Nos. 33 – 7881, 34 – 43154, IC – 24599, File No. S7 – 31 – 99, 73 SEC Docket 3 (Aug. 15, 2000), [2000 Transfer Binder] Fed. Sec. L. Rep. (CCH) 86, 319, at 83, 676, available at http: //www. sec. gov/rules/final/33 – 7881. htm (last visited May 1, 2023).

SEC 对发行人运用上述两项抗辩的肯定，从另一方面论证了其对存在股份回购型内幕交易的承认。

美国法院尚未在案例中直接处理上市公司利用内幕信息在公开市场回购股票问题，但在一系列有类似情况的其他案例中作出过相关判决。在面对面交易涉及内幕交易的相关案例中，一些地区法院判决认为公司不能基于重大且不被买方知悉的信息回购其股票[24]，第九巡回法院更是为此种情形下的公众公司赋予了一项广泛地向与其交易股东披露重大未公开信息的义务[25]。随着面对面交易与股票公开市场交易之间界限的模糊，并没有反对将前述先例运用于上市公司在公开市场利用内幕信息股份回购的有力理由，所以可以从上述案例中推断出美国法院对股份回购型内幕交易的承认态度。[26] 但仍需注意的是，该结论仍未得到美国判例法或是成文法的明晰确认，所以股份回购型内幕交易在美国证券规制领域的地位仍较为模糊。

4. 未予规定

我国台湾地区"证券交易法"第 157 条关于内幕交易的规定，将内幕交易主体限定为公司的董事、监察人、经理人、担任特定职务的自然人、持股超过 10% 的股东、因职业或控制关系获知消息之人及从前列主体中获得消息之人。根据该条规定，发行人自身不属于台湾地区内幕交易相关规定规制的范围之内。学者刘连煜在其《新证券交易法实例研习》一书中也明确指出："公司法人本身在现行法下交易自家股票不构成内幕交易。"[27] 由此，我国台湾地区未承认"股份回购型内幕交易"的存在。

需要补充的是，我国台湾地区此处的态度与其对内幕交易主体范围的限制是一以贯之的，在 2011 年以前，我国台湾地区的法院判例甚至不承认法人可

---

[24] See Western Hemisphere Group v. Stan West Corp., Fed. Sec. L. Rep., 1984 U. S. Dist. LEXIS 21764（1984）. 该案法官认为被告的高级职员和董事对公司在购买自己的股票时未能披露重大信息承担责任；而公司承担责任，是因为高级职员和董事是在他们的职权范围内和他们的受雇过程中行事。See also Rizzo v. MacManus Group, Inc., 158 F. Supp. 2d 297, 302 - 03（2001）.

[25] See McCormick v. Fund Am. Cos., Inc., 26 F. 3d 869, 872 - 885（1994）.

[26] See Mark J. Loewenstein & William K. S. Wang, *The Corporation as Insider Trader*, 30 Del. J. Corp. L. 45, 52（2005）.

[27] 刘连煜：《新证券交易法实例研习》（第十七版），元照出版有限公司 2020 年版，第 531 页。

以作为内幕交易主体。[28] 直到 2011 年我国台湾地区"最高法院"判决才将法人纳入主体范围，并采用法人违法由行为负责人承担责任的"代罚制"的处罚模式。[29]

（三）特殊规制措施

在梳理各主要资本市场法域对股份回购型内幕交易态度后，也有必要进一步探索是否存在针对股份回购型内幕交易的特殊规则。

1. 欧盟：特定回购类型的安全港

在欧盟出台的《市场滥用条例》与补充规定中，与中国相关规定类似，其对股份回购型内幕交易设置了公告披露前限制股份回购、及时披露回购计划实施情况以及内幕信息未披露期间不得回购等规制要求。

值得关注的是，在刚性规制要求外，欧盟为特定情形下的股份回购行为设置了安全港规则，规定发行人在满足特定条件后进行股份回购，可以直接、绝对地豁免内幕交易的相关责任，如果未满足条件，也并非直接被认定为构成内幕交易，而是仍需运用内幕交易一般构成要件进行判断。具体来说，《市场滥用条例》第 5 条规定，如果发行人满足以下条件，就不会受到有关内幕交易的审查，也将不受相关制度的规制：一是在交易开始前披露计划的全部细节；二是向交易所、监管部门报告回购计划，并向公众披露；三是遵守了价格和数量方面的限制；四是出于减资、用于提供可转换公司债券转换所需股票、用于员工持股计划或股权激励的特定目的回购股份；五是符合欧盟根据该条例制定的相关监管技术标准。[30]

这一安全港制度，以清晰明确的判断规则消除了特定类型股份回购构成内幕交易的嫌疑，打消了公司因忌惮内幕交易责任而对回购股份产生的疑虑，并

---

[28] 参见刘连煜：《新证券交易法实例研习》（第十七版），元照出版有限公司 2020 年版，第 531 页。

[29] 参见张子学：《浅析单位内幕交易违法的认定与处罚》，载《证券市场导报》2011 年第 7 期，第 24 页。

[30] See Regulation (EU) No 596/2014 of the European Parliament and of the Council (Apr. 16 2014), https://eur-lex.europa.eu/legal-content/EN/TXT/PDF/?uri=CELEX：32014R0596&from=EN.

促进股份回购发挥其应有的经济功能。[31] 该制度将享受豁免的股份回购限制在减资、转换公司债以及员工持股三种类型，充分肯定了这三种回购行为在股票交易外的调整公司资本、便利公司履约以及激励雇员的价值，在与投资者利益保护相衡量后，选择了对股份回购更为宽松的规则，体现了对回购积极性的维护。

除此之外，《市场滥用条例》第 5 条对金融工具稳定行为（stablisiation）也赋予了豁免，允许投资公司或信贷机构为了缓解证券暂时性的供给过剩所带来的售出压力，进行通过购买证券来维持证券价格的行为[32]，并强调该种行为也不受内幕交易制度的规制。该行为在目的上与我国的"护盘型"回购类似，但在行为主体上限定为"投资公司"或"信贷机构"，并没有将发行人出于维护股票价值的回购行为涵盖在内。

2. 美国："事先确定交易计划" 与法人的豁免

正如前文所述，美国 SEC 认为在禁止内幕交易的 10b – 5 规则中，应将发行人自身纳入规制对象，不得实施证券操纵或欺诈行为。[33] 美国法中没有类似欧盟"封闭期"的刚性限制股份回购要求，但公司可能会主动设置。[34] 除此之外，10b5 – 1 规则为涉嫌内幕交易的当事人提供了"事先确定交易计划"与法人独有豁免的两项抗辩。如果当事人出于善意，在认识到实质性未披露信息存在前已经订立包含交易细节的合同、指令或计划，那么符合该种情形的买卖证券行为不会被认定为构成内幕交易。此处没有区分当事人身份，在语义上包含了当事人为法人的情形。除此之外，法人当事人可以进行另一项抗辩：如果代表法人作出投资决定的个体未意识到重大未公开信息的存在，且法人已实施预防代表人进行内幕交易的合理措施，那么该法人也可以据此进行抗辩。[35]

---

〔31〕 参见张巍：《上市公司股票回购的功能考察与制度反思——以美国经验为核心的研究》，载《证券法苑》2017 年第 4 期，第 87—96 页。

〔32〕 See Regulation （EU） No 596/2014 of the European Parliament and of the Council （Apr. 16 2014）, https：//eur-lex. europa. eu/legal-content/EN/TXT/PDF/? uri = CELEX：32014R0596&from = EN.

〔33〕 17 CFR § 240.10b – 5.

〔34〕 See International Oganization of Securities Commissions, Report on "Stock Repurchase Programs" 12 （2014）.

〔35〕 17 CFR § 240.10b5 – 1.

所以，如果发行人想要对股份回购行为不构成内幕交易进行抗辩，就需要对 10b5–1 规则中的法人豁免的各项条件进行证明，至于最终能否适用豁免具有不确定性。

该豁免的设置考虑到法人的代表机关在订立合同时未意识到存在内幕信息，即不存在对内幕信息的利用，允许合同按照原有期待继续履行，维护了当事人对交易安全的正常信赖，具有合理性。

与欧盟的安全港规则相比，该种对事先确定交易计划以及法人的豁免制度具有更为严格的适用条件与更不确定的适用后果。发起人需要证明其代理人在作出投资决定时未知悉内幕信息，并实施预防内幕交易的相关措施，这具有较高的证明难度，发起人是否满足该条件，仍取决于行政机构或法院的判断，缺少更明晰清楚的标准。所以，该规则使得各公司在考虑股份回购时仍会存在是否需承担内幕交易责任的顾虑，不能够完全发挥股份回购的各项经济功能。

三、规制股份回购型内幕交易的必要性

前文已对各主要资本市场法域对于股份回购型内幕交易的态度与特殊规制规则进行梳理，这种梳理可以证明规制此类内幕交易是大势所趋，但并没有解决为什么要管控此类内幕交易的问题。如果搁置此类问题，只会让规制股份回购型内幕交易的规则缺乏法理的支持与现实的需求，甚至面临质疑。所以，"规制股份回购型内幕交易的必要性何在"是本篇文章必须回应的问题，下文将从理论必要性与实质必要性两个角度展开论述，即以信义关系理论和市场平等理论为分析框架讨论规制该类内幕交易是否符合法理逻辑，又从现实危害出发并结合实证研究探寻规制该类内幕交易的现实需求。

（一）理论必要性

在法理逻辑上，既然要承认股份回购型内幕交易的存在，便是认定发行人可以成为内幕交易主体，股份回购可以视为买卖证券行为。对于后一问题，从行为表象与结果来看，股份回购与普通购买股份类似，皆是一方主体向持有该公司股票股东购买股票，且最终发生股权移转结果，二者区别仅在于股份回购的买方为股票发行人且会受到更多法律限制。但此种限制多针对股份回购目的与前置程序，对于股票移转的过程与结果没有过多干涉，所以股份回购属于对

股票的市场交易行为，可以被认定为内幕交易中的"买卖证券行为"。

至于判断发行人可否成为内幕交易主体，则需要参考证券内幕交易主体识别的不同理论。

1. 信义关系理论下规制股份回购型内幕交易的必要性

根据前文梳理，传统理论（traditional theory）认为，基于公司职位而知悉内幕信息的内部人与公司存在信义关系，又因为股东是公司的最终所有者，所以与公司间的信义关系可视为其与股东间的信义关系，该种关系是"披露或戒绝交易"义务的来源；相应地，单纯知悉未公开重大信息并不能产生此种义务。[36] 传统理论下的"内部人"一般认为可以包含公司董事、监事、高管，后来发展至可接触内幕信息的其他公司雇员、因法定或约定职责需对获悉信息承担保密义务的主体等。[37]

为解决公司外部人进行内幕交易的问题，在 United States v. O' Hagan 一案中联邦最高法院又提出私取理论。这一理论的核心要点在于，基于委托人的信任而获知重大未公开信息的受托人，如果未经披露而为个人利益使用这一信息，便会使委托人违反其忠实和保密义务，因此欺诈了委托人，构成内幕交易。[38]

那么，发行人自身是否具有此处要求的信义关系呢？在传统州法的传统理论框架下，很难建立起公司对股份回购中出售股票股东的信义义务。理由之一便在于，公司虽为拟制法人，但仍需要通过其代理人（如董事、高管等）进行意思表示，这些代理人自身即承担了为公司利益最大化考虑的受信义务。在股份回购型内幕交易中，公司以内幕信息进行股份回购从经济层面考虑符合公司自身的最大利益，但正如上文分析，这与交易对手股东的利益不相符，此时公司代理人需对实现公司整体利益负有受信义务，而与部分股东利益相违背，便也难以建立公司对此部分股东的信义义务。[39]

---

[36] See Chiarella v. United States, 445 U. S. 222, 224 - 237 (1980).

[37] See Louis Loss & Joel Seligman, Fundamentals of Securities Regulation, 230 (Aspen Law & Business, 4th ed. 2001).

[38] See United States v. O' Hagan, 521 U. S. 624 (1997).

[39] See Mark J. Loewenstein & William K. S. Wang, *The Corporation as Insider Trader*, 30 Del. J. Corp. L. 45, 58 - 59 (2005).

但这并非意味着发行人不能成为内幕交易主体,也有美国学者从传统理论出发,认为发行人与交易股票股东间也存在类似 Chiarella 案中所论述的信义关系,进而论证发行人利用重大未公开信息进行股份回购构成内幕交易。具体来说,在传统理论框架下,内部人对股东的信义关系需借由发行人建立联系,即董事、高管等内部人基于职务等对发行人即公司负有信义义务,而买卖股票的交易者曾经是或将成为公司的股东,董事、高管等内部人因股东与公司间的关联而对买卖股票的股东负有将股东福祉置于个人利益之上的义务,即二者间存在信义关系。[40] 而在股份回购型内幕交易的情况下,发行人与股东间的关系不需要通过第三者联结,二者可以基于持股直接建立联系,因此发行人自身与股东间的关系远比发行人内部董事、高管通过发行人与股东所建立的关系密切。所以,从 Chiarella 案建立的原则进行推论,发行人应与股份回购中出售股票的股东也存在信义关系。在此前提下,发行人利用重大未公开信息进行股份回购可以被解释为内幕交易。[41] 该观点得到美国众多学者的支持[42],但也存在一定反对声音,如认为股份回购型内幕交易可以让长期持有股份的股东获益,所以对规制该类内幕交易的必要性存疑[43],或认为上述类推逻辑根基不够稳固,且尚未得到最高法院支持[44]。

基于上述对将传统理论运用于股份回购型内幕交易规制的批评,另一学者认为应该运用私取理论来解决相关问题,并且将股份回购型内幕交易看作由董

---

[40] See Chiarella v. United States, 445 U. S. 222, 224 – 237 (1980).

[41] See Mark J. Loewenstein & William K. S. Wang, *The Corporation as Insider Trader*, 30 Del. J. Corp. L. 45, 53 (2005).

[42] See Louis Loss & Joel Seligman, Securities Regulation 3605 (3d ed. rev. 2004),该篇文章认为,在传统意义上,"内幕人士"一词包括回购自己股票的发行人。See also Ian Ayres & Joe Bankman, *Substitutes for Insider Trading*, 54 Stan. L. Rev. 235, 259 (2001),该篇文章论述了内幕交易法限制公司在重大非公开信息的基础上交易自己的股票。See also Steven E. Bochner & Samir Bukhar, *The Duty to Update and DisclosureReform: The Impact of Regulation F Dand Current Disclosure Initiatives*, 7 Stan. J. L. Bus. & Fin. 225, 229 (2002)。"如果发行人从事市场交易,如根据股票购买计划进行的交易,披露义务就产生了。"

[43] See Zachary J. Gubler, *A Unified Theory of Insider Trading Law*, 105 Geo. L. J. 1225, 1233 (2017).

[44] See Jesse M. Fried, *InsiderTrading Via the Corporation*, 162 U. Pa. L. Rev. 801, 813 – 814 (2014). 该文认为尽管 SEC 立场是公司回购要承担内幕交易责任,但这一立场的理论依据是"不可靠的"(shaky)。

事、高管等利用内幕信息制定并决议通过股份回购计划的间接型内幕交易。具体而言，便是将发行人视作信息来源或是委托人，而将利用内幕信息制订股份回购计划并将回购决议的内部人（包括董事、高管等）视为受托人，如果该受托人未尽到对委托人的忠诚义务，那么便构成内幕交易。由此可以看出，私取理论与传统理论对待股份回购型内幕交易最大的不同点在于，私取理论不会像传统理论一样非黑即白地处理股份回购型内幕交易。在私取理论框架下，管理层未能在回购前披露重大未公开信息不会自动使管理层构成内幕交易并承担相应责任。相反，管理层有机会通过证明回购前未披露重大未公开信息满足公平标准的要求，来证明自己满足对信息来源的忠实义务，从而论证相关行为在私取理论下不构成内幕交易。[45] 但该种分析较为小众，其意在抛弃传统理论而将私取理论加以改造来统领内幕交易的认定领域，并未得到相关判例支持，所以仅具有参考价值。

根据上述美国学者运用传统理论与私取理论的分析，可以运用类推解释的方法，认为发行人与股东间的关系远比发行人内部人（如董事、高管）与股东关系密切，从而将发行人与股东间的关系解释为信义关系，并进一步将发行人依据未公开重大信息进行的股份回购解释为内幕交易。

随着证券电子化集中交易的现代化发展，起源于封闭型公司的信义关系理论已越来越难以适应上市公司证券交易场景，其对解释传统内部人以外的内幕交易主体也愈加无能为力。[46] 在此背景下，信义关系理论呼声式微，而信息机会平等理论愈发得到学术界与各国及地区立法例的支持，下文也将就信息机会平等理论在股份回购型内幕交易下的适用展开论述。

2. 信息机会平等理论下规制股份回购型内幕交易的必要性

受美国 SEC 与欧盟推崇的信息机会平等理论强调证券市场上的每一主体都应享有获悉信息的平等机会，该理论从市场总体而非个体角度着眼，认为应被法律维护的不仅是交易相对方间的信义关系，还包括证券市场的公平与公

---

[45] See Zachary J. Gubler, *A Unified Theory of Insider Trading Law*, 105 Geo. L. J. 1225, 1234 (2017).

[46] 参见曾洋：《证券内幕交易主体识别的理论基础及逻辑展开》，载《中国法学》2014 年第 2 期，第 170 页。

正；相应地，内幕交易主体不应限缩在信义关系框架内，而是任何知悉内幕信息人的证券交易行为都应被法律规制。[47]

将信义关系与信息机会平等理论框架进行对比，信义关系理论存在复杂、不确定、覆盖面不够广等问题，而市场公平理论则更能体现反内幕交易制度的公平与效率价值，同时，它的概念也更加简洁，更容易被市场参与者理解和运用，因此得到了立法机关的支持。[48]

信息机会平等理论的根基在于：基于证券交易的特性，信息是证券市场的核心，而投资者对证券价格的判断必然依据发行人所披露的信息来进行，在此前提下，维护投资者的合法权益的基础，便在于运用一系列制度设计，保障投资者公平的投资机会，让所有的投资者都可以公平、及时地获悉真实、准确、完整的信息，使其能够对股票价格进行判断，从而作出是否投资的决策。[49]

在信息机会平等理论下，当发行人掌握涉及自身的经营、财务或是对股票价格有重大影响而尚未公开的信息时，且在未触发强制性信息披露义务的情况下，如果发行人未公开该信息，而是依据该信息实施回购计划，那么在回购计划中出售股票的股东相较于发行人便具有信息上的劣势，该股东平等获悉信息的机会便被进行股份回购型内幕交易的发行人攫取。据此，拥有内幕信息的发行人可以成为信息机会平等理论下的内幕交易主体，该发行人依据该内幕信息进行的股份回购也因被视为内幕交易而受法律规制。

总之，传统信义关系理论下，发行人自身是否可以构成内幕交易主体存在解释空间，如果采用类推解释，则可以将发行人纳入内幕交易主体规制范围，也进而能够论证发行人利用内幕信息进行的股份回购可以构成内幕交易；而在信息机会平等理论下，利用内幕信息进行股份回购的发行人破坏了证券市场的信息平等，该发行人构成内幕交易主体在法理逻辑上不存在障碍，其行为也应被规制；所以，经两大理论框架检验，不能将发行人利用重大未公开信息进行

---

[47] 参见曾洋：《证券内幕交易主体识别的理论基础及逻辑展开》，载《中国法学》2014年第2期，第168—169页。

[48] See Corporations and Markets Advisory Committee (Australia), Insider Trading Report (2003).

[49] 参见赖英照：《股市游戏规则：最新证券交易法解析》，中国政法大学出版社2006年版，第262页。

股份回购排除在内幕交易的范围外，该行为是对信义关系以及信息平等的损害，因此具有理论上的规制必要性。

(二) 实质必要性

1. 股份回购型内幕交易将对出售股票股东产生直接损害

为了论证规制股份回购型内幕交易必要性，形式上的文义解释远不足够，仍需要从实践需求与法理逻辑的角度进一步考察。在实践中，可能出现的股份回购型内幕交易情形为：存在未披露的内幕信息，且内部人认为公司股价被低估，公司在其控制下作出回购决议，通过以低于真实价值的价格回购股份实现自身股份实际价值的提升。该交易行为虽然看似提高了剩余股份每股实际价值，但实际使得卖出股份股东向未出售股份股东转移财富。这一基于信息优势而生的利益输送，使得持有股份的内部人以及未卖出股份的股东获益，不但破坏了证券交易公平，而且损害了投资者信息，影响市场的健全发展，需要得到法律规制。[50]

为了更为细致地解释此种利益输送，可以在忽略税务与交易成本的情况下，将股份回购在效果上与以下三步交易等同：第一步，由未出卖股东直接从出卖股票股东处以回购价格购买股票；第二步，由公司发放与回购金额相等的股息[51]；第三步公司实施反向拆股。第三步反向拆股仅是没有经济意义的形式上的改变，所以可以忽略该步骤，而更关注交易的前两个步骤。第二步在股东之间又没有分配效果，而第一步可以在股东之间可以产生分配效果，所以在考虑股东间利益输送时仅需重点关注第一步发生的交易。此时，如果因公司未披露重大未公开信息，导致回购的价格低于股票实际价值，那么在回购计划中卖出股票的股东便会以低于实际价值卖出股票，根据上述分析，这相当于卖出股票股东以低价向未出售股票股东售卖股票，那么卖出股票股东因低价出售股票而损失的利益便转移到未出售股票股东处。当管理者拥有越多的公司股票

---

[50] See Jesse M. Fried, *Informed Trading and False Signaling with Open Market Repurchases*, 93 Calif. L. Rev. 1323, 1323–1386（2005）.

[51] 我国《公司法》暂未允许通过股份回购进行股利分配，但考虑到在因公司减资而回购、回购股份用于员工持股计划或股权激励、回购股份用于转换可转债、为维护公司价值及股东权益场合而回购等场合，出卖股票股东可以获得经济对价，所以在理论上看作由公司向股东发放股息。

时，其因知悉内幕信息而选择制订回购计划并不出售股票，便能通过上述分析路径，从出售股票股东处攫取更多的利润，也更有动力去进行此类"低价回购"（bargain repurchases）。

2. 内部人具有动机从事此类内幕交易

有人对此类行为在现实中是否存在产生怀疑，认为如果管理者进行低价回购则需要和其他未出售股票股东分享利润，而如果其直接运用个人账户来内幕交易，就可以获得全部的利润，那么管理者似乎没有必要采用更加低效、受益也更低的股份回购型内幕交易。

但事实上，管理者还是有动机进行股份回购型内幕交易的。首先，如果管理者自身缺乏足够现金，那么便无法直接运用个人账户进行内幕交易，此时便有可能利用公司资金进行股份回购型内幕交易。其次，管理者交易证券受到"短线交易"规则的规制。在美国，公司回购股份不属于"短线交易"的规制范围，所以若想要在6个月内运用内幕信息买卖股份，那么股份回购型内幕交易是风险更小的选择。最后，许多公司会设置管理者交易的禁止期限，在这些期限内，管理者可以通过股份回购型内幕交易来间接购买其所不能交易的低价股票。因此，在公司股价被低估时，管理者有能力也有动机去运用股份回购来间接为他们自己在低价时购买股票。

也有人根据股票回购对股价的正向效应，认为股份回购是股价被低估的信号，当回购计划被公布时，无论发行人是否披露对股价有实质影响的内幕信息，市场都会认为该公司股价存在被低估情形，进而买入该股票并抬高股价，这也将抬升回购计划实施时股票交易价格，并使其趋向于股票真实价值。根据上文分析，内部管理人主导股份回购型内幕交易的利润来源是回购价格与真实价值间的价差，当这种价差因股份回购的信号效应减少时，内部管理人的违法获利空间似乎所剩无几，那么其在现实世界是否会从事此种内幕交易便也值得怀疑。

需要承认的是，股票回购对于股价的积极影响不容忽视，并且在我国市场尤甚，如在证监会允许上市公司公开回购后的首例回购中，天音控股（SZ000829）发布回购预案的当天，股价从开盘便处于涨停板状态，与之类似，海马汽车（SZ000572）公布回购计划后同样引发2个交易日的连续涨停。

随后市场虽然没有对股票回购产生如此激烈的反应，但基本也都会对公布回购计划的公司股价持乐观态度。[52]

股份回购计划公布后股价的调整，确实会压缩内部人的牟利空间，这是必须承认的。但市场总是会对股份回购计划报以热切回应这一前提并非不可怀疑的。上市公司可以自行选择提出股份回购计划的时机、内容，对于股份回购的实施也具有高度的控制能力，所以在公告回购计划后，也很有可能没有进行任何回购或只是象征性地购买部分股份，如此因信赖这一利好而选择购入股票的投资者便会产生损失。[53] 就像经典的狼来了的故事，当市场中此种利用股份回购信号效应的"忽悠式回购"越多时，人们便很难判断回购计划背后意图，无法界定是因为股价确实被低估还是只是因为释放了错误信号，所以对于股份回购的反应也会趋于平缓，从而使得公布股份回购计划后股价变化也趋于平缓。[54] 那么，在存在"忽悠式回购"的现实世界中，内部人仍有机会在公司股价因内幕信息而确实被低估时，推动回购计划进行牟利。

3. 实证研究证实现实中存在股份回购型内幕交易

为了证明内部人确有动机进行股份回购型内幕交易，有一系列实证研究对股票市场中的内部人行为进行调查研究。2005 年度由经济学家就回购问题进行的一项研究中表示，大约 86.4% 的公司有强烈意向在公司股价与实际价值比偏低时进行股份回购，[55] 甚至有公司公开宣称其股份回购计划旨在于低价时购买公司股票从而服务于公司长期股东的利益。[56]

而 2015 年的一项研究表明，通过以低于实际价值的价格进行的股份回购（bargain repurchase）和以高于实际价值的价格进行的股份发行（inflated-price

---

[52] 参见朱庆:《论股份回购与操纵市场的关联及其规制》，载《法律科学》（西北政法大学学报）2012 年第 3 期，第 116 页。

[53] 参见朱庆:《论股份回购与操纵市场的关联及其规制》，载《法律科学》（西北政法大学学报）2012 年第 3 期，第 117 页。

[54] See Jesse M. Fried, *Informed Trading and False Signaling with Open Market Repurchases*, 93 Calif. L. Rev. 1323, 1356 (2005).

[55] See Alon Brav et. al, *Payout Policy in the 21st Century*, 77 J. Fin. Econ. 483, 514 (2005).

[56] See, e. g., UnitedHlealth Group Board Increases Shareholder Dividend 32%; Renews Share Repurchase Program, Unitedhealth Group (June 5, 2013), available at https://www.fiercehealthcare.com/healthcare/unitedhealth-group-board-increases-shareholder-dividend-32-renews-share-repurchase (last visited May 1, 2023).

issuances),所向长期股东输送的财富(wealth transfer)平均可以占到公司年净收益的四成以上,并且进一步估计1973年至2008年这种财富转移总额高达2.8万亿美元。[57]

2012年的一项研究指出,公司通过回购获得的股价上涨、降低成本收益与内部人的持股比例之间呈现倒"U"形的关系。因为随着内部人持股比例的增加,就会有更多"知情的投资者"(inormed investors),从而使股票价格更为趋近其真实价值,所以当内部人持股比例超过一定数值,其带来的上述效应就会超过内部人信息优势带来的利益输送效应,从而使二者之间呈负相关。[58]

4. 股份回购型内幕交易的潜在危害

(1)内部人更有动机进行股价操纵

当内部人促使一家公司以低价回购股票时,他们就更有动机操纵股价,如进一步压低回购价格,从而给自己增加利益。而这种对股价的操纵可能以两种方式损害公众股东:一是它增加了从公众投资者流向内部人的利益,使得内部人攫取更多回购价格与股票实际价值之间的差额;二是它减损了原本可能由公众股东获得的利益,使得在回购中出售股票股东的利益状况进一步恶化。在公众股东利益被损害的同时,推动低价股份回购并大量持有公司股份的内部人则可以收获丰厚收益,更有证据表明,CEO持股比例越高时,这种操纵股价以增加自身收益的行为会越激进。[59] 过于激进地对股价进行操纵,势必将引起操纵市场的责任,这不仅将给公司形象与声誉带来极大影响,而且将对证券市场的公平性造成严重损害。

(2)内部人倾向于不当使用公司现金流

当内部人发现可以从股份回购型内幕交易中牟利时,其便有动机在公司有可用现金流时,将现金用于实施回购计划,而非投入盈利项目,这将减少该公司的未来盈利机会,不利于公司财富的积累,有损公司长远发展;而未在以股

---

[57] See Sloan, Richard G. & Haifeng You, *Wealth Transters via Equity Transactions*, 118 J. Fin. Econ. 93, 95 – 100 (2015).

[58] See De Cesari, Amedeo, *The Eflects of Ownership and Stock liquidity on the Timing of Repurchase Transactions*, 18 J. Corp. Fin. 1023, 1023 – 1050 (2012).

[59] See Guojin Gong et al., *Earnings Management and Firm Performance Following Open-Market Repurchases*, 63 J. Fin. 947, 962 (2008).

份回购计划进行的内幕交易中出售股票的股东,虽然不会因出售该股票直接受损,但可能因为内部人此种错配公司现金流的行为而不能享受公司未来发展红利,从而间接受到损失。

耐人寻味的是,最近的一项研究发现,在美国回购次数较多的公司会削减潜在的理想投资,特别是那些由内部人持股驱动的回购对公司的研发投资有明显的负面影响。该研究表明,在其他条件不变的情况下,股票回购翻倍会导致研发支出减少8%。[60] 虽然这些研究本身并不能证明内部人利用内幕信息进行低价回购,但它们确实表明,回购计划的实施很可能从公司内部潜在的生产活动中转移现金。

并且值得注意的是,这种特殊类型的资本错配主要来自此种股份回购型内幕交易,即由掌握内幕信息内部人推动的间接型内幕交易,而不会来自内部人利用自己或关联人账户进行的直接内幕交易。具体而言,由内部人直接进行的内幕交易在正常情况下不会使用公司资金,所以不会影响公司资本结构,而内部人推动的股份回购型内幕交易因需要使用公司现金回购股份而会直接影响公司现金流情况,这对于公司的价值创造活动将产生远大于直接型内幕交易的不利影响。

四、股份回购型内幕交易行为的特殊性分析

(一) 主体为发行人自身

按照我国《证券法》第50条与第53条的规定,内幕信息的知情人和不当获得内幕信息之人,不得使用内幕信息进行证券买卖。具体而言,在内幕信息公开前,被禁止有买卖该公司证券、泄露内幕信息、建议他人买卖证券的行为。如果要将股份回购型内幕交易纳入该条的规制范围,只承认发行人属于"证券交易内幕信息知情人"是远远不够的,还需要仔细检讨股份回购型内幕交易各个构成要件的特殊性,通过个性化解释构建更契合该种内幕交易特点的规则体系。

---

[60] See Alok Bhargava, Executive Compensation, *Share Repurchases and Investment Expenditures: Econometric Evidence from US Firms*, 40 Rev. Quantitative Fin. & Acct. 403, 419 – 420 (2013).

区别于大多数内幕交易，股份回购型内幕交易在主体构成要件中的一个突出特点，便是发行人作为内幕信息知情人成了实施证券交易行为的主体。发行人作为法人，由于只是由法律拟制而成，所以任何行为都需要借助其内部机关完成，而具体到内幕交易行为中，内幕信息的"知悉""利用"也需要由具体的自然人来承担。[61] 交易行为也需由自然人拟订计划，并由自然人组成的内部机构（在股东会表决事项中也可能包括法人）表决通过。[62] 因此，在股份回购型内幕交易整个流程中，虽然发行人是股份回购行为的表面实施者，但其背后利用内幕信息并主导交易的自然人不可被忽视。

需要注意的是，关注发行人背后的自然人，并不意味着完全免去法人本身的责任。综观全球主要资本市场法域，大多都将内幕交易的追责对象扩展至法人：美国 SEC 发布的 10b5 – 1 规则中明确包含"非自然人"（a person other than a natural person）的内幕交易[63]；欧盟《禁止市场滥用条例》第 3 条明确"人"应指任何自然人或者法人[64]；英国《金融服务与市场法》中将内幕交易人由原先的"人"修订为包含个人与法人的"任何人"（any person）；澳大利亚《公司法》中规定内幕交易的执法对象除了自然人，也包括公司或合伙等实体（entities）。我国台湾地区曾一度认为内幕交易规范主体均为自然人，并不包括法人，主要理由在于无法对法人执行自由刑；该种观点直到 2011 年才被台湾地区"最高法院"判决纠正，改为承认法人可构成内幕交易主体，但对违反规定的法人只处罚其行为负责人。

如果想追究法人的内幕交易责任，在法理上需要解决的问题便是在由自然人主导的内幕交易中处罚法人的理由在何处。对此，笔者认为法人虽然内部机构人员复杂，且无力监控内部人的每个行为，更难以制止每一个潜在的利用内

---

[61] 学术界对证券内幕交易的法定构成要件中是否应包含知情人的交易利用了内幕信息，即是否包括"利用要件"，存在争论，本文无意参与该类争论，此处采用曾洋老师观点，认为内幕交易构成要件应包括"知悉"与"利用"。参见曾洋：《证券内幕交易的"利用要件"》，载《环球法律评论》2013 年第 6 期。

[62] 参见张子学：《浅析单位内幕交易违法的认定与处罚》，载《证券市场导报》2011 年第 7 期。

[63] 17 CFR § 240.10b5 – 1.

[64] See Regulation (EU) No 596/2014 of the European Parliament and of the Council (Apr. 16 2014), https://eur-lex.europa.eu/legal-content/EN/TXT/PDF/?uri=CELEX:32014R0596&from=EN.

幕信息制订并通过回购计划的内部人，但至少有可能建立一套较为完善合理的预防内部人进行内幕交易的内部控制机制，如金融监管领域的"中国墙"（Chinese Wall）制度，即要求涉足多种业务的金融与市场机构建立能够防止重大且非公开信息在不同部门间传递的内部机制。[65]

由此，未能建立防范内部人利用法人进行内幕交易的机制，是处罚实施内幕交易行为法人的理由所在。进一步思考，这一结论的反面便是：已建立防范内幕交易机制的法人可以将此作为抗辩理由以排除承担内幕交易责任。这一逻辑已被美国、澳大利亚、英国等主要资本市场法域成文法接受，并将其作为内幕交易的豁免情形。在美国 SEC 所制定的 10b5-1 规则中，自然人以外的主体享有特殊的抗辩理由。具体来说，在满足以下两个条件时，自然人以外的主体（包括法人）可以抗辩其交易证券行为不构成内幕交易：一是为该主体作出证券交易决策的自然人对该内幕信息并不知情；二是根据该主体业务特点，该主体已经采取了合理的政策和程序，以保证在作出交易证券决策时不会违反禁止内幕交易的禁令，如在该单位掌握内幕信息时，对相关证券的交易进行限制，或者对内幕消息进行封锁，使作出证券交易决策的自然人无法获知内部消息等。[66] 澳大利亚《公司法》第 1043F 条也作出类似规定，将公司设置隔离内幕信息与决策者的机制作为公司不构成内幕交易的抗辩条件之一。[67]

较为遗憾的是，我国目前的证券法规体系中未见相关规定，而实践中由公司进行内幕交易并不鲜见，例如黄某裕案中即涉及区分单位内幕交易和个人内幕交易问题；又如证券公司、证券投资咨询公司等专业证券投资机构，其投行、研发部分了解获悉上市公司内幕信息的概率很大，而同时这些公司一般也会具有经营证券期货的业务部分，因此公司整体极有可能涉嫌内幕交易。[68]

---

[65] 参见黄辉：《大型金融和市场机构中的中国墙制度——英美法系的经验与教训》，载《清华法学》2007 年第 1 期，第 149 页。根据该学者观点，我国《证券法》第 128 条总体上确认了中国墙制度："证券公司应当建立健全内部控制制度，采取有效隔离措施，防范公司与客户之间、不同客户之间的利益冲突。证券公司必须将其证券经纪业务、证券承销业务、证券自营业务、证券做市业务和证券资产管理业务分开办理，不得混合操作。"

[66] 17 CFR § 240.10b5-1.

[67] 澳大利亚《公司法》第 1043F 条。

[68] 参见张子学：《浅析单位内幕交易违法的认定与处罚》，载《证券市场导报》2011 年第 7 期，第 25 页。

就普通公司与证券机构而言，要想既能使正常证券交易行为不被打搅且使部分重要信息在公司内部进行必要传递，又防止内幕信息被不当使用，极有必要在公司内部建立防范机制。而我国证券法也应借鉴上述资本市场立法例，将有效的内幕交易防范机制设置为认定法人是否构成内幕交易的特殊抗辩事由。该类抗辩事由不仅应适用于本文着重关注的股份回购型内幕交易，还应覆盖所有由非自然人（尤其是公司）进行的内幕交易。如此，一方面可以激励公司自行建立防范内部人利用内幕信息进行各种形式交易的制度，使已建立起内控机制公司的正常合规证券交易活动不受证券监管影响；另一方面可以明晰执法标准，使内幕交易监管工作有更好的抓手。

（二）"知悉"内幕信息标准特殊

"知悉"内幕信息是该主体构成内幕交易的前提，正如前文所述，对内幕信息的知悉实际上需要由自然人来完成，所以法人知悉内幕信息的认定与自然人存在不同。

澳大利亚《公司法》对如何认定公司知悉内幕信息进行了直接规定，即如果公司的高级管理人员（officer）在履行公司职责过程中获悉和拥有了内幕信息，则可以认定该公司拥有（即知悉）该内幕信息。[69]

我国香港特别行政区则采用间接规定的形式，在《证券及期货条例》第101B（2）节中从督促上市公司及时披露未公开且重大信息的角度，规定如果能证明上市公司中存在高级管理人员（officer）在履行其职责过程中知悉或应当知悉内幕信息，便可以据此认为该公司知悉内幕信息。[70] 除此之外，其他资本市场大多并未在成文法中对该问题进行回应，而是根据"代理"理论，认为如果作为公司代理人的董事或高级管理人员知悉内幕信息，一般便可以认定公司知悉内幕信息。[71]

具体到股份回购型内幕交易中，此种内幕交易的内幕信息由发行人处产生，信息内容也与发行人直接相关，所以发行人极难否认其并不知悉该内幕信

---

[69] 澳大利亚《公司法》第1042G（1）（a）条。
[70] 我国香港特别行政区《证券及期货条例》第101B（2）节。
[71] 参见张子学：《浅析单位内幕交易违法的认定与处罚》，载《证券市场导报》2011年第7期，第24页。

息。即使以公司内部代理人知悉作为公司知悉的判断标准，股份回购型内幕交易也完全符合相关要求。

(三) 交易行为表现为股份回购

股份回购型内幕交易在行为样态上区别于其他形式的内幕交易，即通过公司进行股份回购而非普通的证券买卖。股份回购不仅与普通证券买卖行为一样，都可以增强资本市场流动性，还具有很多独特的目的与制度价值。对于公司自身运营，股份回购作为一种减资途径，可以实现调整公司资本的功能，也能够提高资产配置的效率。公司回购自身股份也有助于刺激市场需求，传递利好信号，稳定股票价格。股份回购也便于公司实行员工持股计划与股权激励机制，避免新股发行的烦琐手续与高昂成本。从股东利益角度考虑，股份回购既能够赋予少数异议股东退出公司权利，也能提升未出售股票股东的每股收益水平，并且可以作为股利分配的替代，节省税负并带来更大灵活性。在特殊时刻，股份回购也可以作为抵御敌意收购手段，从而维护公司现有控制权。[72]

虽然股份回购存在以上价值，但如果全然放开管控，也会存在一定风险。股份回购可能破坏股东平等原则，在公司仅从特定股东处购买股份时，其他股东丧失向公司出售股票机会，这对公众投资者来说并不公平。[73] 在经济效用上，股份回购与分红、部分清算类似，都是公司资产的实质流出，归属于偿债能力测试中的"大分配"范畴，可能有损公司资本充实，进而对公司债权人权益造成威胁。[74] 对此，我国《公司法》规定了股份回购的特殊条件，对决策程序进行了相关的限定，并对上市公司回购股份特别提出了履行信息披露义务的要求。

由此，《公司法》已对股份回购的程序与情形进行限定，但并未触及股份回购对股票市场影响，证券法规需对此作出回应。同时，股份回购具有独特制

---

[72] 参见张勇健：《股份回购制度的完善与司法应对》，载《法律适用》2019 年第 1 期，第 64—65 页；参见张巍：《上市公司股票回购的功能考察与制度反思——以美国经验为核心的研究》，载《证券法苑》2017 年第 4 期，第 87—96 页。

[73] 参见张勇健：《股份回购制度的完善与司法应对》，载《法律适用》2019 年第 1 期，第 68 页。

[74] 参见朱慈蕴、皮正德：《公司资本制度的后端改革与偿债能力测试的借鉴》，载《法学研究》2021 年第 1 期，第 54—55 页。

度价值,在设计规制股份回购型内幕交易的制度时,需注意维护特定类型股份回购的经济效用。

在我国最高人民法院与最高人民检察院于 2011 年发布的内幕交易司法解释第 4 条[75]中,将根据预先确立的合同、指令或计划进行的证券交易排除在内幕交易罪之外,使此种行为免受刑事责任的追究。该规定意在使市场正常交易行为不受刑事指控打扰,但规定设计较为简单,在细节处存在一定缺漏,容易为内部人所利用以进行法律规避。[76]

追根溯源,该规定来源于美国 SEC 在 2000 年制定的 10b5 – 1 规则,为便利市场中的正当交易行为,其对类似预先确定的交易计划情况设置了一种豁免,该规则对想要运用此项豁免的被告界定了如下要求。

首先,如果交易证券主体如果能证明具有下列三类情形之一,那么便能排除内幕交易的指控,即该交易主体在获悉内幕信息前,已经:(1)订立了交易该证券的生效合同;(2)对另一主体下达交易证券的指令;(3)制订关于该证券的书面交易计划。

该规则也对此处所指的"合同""指令"与"交易计划"进行了较为严格地规定,要求其至少应包括所打算买卖证券的数量、价格与日期,或记录有算法、公式或电脑程序以确定交易数量、价格与日期,或载明上述合同、指令与交易计划被制订后,不被任何方式、任何时间施加影响,而如果确需改变,需确保修改主体在进行变动时不知悉相关未公开重大信息。

需要特别注意的是,只有当上述预先确定的合同、指令与计划被依照原样执行时,制订者才能够享受内幕交易豁免的保护,否则任何偏离,包括买卖证券数量、价格、时间、方式的更改,都将属于"未能遵照预定交易计划行为"。

---

[75] 《最高人民法院、最高人民检察院关于办理内幕交易、泄露内幕信息刑事案件具体应用法律若干问题的解释》(法释〔2012〕6 号)第 4 条规定:"具有下列情形之一的,不属于刑法第一百八十条第一款规定的从事与内幕信息有关的证券、期货交易:(一)持有或者通过协议、其他安排与他人共同持有上市公司百分之五以上股份的自然人、法人或者其他组织收购该上市公司股份的;(二)按照事先订立的书面合同、指令、计划从事相关证券、期货交易的;(三)依据已被他人披露的信息而交易的;(四)交易具有其他正当理由或者正当信息来源的。"

[76] 参见曾洋:《证券内幕交易的"利用要件"》,载《环球法律评论》2013 年第 6 期,第 62 页。

其次，10b5-1规则还规定了前述三种情形下制订者必须具备的一项要素：善意，即不能通过制订上述合同、指令或是交易计划来规避法律责任，否则也将面临内幕交易的指控。

由此可见，10b5-1规则对预定交易计划所设置的豁免，总体须满足一个基本原则和三项具体条件。"善意"即是想要适用该条豁免一定需具备的原则条件，该项规则制定的目的便是防止公司内部人员为公司利益进行的正当证券交易活动被认定为内幕交易[77]，而如果内部人进行证券交易活动时是非善意的，即该交易是不正当的，那么便丧失了享受豁免的理论基础，自然也不能构成豁免。为了防止非善意的内部人利用该项豁免逃避内幕交易责任，该规则也规定了较为严苛的三项适用条件：计划制订者订立计划时明确未获悉相关内幕信息；计划需规定好证券交易的数量、价格、时间等；计划制订完成后原则上不得对计划中涉及数量、价格、时间等内容进行修改。

如果将此项规则运用到股份回购型内幕交易中，那么首先应明确适用该项豁免的主体，根据中美两国规定，实施交易主体即为享受豁免主体，所以适用该豁免的主体应为发行人自身。根据上述归纳，在SEC规则下，进行股份回购的发行人如果想要运用预定交易计划的豁免，首先需在知悉存在有内幕信息时已制订有书面回购计划。因为此处的内幕信息与发行人股价相关且几乎来自发行人内部，所以按照前文所讨论的发行人"知悉"内幕信息标准，发行人几乎从内幕信息产生时起便可以被认定为知悉内幕信息，由此，发行人在绝大多数情况下，仅有实施在内幕信息产生前制订的回购计划才有可能享受豁免。其次，该回购计划中需列明回购股票的数量、价格以及日期或包括确定上述要素的公式、电脑程序等，且很难存在不知悉内幕信息的其他人来修改回购计划，所以回购股票数量、价格及日期一经确定后，便不能再有所变动。除此之外，实施回购计划的发行人须基于善意订立回购计划，而不能是内部人利用"低价回购"来达到自身获益的目的。

（四）责任主体区别于自然人

股份回购型内幕交易是由发行人作为交易主体的内幕交易，发行人作为单

---

[77] 参见郑晖：《内幕交易司法解释中预定交易计划条款探讨——以美国证监会10b5-1（C）规则为视角展开》，载《证券市场导报》2014年第4期，第71页。

位，其可能面对的内幕交易责任与自然人存在不同。

就内幕交易的行政责任方面而言，如果被认定为自然人进行的内幕交易，需承担没收违法所得以及该违法所得 1 倍至 10 倍数额的罚款，或是在不存在违法所得或者所得不足 50 万元时，负担 50 万元至 500 万元的罚款；而如果被认定为由非自然人的单位进行的内幕交易，直接责任人员仅需负担 20 万元至 200 万元的罚款。在内幕交易刑事责任方面，二者的责任差别也较为明显：由自然人进行的内幕交易，需缴纳违法所得 1 倍至 5 倍的罚金，情节严重的将面临拘役或 5 年以下有期徒刑，情节特别严重的将面临 5 年至 10 年的有期徒刑；而被认定为单位犯罪时，直接责任人员无须缴纳罚金，且自由刑范围为 5 年以下有期徒刑或拘役。可见，自然人的内幕交易责任总体上都会重于单位责任人员，所以，为了减轻罪责，当事人在实践中很有可能有意模糊个人内幕交易与单位内幕交易的边界。[78]

实践中可能存在的第一种情况是单位为了逃避刑事处罚中的罚金以及未来可能的民事赔偿，将职级较低的内部员工作为"替罪羊"推出，即把单位内幕交易塑造为个人内幕交易；第二种情况是单位中有极强控制力的个人，为了减轻责任，主张将个人内幕交易定性为单位内幕交易。在这种情况下，将个人内幕交易与单位内幕交易合理区分，并明确股份回购型内幕交易的责任承担主体显得尤为重要。

首先，在考虑因素上，识别单位内幕交易可以参考以下几个要点：交易是否经单位内部人员集体研究通过、交易所使用的账户主体、内幕交易使用资金来源、违法所得归属等。[79] 综合考虑上述因素，股份回购型内幕交易在交易的各个流程上，包括从计划的制订、通过到实施，几乎都无法脱离单位的控制而仅由单位内部个别人员完成，所以难以被认定为个人内幕交易。

其次，借鉴最高人民法院区别单位犯罪与个人犯罪的司法解释，在个人为了进行犯罪而设立公司，或公司设立后以犯罪为主要活动，抑或盗用单位名义

---

[78] 参见张子学：《浅析单位内幕交易违法的认定与处罚》，载《证券市场导报》2011 年第 7 期，第 22 页。该文提及，黄某裕案中便涉及单位内幕交易犯罪与个人内幕交易犯罪的区分问题。

[79] 参见张子学：《浅析单位内幕交易违法的认定与处罚》，载《证券市场导报》2011 年第 7 期，第 26 页。

犯罪且违法所得归于个人的情况下[80]，应以个人犯罪论处。具体到股份回购型内幕交易中，考虑到实施股份回购计划的发行人都为受到证监会与交易所监管的上市公司，需要在公司内部治理与日常运营中遵守一定规范[81]，因此几乎不会出现上述情况。

最后，正如前文分析，在股份回购型内幕交易的全过程中，发行人背后存在作为推手的内部人，即使不能认定其构成个人内幕交易，也要将其纳入单位责任人员范围内。在确定单位责任人员范围时，除了应考虑此人在交易中发挥的作用如何，也要综合考虑其是否知悉内幕信息、持有公司股份数量情况等因素。

（五）违法所得计算方式具有特殊之处

在讨论对内幕交易的规制时，违法所得也是不可忽视的重要因素，其不仅在一定程度上决定了内幕交易罪的定性，而且作为量化标准能够影响内幕交易罪的量刑结果。[82] 在股份回购型内幕交易中，根据目前通行的公司法规定，公司回购股票后不能再将该股票卖出，难以计算在此过程中的获益情况；而在内部人以个人账户所进行的直接型内幕交易中，内部人利用利好内幕信息买入股票后，通常会在该利好信息公开后卖出股票，所以存在较为明晰的实际成交所得。因此，股份回购型内幕交易的违法所得计算方式与直接型内幕交易相比具有一定的特殊性，也应对此制定特殊的规则。

根据最高人民法院、最高人民检察院于2012年发布的内幕交易司法解释，《刑法》第181条内幕交易罪中所规定的"违法所得"，主要是指内幕信息知情人通过该内幕交易行为能够获得的利益或者可以避免的损失。[83] 如前文所述，本文所讨论的股份回购型内幕交易在操作模式上主要表现为"低价回购"，多为内部人通过利好信息意图谋取利益，所以在违法所得中将关注重点

---

[80]《最高人民法院关于审理单位犯罪案件具体应用法律有关问题的解释》（法释〔1999〕14号）第1、2条。

[81] 2018年《上市公司治理准则》；2021年《北京证券交易所上市公司持续监管办法（试行）》。

[82] 参见余子寒：《内幕交易罪违法所得司法认定研究》，上海交通大学2021年硕士学位论文，第11页。

[83]《最高人民法院、最高人民检察院关于办理内幕交易、泄露内幕信息刑事案件具体应用法律若干问题的解释》（法释〔2012〕6号）第10条。

放在能够获得的利益上，而暂不讨论可避免的损失。

在实践中，对于在利好信息公开前买入并在公开后卖出的内幕交易行为，证监会与法院多以实际出售金额减去购入股票成本和其他交易费用的差额计算获得利益，并且如果存在多笔交易，则将亏损与获利累计计算，该种做法被概括为"实际所得法"。[84] 该种计算方式标准清晰，操作简便，但并没有考虑到影响股价的其他因素，并且无法适用于在利好信息公开前买入股票但未卖出情形。在股份回购型内幕交易中，因为发行人所实施的交易行为是股份回购，并且根据各国及地区公司法的通行规定，公司不能再向市场出售其所回购的股票，所以该类型的内幕交易也属于在利好信息公开前买入股票但未卖出的情形。那么在没有实际市场交易的情况下，是否存在违法所得？笔者认为答案应为肯定。这源于在内幕交易中，只要行为人利用信息优势进行股票交易行为，其不法行为便已经既遂，其产生的结果便是使行为人获得了与普通投资者地位不对等的特殊的获益或避免损失的机会，该种特殊的获益或避损机会便为违法所得，所以无论行为人事后是否卖出股票，或最终是否处于获利状态，都不影响对行为人已取得违法所得的判断。[85] 在股份回购型内幕交易中，在公司相关规则的约束下，公司回购股票后并不能出售股票并套取利益，但因为公司在进行股份回购时利用了内幕信息，使得普通投资者处于相对劣势地位，并更有可能在此交易中受到损失。而在另一边，虽然公司没有在回购后续交易中出售股票的机会，但推动此类回购并持有公司股份的公司内部人极有可能通过在利好信息公布后出售股票的操作来获利，所以该内部人相应获得了特殊的获益机会，这种获益机会与最终利润可能流向公司内部人而非公司，但此种获益机会与公司未建立防范内幕交易的内控机制存在直接因果关系，所以仍然可以被视作股份回购型内幕交易中的违法所得。并且，如果因为公司不能进行后续出售股票操作而认为公司不存在违法所得，则将出现出售股票股东利益存在实际损失，而不存在违法所得的荒谬局面。由此，在不存在公司层面的出售股票行为

---

[84]（2013）粤高法刑二终字第274号；中国证监会行政处罚决定书（2013）79号、（2015）8号、（2016）103、117号等。

[85] 参见金燚：《内幕交易之违法所得：行刑衔接视角下的实证考察与理论辨析》，载《湖北社会科学》2021年第2期，第139—140页。

情况下，该种违法所得应通过拟制进行预测，而非由实际交易差额进行衡量。

对于此类在利好信息公开前买入股票但未卖出的内幕交易，实践中我国证监会与司法部门也会遵循拟制思路，以某一基准日下基准价格来确定账面上的股票市值，再减去购买股票成本与其他交易手续费用，来计算违法所得。该种拟制思路值得赞许，但基准日与基准价格的确定不尽合理，根据实务案例整理，在实践中存在以内幕信息公开之日当天的收盘价、调查终止日价格、调查发函日价格作为基准价格的不同做法。[86] 针对上述做法，考虑到证券市场对内幕信息的反映存在一定限制，所以如果采用内幕信息公开之日的价格为基准价格对违法所得的解释力有限；而又由于调查终止日与调查发函日、信息公开日存在一定时间差，内幕信息对股票价格的影响也较为有限，所以将其作为基准价格也存在争议。[87]

因此，为了促进定罪量刑的确定性，有必要明晰拟制违法所得的基准价格，构建较为统一的认定规则。梳理相关学术理论和实务判例，目前较为一致的观点是：重大未公开信息对证券市场价格影响期间持续在10个交易日左右。[88] 基于这一认定，将内幕信息公开后10日内的平均价格拟制为基准价格是较为合理的预测。这不仅使基准价格较为准确地反映违法所得情况，而且使证券监管部门与司法部门在计算违法所得时更加便捷。

在拟制违法所得时，除了应确定基准价格，还需确定计算入违法所得的交易股票数量。在一般的内幕交易中，将内幕交易中购买的所有股票计算入违法所得是逻辑上顺畅的选择，因为内幕交易人有可能将所有买入股票出售，也相应有可能获得以所有股票总数计算的违法所得；而在股份回购型内幕交易中，发行人无法直接出售所回购的股票，仅有知悉内幕信息并持有公司股票的内部

---

[86] 参见（2010）二中刑初字第689号；中国证监会行政处罚决定书（2012）37、46号，中国证监会行政处罚决定书（2019）90、115号。

[87] 参见缪因知：《内幕交易民事责任制度的知易行难》，载《清华法学》2018年第1期，第201页。

[88] See James C. Spindler, *Why Shareholders Want Their CEOs to Lie More after Dura Pharmaceuticals*, 95 Georgetown L. J. 653 (2007). 根据我国台湾地区"证券交易法"第157条的规定，实施内线交易等行为，应当就当日善意从事相反交易方向的成交价格与信息公开后10个交易日收盘平均价格之间的差额承担损害赔偿责任。

人才有可能售卖股票，该股票上所附着的特殊获利机会才可能得到实现；而在回购股票数量超过内部人持有股票数量的情况下，对于所回购的股票超越内部人持有股票的部分，因为公司无法售卖此类股票，也不存在获利可能，所以应将该部分股票排除在违法所得的计算外。

由此，在计算股份回购型内幕交易的违法所得时，首先应坚持拟制思路，不可因不存在实际市场交易而否认存在；其次要确定合理的基准价格，以信息公开后10日内平均价格为参考；最后在计算数量上，应排除不存在获利可能的部分，即去除回购股份数量多于内部人持股数量部分。

五、结语

股份回购型内幕交易是以发行人为主体、以回购股份为行为的特殊内幕交易类型。我国现行证券法规已对此有所关注，不仅在《证券法》中明确承认股份回购型内幕交易，而且在配套规章中提供了封锁期、事前事后披露等制度供给，但其中部分制度以维护二级市场稳定为主要规制目标，并不能完全适配内幕交易的规制需要。我国对股份回购型内幕交易的承认，与全球资本市场的主流观点相吻合。

股份回购型内幕交易区别于一般类型内幕交易，需构建更契合该种内幕交易特点的规则体系。在主体方面，实施回购计划的主体为发行人，作为需借由内部机关进行意思表示的法人，其被规制的法理依据在于未能建立有效的防范内幕交易的内控机制，因此有必要借鉴美国SEC为法人设置的豁免，构建特殊的内幕交易法人豁免规则。在"知悉"内幕信息的表现形式上，法人也与自然人存在区别，目前主流规则是以法人内部高级管理人员知悉来推定法人知悉，对股份回购型内幕交易也可以由此认定发行人知悉内幕信息。在交易行为层面，股份回购计划具有独特的经济功能，所以有必要保护正常的股份回购计划不受内幕交易责任的干扰，此时可以考虑借鉴欧盟为回购计划设置的安全港规则与美国SEC为预定交易计划所设置的豁免。在法律责任方面，单位内幕交易中责任人员所需承担的责任与个人内幕交易责任相比更为严重，所以应注意区分二者，防止混淆产生；股份回购型内幕交易为上市公司为主体进行的内幕交易，难以被认定为个人内幕交易。最后，在违法所得计算方面，考虑到股份回购型内幕交易后，公司无法出售所回购股票，所以对于此类内幕交易的违法所得难以根据市场实际交易收益判断，而是应采用拟制方法，以信息公开后 10 日内平均价格为基准价格，并将回购数量超出内部人持股数量部分股份排除在计算范围外。

从管理者到市场：估值与股东财富范式

[美] 詹姆斯·帕克 著 薛前强 孟弋丁 译*

目 次

一、引言
二、管理主义概要
三、管理主义到股东财富范式转向的传统解释
四、评价未来收益的问题
五、发出未来收益的信号
六、估值与公司目标
七、结论

摘 要：目前，股东财富范式已取代管理主义模型。管理主义模型，是指投资者遵从于具有专业知识的管理者的决定，从而有效分配公司内部资源。在管理主义模型中，公司内部的资本市场管理者在增加公司利润问题上承受更小的压力。根据传统解释，管理主义转变为股东财富最大化的本质是关于支持股东一方的意识形态的转变。本文认为，管理主义模型衰落的更重要的原因在于

---

* [美] 詹姆斯·帕克，加州大学洛杉矶分校法学院教授；薛前强，法学博士，中央民族大学法学院讲师；孟弋丁，中央民族大学学生。

投资者评估公司价值的方式发生根本性变化。随着上市公司内部预测业绩能力的提升，投资者更有信心能够预测公司盈利走向。当股票价格越来越能够反映公司未来业绩的现值时，对上市公司来说，向投资者证明其具有盈利增长可能性变得更加重要，而方法之一便是持续满足财务预期。股东财富最大化并非一种意识形态，而是基于未来盈利对股票进行估值的市场组成的一部分。投资者最近改变了估值方法，不再强调即期盈利，因此一些公司在向相关利益方作出有意义的承诺方面有了更多的自由裁量权。

关键词：管理主义；股东财富范式；意识形态；估值方式；企业集团

一、引言

几十年来，股票市场对上市公司管理者的评估标准在于其是否最大化股东价值，但情况并非总是如此。随着美国上市公司在第二次世界大战后逐渐开始主宰经济市场，前沿经济学家和评论家发现公司管理者并没有被强制要求实现利润最大化。这一管理主义时代的特征是，投资者遵从于大型公司管理者的决策，这些大型公司的管理者将自己视为受托人，承担平衡各类公司利益相关者利益的责任。近年来，人们重新对抛弃股东财富范式提起兴趣。[1] 研究管理主义模型及其衰落可以为近几十年来有关公司目标的争论提供一种深刻见解。

管理主义观念的基础是专业管理者比投资者更善于评估企业价值。[2] 换言之，公司内部资本市场比没有公司的资本市场更有效率。随着公司规模的扩

---

[1] 例如，在2019年秋季，由主要上市公司首席执行官（CEO）组成的组织商业圆桌会议的成员发表声明，宣布他们将不再仅仅为促进股东利益而工作。商业圆桌会议，关于公司宗旨的声明（2019年8月），https：//opportunity. businessroundtable. org/wp-content/uploads/2019/12/BRT-Statement-on-the-Purpose-of-a-Corporation-with-Signatures. pdf。共有184位CEO签署了一份文件，表达了"对我们所有利益相关者的基本承诺"。除了为股东提供"长期价值"，他们还致力于为消费者创造价值、投资于员工、与供应商公平和合乎道德地交易以及支持当地社区。该声明宣称"我们的每个利益相关者都是必不可少的"。该声明打破了普遍的观点，即企业经理的主要任务是增加股东价值。商业圆桌会议过去也发表过类似的声明。直到1990年，它还观察到"公司的特许经营是为其股东和整个社会服务"。商业圆桌会议、公司治理和美国竞争力（1990年3月）。然而，该组织在1997年的一份声明中指出，上市公司的"首要职责"是对股东负责，而公司利益相关者的利益是这种职责的"衍生"。参见商业圆桌会议，公司治理声明（1997年9月），http：//www. businessroundtable. org/pdf/11. pdf。

[2] 参见，例如，William T. Allen, Our Schizophrenic Conception of the Corporation, 14 Cardozo L. Rev. 261，272（1992）（请注意，管理者认为，与资本市场相比，管理者更擅长对企业进行估值）。

大，股东在对公司部门进行估值时的交易成本也在增加。当管理逐渐被视为一门学科时[3]，公司管理者被认为比散户投资者更有能力通过内部资本市场来分配资源。内部人士有资格获得信息，这使他们相比于外部人士在为公司股票定价方面具有先天优势。

通说观点将管理主义的衰落归因于意识形态的变化。一些学者指出，1970年米尔顿·弗里德曼（Milton Friedman）在《纽约时报》上发表了一篇支持股东财富最大化的文章。[4] 2020年9月，《纽约时报》汇总了多位企业高管和学者对这篇文章的看法。[5] 普遍的观点认为弗里德曼的文章成功影响了一代公司管理者，使他们开始关注如何提高股东价值。除了管理态度的变化，股东也丧失了对上市公司管理团队的信心。20世纪70年代的一些公司丑闻推动了以董事会独立为重心的公司治理改革。[6] 亨利·汉斯曼（Henry Hansmann）和莱尼尔·克拉克曼（Reinier Kraakman）在2001年发表的一篇被广泛支持的关于股东财富最大化的文章中指出，"20世纪70年代和80年代的企业集团运动的崩溃……在很大程度上摧毁了管理主义模型的规范吸引力"[7]。

经过更加仔细的研究后，一个发现是，很难将这种转变归因于股东财富标准在意识形态上的转变。[8] 规范可能具有影响力，但它们也常受到质疑。公

---

[3] 参见，例如，Carl Kaysen, The Social Significance of the Modern Corporation, 47 Am. Econ. Rev. 311, 313（1957）。现代企业的特点是：（1）科学管理；（2）重视成长和技术进步；（3）管理层承担的责任范围广泛。

[4] 参见 Lynn Stout, The Share Holder Value Myth 18（2012）；另见 Leo Strine, Jr. & Joey Zwillinger, What Milton Friedman Missed About Social Inequality, N. Y. Times, Sept. 10, 2020, https：// www. nytimes. com/2020/09/10/business/dealbook/milton-friedman-inequality. html？searchResultPosition = 1（指出 Friedman 的文章是意识形态转变的开始，应该扭转对企业利益相关者的责任）。

[5] A Free Market Manifesto, Reconsidered, N. Y. Times, Sept. 11, 2020.（2020年9月13日修订）https：//www. nytimes. com/2020/09/11/business/dealbook/milton-friedman-doctrine-social-responsi bility-of-business. html？action = click&module = Top% 20Stories&pgtype = Homepage.

[6] 参见，例如，Jeffrey N. Gordon, The Rise of Independent Directors in the United States, 1950 – 2005：Of Shareholder Value and Stock Market Prices, 59 Stan. L. Rev. 1465, 1511 – 1512（2007）（"美国的主导经济地位"促成了管理主义）。

[7] Henry Hansmann & Reinier Kraakman, The End of History for Corporate Law, 89 Geo. L. J. 439, 444（2001）。

[8] 正如 David Millon 教授所指出的那样，股东财富规范只是"现在以强大的方式塑造和合法化商业实践的更大的意识形态、经济和社会政治现象的一部分"。这个"复杂但非常重要的故事还没有被讲述"。参见，例如，David Millon, Radical Shareholder Primacy, 10 U. St. Thomas L. J. 1013, 1042（2013）。

司管理者们一直认为他们要顾及公司的整体利益,而不是仅狭隘地关注股东需求。管理者们很可能更喜欢享有广泛的自由裁量权而不受股东质疑。虽然投资者对管理者能力态度的转变发生在 20 世纪 70 年代,但在 20 世纪 70 年代以前,投资者对管理者业绩的考查便已然开始。

本文对管理主义衰落提出一种新的解释。管理者拥有的管理技能证明其有能力配置内部资本市场,使得投资者更加坚信管理者有预测公司未来收益的能力。管理者的内部预测可以为外部预测提供信息帮助,而外部预测可为内部建构提供收益流的预测。与其仅相信公司当前的盈利价值,股东们更愿意同时考虑关于未来盈利增长的预测,而这些预测通常是基于公司内部预测。当股东越来越重视现值模型(present value models)时,对上市公司来说,证明收益增长潜力变得越来越重要。[9]

到了 20 世纪 60 年代,公司主要有两种方法来证明其收益的增长性。第一种方法是组建企业集团,该方法到了 20 世纪 80 年代已经基本被认为不可信。人们认为优秀地管理大范围业务可以在一段时间内使得收益平稳增长。市场相信强大的内部资本市场能够有效地调动集团内部资源,充分发挥资源作用。第二种方法是不断实现市场对公司收益和收入的预测。从 20 世纪 60 年代开始,越来越多地跟踪公司股票走向的分析师发布对公司收益和收入的预测。公司根据内部信息作出自己的预测,而这些内部信息通常是有选择地传达给市场参与者。通过持续进行收入和利润预测,公司向外界展示管理者的能力,并验证反映在股票价格中的市场对盈利增长的预测。

随着时间的推移,预测的重要性与日俱增,并使得股东监管公司管理者更加便利。即使投资者不能直接观察内部资本市场是否具有效率,他们也可以通过对公司的预测能力进行评估,从而评估其管理能力。尽管预测是评估管理者的一种不完美机制,并且存在被操纵的可能性,但其确实降低了评估上市公司

---

[9] 现在很清楚,股票价格反映了市场对公司未来收益的评估。参见,例如,Roger L. Martin, Fixing the Game: Bubbles, Crashes, and What Capitalism Can Learn From the Nfl, 2011, p. 12 – 13(描述了"预期市场",其中"所有投资者和潜在投资者对未来业绩预期的共识影响公司的股价");Alfred Rappaport & Michael Mauboussin, Expectations Investing: Reading Stock Prices for Better Returns xv (2001)("股票价格是市场对公司未来业绩预期的最清晰、最可靠的信号")。

的交易成本。因此，股东没有理由遵从对内部资本市场的评估。其他如收购和高管薪酬等机制也正在逐步发展，从而能够降低管理者和股东之间的代理成本。但预测机制发源更早，并且是股东确保管理者为实现利润最大化采取了行动的最持久的机制。

尽管预测有力塑造了公司目标，但一些上市公司逃脱了需要在短期内实现股东财富最大化的压力。随着公司发展得更大、更复杂，市场更愿意遵从管理者的专业知识。投资者给那些拥有强大市场力量的公司更多的回旋余地来证明其即时盈利能力，因为他们对公司的长期前景充满信心。随着投资者变得更加多元化并关注社会责任，其偏好可能发生了变化，因此他们不再过于看重短期业绩。有人提议放弃将预测作为评估公司价值的方法，因为预测只强调了短期业绩，而不能反映公司的长期价值。[10] 对那些能够摆脱单调乏味的预测的公司来说，考虑利益相关者承诺可能是更有意义的。

随着价值评估从管理者转移到市场，股票市场更有能力决定公司目标。[11] 讽刺的是，预测最初只是股东依据管理层所拥有的更卓越的管理知识来评估公司价值的一种方式，但随着时间的推移，它演变为对管理能力的一种常见考验。市场基于管理者能否制订并实现具有野心的目标来评估其能力，而不是遵从其管理专长。预测改变了股东比管理层缺少权利但能够对上市公司目标产生重大影响这一现象。

本文在第二部分首先对管理主义范式进行描述。第三部分对股东财富最大化替代管理主义范式的通行解释进行讨论。第四部分仔细分析了公司估值方法的变化，提出有关这一转变的新解释。第五部分讨论了企业集团的兴起，以及作为公司向日益依赖现值模型的投资者发出收益增长信号的方式的财务预测。第六部分通过检视预测如何塑造公司目标来进行总结。预测已经成为减少代理

---

[10] 参见，例如，James J. Park, Do the Securities Laws Promote Short-termism?, 10 Uc Irv. Rev. 991 (2020)（讨论提案）。

[11] 因此，美国公司与许多外国公司不同，后者通常在不太依赖预测的市场中运营，因此不会面临太大的股东价值特权压力。参见，例如，John Kay, The Kay Review of Uk Equity Markets and Long-term Decision Making 64（2012）（注意美国在依赖预测方面异常）；Jean Tirole, Corporate Governance, 69 Econometrica 1, 4 (2001)（"在德国、日本和法国等国家，人们普遍认为，企业应该以促进增长、长寿和安全的雇佣关系为目标，而盈利能力更像一种工具，不是最终目标"）。

成本的一种重要但有缺陷的方式。随着一些公司脱离预测的控制以及投资者偏好发生改变，更多公司将对利益相关者作出有意义的承诺。

二、管理主义概要

20世纪中叶左右，遵从于公司高管已被证实并契约化。阿道夫·伯利（Adolf Berle）和加德纳·米恩斯（Gardiner Means）在1932年提出经理和股东之间的利益分歧会降低对股票价值的预测。[12] 伯利和米恩斯正确察觉到，鉴于上市公司的规模较大，股东将十分分散，以致除依靠专业人士来控制公司决策外没有其他选择。[13] 所有权和控制权的分离将意味着无法保证管理者是否会最大化股东财富。[14] 这些担忧似乎不太重要，因为在第二次世界大战后的几十年里，企业普遍呈现兴旺的状态。在这一时期，许多评论家并不认为对股东来说，未能实现股东财富最大化是一个问题。

接受管理主义的部分原因是，一种广为接受的观点认为，相比外部资本市场，内部资本市场是大型上市公司更有效的分配内部资源的方式。随着管理学发展，许多评论家认为公司管理人员具有独特专长，使得其值得被投资者遵从。与不得不承担大量交易成本的投资者相比，管理者更有能力在大型公司范围内部评估项目价值。之所以如此，是因为关于公司业绩的信息的质量和可靠性并不像后来几年那样高。大型公司拥有足够的市场力量使其能够产生足够收益，从而无须通过股票市场筹集资金。因此，大型公司不受限于资本市场的审查，且管理者有更多的自由裁量权来考虑利益相关者利益。

（一）内部资本市场和专业管理者

科斯在他的文章《企业的性质》（*The Nature of the Firm*）中介绍了公司

---

[12] Adolf A. Berle & Gardiner C. Means, The Modern Corporation & Private Property（1932）.

[13] 同上注，第66页（"随着企业财富的所有权变得更加分散，这些财富的所有权和控制权集中在同一人手中的情况越来越少"）；另见 Alfred D. Chandler, The Visible Hand: the Managerial Revolution in American Business, 1977, p.451（"由高级管理人员及其员工组成的大型中央办公室的建立进一步加深了所有权和控制权之间的区别"）.

[14] Berle & Means, 同前注〔12〕，第9页。（"那些控制着典型现代公司命运的人只拥有微不足道的小部分公司股票，以至于他们从经营公司中获得的利润只有很小的一部分……财产爆发式增长破坏了旧假设的基础，即追求利润将刺激工业产权所有者对其进行有效使用。"）

内部市场和没有公司的外部市场之间的区别。[15] 公司的存在是因为公司内部进行某些交易比通过契约形式进行交易的成本更低。管理者们可以仅通过对资源流动授权来最佳利用资源，而不是依赖定价机制。因此，经济学家奥利弗·威廉姆森（Oliver Williamson）在描述上市公司治理时对市场和层级制度的对比十分有名。[16] 在描述现代公司的崛起时，商业历史学家阿尔弗雷德·钱德勒（Alfred Chandler）指出了管理者有形之手的重要性，其重要性超越了市场的无形之手。[17]

大型公司因开展跨地区和跨行业经营而变得日益复杂化，内部资本市场逐渐在公司内部分配资金。[18] 在内部资本市场中，管理人员可以经指令将资金分配给不同的项目，而不是通过与外部投资者签订契约。[19] 鉴于评估项目价值的交易成本较高，公司内部管理人员在确定是否应将资金投资于该项目时，比外部投资者更有效率。一种观点认为，公司管理人员有卓越的专业知识，并且比投资者更容易获取信息。[20] 当外部资本市场没有像如今这般发达时，这一论点更具有说服力。[21] 正如20世纪70年代威廉姆森所观察到的那样，"与传统资本市场监管流程相关的交易成本……相当可观"[22]。

---

[15] R. H. Coase, The Nature of the Firm, 4 Economica 386 (1937).

[16] Oliver E. Williamson, Markets and Hierarchies: Analysis and Antitrust Implications 142 (1975).

[17] Chandler，同前注〔13〕。

[18] 参见，例如，Oliver E. Williamson, The Logic of Economic Organization in The Nature of the Firm: Origins, Evolution, and Development 90, 107 (Oliver E. Williamson & Sidney G. Winter eds., 1991) ("因此，公司的办公室可以被认为是一个内部资本市场。")。

[19] 参见，例如，George G. Triantis, Organizations as Internal Capital Markets: The Legal Boundaries of Firms, Collateral, and Trusts in Commercial and Charitable Enterprises, 117 Harv. L. Rev. 1103, 1105 (2004)。资本可以通过各种方式对内部市场进行分配。正如特里安蒂斯教授所解释的那样："首先，一个项目的现金流可能会转移到另一个项目上。其次，可以出售一个项目的资产，将收益转移到另一个项目。最后，当整个组织发生负债时，公司可能会隐含地以一个项目的资产借款来为另一个项目融资，因为它的所有资产都可以满足债权人的需求。"

[20] 参见，例如，Triantis，同上注，第1111页。（"内部资本市场的优势在于，它有助于将控制权从投资者转移到管理人员手中，这些管理人员拥有卓越的专业知识并可以访问有关可用项目的信息。"）

[21] 参见，例如，R. Glenn Hubbard & Darius Palia, A Reexamination of the Conglomerate Merger Wave in the 1960s: An Internal Capital Markets View, 54 J. Fin. 1131, 1133 (1999)。

[22] Williamson，同前注〔16〕，第142—143页。Oliver E. Williamson, The Economic Institutions of Capitalism 150 (1985)（注意"风险和决策""在内部以更高的精确度和信心展开"，因此"内部资产管理者可以比资本市场更好地确定是否继续为项目提供资金"）。

内部资本市场的发展需要管理学科的先进性。科斯观察到,随着公司规模的扩大,公司内部的交易成本也在上升。[23] 大型上市公司需要比个体工商户更好地进行管理。[24] 最初,由于管理所带来的挑战,一些评论家对多数企业可以发展超过一定规模这一观点表示怀疑。[25] 有人预言道,大型公司之所以会倒闭,是因为"没有一个人或董事会能够在竞争环境中成功驾驭如此庞大的组织"[26]。

第二次世界大战后,企业管理人员越来越成熟。在 20 世纪 50 年代发表的一项研究中,经济学家肯尼斯·博尔丁(Kenneth Boulding)认为,公司与其他组织一样,随着组织的技术改革而扩大规模。[27] 私营企业、政府机构和非营利组织(例如教堂)不断扩大的规模反映了管理技术的创新。例如,会计学和统计学的进步使得能够更好地监管企业运营情况。[28] 商学院推动了这种方法的采用,MBA 课程的毕业生人数从 1919 年的 110 人增加到 1949 年的 3897 人。[29] 这种商务培训"在取得管理部门新职业的合法性上发挥了至关重

---

[23] Coase,同前注〔15〕,第 394 页。

[24] 参见,例如,W. D. Knight & E. H. Weinwurm, Managerial Budgeting 7 (1964)。("现代企业中的管理职能是典型公司发展到无法由一个人经营的规模的结果。")

[25] 参见,例如,Edith Tilton Penrose, The Theory of the Growth of the Firm 18 (1959)(发现"几乎普遍同意""公司可能会变得'太大'",并且"管理或'协调'是一个'固定因素',必然会导致收益递减和运营成本在某一点增加")。

[26] Gary John Previts & Barbara Dubis Merino, A History of Accounting in America:an Historical Interpretation of the Cultural Significance of Accounting 85 (1979)。

[27] 参见,例如,Kenneth E. Boulding, The Organizational Revolution:Astudy in the Ethics of Economic Organization 49 (1953)("我的主要论点是,我们这个时代的组织革命主要是组织能力的某些技术变化的结果:在改善交通和通信方面等物理方面的变化,以及在组织本身的形式和技能方面等结构方面的变化");另见 Penrose,同前注〔25〕,第 19 页。(观察到管理适应组织的增长)多年后,技术通过提高公司监管承包商的能力促进了公司外部活动的外包。参见,例如,George S. Geis, Business Outsourcing and the Agency Cost Problem, 82 Notre Dame L. Rev. 955, 998 - 1002 (2007)。

[28] 参见,例如,Boulding,同上注,第 135 页("会计和统计都是抽象和浓缩信息的方法,即从大量现实中只提取那些对行政决策至关重要的因素。")。

[29] 同前注〔27〕,第 195 页。

要的作用……将其提升到比以往更高的社会地位……"[30]。人们认为商务培训能够使管理人员为所有业务带来更多价值。[31] 一些公司制订了自己的培训计划。[32] 记者威廉·怀特（William Whyte）记录了一个沉浸在其公司规范中的组织者的崛起过程，引起了轰动。[33] 怀特描述了电灯泡制造商通用电气公司的大规模培训计划，该公司拥有250名讲师，并看重"专业"的管理人员。[34] 课程涵盖"人事哲学、劳动关系、法律，且最重要的是管理角度"[35]。

另一种观点认为，管理技能不仅能够促使企业规模扩大，而且管理技能是随着企业的成长和集中化运营的需要而产生的。[36] 伯利和米恩斯描述的大公司主要是通过收购小公司而发展起来的。[37] 将新公司整合到现有的组织结构中需要系统和程序。这就很有必要设立监管和协调多个公司部门的中央部门。随着时间的推移，"在合并和整合的过程中形成了一些方法……当公司开始成长并与其他大型集成企业进行寡头垄断竞争时，这些方法被进一步完善"[38]。

不管如何完善专业化管理方法，这方面的知识和训练都能赋予公司管理者

---

〔30〕 Rakesh Khurana, From Higher Aims to Hired Hands 135（2007）；另见 Boulding，同前注〔27〕，第27页（"专业的组织者的'发明'可能是与规模增长相关的组织结构中最重要的发展之一。"）；Morrell Heald, The Social Responsibilities of Business: Company and Community, 1900 – 1960 277（1970）（"管理作为一种职业的概念，需要特殊的培训和分析技能以及广泛的社会理解和高道德标准"）；Edward S. Mason, Introduction in the Corporation in Modern Society 1, 12（Edward S. Mason, ed. 1960）（观察到"秩序良好的公共和私人官僚机构的一个主要特征——管理主义的拥护者公正地颂扬的特征——管理的日益专业化"）；Francis X. Sutton, Seymour E. Harris, Carl Kaysen & James Tobin, The American Business Creed 357（1956）（注意"将企业管理视为一种职业"的重要性）；Frederick Winslow Taylor, The Principles of Scientific Management 7（1911）（Norton Library ed. 1967）（"证明最好的管理是一门真正的科学，以明确定义的法律、规则和原则为基础"）。

〔31〕 参见，例如，Margaret M. Blair, Ownership and Control: Rethinking Corporate Governance for the Twenty-First Century 99（1995）（"管理开始被视为一种通用技能，可以学习、教授并轻松地从一个业务线转移到另一个业务线，只要管理人员掌握正确的信息。"）。

〔32〕 IBM 在20世纪50年代为其高管创建了管理学院。参见 Thomas J. Watson, JR., A business and its Beliefs: The Ideas That Helped Build IBM 49（1963）。

〔33〕 William H. Whyte, JR., The Organization Man（1956）。

〔34〕 同上注，第120页。

〔35〕 同前注〔32〕，第121页。

〔36〕 Chandler，同前注〔13〕，第415页。

〔37〕 Berle & Means，同前注〔12〕，第42—43页。

〔38〕 Chandler，同前注〔13〕，第416页。

权威。[39] 经营大型公司所面临的挑战的特殊性，决定了只有少数受过专门训练的人才有能力成为管理者。[40] 大多数股东是个人，他们没有专业知识去猜测这些管理者的意图。仅基于他们的知识，不难得出结论：与非专业化的投资者相比，受过训练的管理者更有能力分配资源，也更有能力评估企业价值。尽管大型公司的股东们事实上已经不再享有对公司的控制权，但为了使专业化管理者的特殊技能发挥作用，他们自愿放弃对大公司的控制权。

也许是因为管理能力的增强，或者是因为总体上有利的经济环境，[41] 在第二次世界大战后，公司的管理者对进入外部资本市场的需求减少。在许多行业中，只有少数几家公司控制着全国市场[42]，市场力量带来可观的利润，这些利润可以进行再投资。[43] 由于上市公司不需要通过出售证券来筹集资本，外部投资者对其进行彻底核查的次数便更少了，[44] 从而没有必要提供像20世

---

[39] 认为大公司的管理者具有特殊技能使他们能够超越市场，重回到进步时期。参见，例如，Samuel Haber, Efficiency and Uplift: Scientific Management in the Progressive Era 1890–1920 95（1964）。一种观点是希望更高的效率能改善工人的生活。参见 Herbert Croly, Progressive Democracy 396–397（1914）。

[40] 参见，例如，James Burnham, The Managerial Revolution 82（1941）（观察到"通过生产技术的变化，管理职能变得更加独特、更加复杂、更加专业化，在整个生产过程中更加关键，从而将履行这些职能的人作为一个单独的群体或社会阶级……"）。

[41] 参见，例如，Brian Cheffins, The Public Company Transformed 64（2019）（发现股价在1950年到1968年普遍上涨）；John Kenneth Galbraith, American Capitalism: The Concept of Countervailing Power 87（1952）（注意总利润从1946年的140亿美元增加到1950年的220亿美元）。20世纪50年代经历了一个重要的牛市，道琼斯工业平均指数在10年间翻了一倍多。参见 Robert Sobel, The Big Board: A History of the New York Stock Market 327（1965）。市场表现强劲的部分原因是股票投资者的数量大幅增加。参见，例如，Wyatt Wells, Certificates and Computers: The Remaking of Wall Street, 1967 to 1971, 74 Bus. History Rev. 193, 194–195（2000）。

[42] 正如一篇文章所指出的："在以下行业中，一家公司要不是独家销售商，要不是控制着整个供应：原铝、制鞋机械、瓶子机械、光学玻璃、镍、镁和钼。按价值计算，4个或更少的生产商占工业产品价值的75%—100%，按价值计算，所有制成品占工业产品价值的1/3。在所有制造产品的总价值中，有57%来源于这样一些行业。在这些行业中，若存在4家主要生产商，它们合计生产的产品价值将占据行业市场总值的一半。" George W. Stocking & Myron W. Watkins, Monopoly and Free Enterprise 47（1951）。

[43] Dow Votaw, Modern Corporations 105（1965）。（注：1946—1953年，64%的企业资金来自内部；1954—1963年，73%的企业资金来自内部）

[44] Securities sales are especially scrutinized by investors. 参见，例如，Frank H. Easterbrook, Two Agency-Cost Explanations of Dividends, 74 Am. Econ. Rev. 650, 654（1984）。（"使公司始终留在资本市场中的主要价值在于，资本出资人是优秀的管理者、监督者。"）

纪 70 年代那样完善的注册声明和强制性定期报告所要求的定期披露。[45] 1962 年，阿道夫·伯利发现"大多数公司在大多数情况下并不寻求资本，它们自己形成资本"[46]。

（二）管理主义和公司宗旨

由于管理主义公司依赖内部资本市场，因而管理者没有理由去努力实现股东利益最大化。经理们有更大的回旋余地来关注长期盈利增长而不是眼前盈利。因此，他们有更多的自由裁量权来权衡利益相关者利益和股东利益。

管理主义者时期的大量文献指出，公司并不面临利润最大化的压力。布鲁金斯学会在1945年的一份关于公司的研究中指出，"对利润目标的更准确表述应为保持令人满意的利润而不是追求完全利润最大化"[47]。哈佛大学的一位院长在1958年指出，"商业被视为一种游戏，在这种游戏中，利润所代表的意义与一个人的高尔夫成绩大致相同"[48]。管理学大师彼得·德鲁克（Peter Drucker）指出，"任何企业的问题都不在于利润最大化，而在于获得足够的利润以覆盖经济活动的风险，从而避免损失"[49]。

管理主义与新兴的行为经济学理论相一致，行为经济学理论反对个人使自身效用最大化的传统假设。赫伯特·西蒙教授采用有限理性概念来分析公司政

---

[45] 参见，例如，Park，同前注[10]（描述20世纪70年代以来定期披露要求的频率和可靠性方面的变化）。

[46] 参见 Adolf A. Berle, Jr., The 20th Century Capitalist Revolution (1954)；另见 Wilbert E. Moore, The Conduct of the Corporation 227 (1962)。（"通过留存收益，公司可以自我维持。"）并非所有评论者都同意，在这一时期，上市公司通常能够通过依赖内部资金来规避资本市场的约束。参见，例如，John Lintner, The Financing of Corporations, in the Corporation in Modern Society。同前注[28]，第166，第177—190页。（理由是对内部资金的依赖并未增加，上市公司仍受资本市场纪律约束）随着时间的推移，保留收益再投资于其他项目的做法被认为是低效的，这使得大公司能够避开资本市场的审查。James J. Park, Shareholder Compensation as Dividend, 108 Mich. L. Rev. 323, 355–359 (2009)（总结关于支付股息以降低留存收益的代理成本的文献）。

[47] Robert Aaron Gordon, Business Leadership in the Large Corporation xii (1945).

[48] Edward S. Mason, The Apologetics of 'Managerialism', 31 J. Bus. 1 (1958).

[49] Peter F. Drucker, The Practice of Management 36 (1954).

策，有限理性概念认为个人并不拥有能让他们作出最优选择的完美知识。[50] 他认为，由于公司理解其环境的能力有限，因而他们不会追求利润最大化，而是追求"令人满意的"的利润，并在有限的知识范围内竭尽所能。[51] 管理者可能会专注于扩大公司规模以降低其失败的风险，而不是增加其利润。[52]

几位经济学家在 1956 年发表了一篇关于商业意识形态的详尽研究，描述了管理主义如何塑造了公司管理者。[53] 他们研究了 1948 年至 1949 年的广告、书籍、杂志和其他材料。[54] 研究发现这些文件存在"管理主题"，"管理主题"并不依赖于经典经济学理论，而是反映一种社会观点，即"单个企业的行为受到且应该受到公共利益的影响，利润的追求处于次要地位"[55]。

如果说利润最大化没有明确路径，那么公司管理者应该对他们的长期计划享有自由裁量权的观点就变得更加有力。一种随时间推移增加利润的方法是让公司发展壮大，从而赢得和保持市场优势。[56] 规模不仅是对管理者们的挑战，还能积累资源。[57] 正如经济学家卡尔·凯森（Carl Kaysen）所指出的那样，"拥有高水平市场力量是现代公司的特征"和"其成长和发展的方向"[58]。某些公司把这种成长看得比眼前的利润更重要，[59] 获得垄断地位意味着将获得

---

[50] 他指出理性有限的几个原因：（1）它"要求对每个选择所带来的后果有完全的了解和预期。事实上，对后果的了解总是零碎的"；（2）"由于这些后果存在于未来，因此想象力必须为其提供价值以弥补经验感受的不足。但价值只能被不完全地预期"；（3）它"要求在所有可能的替代行为中作出选择。在实际行为中，所有这些可能的替代行为中只有极少数"。Herbert A. Simon, Administrative Behavior 93–94（1945）(4th edition 1997).

[51] Herbert A. Simon, Rational Decision Making in Business Organizations, 69 Am. Econ. Rev. 493 (1979)；另见 Williamson, 同前注〔22〕，第 32、46 页。（从有限理性的角度指出组织的重要性）

[52] 参见 Simon, 同前注〔50〕，第 146 页。

[53] Francis X. Sutton, Seymour E. Harris, Carl Kaysen & James Tobin, The American Business Creed (1956).

[54] 同上注，第 viii 部分。

[55] 同前注〔53〕，第 57 页。

[56] Robin Marris, The Economic Theory of 'Managerial' Capitalism 47, 53, 104 (1964)（"可能有十几位其他作者曾经断言，规模或增长将是管理层激励的一个主要因素。"）.

[57] 参见，例如，Stocking & Watkins, 同前注〔42〕，第 57—61 页。

[58] Kaysen, 同前注〔3〕，第 315 页。

[59] 例如，第二次世界大战后的汽车制造商试图压低汽车价格以增加他们的市场份额。参见，例如，Knight & Weinwurm, 同前注〔24〕，第 230 页。

利润。[60]

  由于管理者们不常审视自己的策略，他们常认为自己是考虑广泛利益的政治家。[61] 公司的市场力量不仅承诺了未来利润，还赋予了管理者使利益相关者受益的自由裁量权。[62] 例如，公司规模的扩大可以增加就业机会和稳定性。[63] 1956 年关于商业意识形态的调查发现，公司管理者们认为他们"要承担四个广泛的责任：对消费者、对雇员、对股东和对大众的责任……而不是只对股东承担责任"。[64] 此外，"每个群体都处于平等的地位"，"股东没有特殊优先权；他们有权从他们的投资中获得公平的回报，但超过'公平'水平的利润回报是一种经济罪恶"。[65] 公司应该为公众利益而工作的观点非常重要，以至于一位忧心忡忡的评论员在 1958 年的《哈佛商业评论》上发表了一篇文章，对社会责任的危险性提出了警告。[66]

---

  [60] 参见，例如，Stocking & Watkins，同前注〔42〕，第 95 页。("但是，生意场上的胜利不仅在于战胜对手，即比其他任何一方赚更多的钱或获得更大的市场份额，还在于在长期尽可能多地赚更多的钱。")

  [61] 参见，例如，Eugene V. Rostow, To Whom and for What Ends is Corporate Management Responsible?, in the Corporation in Modern Society. 同前注〔28〕，第 46、60 页（注："公司的主要职责不是为股东赚到尽可能多的钱，从另一种意义上看是促进公共利益。"）；Votaw，同前注〔43〕，第 28 页（观察到"激进的、追求权益的个人主义者被仲裁员和外交官取代，他们的动机包括组织生存、专业声誉、利益的公平衡量以及营利"）；E. Merrick Jr. Dodd, For Whom are Corporate Managers Trustees, 45 Harv. L. Rev. 1145, 1156 (1932)（越来越多的观点认为"管理者应该关心员工、消费者和公众的利益……"）；另见 Roberta Romano, Metapolitics and Corporate Law Reform, 36 Stan. L. Rev. 923, 937 (1984)（"公司经理被比作公务员，他们的设想是无私地推进社区的目标，而不是他们的个人愿望。"）。

  [62] 参见，例如，Carl Kaysen, The Corporation：How Much Power? What Scope?, in the Corporation in Modern Society. 同前注〔28〕，第 85、90 页（观察到"通常，我们感兴趣的大公司是在市场力量所施加的约束宽松的情况下经营的，并且管理选择的余地很大"）。

  [63] Robin Marris, The Economic Theory of 'Managerial' Capitalism 5 (1964)；另见 The Treaty of Detroit, Fortune Magazine, July 1950（描述了通用汽车公司给予工会的慷慨的劳工协议）。一些评论员怀疑管理主义是否会导致利益相关者利益的更多尊重。参见，例如，Ralf Dahrendorf, Class and Class Conflict in Industrial Society 88 (1959 English edition)（预言新的管理阶层将压迫劳工）。

  [64] Sutton, Et Al.，同前注〔53〕，第 65 页。

  [65] 参见，例如，Moore，同前注〔46〕，第 9 页（"它们的规模以及经济和国家对它们存续的依赖，消除了企业失败的特权，并产生了'社会责任'的概念。"）。

  [66] Theodore Levitt, The Dangers of Social Responsibility, Harv. Bus. Rev. Sept-Oct. 1958. 用他自己的话来说，"一开始只是几个大公无私的商人的真诚的个人观点，后来变成了所有人的主流"。同前注〔65〕，第 42 页。Berle 因此承认，他与 Merrick Dodd 教授早先的争论已经因 Dodd 的胜诉而结束，Dodd 教授认为公司的权力应该代表社区行使。Berle，同前注〔46〕，第 169 页。

公司能够照顾到公司其他利益相关者的部分原因是上市公司的股东——当时主要是散户股东而非机构投资者——大多对固定回报感到满意。一位评论家指出,管理层在支付股息方面有很大的自由裁量权,并且只需要支付一定数额来保持公司股票拥有投资的吸引力即可。[67] 一家公司能够支付可靠的股息的事实使投资者确信,这家公司是有利可图的,并且经营得力。[68] 股息支付的稳定性使得一位评论家评论道:"股东实际上成为永久债券的持有者。"[69] 人们很少担心对大型公司的投资会变得毫无价值,因为规模最大的公司并没有倒闭。[70] 约翰·肯尼思·加尔布雷思(John Kenneth Galbraith)在20世纪60年代发现:"大公司不会赔钱。"[71] 事实上,一些管理者意识到报告收益强劲的危险。一篇文章指出:"对利润的急剧增长的披露很有可能使劳动力产生一种他们应该更多分享这些利润的感觉,从而导致增加工资的要求、罢工和普遍的工业骚乱。"[72]

复印厂商施乐(Xerox)的例子说明了市场力量如何使管理者专注于解决范围广泛的问题。20世纪70年代,当施乐被强制获得技术许可之前,一直垄断着使用普通纸张而不是经过化学品处理的更昂贵纸张的复印机市场。在20世纪60年代,施乐以前所未有的速度扩大业务规模,并对其核心业务外的项目进行大量投资。《纽约客》上一篇介绍施乐公司的文章指出,施乐不仅斥巨资资助当地机构,如罗切斯特大学,还资助联合国。[73] 该文章描述了"施乐精神"文化,这种精神鼓励"为了人的利益,强调人的价值"[74]。在接受《纽约客》杂志的访谈中,施乐的首席执行官花了很多时间来描述公司的"非

---

[67] Penrose,同前注[25],第27页。
[68] 在20世纪90年代以前,股利一直是企业表明其收益是真实的主要方式。参见 Alex Berenson, The Number: How the Drive for Quarterly Earnings Corrupted Wall Street and Corporate America 79 (2003)。
[69] Kaysen,同前注[3],第312页。
[70] 参见,例如,Previts & Merino,同前注[26],第252页("对大部分美国人来说,经济可以永久稳定,安全可以得到保证,这似乎是有道理的。对大部分企业来说,生存似乎不是一个大问题;事实上,在这十年中,很少有大企业倒闭。")。
[71] Galbraith,同前注[41],第82页。
[72] Samuel R. Hepworth, Smoothing Periodic Income, 28 Account. Rev. 32, 33 (1953)。
[73] John Brooks, Xerox Xerox Xerox, New Yorker, April 1, 1967,第88页。
[74] 同上注,第49页。

营利活动和其企业责任理论",而不是业务本身。[75]

在一些评论家看来,管理主义预示着资本主义的转向。[76] 随着大公司日益强大,它们将变成类似于控制生产决策的政府官僚机构。事实上,许多在大规模生产和组织方面的进步都是战争发挥了作用。随着竞争的加剧,只有规划和管理资源的大公司才能随着时间的推移而生存下来。[77] 它们要么主导一个不再受市场力量控制的经济,要么实质上被政府吸收,成为行政机构。[78] 公司不再独立工作以追求利润最大化,而是服务于更大的社会目标。

一个管理主义公司是一个有影响力和权势的社会机构。曾经有段时间,内部资本市场被认为在评估一个企业的价值方面比外部资本市场更有优势。公司治理留给了专业管理者,他们似乎是管理大公司的特殊人选。公司高管被给予了很大的回旋余地来考虑公司利益相关者的利益,并且他们常常认为自己在为公众利益服务。

三、管理主义到股东财富范式转向的传统解释

通说认为,管理主义范式在 20 世纪 80 年代丧失信誉,并在 20 世纪 90 年代被股东财富范式彻底取代。到 21 世纪初,管理者们明白他们要"在任何情况下都设法使股票的市场价格最大化"[79]。如前所述,许多法律学者指出意识形态的变化是这一转变的主要原因。另一种观点是"公司治理机制",如"20 世纪 80 年代的杠杆式接管和收购,到 20 世纪 90 年代的基于激励的薪酬、激进董事会和股东",促使"美国管理者更加关注股价"[80]。杰弗里·戈登(Jeffrey Gordon)教授指出,公司治理本身受到更有效率的股票价值影响,这

---

[75] 同前注 [73],第 88 页。

[76] 参见,例如,Galbraith,同前注 [41],第 4 页(注意社会主义的可能性);Rostow,同前注 [61],第 61 页(观察到"在英国,社会主义者指出,管理者们已经实现了资本主义的社会化,因此再也没有必要援引生产资料公有制这一烦琐的手续了")。

[77] Joseph A. Schumpeter, Capitalism, Socialism and Democracy (3d ed. 1950).

[78] 参见,例如,Burnham,同前注 [40](认为资本主义将被管理者主导的社会取代)。

[79] William W. Bratton & Michael L. Wachter, The Case Against Shareholder Empowerment, 158 U. Pa. L. Rev. 653, 658–659 (2010).

[80] Bengt Holmstron & Steven N. Kaplan, Corporate Governance and Merger Activity in the United States: Making Sense of the 1980s and 1990s, 15 J. Econ. Persp. 121, 121 (2001).

使得独立董事能够监督管理者。[81]

本部分描述了股东财富原则兴起的主要原因：法律、意识形态、管理层激励和投资者偏好。本部分认为传统的说法不够完整且忽略了20世纪80年代之前的发展，可是正是这些发展促使管理者最大化股东价值。

(一) 法律

公司法要求管理者为股东的利益行事。公司董事会对股东负有谨慎和忠诚的信义义务。股东财富范式自然来自优先保护股东利益的法律制度。因为股东从增加其投资价值的决策中受益，公司经理有责任实施能够实现这一目标的政策。这些法律的基本要素在管理主义时期就已经存在。然而正如上文所述，人们普遍认为，管理者没有义务使公司利润最大化。因此，很难认为是公司法迫使管理者们专注于增加股东财富。信义义务倾向于为管理者强加消极义务，以防止管理者们的自我交易和资源浪费。信义义务很少明确要求公司管理者们寻求使股东财富最大化的策略。正如一些法律学者所指出的那样，商业判断规则赋予管理者很大的自由裁量权。[82]

管理主义与公司法并不矛盾，因为公司管理者可以声称一种兼顾利益相关者利益的平衡战略是实现利润最大化的最佳方式。大卫·罗德（David Ruder）教授在1965年发表的一篇法律评论文章中指出，虽然公司法要求管理者追求利润，却赋予其实现长期利润的极大灵活性。[83] 他写道，"目前来看，公司管理层有可能在追求多数公共目标的同时，与公司公共利益相一致的方式行事……"[84]。在20世纪60年代和70年代，法律并没有发生重大变化来重新强调股东财富。管理主义时期并未产生太多重要的公司法。[85] 即使在20世纪80年代，当管理主义明显衰落时，特拉华州也意识到，在不违反其信义义务

---

[81] 参见 Gordon, 同前注 [6]。
[82] 参见 Stout, 同前注 [4]，第24—32页。
[83] 参见 David S. Ruder, Public Obligations of Private Corporations, 114 U. Pa. L. Rev. 209, 216 (1965)。
[84] 同上注，第227页。
[85] 管理主义时期并未产生多少重要的公司法。参见，例如，Harwell Wells, 'Corporation Law is Dead': Heroic Managerialism, Legal Change, and the Puzzle of Corporation Law at the Height of the American Century, 15 U. Pa. J. Bus. L. 305, 348 (2013)（评估了这一时期公司法已死的论点，并得出"必须得出结论，英雄式的管理主义并未从根本上改变公司法的实质内容"）。

的情况下，管理者可以在考虑敌意收购要约时合法地考虑利益相关者的影响。正如埃德·洛克（Ed Rock）教授所指出的，"以管理者为中心的制度向以股东为中心的制度"转变没有直接通过改变法律的方式发生。[86]

（二）意识形态

股东财富最大化不是基于法律的要求，而可能是被公司管理者和投资者广泛采用的一种意识形态。例如商学院20世纪60年代普遍教导利润最大化。[87]如前所述，评论家经常指向米尔顿·弗里德曼的观点，即管理者的社会责任发生的显著转变是"在遵守社会基本规则的同时尽可能多地赚钱"[88]。另一种解释是经济学理论的影响。威廉·布拉顿（William Bratton）教授在20世纪80年代末解释道，"最近管理主义者共识已经消失，部分原因是因为自1980年左右开始，法律文献中成功出现了新的经济学理论"[89]。

迈克尔·詹森（Michael Jensen）和威廉·梅克林（William Meckling）于1976年发表的关于上市公司代理成本的分析，创设了一个支持股东财富范式的理论框架。[90]虽然伯利和米恩斯对上市公司的所有权和控制权分离展开了概括描述，但詹森和梅克林发现：管理者和股东间关系产生了与代理人和委托

---

[86] Edward B. Rock, Adapting to the New Shareholder-Centric Reality, 161 U. Pa. L. Rev. 1907, 1910 (2013).

[87] 参见，例如，John Brooks, The Go-Go Years 156 (1973)（注意到哈佛商学院的影响）；Robin Marris, The Economic Theory of 'Managerial' Capitalism 72 (1964)（注意到商学院教授利润最大化）；Roy C. Smith, The Money Wars: The Rise and Fall of the Great Buyout Boom of the 1980s 259 (1990)（注意到20世纪60年代的商学院开始教导公司应该最大化收益的观点）。相反，在许多其他国家，股东财富最大化准则被视为与社会价值不一致。参见，例如，Mark J. Roe, The Shareholder Wealth Maximization Norm and Industrial Organization, 149 U. Pa. L. Rev. 2063, 2073 (2001)。

[88] Milton Friedman, The Social Responsibility of Business is to Increase its Profits, N. Y. Times Mag., September 13, 1970. 早在1970年之前，Friedman和其他评论家就提出了这一论断。参见，例如，Eugene M. Lerner, Capital Budgeting and Financial Management, in Financial Research and Management Decisions 72, 73 (Alexander A. Robichek, ed. 1967)（指出"提高对公司恰当的目标是长期财富最大化的认识。用不太专业的术语来说，经营管理层应当对公司股票的价格感兴趣，并应当努力使其尽可能高"）。

[89] William W. Bratton, The New Economic Theory of the Firm: Critical Perspectives from History, 41 Stan. L. Rev. 1471, 1476 (1989)；另见 Lynn Stout, The Toxic Side Effects of Shareholder Primacy, 161 U. Pa. L. Rev. 2003, 2005 (2013)（"管理主义似乎首先受到了攻击，而股东至上的思想似乎首先在学术界得到了重视。"）。

[90] 参见 Michael Jensen & William Meckling, Theory of the Firm: Managerial Behavior, Agency Costs and Ownership Structure, 3 J. Fin. Econ. 305 (1976)。

人间关系类似的问题。[91] 公司管理者本质上是作为委托人股东的代理人。由于将股东确定为委托代理关系中的委托人，代理成本模型意味着股东应该是公司治理的焦点。[92] 代理人将追求自己的私利而不是履行其信义义务的假设描绘为一个普遍的消极的企业管理者形象。管理者被描述成利用一切机会推卸职责的人，而不是称职的专家。[93]

代理成本模型之所以具有这么大的影响力，不仅是因为商学院和法学院讲授该模型，[94] 还因为它有助于解释 20 世纪 70 年代发生的事件，这些事件降低了人们对管理者能力的信心。一系列公司丑闻，如宾州中央铁路公司（Penn Central）和美国股权融资公司（equity funding）因证券欺诈而倒闭，以及国际公司普遍行贿的做法，动摇了人们对专业管理者考虑公司股东利益的信任。[95] 20 世纪 70 年代不景气的经济环境让管理者们很难获得成功，而且他们可能在长期增长后变得过于被动。[96] 随着外国竞争对手变得更强大，人们逐渐不再认为美国管理方面的专业知识是最优秀的。1980 年的一篇发表在《美国商业评论》上并经常被引用的文章将美国管理者描述为"过度谨慎，甚至被动，当然过度分析，并且一般而言，其特点是不愿承担责任，甚至不愿承担合理风险"。[97]

---

〔91〕 同上注，第 309 页。（指出"诱导'代理人'看起来像是在为'委托人'的利益最大化行事这一问题相当普遍，存在于所有组织和所有合作的努力中，存在于公司管理层的每个等级"）

〔92〕 Stout，同前注〔4〕，第 18 页（声称 Jensen 和 Meckling "暗示经理人员应当仅为股东的利益而非客户、员工或社区的利益服务"）。

〔93〕 参见，例如，Martin Lipton & William Savitt, The Many Myths of Lucian Bebchuk, 93 Va. L. Rev. 733, 750（2007）（"在许多当代学术中，代理模型简单地假设董事都是无赖。"）。

〔94〕 参见，例如，Nicolas Lemann, Transaction Man: The Rise of the Deal and the Decline of the American Dream 119（2019）；Khurana，同前注〔30〕，第 324 页。

〔95〕 参见，例如，Subcommittee on Reports, Accounting and Management, the Accounting Establishment, S. Doc. No. 34, 95th Cong., 1st Sess. 2（1976）（"上市公司对不当行为的不断披露，使人们重新认识到会计实务在允许该等滥用行为发生方面的重要性。"）；Gordon，同前注〔6〕，第 1514—1517 页（注意到丑闻导致对被动董事会的质疑）。

〔96〕 参见，例如，Khurana，同前注〔30〕，第 297—300 页（描述了经济环境对管理主义的影响）。民调显示，1965—1975 年，公众对管理的尊重程度显著下降。参见 Leonard Silk & David Vogel, Ethics and Profits: The Crisis of Confidence in American Business 21（1976）。

〔97〕 Robert H. Hayes & William J. Abernathy, Managing Our Way to Economic Decline, Harv. Bus. Rev（1980）；另见 Steve Lohr, Overhauling America's Business Management, N. Y. Times, January 4, 1981（"现在，在国内和国外，越来越多的人达成了这样的共识：美国管理层最近的表现非常糟糕……"）。

虽然意识形态可能发生改变，或者预示着广泛变革的潜在社会进程，但其影响力很难衡量。20世纪70年代，企业在道德和环境问题方面付出巨大努力。[98] 在《纽约时报》刊登弗里德曼的文章5年后，拉尔夫·纳德（Ralph Nader）、马克·格林（Mark Green）和乔尔·塞利格曼（Joel Seligman）发文称少数人认同股东财富最大化。[99] 值得注意的是，许多管理者继续抵制股东财富范式的采用，并将自己视为公司的管家。公司管理者在20世纪80年代积极抵制旨在最大化股东财富的恶意收购。[100] 1989年一项针对董事会的调查指出，"严格相信股东至上"的董事是"真正的少数"。[101] 即使到20世纪80年代末期，企业管理者在意识形态上是否对股东财富最大化作出承诺也尚不明晰。

（三）管理动机

可以说，20世纪90年代，公司管理者对采用股东财富范式的任何不情愿的情绪在管理者薪酬发生变化后都得到了克服。在20世纪60年代和70年代，高管主要通过固定工资获得报酬。[102] 由于他们不拥有大比例的公司股份，他们的经济命运并没有随着股东的财富而显著起伏。詹森等学者认为，与其像官僚那样向管理者支付薪酬，还不如通过增加股票补偿来给予企业家激励。到20世纪90年代，CEO平均薪酬的近一半以股票和期权的形式提供。[103] 随着

---

[98] 参见，例如，Gordon，同前注〔6〕，第1517—1518页。(描述了20世纪70年代的企业社会责任运动)

[99] 参见 Ralph Nader, Mark Green & Joel Seligman, Taming the Giant Corporation 259 (1976)。

[100] 参见，例如，Bengt Holmstrom & Steven N. Kaplan, Corporate Governance and Merger Activity in the United States: Making Sense of the 1980s and 1990s, 15 J. Econ. Persp. 121, 122 (2001)。

[101] Jay W. Lorsch & Elizabeth Maciver, Pawns or Potentates: The Reality of America's Corporate Boards 39 (1989); 但是参见 Alfred Rappaport, Creating Shareholder Value: The New Standard for Business Performance 1 (1986) ("企业使命宣言宣布管理层的主要责任是通过分红实现股东的总回报最大化，并增加公司股份的市价。")。

[102] 参见，例如，Michael C. Jensen & Kevin J. Murphy, Performance Pay and Top-Management Incentives, 98 J. Pol. Econ. 225 (1990) (认定首席执行官的薪酬在1974年至1986年与公司业绩未显著挂钩)。

[103] 参见 Brian J. Hall & Jeffrey B. Liebman, Are CEOs Really Paid Like Bureaucrats?, 113 Q. J. Econ. 653, 661 (1998)。

公司管理者成为更重要的股东，他们有额外的动机专注于提升股东价值。[104]

增加股东财富的差额，从工资到股票期权的转变来得太晚，无法解释管理主义的衰落。多数评论家认为即使在20世纪90年代之前，提高公司股价也很重要。更有可能的是，管理者增加财富的动机与一般的增加股东价值的公司动机相一致。此外，股票补偿是否与公司业绩密切相关尚不明确。根据拜伯切克（Bebchuk）和弗里德（Fried）教授的著名论断，20世纪90年代的补偿与绩效无关，而是反映了董事会关注管理利益。[105]

（四）投资者偏好

对管理主义衰落的最终解释是最有说服力的。在20世纪60年代和70年代，个人投资者越来越多地通过机构进行投资。[106] 这些机构投资者包括养老基金、共同基金和有评估市场信息资源的保险公司。虽然这些大型投资者发挥其影响力需要一段时间，[107] 但制度化对股票市场产生了重大影响。[108]

基于种种原因，一些机构投资者的交易频率高于普通个人投资者。尽管上市公司的股东在很大程度上仍然分散，但机构不太可能只进行被动投资。领导他们的专业管理者寻找关于其投资的信息并根据这些信息进行交易。一些机构投资者，如共同基金，是根据其产生利润的能力被评判，因此会更频繁交易以

---

[104] 参见，例如，Gerald F. Davis, Managed by the Markets 86（2009）（"或许，高管们之所以对股东价值虔诚，最有说服力的原因就是20世纪八九十年代薪酬实践的巨大转变。"）；Tamara Belinfanti & Lynn Stout, Contested Visions: The Value of Systems Theory for Corporate Law, 166 U. Pa. L. Rev. 579, 590（2018）（"股东价值理论之所以受到关注，是因为它服务于强大的利益集团，包括新兴的'激进'投资者和高管，由于1993年税法的变化，他们的薪酬越来越多地基于股价。"）。

[105] 参见 Lucian Bebchuk and Jesse Fried, Pay Without Performance: The Unfulfilled Promise of Executive Compensation 7（2004）。

[106] 参见，例如，Securities & Exchange Commission, Institutional Investor Study Report Vol. 1 ix（1971）（机构持有纽约证券交易所证券的增长率从1962年的31.1%增加到1970年的39.4%）；Tim Carrington, The Year They Sold Wall Street 28（1985）（讨论企业年金从债券市场转向股票市场，共同基金越来越受欢迎，保险公司增加股票投资）；Roy C. Smith, The Money Wars: The Rise and Fall of the Great Buyout Boom of the 1980s 262（1990）（注意到20世纪90年代机构投资者的增长）；Sobel，同前注〔41〕，第331页（20世纪50年代，机构持有的股票份额从12.5%上升到20%）。

[107] 参见，例如，Holmstrom & Kaplan，同前注〔100〕，第122页（20世纪80年代，"随着机构投资的增加，资本市场变得更加强大"）。

[108] 此外，随着固定收益计划被固定缴款计划取代，美国人越来越多地通过机构来投资他们的个人储蓄。参见，例如，Martin Gelter, The Pension System and the Rise of Shareholder Primacy, 43 Seton Hall L. Rev. 909, 911（2013）（他声称"养老金制度的变化有助于将公司治理转变为由股东利益主导的制度，从而损害了管理模式"）。

增加回报。[109] 因为他们被告知，如果对公司前景不满意，他们就可以行使出售股票的权利。亨利·曼恩（Henry Manne）观察到，此种股票出售可能会使公司股价降低并增大控制权发生变化的可能性。[110]

虽然机构投资者的兴起时机与管理主义的衰落时期相对应，但文献并没有对机构投资者鼓励股东财富最大化的机制进行稳健描述。机构投资者的交易量增加，但是是什么推动了他们的交易？如果他们仅基于对过去股价走势的技术分析进行交易，那么对公司行为的影响将很小。交易需要通过管理业绩的评估结果来驱动，从而影响他们的决策。这些评估是如何作出的？现有文献没有对机构投资者对公司的确切影响进行审视。

我们知道，管理主义在20世纪80年代已名誉扫地，但股东财富范式取而代之的原因目前尚不明晰。很可能是多种因素共同在促进管理者最大化股东价值上发挥了作用。但有些因素一定比其他因素更重要。法律的演变不太可能突然影响管理策略。意识形态发挥了一定作用，但它对那些继续相信其为利益相关者服务的管理者的影响并不统一。在管理主义失败多年后，高管补偿成为一股力量。机构投资者给市场带来了更多的复杂性，但他们的影响力还没有得到充分展现。

四、评价未来收益的问题

管理主义可行的部分原因是投资者没有系统地分析上市公司收益的轨迹。本部分描述了转向股东财富范式之前估值方法的状态。到20世纪30年代，投资者认识到收益对股票估值的重要性，且股票价格反映了对公司未来业绩的判断。现值模型大约是在这个时候引进来为后期利润估值提供一种方法。问题在于投资者不相信可以对公司的收益作出有意义的预测。此外几十年来，美国证券交易委员会一直不鼓励使用预测，因为他们认为预测会助长投机行为。

---

[109] 参见，例如，机构投资者研究报告，同前注〔106〕，第 xxii 部分（注意机构交易量的增加）；Chris Welles, The Last Days of the Club 28 – 31（1975）（对基金频繁交易是为了提高业绩进行描述）；另见 J. A. Livingston, The American Stockholder 64 – 65（1958）（描述机构是为了出售而非倾向于影响公司治理）。

[110] 参见 Henry G. Manne, Mergers and the Market for Corporate Control, 73 J. Pol. Econ. 110（1965）。

（一）评估收益的转向

早期的财务报表主要关注公司资产价值。[111] 股票投资者通过查看公司的资产负债表以确认资产大于负债。[112] 而其主要的担忧是公司可能夸大价值。[113] 股东并没有将股票投资视为潜在的增值手段，而是担忧其出资是否能够保值。[114]

直到 20 世纪初，损益表才变得重要，[115] 且在多年后，损益表才被视为对公司估值具有重要价值。[116] 虽然理论上损益表可以帮助股东进行评估，但实践中投资者不会仔细审视这类收入。[117] 相反，如前所述，支付定期股息便足以证明公司盈利[118]。在许多州，只有在公司盈利为正的情况下才能合法支付股息。因此支付定期股息是公司盈利的有形表现形式。[119]

到 1929 年股市崩盘时，市场专业人士明白，股票价格与公司继续产生收益的能力有关。正如爱德华·史密斯（Edward Smith）在《普通股的长期投资》一书中所观察到的那样，本书在股票崩盘前一年出版并被一些人引用来助长非理性投资者的乐观情绪，普通股"代表财产和程序的所有权，其价值

---

〔111〕 Paul G. Mahoney, Wasting a Crisis Why Securities Regulation Fails 46 – 48（2015）.

〔112〕 Knight & Weinwurm，同前注〔24〕，第 25 页（有论者指出，"长期以来，资产负债表被认为是基本的会计报表，而'资产负债=所有者权益'这一公式是基本的会计公式"）。

〔113〕 这种做法被称为出售"掺水"股票。参见 Robert Charles Clark, Corporate Law 710（1986）。

〔114〕 至少在最初，公司普通股的价值是固定的。公司会为股票赋予等于投资者对公司的资本出资的面值。参见 Clark，同前注〔113〕，第 707—715 页。投资者以票面金额认购股份，实质上是对公司的出资。参见，例如，William Zebina Ripley, Main Street and Wall Street 47 – 48（1927）。如果一个投资者购买了一股面值为 100 美元的股票，那么他就支付了 100 美元的资本出资。面值规则的本意是确保股票是有价值的东西作担保的。

〔115〕 Previts & Merino，同前注〔26〕，第 182、217 页。

〔116〕 参见，例如，W. A. Paton & A. C. Littleton, An Introduction to Corporate Accounting Standards 98（1970 ed.）（指出"近年来……损益表已经取代了资产负债表，成为人们关注的焦点"）; T. A. Wise, The Insiders: A Stockholder's Guide to Wall Street 29（1962）（"一个相关的困难来自对资产负债表和利润表的重视和兴趣的稳步转移。投资者、证券分析师、银行家甚至一些债权人对公司的盈利能力的兴趣都超过了对公司资产和负债的兴趣。"）。Paton 和 Littleton 在 1940 年出版的《企业会计准则导论》发展了一种收入和费用相匹配的方法，这一方法对增加收益在财务报告中的重要性有重要影响。参见 John C. Coffee Jr., Gatekeepers: The Professions and Corporate Governance 160（2006）。

〔117〕 Previts & Merino，同前注〔26〕，第 218 页。

〔118〕 定期支付股息的做法始于第一次世界大战之后。这样的支付提供了"一定程度的资本回报保证，而在此之前，普通股的所有者是不存在的。"Sobel，同前注〔41〕，第 222 页。

〔119〕 Clark，同前注〔114〕，第 708 页（注意到"在许多法定方案下，董事将不能对股东进行合法的公司财产分配，除非后来剩余的财产价值等于或超过其债务加上其法定资本"）。

和收入回报随财产的盈利能力而波动"[120]。该书没有提供评估个别公司是否具有盈利能力的指导。相反,它提出了一般性发现,例如收益通常会随着经济增长而增加[121],又如从历史上看,股票对投资者的回报高于债券。[122]

1934年本杰明·格雷厄姆(Benjamin Graham)和大卫·多德(David Dodd)的《证券分析》一书第一版出版后,股票分析变得更加系统化。该书对以下理论提出疑问:"普通股的价值完全取决于未来收益。"[123] 该书指出,这种估值方法助长了导致市场崩盘的投机行为。该书对过去收益趋势将持续到未来的假设提出了警告。[124] 但该书也承认,"总的来说,过去良好记录比过去糟糕记录更能提供一种对未来的良好预期"[125]。

在格雷厄姆和多德的《证券分析》一书出版后不久,1937年,约翰·伯尔·威廉姆斯(John Burr Williams)基于在芝加哥大学时的博士论文撰写并出版了《投资估值理论》一书,该书创造了现今仍使用的基本现值模型。威廉姆斯认为居支配地位的股票估值模型存在缺陷,因为"价格太过于依赖当下的盈利能力,而不太依赖长期的股息支付能力"[126]。相反,他认为估值应该基于以下原则,即"在购买股票和债券时,理性人永远不会支付超过预期未来股息或预期未来利息和本金的现值……"[127]。他创造了一个模型,在该模型中,随着时间推移,股票的价值可以通过确定其预期股息流的现值来计算。威廉姆斯的股息模型与当时的预期是一致的,即随着时间的推移,当公司价值增加时,投资者将通过收到股息而不是资本收益来获得回报。它提供了评估股票是否以合理估值交易的基本方法。

(二)预测收入的问题

20世纪30年代末,知识渊博的股票市场分析师在理论上明白了一家公司

---

[120] Edward Lawrence Smith, Common Stocks as Long Term Investments 4 (1928) (2012 edition).

[121] 同上注,第5页。

[122] 同前注[120],第20页。

[123] Benjamin Graham & David L. Dodd, 美国证券交易委员会 Urity Analysis: Principles and Techniques 307 (1st ed. 1934)。

[124] 同上注,第314—315页。

[125] 同前注[123],第319页。

[126] John Burr Williams, The Theory of Investment Value 171 (1937).

[127] 同上注,第5页。

的股票反映了其未来的盈利能力。问题在于,实践中投资者如何能够有足够的信心预测这些收益,从而得出股票估值合理的结论。现值模型只有在存在一种客观、准确的评估一家公司未来业绩的方式时才能发挥作用。格雷厄姆和多德以及其他主要的评论家也对公司收益是否可以被预测表示怀疑。他们认为,投资者只能根据公司过去的业绩作出粗略的猜测。正如阿道夫·伯利在1954年所指出的,个人……投资资金……主要基于对企业未来可能的有利预测,但由于未来仍然仁慈地处于人们和投资者的知识领域范围之外,通常是基于过去业绩的记录进行判断。这也许就是市场判断通常倾向于"保守"的原因。作为规则,市场判断通常不会轻易地或廉价地向新兴和未经尝试的革命性发明或在企业未开发的科学领域的扩张提供风险资本(尽管存在明显的例外)。[128]

1966年,一家英国公司的研究设问"是否有可能通过查看公司过去业绩来预测公司的未来增长",并发现"没有一致的增长模式可以将一家公司与其他公司区分开"[129]。1971年,一位会计学教授指出"关于公司预测运营结果的能力是否满足投资者要求所需的准确度和精确度应该存在合理的怀疑"[130]。纽约大学法学院教授荷马·克里普克(Homer Kripke)是对于美国证券交易委员会禁止预测披露规定的著名批评家,值得注意的是,直到1979年他才指出,"投资的成长股理论存在一个更基础的难题,即没有经验基础来从过去的增长中预测未来收益"[131]。即使在今天,也有一些对收益预测有效性的怀疑,尤其是对长期预测有效性的怀疑。[132]

即使对未来业绩可以被准确预测这一点没有信心,在管理主义时期,市场有时也会给予有前景的公司高估值。在20世纪50年代末期,计算机和科技公

---

[128] Adolf A. Berle, Jr., The 20th Century Capitalist Revolution 41-42 (1954).

[129] I. M. D. Little & A. C. Rayner, Higgledy Piggledy Growth Again 9, 31 (1966).

[130] R. Austin Daily, The Feasibility of Reporting Forecasted Information, 46 Account. Rev. 686, 692 (1971).

[131] Homer Kripke, The Sec and Corporate Disclosure: Regulation in Search of a Purpose 99 (1979).

[132] 参见,例如,Aswath Damodaran, Investment Valuation: Tools and Techniques for Determining the Value of Any Asset 271 (3rd ed. 2012) ("尽管许多企业被分析师广泛跟踪,但增长的质量,特别是在较长时期内,是很差的。在估值中依赖这些增长可能导致错误和不一致的价值估计。"); Alfred Rappaport, Saving Capitalism from Short-Termism: How to Build Long-Term Value and Take Back Our Financial Future 216 (2011) (观察到投资者和分析师"回避预测长期现金流的困难",原因是"他们认为预测过于投机性,耗时过长,没有实际用途")。

司经历了投机热。[133] 投资者愿意为这些公司的股票支付比其过去收益水平更高的价格。[134] 投机不限于科技公司，投资者也对具有高度市场价值的大型公司的前景充满信心。[135] 大型公司持续的强劲表现帮助投资者有足够的信心支付溢价，以期这些公司的业绩将持续增长。[136]

盲目投机股票的未来潜力与评估未来收益过程的界限很不明晰。1967年，发表在《金融分析师期刊》上的一篇文章质问"业绩"是否为"投机的最新名称"[137]。撰写该文章的研究分析师发现，几年来，估值已经从"净值、账面价值和实物资产"转变为"收入回报、股息和收益率"，从"收益和收益可靠性"到"收益的长期增长率"再到现在的"即时收益增长"[138]。鉴于难以预测这种增长，他断言公司业绩的新重心"只是交易和投机的现代词汇"[139]。

即使现值模型是基于对未来的不确定性预测，它的出现也值得关注，因为它创造了一种指标，这个指标不仅影响投资者，而且影响公司行为。股票投机由来已久且将永远是股市的一部分。管理者很难对不知情的交易者的非理性投机行为作出一致回应。相比之下，企业决策者可以调整他们的策略，以实现知

---

[133] 参见，例如，Sobel，同前注〔41〕，第354—355页。

[134] Sobel，同前注〔41〕，第356页（他指出，在20世纪50年代的技术繁荣时期，"一个重要的问题是，如何为一家完全没有收益的公司确定正确的价格"）。

[135] Benjamin Graham, The Intelligent Investor 122 - 123（Rev. Ed. 1973）.（建议对"具有相当规模并处于行业领先地位"的公司实施进行投资的策略）不过，也有人怀疑垄断势力是否一定能预测收益的增长。参见，例如，Little & Rayner，同前注〔129〕，第64页（"我们似乎已经证明，管理层不会在很长时间内高于或低于平均水平——或者，即便如此，这种高于或低于平均水平的管理对收益增长的影响也非常微弱，以至于我们无法察觉——企业的垄断力量也是如此。当然，投资者错误地认为，几年内高于平均水平的收益增长根本不能证明一定存在能够带来持续增长的良好管理。"）。

[136] 所谓的"漂亮五十股"是一组"一流的成长股，如Xerox，IBM，Polaroid，and Coca-Cola，它们在20世纪70年代初成为机构的宠儿"。Jeremy J. Siegel, Stocks for the Long Run: A Guide to Selecting Markets for Long-Term Growth 96（1994）. 投资者"愿意为拥有这些股票而付出任何代价"，因为"这些股票的增长前景似乎十分确定，在这个良好时机，未来的收益和股息水平总是值得他们付出任何代价"。Peter L. Bernstein, Against the Gods: The Remarkable Story of Risk 108（1998）；另见Maggie Mahar, Bull: A History of the Boom and Bust, 1982 - 2004, 41（2004）. The Nifty Fifty 保证了比"那些因为商业周期和竞争而命运不确定"的公司更高的溢价。一位评论员指出，当时的大趋势是"股票定价不是基于当前收益或过去的表现，而是基于预测"。同前注〔41〕，第235页。

[137] David L. Babson, Performance: The Latest Name for Speculation?, 23 Fin. Anal. J. 129, 130（1967）.

[138] 同上注，第130页。

[139] 同前注〔137〕，第131页。

识渊博的分析师设定的收益目标。

直到20世纪70年代后半期才禁止将预测纳入美国证券交易委员会的文件中的政策复杂化了上市公司收益的预测，缺乏关于禁止预测的具体规范。正如哈佛法学院教授维克多·布鲁德尼（Victor Brudney）所解释的那样，"与证券法下的任何一般禁止性规定相比，委员会的反对意见是在警告性发布和特定情况下的意见中表达的"[140]。1969年，美国证券交易委员会专员弗朗西斯·惠特（Francis Wheat）的一项重要的关于证券信息披露研究十分谨慎地指出，"归档文件中的预测可能会为倾向于对预测赋予超出其应有的重视的不精明人士设下陷阱"。因此得出结论，"委员会的长期政策不允许在向委员会提交的招股说明书和报告中进行预期和预测……这一点不应改变"[141]。

美国证券交易委员会的政策在一定程度上限制了公众获取或可以帮助他们评估公司未来业绩的信息。由于管理层最容易获得有关公司业绩的信息，因此此类信息可以帮助投资者对公司进行估值。[142] 美国证券交易委员会的政策向投资者传达了这样一个信息，即投资者在评估股票价值时不应依赖预测数据。由于20世纪70年代美国证券交易委员会的披露不允许使用预测，因此其对市场估值的影响有限。下一部分将讨论市场如何通过私人秩序变得更有效率。管理人员开发了向投资者发出公司财务业绩将继续改善信号的方式。

五、发出未来收益的信号

随着上市公司的发展壮大以及复杂化，显然管理层的能力是上市公司成功的关键因素。随着时间的推移，优秀的管理者比弱势管理者更有可能产生收益

---

[140] Victor Brudney, A Note on Materiality and Soft Information Under the Federal Securities Laws, 75 Va. L. Rev. 723, 753, n. 80 (1989).

[141] Securities and Exchange Commission, Disclosure to Investors: A Reappraisal of Administrative Policies Under the '33 and '34 acts 12 (1969) (Wheat Report); 另见 Homer Kripke, The Sec and Corporate Disclosure: Regulation in Search of a Purpose 15 (1979)（"为欧委会长期以来所坚持的客观性辩护的人认为，预测就是预言，任何人都不可能是预言专家"）。

[142] 参见，例如，Homer Kripke, The Myth of the Informed Layman, 28 Bus. Law. 631, 634 (1973)（美国证券交易委员会保护非专业投资者的政策导致"本应是潜在证券投资者绝对关键信息的信息遭到压制……例如对未来收益的预测"）；Roberta Romano, Empowering Investors: A Market Approach to Securities Regulation, 107 Yale L. J. 2359, 2379 (1998)（探讨美国证券交易委员会对预测的矛盾态度）。

增长，能够识别出具有强大管理能力的公司的投资者将更有信心预测其未来的收益流。由于管理技能难以直接观察，公司试图将其管理团队的能力传递给外部资本市场。他们通过两种方法做到了这点：一是在一段时间内取得成功，采用整合企业集团的策略，这将产生持续的盈利增长；二是始终满足市场对其财务业绩的预测。

（一）企业集团

在20世纪60年代，上市公司越来越多地聚集在跨行业运营的公司。[143] 管理者们相信他们可以通过自己的专业知识为此类企业集团创造价值，而不是专注于单一行业。如前所述，市场力量使大型公司能够获得利润，从而有扩张的资本。1950年通过的《克莱顿反托拉斯法》加强了对同行业并购的审查，但是并购跨行业运营的公司不太可能被认为违反了该法案。[144] 许多大型公司通过收购处于不同市场的公司对此进行回应。[145] 到20世纪60年代末期，《财富》世界500强的上市公司中有33家是企业集团。[146]

长期以来，企业集团一直与管理主义相联系。[147] 普遍的说法是，企业集团反映了管理者对增长的偏好超过了利润最大化。[148] 管理者组建企业集团是为了因降低业务受挫而可能危及其职位的风险。管理者也可以通过组建企业帝国来满足个人的权力野心，这些帝国的运营效率并不高，但管理者的社会地位

---

[143] 参见，例如，J. Fred Weston & Surenda K. Mansinghka, Tests of the Efficiency Performance of Conglomerate Firms, 26 J. Fin. 919, 921（1971）（将企业集团定义为"进入广泛的多元化计划的企业，该多元化计划在很大程度上是通过外部并购而非内部发展实现的"）。

[144] 参见 Celler-Kefauver Act, 15 U.S.C. § 18, 64 Stat. 1125（1950）。

[145] 参见，例如，Neil Fligstein, The Tranformation of Corporate Control 195（1990）；Gerald F. Davis, Managed by the Markets 78（2009）。

[146] 参见 Stanley C. Vance, Managers in the Conglomerate Era 63（1971）；另见 John Brooks, The Gogo Years: The Drama and Crashing Finale of Wall Street's Bullish 60s 153–154（1973）（将1966年至1969年描述为企业集团的全盛时期）。

[147] 参见，例如，Stout，同前注[89]，第2007页（将"企业集团的业务结构"描述为受到"众多管理层成员的董事会和高管""青睐"）。

[148] 参见，例如，Christopher Elias, Fleecing the Lambs 86（1971）（"企业集团帝国的组建很少考虑收益。只有伴随着数字而来的'增长'这个神奇的词被考虑在内"）；另见 John C. Coffee, Jr., Unstable Coalitions: Corporate Governance As a Multi-Player Game, 78 Geo. L. J. 1495, 1500（1990）（注意管理者建立帝国的趋势）。

得到了提高。[149] 但这一战略失败了,因为经验表明,管理者不具备使在不相关行业中运营的企业取得最大绩效的技能,这削弱了管理主义的吸引力。[150]

但在20世纪60年代,企业集团被视为一种受股东价值驱动的策略。1969年,《福布斯》的一篇文章指出企业集团"是股票市场的理想载体,因为股票市场越来越注重业绩……"[151]。《福布斯》的编辑在一本关于企业集团的书中表明,这些实体拥有"使股东回报最大化的独特方法",并"提出了关于商业本质和公司目标的基本问题"[152]。企业集团是对追求更高利润的股东所作出的回应,而并不是反映管理主义哲学。[153]

企业集团遵循管理主义的信念,即优秀的管理可以增加公司价值。[154] 受过专业训练的管理者具有经营多种业务的技能。[155] 大型公司有资源投资一个中央部门,该部门会将资源分配给有前景的部门并在新市场和行业中进行投资。[156] 如前所述,人们相信这种内部资本市场在评估单个公司的业绩方面比外部市场更有效率。[157] 此外,如果更好的管理者是市场价值的主要决定因素,那么当一个企业的资产转移到一个经营良好的企业集团时,它的价值就会增加。[158]

---

[149] 参见,例如,Edward B. Rock, Adapting to the New Shareholder-Centric Reality, 161 U. Pa. L. Rev. 1907, 1915 (2013)。

[150] 参见,例如,Hansmann & Kraakman,同前注〔7〕。

[151] The Multicompanies: Conglomerate, Aggolomerate and In-Between, Forbes, Jan. 1, 1969, 77.

[152] The Conglomerate Commotion 45 (1970).

[153] 参见,例如,J. Fred Weston, The Nature and Significance of Conglomerate Firms, 44 St. John's L. Rev. 66, 71 (1970) (请注意,企业集团的一个原因是"认识到每股收益的增长是证券估值的改善因素")。有多种证据表明,市场对企业集团并购持积极态度。参见,例如,Hubbard & Palia,同前注〔21〕。

[154] 有一些证据表明,在20世纪50年代末和60年代,企业集团的表现优于市场。参见 Williamson,同前注〔16〕,第173页。

[155] 参见,例如,Federal Trade Commission, Economic Report on Corporate Mergers 73 (1969) ("据称,企业集团合并的时机和频率越来越高,是市场对管理层计划和决策能力大大扩展的简单反应。")。

[156] 参见,例如,Chandler,同前注〔13〕,第481页。

[157] 参见,例如,Williamson,同前注〔16〕,第259页。依然存在企业集团可以高效的观点。参见 Andrei Shleifer & Robert W. Vishny, The Takeover Wave of the 1980s, 249 Science 745, 746 (1990) (注意企业集团内部资本市场的好处)。

[158] Neil H. Jacoby, The Conglomerate Corporation, The Center Mag., July 1969, at 48. ("当企业的资产通过合并转移到上级管理层的控制之下时,就会产生真正的社会收益。")

企业集团可以通过实现公司收益的持续增长来证明其有效管理了资产。在描述企业集团的策略时,《福布斯》指出"它们的长期规划基石是实现每股收益的最低年增长率"[159]。由于企业集团的复杂性使其难以被评估,因此对其来说,实现强劲的最低财务业绩就显得尤为重要。因此,企业集团有动力制订雄心勃勃的预测并实现它们。美国国际电话电报公司是一家比较著名的企业集团,其成功部分归因于其在预测方面的卓越才能。据说其首席执行官指导"他的所有主管人员如何从利润的角度来考虑他们的所有目标,如何制订目标并实现它们,如何用铁的纪律控制细节……"[160]。

企业集团的多样化经营有助于确保收益的平稳性和可预测性。[161] 当一个企业举步维艰时,另一个企业就会蒸蒸日上。[162] 管理者可以将资本分配到最有前途的部门,而减少前景黯淡部门的资源分配。成果驱动型管理和多样化经营的结合可以在实现增长的同时将风险降到最低。德事隆集团被描述为"通过平衡两个无关联企业来实现稳定,通过设定高投资目标并严格执行来实现增长"[163]。此外,企业集团面临保持其稳定增长记录的压力,以证明策略有效。[164]

企业集团不仅可以通过有效管理来增加收益,还可以使用一些不太可靠的方法。一个常见的策略是依靠频繁的收购来增加营业收入和收益。[165] 企业集

---

[159] The Multicompanies: Conglomerate, Aggolomerate and In-Between, Forbes, Jan. 1, 1969, 83.

[160] Anthony Sampson, The Sovereign State of ITT 128 (1973).

[161] 参见,例如,The Conglomerate Commotion,同前注 [152],第 4 页。("看起来,某些类型的企业集团——那些将多元化作为'生活方式'的企业,而不仅仅是对麻烦的回应——能够相当一致地具有出色的盈利表现。")

[162] 参见,例如,Corwin D. Edwards, Conglomerate Bigness as a Source of Power in Business Concentration and Price Policy 331, 350 (1955) ("大型企业的多元化通过将一部分业务的损失与另一部分的利润结算,提供自动的业务风险保险,从而将风险降至最低。")。

[163] 参见,例如,前注 [159],第 85 页。

[164] 参见,例如,Sampson,同前注 [160],第 143 页 ("Geneen 下定决心, ITT 应该呈现收入稳步增长的记录,每个季度都在增长,以向最持怀疑态度的投资者保证,这家公司就像一艘有稳定器的班轮,不受经济风暴的影响。")。

[165] 参见,例如,Adam Smith, The Money Game 188-189, 194 (1968);Brooks, 同前注 [87], 第 156—167 页。

团因其专业管理而具有高价值,因此被收购公司的收益将获得较高的市场价值。[166] 当然,这种溢价是建立在管理者能够持续地提升被收购公司的效率的基础上。那时的会计准则允许企业集团以保守的账面价值报告收购资产的成本。随着时间的推移,他们可以以市场价值出售这些资产并获得更高的收益。[167] 企业集团时期常与管理主义衰落相联系。专业管理者通过组建庞大的企业帝国来增加自身利益。经仔细调查,另一种说法可以对企业集团进行解释:它们是上市公司向投资者发出信号的一种方式,即随着时间的推移,上市公司将为投资者带来更高的收益。

(二) 预测

正如杰弗里·戈登(Jeffrey Gordon)教授所指出,管理主义的衰落需要"外部资本市场""在资本配置方面相对于内部资本市场要更先进"[168]。该部分将说明,随着上市公司在内部资本市场内配置资本时越来越多地使用预测,上述同价成为可能。内部预测可以传播到外部市场,外部市场使用内部预测来创建自己的业绩预测,能可靠地通过外部预测表明一家公司对其内部资本市场的管理是健全的。

1. 内部预测

随着上市公司规模的扩大,管理者们的预算技巧得到发展,并可以在公司内部有效地分配资源。编制公司预算需要收集、组织和分析各个业务部门相关的信息。[169] 除其他项目外,此种预算还可以估计未来的销售情况,以便能够生产足够的产品来满足预期的顾客需求。[170] 管理者们可以在未来将实际销售情况与预算中的预测销售情况进行比较,从而评估模型的可靠性。[171]

---

[166] 参见,例如,前注〔152〕,第97—99页;Homer Kripke, The Sec, the Accountants, Some Myths and Some Realities, 45 N. Y. U. L. Rev. 1151, 1199 (1970)。

[167] 同前注〔152〕,第102页;Sampson,同前注〔160〕,第144页。

[168] Gordon,同前注〔6〕,第1470页。

[169] 设定预测有两种主要方法:第一种方法是让一个集中的部门制订预算,然后分配给各个部门;第二种方法是让各个部门制订自己的预算,这些预算将被合并。参见 Francis A. Lees, Public Disclosure of Corporate Earnings Forecasts 11 (1981)。

[170] 参见,例如,Knight & Weinwurm,同前注〔24〕,第65页("预算是对未来业绩的计划;因此,它无法避免预测未来事件所涉及的问题。即使最好的预测也会在某种程度上具有不确定性。")。

[171] Knight & Weinwurm,同前注〔24〕,第6页(观察到预算编制"主要由两部分组成:(1)制订全面的财务运营计划;(2)将实际财务结果与该预定计划进行比较")。

内部预测帮助公司管理者解决可能降低内部资本市场效率的代理成本问题。[172] 单独部门的管理者有可能与组织目标相冲突的自身动机。例如，他们可能为获得超过其能够有效利用的资金而游说，以提高他们在公司内的地位。[173] 通过要求部门设置内部预测，并评估这些预测是否已经实现，中央管理者可以更好地将资金分配到更有前景的项目上。[174]

20世纪初，一些大型公司已经开始开发和使用内部预测。商业史学家阿尔弗雷德·钱德勒（Alfred Chandler）描述了化学公司杜邦公司从1906年开始如何成为公司预算方法的先驱。杜邦公司的管理层"将经营和资本预算的制定和批准系统化"[175]。杜邦公司设计了"长期和短期财务预测"，包括"确定可用于从留存收益中新增资本支出的最大数额的净收益预测"[176]。这一预测是"用销售部门的月度销售额估值乘以会计部门对每种产品单位净利润的估值得到"[177]，内部收益预测值"定期与实际结果进行核对……提高在替代投资和替代融资方法之间进行理性选择的可能性"[178]。

---

[172] 许多评论家已经注意到代理成本问题会降低内部资本市场的效率。参见，例如，Patrick Bolton & David S. Scharfstein, Corporate Finance, the Theory of the Firm, and Organizations, 12 J. Econ. Persp. 95, 106（1998）（断言道，共识是"内部资本市场的效率低于外部资本市场，因为它们用公司高管的官僚决策取代了投资者基于利润的决策"）；David Scharfstein & Jeremy C. Stein, The Dark Side of Internal Capital Markets: Divisional Rent。参见 king and Inefficient Investment, 55 J. Fin. 2537（2000）（模拟部门经理的寻租行为）；riantis, 同前注〔19〕，第1113页；另见 Hyun-Han Shin & Rene Stulz, Are Internal Capital Markets Efficient?, 113 Q. J. Econ. 531（1998）（找到证据表明资本没有分配到最有前途的部门）。

[173] 参见，例如，Timothy F. Malloy, Regulating by Incentives: Myths, Models, and Micromarkets, 80 Texas L. Rev. 531, 574（2002）（描述企业内部因资本产生的竞争）。

[174] 中央办公室的监督被视为允许公司专注于长期而不是部门经理的短期利益。参见，例如，Oliver Williamson, Corporate Governance, 93 Yale L. J. 1197, 1223（1984）。当有关部门绩效的硬信息可用时，监管效果最好。参见，例如，Jeremy C. Stein, Information Production and Capital Allocation: Decentralized Versus Hierarchical Firms, 57 J. Fin. 1891（2002）；相反方面，参见 Naomi R. Lamoreaux, Daniel M. G. Raff & Peter Temin, Beyond Markets and Hierarchies: Toward a New Synthesis of American Business History, Nber Working Paper 9029, at 42（July 2002）（认为内部预测会导致低效行为）。内部资本市场更有效监管的好处可以被成本抵消，例如部门经理对创业的激励减少。参见 Robert H. Gertner, David S. Scharfstein & Jeremy C. Stein, Internal Versus External Capital Markets, 109 Q. J. Econ. 1211（1994）。

[175] Chandler, 同前注〔13〕，第449页。
[176] Chandler, 同前注〔13〕，第449页。
[177] Chandler, 同前注〔13〕，第449页。
[178] Chandler, 同前注〔13〕，第449页。

少数其他的大型公司将预测纳入自己的预算,[179] 但直到第二次世界大战后,预算预测才被上市公司广泛使用,预测技术才得到系统开发。[180] 一位评论家指出,"到 20 世纪 20 年代后期,多数销售预测者可以利用这些技术对未来销售额作出合理预测",但"缺乏数据"来作出准确的预测。[181] 20 世纪 50 年代,"那些试图建立销售预测计划的公司在几年前只是因为缺乏数据而失败,但现在情况发生了变化"。[182] 当时许多出版物将预算预测描述为一个相对不成熟但正在兴起的领域。[183] 一本关于管理预算的书发现,随着公司继续在"规模和复杂性中增长……对更好的预测工具的需求变得越来越迫切"。[184]

于 1956 年发表的一项研究提供了公司预测实践的快照。[185] 美国管理协会在其年度会议上向 297 家公司分发了一项调查问卷。调查结果表明,"即使在最大的公司中……科学的销售预测也相对较新"。[186] 在 1956 年的会议前五年,只有大约一半的公司(150 家公司)设立一个中央办公室来处理预测。[187] 截

---

[179] 根据 Chandler 的说法,1920 年和 1921 年的需求放缓促使 General Motors、Sears、Du Pont、General Electric、and U. S. Rubber 等公司作出回应,"通过开发技术来设置和调整流量以适应仔细预测的未来需求"。Chandler,同前注〔13〕,第 457 页。这些管理技术在 20 世纪 20 年代作为"新的会计、预算和预测方法正在成为正常的操作程序"传播开来。同前注〔13〕,第 464 页。商学院促进了这种传播。同前注〔13〕,第 465—466 页。

[180] 参见,例如,Elmer C. Bratt, Business Forecasting 238(1958)("根据年度预算的功能,特别是制订销售目标和财务计划,战后进行年度预测的做法已经广泛传播。")。

[181] C. M. Crawford, Sales Forecasting: Methods of Selected Firms 36(1955)。

[182] 同上注。

[183] 一份出版物指出,"业务预测被认为是企业的一项单独组织的活动,然而,它是企业管理学科中相对较新的发展"。Controllership Foundation, Inc., Business Forecasting: A Survey of Business Practices and Methods 1(1950). 另一项研究指出,"已经开发出各种销售预测方法,其中大部分是由个别公司在反复试验的基础上开发的。关于销售预测实践的文献很少。所使用的技术本质上非常简单,主要强调趋势扩展"。American Management Association, Inc., Sales Forecasting: Uses, Techniques, and Trends(1956). 一本关于商业预测的书解释说:"预测不成熟的事实表明,仍有一些公司采用双重系统运作:一个预测用于销售计划和配额制定,另一个用于财务控制目的。"Bratt,同前注〔180〕,第 263 页。

[184] Knight & Weinwurm,同前注〔24〕,第 65 页。

[185] American Management Association, Inc., Sales Forecasting: Uses, Techniques, and Trends(1956)。

[186] 同上注,第 143 页。早些年间的一项调查发现,37 家公司中有 36 家准备了"正式的年度销售预测"。Controllership Foundation, Inc.,同前注〔183〕,第 16 页。它指出,"销售预测是销售预算、损益预算和各种费用预算的基础"。同上注,第 20 页。

[187] 同前注〔185〕,第 144 页。

至会议召开时，297家公司中有241家进行了集中预测。[188] 预测最常被引用于生产计划（262家公司）。大量公司使用预算预测（255家公司）和盈利预测（224家公司）。[189] 公司预测最常见的基础是过去的销售趋势（278家公司）、销售部门的估计（255家公司）以及判断和预感（230家公司）。[190] 几乎所有公司都准备了年度预测（286家公司），只有不到一半的公司准备了季度预测（128家公司）。[191] 7家公司中只有1家使用了"高速电子计算机"为预测做准备。[192]

20世纪50年代时，一位评论家指出，"预测和预算编制是'运营计划'的基础，'运营计划'反过来又是有效管理的重要基础"。[193] 公司预测被高层管理人员用于各类目的。根据美国管理协会的说法，"在财务部门，销售预测成为预算和计划库存水平、现金需求以及收入和支出估值的基础"。[194] 预算和预测使专业管理者能够有效地在公司内部计划和分配资源。[195] 证明可盈利部门将比那些没有盈利部门获得更多资本。[196] 例如，国际商业机器公司总裁小托马斯·沃森指出，在20世纪50年代，该公司将自己分成多个部门，并"开始强调将利润作为衡量每个部门业绩的标准"。[197] 经济学家约翰·肯尼思·加

---

[188] 同前注〔185〕，第144页。
[189] 同前注〔185〕，第144页。
[190] 同前注〔185〕，第151页。
[191] 同前注〔185〕，第153页。
[192] 同前注〔185〕，第75页。
[193] Bratt，同前注〔180〕，第266页。
[194] American Management Association, Inc.，同前注〔185〕，第23页。
[195] 参见，例如，Knight & Weinwurm，同前注〔24〕，第55页（"预算可以看作是高层管理人员的一种工具，通过预算人员来协调下属部门的活动，与公司范围内的目标和合理的投资回报的总体标准相协调。"）；另见 Richard D. Crisp, American Management Association, Inc., Sales Forecasting: Uses, Techniques, and Trends 18, 21（1956）（"这样的预测是未来规划管理的重要指南。"）。
[196] 参见，例如，Moore，同前注〔46〕，第120页（"对于所有有'利润责任'的单位，意味着他们有收入和支出，顺差显然是成功的标志，而逆差是失败的标志。与靠救济为生的单位相比，自给自足的单位更有可能在预算增加方面获得有利的听证会。"）。
[197] Watson, Jr.，同前注〔32〕，第50页，GE在20世纪50年代同样为其部门制订了短期销售和盈利目标。参见 Noel M. Tichy & Stratford Sherman, Control Your Destiny or Someone Else Will: Lessons in Mastering Change the Principles Jack Welch is Using to Revolutionize General Electric 45（1993）（1994 edition）。

尔布雷思指出了大公司在开发和使用预测时的谨慎态度。[198] 对加尔布雷斯来说，卓越的计划体现了大型公司与小型公司的区别，并使其能够独特地管理经济波动所带来的不确定性。这些用于预测财务业绩的复杂技术的出现证明了管理主义的合理性。随着大型组织变得越来越复杂，专业管理者需要沉浸在业务中才能充分了解他们的需求。通过获得内部信息以及经营公司的经验，管理者拥有帮助他们控制上市公司的独特知识。

2. 市场预测

（1）从内部预测到外部预测

随着公司内部预测变得更加复杂，市场参与者自然有兴趣获得它们。[199] 到20世纪60年代，为投资者撰写公司股票报告并发布自己对上市公司年度收益的估计的研究分析师很常见。[200] 1963年，一项美国证券交易委员会关于证券市场研究指出，越来越多的证券经纪人员工的工作是"研究"特定的证券和行业；在许多公司中，其被称为"分析师"[201]。这些研究分析师主要为该时期出现的机构投资者提供服务。分析师通常会发布报告，其中包含有关个股的建议。该研究解释说，"几乎所有建议的核心都是预测"[202]。它指出，在分析师报告中，"对预期收益的预测在整个过程中都很明显"[203]。

---

[198] 参见，例如，Galbraith，同前注〔41〕，第355页（观察到在所有主要的商业活动中，"都有谨慎的产出预测、谨慎的价格控制、谨慎的步骤以确保产出预测得到消费者反应的最大可能程度的验证；并采取谨慎的步骤来确保生产所需的东西——劳动力、部件、机器——在正确的时间以预期的价格根据所需的数量提供"）。

[199] 一篇文章建议简单地将内部预测直接提供给投资者。参见，例如，James R. Wilkinson & Lloyd D. Doney, Extending Audit and Reporting Boundaries, 40 Acct. Rev. 754（1965）（"这些附加信息将使投资者更深入地了解管理层对未来收益和股息的预期，并为计算资本化和公司股本价值提供更好的基础。"）。

[200] Stock research analysts had been active since at least the 1920s. 参见 Livingston，同前注〔109〕，第113页。

[201] Report of Special Study of Securities Markets of the Securities and Exchange Commission, 88th Congress, 1st Session, Part 1 332（April 3, 1963）。从20世纪50年代后期开始，经纪公司越来越专注于提供研究。参见 Carrington，同前注〔106〕，第30页；Sobel，同前注〔41〕，第342页（注意到20世纪50年代可以称为"分析时代"）。

[202] Report of Special Study of Securities Markets，同前注〔201〕，第346页。

[203] 同前注〔201〕。

到 20 世纪 60 年代末，研究分析师发布的盈利预测被系统地汇编和发布。[204] 1967 年，标准普尔 500 指数预测首次公布，分析师最初为约 1500 家公司提供了收益预测。从 1972 年开始，主要由经纪人使用的机构经纪人评估系统数据库来提供同样的年度预测。[205] 显而易见，市场在不久之后评估公司价值时会依赖这些预测。[206]

从本杰明·格雷厄姆和大卫·多德对其投资专著美国证券交易委员会《证券分析》的修订中可以看出，预测对投资者的重要性与日俱增。它的前两版没有关于收益预测的章节，第二版指出投资者主要关心的是公司过去的收益"作为未来收益的指标"[207]。然而，该版指出这种记录所提供的"线索""从来都不是完全可靠的，而且常常被证明是毫无价值的"。美国证券交易委员会《证券分析》的第三版出版于 1951 年，其中有一章名为"收益和股息预测"[208]。该章的引言部分指出"资深分析师不喜欢'冒风险'——套用一句不变的话——预测未来几年的平均收益和股息"[209]。1962 年，美国证券交易委员会《证券分析》第四版出版，格雷厄姆和多德对预测公司收益有了更大的信心。[210] 正如该章所述：对于普通的公司，即没有被指定为"成长型"企业的公司，习惯上只估算当前或未来 12 个月的收益。与此相反，为了证明众

---

[204] 参见，例如，Francis A. Lees, Public Disclosure of Corporate Earnings Forecasts 31（1981）（描述编译分析师预测的来源）。

[205] William S. Gray, The Role of Forecast Information in Investment Decisions, in Public Reporting of Corporate Financial Forecasts 35, 65（Prem Prakash & Alfred Rappaport eds., 1974）.

[206] 参见，例如，Dan Givoly & Josef Lakonishok, The Information Content of Financial Analysts' Forecasts of Earnings, 1 J. Acct. & Econ. 165, 166（1979）（"投资者对未来收益的浓厚兴趣以及他们赋予他们的权重体现在，除其他外，定期发布收益预测的经纪公司的数量以及金融界对管理层盈利预测的披露。"）。Rockefeller 家族的投资顾问接受采访时有一个更有趣的说法："如果你对一只股票的未来收益有很好的了解，你就可以很好地预测它的未来价格。如果一家公司的收益开始与李先生的预测不同，他就会开始寻找有关公司内部情况的更多信息。" Carter F. Henderson & Albert C. Lasher, 20 Million Careless Capitalists 254（1967）.

[207] Benjamin Graham & David L. Dodd, Security Analysis: Principles and Techniques 506（2d ed. 1940）.

[208] Benjamin Graham & David L. Dodd, Security Analysis: Principles and Techniques 412（3d ed. 1951）.

[209] 同上注，第 412 页。

[210] Benjamin Graham & David L. Dodd, Security Analysis: Principles and Techniques 450（4th ed. 1962）.

多成长型股票的当前收益的高乘数是合理的,有必要对未来不断增长的收入作出预测。许多偏爱这类公司的分析师发现,作出如此深远的预测并非难事。[211]

这一章在上一版的基础上有所扩充,讨论了预测收益的技巧。

分析师的预测通常参考管理预测。[212] 管理层可以很容易地在内部预测的基础上作出外部预测。零售商美国彭尼公司从20世纪60年代早期开始编制复杂的预算。[213] 在20世纪60年代中期,由于其商业模式变得越来越复杂以及难以被投资者理解,公司开始基于这些内部预算发布预测。[214] 正如一家法院在裁决一起与农业公司发布的预测有关的证券欺诈诉讼时指出的那样,孟山都公司的预测"符合为预算、规划和审查之目的而精心编制的内部文件,并且是基于在编制报表之时可获得的最佳数据"[215]。按理说,内部预测是管理人员基于善意在编制预算时作出的。因此,法院认为该公司的外部预测具有合理的基础,并不是为了欺骗投资者。

鲜有公司始终如一地直接向公众披露其业绩预测。[216] 一项调查显示,"在调查对象看来,许多公司目前都会编制公司预测,但这些预测很少提供给分析师,也很少向公众提供。这些公司预测中包含了可能影响投资决策的重要信息"[217]。美国证券交易委员会禁止该等预测的政策无疑是上市公司不愿广泛披

---

[211] 同上注,第450页。

[212] FAF Special Committee on Corporate Forecasts, Proposals by the Federation for Systematic Disclosure, in Disclosure of Corporate Forecasts to the Investor 1, 14 (Financial Analysts Federation, ed. 1973).("管理层对内部因素有专门的了解,对其特定环境具有更高的敏感性。它对结果有一定的控制权。因此,分析师和管理层的预测对投资者都有用。")

[213] Isadore Barmash, Penney-Pinching: Budget Process Detailed and Long, N. Y. Times, Feb. 20, 1972, at F1.

[214] Kenneth S. Axelson, An Executive's Views on the Forecasting of Earnings, in Public Reporting of Corporate Financial Forecasts, 同前注〔205〕,第35页。

[215] Dolgow v. Anderson, 53 F. R. D. 664, 678 (E. D. N. Y. 1971).

[216] Wallace E. Olson, Statement of the American Institute of Certified Public Accountants on Estimates, Forecasts and Projections of Economic Performance Before the Securities and Exchange Commission, in Public Reporting of Corporate Financial Forecasts, 同前注〔205〕,第203、207页。(注意到,调查发现"只有12%的公司在一般传播媒体上发布预测")

[217] Samuel S. Stewart, Jr., Research Report on Corporate Forecasts, in Disclosure of Corporate Forecasts to the Investor, 同前注〔212〕,第75、84页;另见William S. Gray III, Proposal for Systematic Disclosure of Corporate Forecasts, Fin. Anal. J. 64, 65 (Jan.-Feb. 1973)("现在只有少数公司会发布一年或更长时间的收益或每股收益的具体美元预测。")。

露该等信息的原因之一。

许多上市公司没有公开发布他们的预测,而是私下将预测提供给研究分析师。通过这样做,上市公司增强了市场对他们未来业绩的估计是基于可靠信息的信心。[218] 管理人员将在会议或会议上将他们的预测传达给选定的分析师。1974 年,一位评论家发现,迄今为止,管理预测信息最重要的沟通渠道是在管理会议或分析师会议上与分析师的直接接触。[219] 美国证券交易委员会的公司披露咨询委员会在 1977 年对研究分析师进行了广泛调查,并报告几乎所有参与调查的分析师都以某种形式获得了预测数据[220],格雷厄姆和多德的《证券分析》第四版将分析师描述为"主要依赖与公司高管的直接接触",他们经常与经理私下举行会议,"许多公司的高管在这些会议上向证券分析师协会发表讲话并回答问题"[221]。然后讨论此类会议对评估管理质量的重要性。

值得注意的是,这种自愿披露制度存在缺陷,即没有提供一致地有关预测的信息。正如咨询委员会所指出的那样,"许多公司在经济结果不佳时都不愿意与分析师交谈"[222]。其他评论家对传达给分析师的信息质量表

---

[218] 正如法官 Frank Easterbrook 在美国证券交易委员会改变其政策多年后所指出的那样,如果你认为投资者很容易被误导,并且无法理解预测的不确定性,你就会试图让他们掌握信息,但你不会成功。投资者之所以重视证券,是因为他们相信公司明天的表现,而不是因为他们昨天的表现。如果企业无法对自己作出预测,那么证券分析师、报纸专栏作家和江湖骗子就占据了自己的地盘。在证券行为领域之外不会出现大量的预测,即那些获取信息的个人的预测比不上发行人的预测。当发行人将其信息和分析添加到外部收集的信息和分析中时,即使给定的预测会偏离标准,集体评估也会更加准确。Wieglos v. Commonwealth Edison Co. 892 F. 2d 509, 514 (7th Cir. 1989).

[219] William S. Gray, The Role of Forecast Information in Investment Decisions, 同前注 [205], 第 35、50 页; FAF Special Committee on Corporate Forecasts, Proposals by the Federation for Systematic Disclosure, in Disclosure of Corporate Forecasts to the Investor; 同前注 [212], 第 1、15 页。(报告调查结果发现,"迄今为止,获取此信息的最重要的沟通渠道是管理会议或分析师会议上与分析师直接联系")。正如一位评论者描述的系统:任何曾在华尔街工作过的人都知道,尽管基于监管原因,盈利预测从未在注册声明或招股说明书中占有一席之地,但它会在"地下"自由流通。它会通过电话被"机密"地传递,并在承销商会议上被提及:"明年的每股收益将会是 5.20 美元,而今年为 4.60 美元。"主承销商如此说道。这一预测没有任何来源,主承销商也不因此承担任何责任。什么都没有写,而且,如果没有实现预测,似乎没有补救措施。因此,专业投资者将有他的黑市利润预测——普通大众将保持幸福的无知。John Hull, Profit Forecasts-the English Experience, in Public Reporting of Corporate Financial Forecasts, 同前注 [205], 第 19、20 页。

[220] Report of the Advisory Committee on Corporate Disclosure to the Securities and Exchange Commission 57 (Nov. 3, 1977).

[221] 同上注, 第 452 页。

[222] Report of the Advisory Committee, 同前注 [220], 第 91 页。

示怀疑。[223]

公司不仅通过内部信息的沟通来影响分析师的预测，还通过与分析师的对话来设定内部绩效目标。[224] 如果市场参与者明确表示，为了实现特定的股价，一定的绩效水平是必要的，管理人员可以利用这些预期来制订内部绩效目标。因此，内部预测会影响外部预测，外部预测也会影响内部预测。

预测重要性的日益增加表明市场对上市公司的估值方式发生了重大转变。到 1978 年，美国证券交易委员会进行改变并宣布一项政策，"鼓励公司披露管理层的预测，无论是否包含在委员会的文件中"[225]。投资者并没有完全信任管理层评估各种项目的能力，而是密切关注收益以跟踪公司业绩。随着预算编制和管理技术的改进，内部预算为外部预测提供了依据。

（2）内幕信息的泄露和预测具有越来越大的影响力

公司对于是否会达到其预测的选择性披露越来越多表明预测对估值的影响越来越大。公司不仅与分析师共享预测，而且错过预测时会对分析师提出警告。[226]

---

[223] 参见，例如，Elias，同前注〔148〕，第 81 页（"当分析师确实外出时，他们通常会与公司的关系人员会面，这是一个被指派通过忽略任何负面影响来开发乐观事实和数据的财务仆从。"）。

[224] GE 的一位前内部人士描述了该公司与其分析师之间的互动：在 20 世纪 50 年代，Cordiner 将投资者关系作为新的公司职能服务之一。该组织的工作是帮助投资分析师创造现实的期望，然后在内部传达期望，以便运营和执行官了解要实现的正确盈利水平。这现在被称为"满足华尔街的期望"，这几乎是一种普遍的企业实践，但在 20 世纪 50 年代它确实是独一无二的。William E. Rothschild, the Secret to Ge's Success 172（2007）。

[225] Guides for Disclosure of Projections of Future Economic Performance, Securities Act Release No. 5992, Securities Exchange Act Release No. 15305（Nov. 7, 1978）. 新政策不要求公司披露预测，但允许他们自愿将其纳入官方文件。政策的变化反映了美国证券交易委员会披露制度的根本转变。参见，例如，Joel Seligman, The Transformation of Wall Street a History of the Securities and Exchange Commission and Modern Corporate Finance 672（3d Ed. 2003）（"从 20 世纪 70 年代初开始，委员会强制披露制度的转变，从强调历史'硬'信息和普遍禁止'软'或预测信息到更加强调前瞻性信息，代表了该机构在当时 60 多年的披露要求管理经验中取得的重要进展。"）。

[226] 在选择性披露预测方面似乎有广泛的做法，并非所有公司都以相同的方式使用选择性披露。一位评论员发现，越来越多的证据表明公司管理层对预测数据存在歧视性披露。在许多公司公开宣布他们的预测的同时，其他一些公司向少数人传达了他们的期望。受青睐的分析师可能会被直接告知当前的预测数据，或者让他们知道他们的估计"大致正确"。通过各种手段，许多公司力图确保市场对其盈利的估计不会偏离太远，同时，公司也不会对预测结果公开表态。虽然绝大多数此类努力都是出于善意，但最终结果是缺乏对管理层的预测而不是独立工作的分析师的预测的了解。在少数情况下，有证据表明选择性地向对股票感兴趣的机构投资者披露以及不公平地使用此类内幕信息。J. C. Burton, Forecasts: A Changing View from the Securities and Exchange Commission, in Public Reporting of Corporate Financial Forecasts, 同前注〔205〕，第 86 页。

尽管关于规制内幕交易的法律正在变多，但一些高管感到不得不讨好主要为机构客户服务的研究分析师。[227] 在最高法院裁定出于公司目的向分析师提供内部信息不违反 10b-5 规则之后，公司一度不受限制地将与预测有关的信息传递给分析师。

如前所述，公司向分析师提供信息是因为他们希望建立其预测的可信度。[228] 依赖预测的主要风险在于它可能不正确，要么是因为预测不准确，要么是因为其他不可预见的情况。通过警告分析师可能存在的失误，管理人员可以降低风险并激励分析师向客户推荐公司的股票。因此，据说像美国彭尼公司这样的公司会向分析师提供"避免收益结果出现任何'意外'的信息"[229]。美国证券交易委员会的主席在 1973 年的一次演讲中指出，"近年来，我们已经看到……公司为了保护友好的分析师不被糟糕的收益报告吓到而四处奔波的案例"[230]。

即使公司没有直接警告预测失误的存在，它们也愿意就分析师的预测提供意见。通常，分析师会要求公司审查预测并评论其是否准确。一项研究指出，"多数"公司表示，"如果分析师超出合理范围，他们会指出来"[231]。通过这样做，他们间接地向市场传达了他们对公司内部预测十分了解，却没有发布可

---

[227] 经纪交易商的分析师有动机向机构客户提供此类信息，然后他们会将佣金业务直接交给经纪交易商。参见，例如，Stanislav Dolgopolov, Insider Trading, Chinese Walls, and Brokerage Commissions: The Origins of Modern Regulation of Information Flows in Securities Markets, 4 J. L. Econ. & Pol'y 311, 316 (2008)。

[228] 公司可能会发现偏袒大股东符合他们的利益，这是有原因的。参见，例如，Stephen J. Choi & Eric L. Talley, Playing Favorites with Shareholders, 75 S. Cal. L. Rev. 271 (2001)。

[229] Kenneth S. Axelson, An Executive's Views on the Forecasting of Earnings, in Public Reporting of Corporate Financial Forecasts, 同前注 [205]，第 35、36 页。

[230] G. Bradford Cook, The Role of the Investment Analyst in the Evolving Market System, Speech Before the New York Society of Security Analysts 9 (Mar. 17, 1973), http://www.sec.gov/news/speech/1973/032773cook.pdf.

[231] Wallace E. Olson, Statement of the American Institute of Certified Public Accountants on Estimates, Forecasts and Projections of Economic Performance Before the Securities and Exchange Commission, in Public Reporting of Corporate Financial Forecasts, 同前注 [205]，第 203、207 页；另见 Gray, 同前注 [205]，第 65 页（注意到许多公司"公开或私下确认"分析师预测的准确性）。

能使他们自己需承担责任的预测。[232] 通过塑造分析师的预测，他们可以避免受制于可能存在失误的预测。[233]

到 1968 年，美国第二巡回上诉法院发布了 Texas Gulf Sulphur 案的裁决。[234] 该裁决认为，除非事先向公众披露，否则重大内幕信息交易违反了美国证券交易委员会 10b – 5 规则（禁止证券欺诈）。由于该决定并未将这一责任强加于对公司负有信义义务的个体，因此该决定引发了市场参与者是否可以根据仅向少数有豁免权接受者披露的相关预测信息进行交易的疑问。一些评论家的立场是，预测信息不能被用来交易，除非得到广泛传播。[235] 其他人则对内幕交易法应禁止此类选择性披露的说法表示怀疑。在最初制定美国证券交易委员会内幕交易禁止规定的过程中发挥了作用的弗莱舍（Fleischer）讨论了"公司工作人员……经常需要面对经纪公司和投资银行的预测，并被要求对这些数字进行确认"。他持有的立场是，"指出分析师假设或计算中的任何严重错误都是适当的"[236]。对内幕交易监管大致支持的威廉·佩因特（William Painter）教授的一篇关于内幕交易的论文表示，"对经纪人、投资顾问和其他人来访表示欢迎并简要介绍近期公司发展，以及回答他们过于尖锐的询问的惯例很难仅仅因为合法披露的不确定性而停止……"[237]。佩因特的立场是，"与

---

[232] 参见，例如，ABA Statement on Securities Exchange Act Release No. 9844, in Public Reporting of Corporate Financial Forecasts, 同前注〔205〕，第 129、150 页。（"将经常要求发行人确认预测的准确性。有时这样的确认即将到来，有时管理层只是表示它认为预测不准确；有时管理层会回应预测并非'超出预期'的结果；有时管理层选择保持沉默。发行人的困境是，确认可能具有使分析师的预测影响发行人的效果；如果预测不准确且未经修正，发行人证券市场就可能会被误导。"）

[233] Arthur Levitt, Take on the Street What Wall Street and Corporate America don't Want You to Know 89 (2002)（描述"公司将越来越多地向分析师泄露它们认为的收益的做法……帮助塑造，从而避免错过分析师的一致预测"）。

[234] 401 F. 2d 833 (2d Cir. 1968) (en banc).

[235] 参见，例如，FAF Special Committee on Corporate Forecasts, Proposals by the Federation for Systematic Disclosure, in Disclosure of Corporate Forecasts to the Investor, 同前注〔212〕，第 1、26 页。（"管理层的预测信息对投资者来说非常重要，以至于它可能属于内幕交易规则的信息类别。因此，这些规则可能会禁止了解内部预算和预测的管理人员进行的共享交易。发布的任何预测信息都应公平地传播给所有投资者。"）一些市场参与者在作出决定后，在他们的信息收集实践中变得更加保守。参见，例如，Gilbert Edmund Kaplan & Chris Welles, The Money Managers 109 (1969).（"而且由于最近关于内幕交易构成的争议，富达将越来越重视与公司的竞争对手和供应商交谈，而不是与其官员交谈。"）

[236] Arthur Fleischer, Jr., Corporate Disclosure/Insider Trading, Harv. Bus. Rev. (1967).

[237] William H. Painter, Federal Regulation of Insider Trading 345 (1968).

证券分析师和投资顾问的友好关系为企业带来了过多利益，以至于无法使任何企业孤立主义政策具备合理性"[238]。

美国证券交易委员会的立场是，选择性披露与公司预测有关的重要信息违反了 10b-5 规则。[239] 1968 年，美国证券交易委员会对矿业类格伦奥尔登公司发出禁令，因其"违反第 10（b）条披露重要信息规定……向任何选定的人提供与格伦奥尔登公司在市场购买或售出证券的相关利益……所以禁止其行为"[240]。它指出，在非公开会议上，公司传达了"1968 年至 1972 年格伦奥尔登公司及其各部门的销售、收益和现金流预测、预期的收购以及与格伦奥尔登公司及其相关公司事务有关的其他重要信息"[241]。因此，美国证券交易委员会试图广泛禁止上市公司对预测的广泛传播。[242] 美国证券交易委员会的政策可能对公司选择性披露产生了一些影响。世界大型企业联合会的一份报告发现，在 1973 年调查中，有 78% 的公司向分析员提供帮助，而在 1981 年，只有 65% 的公司这样做。[243]

法律学者亨利·曼恩批评了美国证券交易委员会的立场，并认为内部交易是向市场传递信息的一种重要方式。由于美国证券交易委员会不鼓励预测的公开披露，因此对股票估值最重要的信息并没有包含在美国证券交易委员会的披露中。[244] 他认为，通常只有"一家公司或一个行业的内部人士……才有可能作出符合实际的估值评估"和"收益估算"。[245] 选择性披露是管理人员提供信息的一种方式，此种信息如若包含在美国证券交易委员会披露文件中则过于投机，但是此种信息对分析员评估股票十分有帮助。

---

[238] 同上注。

[239] 如需了解美国证券交易委员会在该领域的执法工作，参见 Dolgopolov，同前注〔227〕，第 343—349 页。

[240] United States Securities and Exchange Commission v. Glen Alden Corp., 1968 U. S. Dist. Lexis 12081, at *4 (Aug. 7, 1968).

[241] 同上注，第 2—3 页。

[242] 美国证券交易委员会经常通过执法来寻求扩展广泛的原则。参见 James J. Park, The Competing Paradigms of Securities Regulation, 57 Duke L. J. 625 (2007)。

[243] Francis A. Lees, Public Disclosure of Corporate Earnings Forecasts 25 (1981).

[244] 参见 Henry G. Manne, Insider Trading and the Law Professors, 23 Vand. L. Rev. 547, 571 (1970)。

[245] 同上注，第 572 页。

在 1983 年的 Dirks 案判决中，[246] 最高法院允许公司官员有选择地向第三方披露预测信息，只要他没有从披露中获得个人利益。股权融资公司通过伪造销售未实际签发的保单来夸大其收入。它这样做是为了制造其收入正在增长的表象。Dirks 是一名研究分析师，他从公司内部的某个人那里得知了欺诈行为，并将信息传递给了他的客户。美国证券交易委员会认为这是内幕交易并对 Dirks 提起诉讼。法院持反对态度并认为内幕交易不存在，因为披露信息的公司官员没有从披露中获得个人利益，因此没有违反对公司的信义义务。[247] 只要不违反某些义务，就不会使信息传递符合 10b-5 规则所规定的欺诈行为的构成。

Dirks 案是一个重要判例，因为它允许上市公司与分析师和投资者就预测进行交流。只要这种选择性披露是为了公司，就不会被认为违反 10b-5 规则。在 Dirks 案中，最高法院特别承认分析师在促进证券估值过程中的重要作用。它指出，在这种情况下分析师"找出并分析信息"是"十分寻常的"，而这些信息"不能同时提供给公司的所有股东或一般公众"[248]。亚当·普里查德（Adam Pritchard）教授指出证据来自最高法院内部文件，这些文件指出鲍威尔（Powell）法官制订 Dirks 标准时考虑了分析师所处情形。[249]

在 Dirks 案后，许多市场参与者都将管理者选择性披露给分析师的预测视为一种合法行为。1985 年，《纽约时报》发表的一篇来自分析师的文章发现，这位分析师在公布（收益预测）之前，先从管理层那里得到答案。波士顿在这一点走在发展前列，那里的新分析师必须在发布报告之前出示公司报告草稿。[250] 一篇于 1991 年发表在《财富》杂志的文章指出："分析师一直依赖于公众可能不知道的小栏报道；事实上，如果他们所能告诉你的只是他们和你能在报纸或年度报告中读到的东西，那么他们就很难胜任自己的工作。"[251] 尽管美国证券交易委员会坚持认为选择性披露存在问题，但约翰·科菲（John

---

[246]　463 U. S. 646 (1983).
[247]　Manne，同前注〔244〕，第 660—663 页。
[248]　同上注，第 658—659 页。
[249]　Adam C. Pritchard, Dirks and the Genesis of Personal Benefit, 68 Smu L. Rev. 857, 863 (2015).
[250]　N. Y. Times, Oct. 27, 1985, at F8.
[251]　Anne B. Fisher, Can You Trust Analysts' Reports?, Fortune 195, 198 (1991 Investors' Guide).

Coffee）教授在20世纪90年代初认为美国证券交易委员会的立场"令人怀疑"，禁止对预测进行选择性披露会导致股市波动更大。[252]

直到股东财富最大化范式取得根深蒂固地位后，美国证券交易委员会才通过了一项禁止选择性披露的规则。2000年，美国证券交易委员会通过了公平披露规则（FD regulation）[253]，该规则要求公司在向分析师传达任何重要信息之前应当首先公开披露。[254] 正如2014年美国第二巡回上诉法院在United States v. Newman案中的判决所证明的那样，即使公平披露规则已经实施了10年，分析师仍在寻求并得到关于公司模型准确性的信息。[255] 正如笔者在其他文章中所指出的那样，这种选择性披露破坏了更广泛适用的强制性披露制度的完整性。[256] 但无论选择性披露是否仍合理，上述例子都表明市场一直在关注公司是否实现了他们的计划。[257]

六、估值与公司目标

市场越来越愿意根据公司的未来收益来对其进行估值，这使得管理主义难

---

[252] John C. Coffee, Jr., Disclosures to Analysts are Risky, Natl L. J., Feb. 1, 1993, at 19；反之参见Donald C. Langevoort, Investment Analysts and the Law of Insider Trading, 76 Va. L. Rev. 1023, 1038（1990）（认为选择性披露不会提高市场效率）。

[253] 17 C. F. R. § 243.100。

[254] 参见Thomas Gryta, Serena Ng, & Theo Francis, Analysts Steered to 'Surprises', Wall St. J., Aug. 5, 2016, at A1；Serena Ng & Thomas Gryta, Analysts Say 'Buy' to Win Special Access, Wall St. J., Jan. 20, 2017, at A1；Serena Ng & Anton Troianovski, How Some Investors Get Special Access to Companies, Wall St. J., Sept. 27, 2015；另见Robert G. Eccles, Et Al., The Valuereporting Revolution：Moving Beyond the Earnings Game 73（2001）（注意到分析师和公司之间交换信息的普遍做法，并质疑是否会遭到阻止）。

[255] United States v. Newman, 773 F. 3d 438, 454 – 455（2014）. 美国第二巡回上诉法院后来对其先前在纽曼的决定进行质疑。它规定了一个标准，其中"陪审团通常可以推断出公司内部人员通过在没有公司目的的情况下故意披露有价值的机密信息并期望被举报人对其进行交易而获得个人利益（即违反其受托义务）"。United States v. Martoma, 894 F. 3d at 74（2d Cir. 2017）。该标准似乎允许出于"企业目的"进行选择性披露。

[256] 参见James J. Park, Insider Trading and the Integrity of Mandatory Disclosure, 2018 Wis. L. Rev. 1133。

[257] 正如估值的主要文本所观察到的：分析师有时可以访问他们关注的公司的私人信息，这些信息可能与预测未来增长有关。这避免了回答私人信息何时成为非法内幕信息的微妙问题。然而，毫无疑问，良好的私人信息可以显著提高对未来增长的估值。为了限制这种类型的信息泄露，美国证券交易委员会发布了新法规，阻止公司有选择地向少数分析师或投资者披露信息。然而，在美国以外，公司通常会将私人信息传达给跟踪他们的分析师。Damodaran，同前注〔132〕，第283页。

以继续存续下去。因为管理主义的基础是假设管理者能够在一段时期后为股东创造财富，所以投资者想方设法区分出那些拥有优秀管理能力的公司。当企业集团逐渐失去持续收益增长的信号时，[258] 预测的重要性与日俱增。它们成为外部市场评估管理者通过内部资本市场配置资源的能力的一种方式。能够使收益平稳增长的能力被考虑未来收益现值的投资者珍视。产生此种收益的必要性一直影响着企业宗旨。管理者愿意削减成本、控制支出，甚至为了实现目标而实施欺诈行为。[259]

即使在股东财富占主导地位的情况下，管理主义的某些方面仍存续。一些拥有市场力量或拥有令人信服的长期计划的公司可以摆脱满足短期市场预期的压力。随着投资者偏好的改变，重视预测的压力可能会减轻。那些可以摆脱单调乏味的估值公司对利益相关者的承诺具有潜在价值。

（一）预测和代理成本

预测不仅是提高上市公司估值的一种方式，而且是协调公司管理者和股东利益的一种有效方法。为了提高甚至维持其股价，上市公司必须始终如一地满足市场预期。做不到这一点可能表明管理层不称职或将其他事项优先于公司收益。投资者表明他们不仅重视收益增长，而且重视报告的收益平稳性。[260]

预测有助于减少股东的监督成本。股东很难评估其管理代理人的忠诚度和

---

[258] 20世纪70年代的经济状况使企业集团难以成功。参见，例如，Welles，同前注〔109〕，第32页（描述1969—1970年股市崩盘和20世纪70年代股市表现不佳）。批评人士认为，企业集团过于官僚且效率低下，无法适应更加困难的经济环境。参见，例如，Walter Adams & James Brock, The Bigness Complex 43 – 45 (1986)。由于业绩不佳，20世纪80年代出现了所谓的集团折扣，即集团的市值低于其个体业务的市值。参见，例如，Gerald F. Davis, Managed by the Markets 85 (2009)。而其经济学家之间仍然有关于这种企业集团折扣是否应该存在的争论。参见，例如，John D. Martin & Akin Sayrak, Corporate Diversification and Shareholder Value: A Survey of Recent Literature, 9 J. Corp. Fin. 37 (2003)。

[259] 例如，施乐在20世纪60年代几乎没有产生利润的压力，其支付了1000万美元的罚款以解决美国证券交易委员会对证券欺诈的指控。

[260] 参见，例如，Eli Bartov, Dan Givoly & Carla Hayn, The Rewards to Meeting or Bearing Earnings Expectations, 33 J. Acct. & Econ. 173 (2002) （为符合预期的公司寻找更高的季度回报）; Ron Kasnik & Maureen F. McNichols, Does Meeting Earnings Expectations Matter? Evidence from Analyst Forecast Revisions and Share Prices, 40 J. Acct. Res. 727 (2002) （发现符合预期的公司的股价高于不符合预期的公司）。

能力。[261] 尤其是在企业日益复杂的情况下。[262] 预测不是试图直接观察管理技能，而是提供一种度量标准，股东可以凭此确定管理人员是否在为他们的利益行事。因为分析师预测所需的信息通常由管理预测提供，它们使市场能够评估管理人员在预算和预测方面的技能。[263] 持续地满足预测的能力可以证明管理团队在增加股东财富。[264]

预测比支付股利和披露信息等其他监督管理的方法更有优势。虽然股利是公司持续盈利的证据，但因为股利的数额通常是不变的，所以它只能传达关于公司前景的有限信息。过去财务报告的披露使投资者能够监督代理人，并将报告作为制订预测的基础。[265] 然而，过去的成绩并不一定能预测未来。预测可以传达财务报告所不能传达的信息。管理者可以发布包含关于公司新发展阶段的非公开信息的有关预测，这些新发展阶段将产生增长或下降的轨迹，而增长或下降的轨迹是不能从过去的业绩中推断的。[266]

---

[261] 参见，例如，M. P. Narayan, Managerial Incentives for Short-Term Results, 40 J. Fin. 1469 (1985)（注意到监管管理能力存在难题）。

[262] 参见，例如，Jeremy Stein, Efficient Capital Markets, Inefficient Firms: A Model of Myopic Corporate Behavior, 104 Q. J. Econ. 655, 657 (1989)（当项目难以评估时，注意短期信号的重要性）。

[263] 参见，例如，Joshua Ronen & Simcha Sadan, Smoothing Income Numbers: Objectives, Means, and Implications 45 (1981); Bruce Alan Mann, Prospectuses: Unreadable or Just Unread? A Proposal to Re-examine Policies Against Permitting Projections, 40 Geo. Wash. L. Rev. 222, 230 (1971)（"公司管理层不断规划未来的扩张，并根据内部预测作出财务承诺……公司的财务成功取决于管理层估计未来收入、支出和运营水平的能力。"）。

[264] 参见，例如，Dominic Dodd & Ken Favaro, The Three Tensions: Winning the Struggle to Perform Without Compromise 86（指出，满足这些期望本身就成了一个目标可信度的考验）; Yuji Ijiri, Improving Reliability of Publicly Reported Corporate Financial Forecasts, in Public Reporting of Corporate Financial Forecasts, 同前注〔205〕, 第161、186页。（"可以肯定地说，投资者会将可靠的预测视为一家管理良好的公司的标志，就像他们将平稳的盈利增长视为同一指标一样。"）Jennifer W. Tucker & Paul A. Zarowin, Does Income Smoothing Improve Earnings Informativeness?, 81 Account. Rev. 251, 253 (2006)。

[265] 参见，例如，Paul G. Mahoney, Mandatory Disclosure as a Solution to Agency Problems, 62 U. Chi. L. Rev. 1047 (1995)。

[266] 正如一位会计学教授所说："由于经理的职责之一是选择公司的最佳生产水平，因此公司每个时期末的市场价值将取决于投资者对他预测公司未来变化的能力的看法、经济环境，并相应调整企业的生产计划。虽然投资者无法直接观察到这种能力，但经理可以通过在每个时期发布更新的盈利预测来提供一些相关信息，如果经理观察到该时期公司经济状况的任何变化。" Brett Trueman, Why do Managers Voluntarily Release Earnings Forecasts?, 8 J. Acct. & Econ. 53, 54 (1986); 另见 Amir Barnea, Joshua Ronen & Simcha Sadan, Classificatory Smoothing of Income with Extraordinary Items, 51 Account. Rev. 110, 110 (1976)（注意到管理层需要传达"关于公司未来收益的知识"，尽管"传统的会计做法不允许直接预测"）。

与其他监管方法一样，预测并不总是能够有效降低代理成本。其中一个原因是未能实现预测的意义很难被解释。预测的失败可能意味着市场对该公司未来收益的预期必须重新评估。[267] 未达预期可能意味着存在未预料到的挫折，但不会影响未来收益。预测作为一种监管工具的另一个限制是管理者可以操纵它们。管理者可以发布不切实际的高预测，以抬高公司的股价。他们可能误用会计准则或商业决策，实现雄心勃勃的预测，给人留下他们的策略很成功的印象。[268] 值得注意的是，预测信息的选择性传播可能会提高股票市场的交易效率。[269] 有效市场假说预测市场包含公众无法获得的信息。[270] 与预测相关的选择性披露的大量证据解释了为什么股价表现得如此有效。效率的一个好处是市场将正确地评估公司。

除此以外，预测的重要性也破坏了有效市场假说的观点之一，即预测反映了投资者的卓越技能和洞察力。投资者持续关注短期预测这一事实表明，其在评估公司的长期前景时依赖于启发法。但是股市远不是一台完美无瑕的机器，它依赖各种可能存在缺陷的指标对公司价值进行评估。选择性披露只会给予公司存在特定关系的特权投资者带来好处，他们的成功并不是靠其投资敏锐度。也许是因为预测十分有效地解决了代理成本问题，所以形成了管理优先级并影响了企业宗旨。直到今天，公司管理者仍报告说他们面临着需要满足市场预测的压力。[271] 满足盈利预期变得非常重要，以至于到 20 世纪 80 年代，有报道

---

[267] 参见，例如，Dodd & Favoro，同前注〔264〕，第 78 页（注意到"收益公告是资本市场用于判断长期潜力的最新信息"）；Rappaport，同前注〔132〕，第 161 页。（"投资者经常利用现有信息预测长期影响，包括报告的收益，并使用最新结果重新评估公司的前景。"）

[268] 在 20 世纪 90 年代末期，美国证券交易委员会提起了大量案件，指控上市公司为满足盈利预测而进行会计欺诈。参见，例如，James J. Park, Securities Class Actions and Severe Frauds, in Edward Elgar Research Handbook on Representative Shareholder Litigation（eds. Sean Griffith, Jessica Erickson, David Webber & Verity Winship 2018）。

[269] 如前所述，这是 Henry Manne 提出的一个有争议的论点。参见 Henry Manne, Insider Trading and the Stock Market 77 – 101（1966）。

[270] 参见，例如，Ronald J. Gilson & Reinier H. Kraakman, The Mechanisms of Market Efficiency, 70 Va. L. Rev. 549, 555 – 556（1984）。

[271] 参见，例如，Dodd & Favoro，同前注〔264〕，第 70 页（在对 192 名高管的调查中发现，"81% 的高管表示他们经常或有时会准备削减研发、营销或 IT 方面的支出；77% 的高管表示，他们经常或有时会推迟项目以实现短期收益目标，即使该项目会盈利"）；John R. Graham, et al., The Economic Implications of Corporate Financial Reporting, 40 J. Account. & Econ. 3, 32 – 35（2005）。

称管理者为了满足分析师的预测而操纵核心财务。[272] 分析师预测的影响随着时间的推移而增加,到20世纪80年代末,通常每季度进行一次预测。[273] 随着估值越来越关注公司未来前景,证券欺诈问题成为上市公司的一个重要难题。[274] 对那些面临预测压力的公司来说,除关注短期财务表现之外无暇再有其他作为。市场预测是简单但强大的衡量企业成功与否的指标。员工和消费者等利益相关者的利益可能需要妥协,因为在某种程度上这些利益阻碍公司满足市场预测。那些能够为社会产生积极外部性的研究和开发所进行的长期资本投资可能会受到限制,以支持在短期内提高利润的战略。

尽管公司专注于股东财富最大化还有其他原因,但预测一直是最持久和最重要的。针对不称职的管理者的敌意收购在20世纪80年代随着《反收购法案》的通过和对收购防御的司法批准而经历起起伏伏,且在很大程度上受到阻碍。[275] 高管薪酬增加确实增加了满足预测的动机,但直到20世纪90年代才有了管理激励的转向。此外,仍然存在这样的疑问,即此类薪酬是否能够有效地使管理激励措施与股东价值的增加处于同一战线。[276]

即使上市公司广泛采用不强调股东重要性的企业宗旨声明,企业管理者仍然有充分的理由专注于提高企业收益。不始终如一地证实其业绩预测的公司会发现其市场价值下降。如果没有强劲股价,公司就无法以优惠条件进入资本市

---

[272] Slick Accounting Ploys Help Many Companies Improve Their Income, Wall St. J., June 20, 1980, at A1(注意到财务操纵可以追溯到20世纪60年代和70年代,但已经变得更加复杂)。

[273] 参见,例如,Rappaport,同前注〔132〕,第3页(指出"企业高管痴迷于满足华尔街的季度收益预期")。到20世纪80年代初,对季度报告的关注还不够完善。1981年对上市公司的一项调查发现,60%的公司准备了季度预测。参见 Francis A. Lees, Public Disclosure of Corporate Earnings Forecasts 9 (1981)。然而,即使在季度预测广泛传播之前,也存在交付季度业绩结果的压力。参见,例如,Steve Lohr, Overhauling America's Business Management, N. Y. Times, January 4, 1981("他们在办公室的生存取决于稳定的季度利润增长,从而取悦金融界")。

[274] 参见 James J. Park, The Valuation Treadmill: How Securities Fraud Became a Problem for Public Companies (forthcoming)。

[275] 参见,例如,Cheffins,同前注〔41〕,第156页("收购在很大程度上取代了管理资本主义,但它们对上市公司高管的影响相当短暂");Marcel Kahan & Edward B. Rock, How I Learned to Stop Worrying and Love the Pill: Adaptive Responses to Takeover Law, 69 U. Chi. L. Rev. 871 (2002);Guhan Subramanian, et al., Is Delaware's Antitakeover Statute Unconstitutional? Evidence from 1988 – 2008, 65 Bus. Law. 685 (2010)。

[276] 参见 Bebchuk & Fried,同前注〔105〕。

场。向工人支付更高工资、投资研发、开设新办公室、为消费者提供服务以及向当地社区捐款的资金将无法获得。

美国股市非常依赖季度预测。其他司法管辖区的上市公司不受预测的影响，甚至可能不需要季度报告。[277] 因此，世界大部分地区不将股东财富视为企业宗旨也就不足为奇了。虽然外国上市公司还基于其他原因关注利益相关者的利益，但如果没有预测，就没有必要专注于利润最大化。可能具有讽刺意味的是，预测作为外部市场使用的监测工具的影响，起源于公司内部。起初内部资本市场有效性的进步使对管理者的遵从正当化。随着时间的推移，外部预测因依赖于内部预测而变得更加明智，它们不仅反映了管理专业知识，而且对其进行了测试。反映管理专长的预测是管理主义被股东财富范式取代的重要原因。

(二) 新管理主义

几十年来，股东财富范式的影响力一直很强，但从未完成转变。一些公司能够摆脱预测的压力，并有一定的自由裁量权，公司宗旨获得更广泛的视角。至少从表面上看，投资者的偏好正在发生变化，使公司可以做更多的工作来重视其社会责任。[278] 现在宣布新管理主义已经到来还为时过早，但现行普遍的企业宗旨的替代方案仍面临巨大压力。虽然许多企业集团遭到解散，但大公司通过合并继续成长。在20世纪90年代，金融机构进行了重大整合，科技公司也通过市场力量和收购的结合而规模更大。随着上市公司的复杂性增加，只有少数精英管理者有经验和能力领导他们。一些特别成功的公司是由据说具有独特愿景的企业家建立的，这是他们成功的唯一原因。[279]

公司治理中最有趣的发展之一是接受实际上消除了股东的公司治理权利的

---

[277] 例如，欧洲拒绝了强制性的季度报告，理由是它鼓励短期主义。参见，例如，Bhojraj, S. & R. Libby, Capital Market Pressure, Disclosure Frequency-Induced Earnings/Cash Flow Conflict and Managerial Myopia, 80 Acct. Rev. 1 (2005)。

[278] 参见，例如，Oliver Hart & Luigi Zingales, Companies Should Maximize Shareholder Welfare Not Market Value, 2 J. L. Fin. & Acct. 247 (2017) (认为当股东忠实于社会既定的道德准则时，股东财富最大化不会最大化股东福利)。

[279] Zohar Goshen & Assaf Hamdani, Corporate Control and Idiosyncratic Vision, 125 Yale L. J. 560, 580 (2016).

安排，例如双重股票结构资本化。[280] 一些大型科技公司已经显著地使用这种协议，这种协议符合人们的信念，即创始人是杰出的管理者，他们有独特的资格在不受股东干预的情况下指导公司。在控制权发生变化的情况下，此类公司的管理层可以自由地追求长期战略，而不是满足短期预测。即使没有双重股权结构，一些公司也已经发展出足够强大的市场力量来使自己免受产生利润的压力。股票市场为亚马逊等公司提供了很大的回旋余地，可以使其实施长期战略，在不立即盈利的情况下获得市场力量。[281] 亏损严重的公司因相信长期战略而以高估值上市的情况并不少见。

一些大规模的上市公司的高管已经在积极追求超越短期指标的评估。沃伦·巴菲特（Warren Buffet）和杰米·戴蒙（Jamie Dimon）都是大型企业集团的负责人，他们几年前曾提议，公司不再发布自己的盈利预测，以减少市场对预测的依赖。[282] 在很长一段时间内，这种策略只对那些已经取得了一定程度的成功的公司有现实意义，以至于投资者愿意相信他们的业绩会持续下去。[283] 对于其他公司，预测压力将继续存在。[284]

有证据表明，近年来，投资者允许上市公司考虑利益相关者的利益的方式发生了变化。随着股东日益多元化，一些学者称公司面临更少的竞争压力，因

---

[280] 参见，例如，Dorothy Lund, Nonvoting Shares and Efficient Corporate Governance, 71 Stan. L. Rev. 687（2019）（认为无投票权的股票降低了资本成本，因为重视治理的投资者将比持稀释股票的不重视治理的投资者支付更多费用）。

[281] 参见，例如，Lina Khan, Amazon's Antitrust Paradox, 726 Yale L. J. 710, 747－753, 787－788（2017）。

[282] 参见 Jamie Dimon & Warren E. Buffett, Short-Termism is Harming the Economy: Public Companies Should Reduce or Eliminate the Practice of Estimating Quarterly Earnings, Wall St. J., June 6, 2018, https://www.wsj.com/articles/short-termism-is-harming-the-economy－1528336801；另见 Rappaport, 同前注〔131〕，第 136 页。（提议上市公司不提供收益指引）

[283] 在非常难以预测业绩的异常时期，市场已经接受公司通常无法提供可靠的指导。

[284] 事实上，季度报告制度的压力已经足够大，以至于有人提议终止季度披露。参见，例如，Dave Michaels, et al., Trump Asks United States Securities and Exchange Commission to Ease Earnings Reporting, Wall. St. J., Aug. 18, 2018, at A1；David Benoit, Time to End Quarterly Reports, Law Firm Says, Wall St. J.（Aug. 19, 2015），https://www.wsj.com/articles/time-to-end-quarterly-reports-law-firm-says－1440025715。

为无论其相对表现如何，投资者都会购买他们的股票。[285] 投资者可能会满足于公司不寻求破坏现状的情况，而不是推动行业内的公司相互竞争和赢得市场份额。[286] 减少竞争可能会损害消费者，但也可能会使其他公司利益相关者（例如员工）受益，即他们的工作在没有竞争的情况下更稳定。此外，当更多投资者开始关注企业社会责任时，企业政策可能会发生改变。[287] 至少在表面上，上市公司必须声称他们的行为方式契合更广泛的社会规范。

能够超越市场压力的公司应有更多余地向利益相关者作出有意义的承诺。[288] 2019 年，商业圆桌会议的承诺考虑利益相关者利益的声明被著名评论家批评为廉价言论。[289] 虽然这样的承诺对那些必须继续满足短期市场预期的公司来说并非意义重大，但拥有强大长期战略的上市公司没有理由不追求一种不仅仅关注股东利益的平衡策略。[290] 因为，有充分理由对新管理主义持怀疑态度。一些企业管理者会利用他们的自由裁量权，通过不追求股东价值最大化

---

[285] 一项值得注意的研究发现，有证据表明共同所有权会引发比没有共同所有权的价格更高的价格。参见 José Azar, Martin C. Schmalz & Isabel Tecu, Anticompetitive Effects of Common Ownership, 73 J. Fin. 1513（2018）。

[286] 参见，例如，Azar, et al., 同前注〔285〕，第 1518 页（观察到"不明确的要求或激励投资组合公司间更激烈的竞争可能会让管理者们享受'平静的生活'，从而实现竞争减少以及高利润维持的平衡"）；Einer Elhauge, Horizontal Shareholding, 129 Harv. L. Rev. 1267, 1270（2016）（认为投资者不需要传达偏好，因为管理者们明白多元化投资者不希望竞争）；反之参见 C. Scott Hemphill & Marcel Kahan, The Strategies of Anticompetitive Common Ownership, 129 Yale L. J. 1392（2020）（发现被动论点缺乏经验支持）。

[287] 参见，例如，Michal Barzuza, Quinn Curtis & David Webber, Shareholder Value（s）: Index Fund Activism and the New Millennial Corporate Governance, 93 S. Cal. L. Rev.（认为指数基金在向千禧一代投资者推销自己时将迫使其注意企业责任）。

[288] 近年来，人们越来越频繁地提出企业宗旨应超越股东财富最大化的论点。Colin Mayer 教授认为，"公司法应优先考虑宗旨"并"要求公司阐明，将其纳入公司章程，最重要的是展示他们如何可靠地致力于实现宗旨"。Colin Mayer, Prosperity: Better Business Makes the Greater Good 23（2018）。

[289] 参见，例如，Stephen M. Bainbridge, Making Sense of The Business Roundtable's Reversal on Corporate Purpose, Ucla Law & Economics Research Paper No. 20 - 03（2020）；Lucian Bebchuk & Roberto Tallarita, The Illusory Promise of Stakeholder Governance, Cornell L. Rev. 。

[290] 就扩大公司宗旨是一个可取的目标这一说法而言，有一种观点对最近试图阻止公司"做大"提议发出了反对的声音。参见，例如，Tim Wu, The Curse of Bigness: Antitrust in the New Gilded Age 132 - 133（2018）。如果具有市场支配力的公司能够更多地考虑利益相关者的利益，那么将这些公司拆分并以较小的公司取而代之可能会引发激烈的竞争。这种竞争将带来诸如为消费者降低价格和削弱大公司政治权力等好处，但这也意味着由此产生的小公司将需要不断专注于提供短期成果。

来满足自己的一己私利。利益相关者将争夺公司市场力量产生的任何租金。[291]在迎合利益相关者时，管理者可能会迷失应关注的重点，浪费企业的竞争优势。[292]

尽管管理主义存在问题，但只要它只主要影响一部分上市公司，管理自由裁量权的成本就不太可能威胁到我们的经济繁荣。凭借在利益相关者之间公平分配成功企业创造的财富的名义，一些低效是可以容忍的。

七、结论

随着股东财富范式受到广泛批评，其起源值得重新审视。虽然意识形态的变化在向股东财富的转变中发挥了作用，但投资者对公司估值方式的转变是上市公司专注于增加股东财富的一个更重要原因。转向新的范式需要的不仅仅是改变意识形态。过去几十年股东兴起的讽刺意味在于，它起源于市场对管理者能力的日益信任。当管理者试图增加对其公司盈利潜力的信心时，他们试图找到一种表明他们的盈利将会增加的方法。随着内部预测变得更发挥作用，预测逐渐迁移到了公司外部市场，因为股东可以通过这种外部衡量标准来确保管理者关注股东财富。值得注意的是，尽管美国证券交易委员会反对，但这种评估系统是通过私人秩序产生的。例如直到今天仍在继续的选择性信息披露是有争议的做法，这种有争议的做法证明了市场预测的重要性。

由于管理层对股东财富的关注是对现行估值方法的理性回应，因此就许多公司而言，股东财富范式无法摆脱。然而，满足预测并不是公司让投资者相信其未来前景的唯一方式。一些公司可以在不实现每个季度的平稳盈利增长的情况下实现繁荣。新管理主义可能允许一些公司致力于考量利益相关者的利益。

---

〔291〕 参见，例如，Mark J. Roe, Rents and Their Corporate Consequences, 53 Stan. L. Rev. 1463, 1468 (2001); 另见 Daniel A. Crane, Antitrust and Wealth Inequality, 101 Cornell L. Rev. 1171, 1188–1189 (2016)（注意到垄断租金可能由中层管理人员和雇员获得，而不是由股东获得）; Lina Khan & Sandeep Vaheesan, Market Power and Inequality: The Antitrust Counterrevolution and Its Discontents, 11 Harv. L. & Pol'y Rev. 235, 242–243 (2017)（注意到工人过去获得了垄断租金，但今天可能没有这样做的筹码）。

〔292〕 Jean Tirole, Corporate Governance, 69 Econometrica 1 (2015).（得出的结论是，利益相关者的关注"触动了三大巨石：缺乏可承诺的收入，决策陷入僵局以及缺乏明确的管理使命"）